C&JAVA
Programming
실무 프로그래밍

초급편

C&JAVA
Programming
실무프로그래밍
-초급편-

초판 1쇄 인쇄 2017년 6월 19일
초판 1쇄 발행 2017년 6월 21일
지은이   하준호
공저   김다흰, 김태권, 이도윤, 이윤호, 진유정
펴낸이   변지숙
펴낸곳   도서출판 아우룸
디자인   아우룸 출판사
주소   서울시 은평구 통일로 583
전화   02-383-9997
팩스   02-383-9996
         www.aurumbook.com
         www.bookself.co.kr

ISBN : 979-11-87171-57-7

- 저작권법에 의해 보호를 받는 저작물이므로 무단전재, 무단복제를 금합니다.
- 잘못 만들어진 도서는 교환 가능합니다.
- 이 도서의 국립중앙도서관 출판시도서목록(CIP)은 e-CIP 홈페이지(http://www.nl.go.kr/ecip)와 국가자료공동목록시스템(http://nl.go.kr/kolisnet)에서 이용하실 수 있습니다.
  (CIP제어번호: CIP2017013770)

C&JAVA Programming
실무 프로그래밍

초급편

하준호, 김다희, 김태권
이도윤, 이윤호, 진유정 공저

아우룸

저자의 말

프로그래밍이 무엇인지 알기 위해서는 여러 분야를 함께 알아야 합니다.

프로그래머 입문자의 경우 어떤 분야가 있는지 쉽게 알기 힘들 정도로 많은 카테고리가 있으며, 또 계속해서 새로운 분야가 생겨나고 있습니다. 이에 기본이 되는 프로그래밍 분야를 알리고자 기초 서적을 집필하게 되었습니다. 프로그래밍 각 분야는 모두 깊이가 있고 무수히 많은 책이 있습니다. 그러나 여러 분야를 한번에 설명한 책은 없습니다. 우선 몇 가지 분야를 선정하여 인터넷 문서로 정리한 것이 비로소 책으로 나오게 되었습니다. 한 분야에 빠져서 재미를 느낀다면 책을 끝까지 읽지 않고 깊은 공부를 해도 좋을 것 같습니다. 프로그래밍 각 분야를 설명함에 있어 "위키피디아" 보다 훌륭하게 못쓰는 부분은 내용을 직접 차용 하였습니다. 집필진의 커리어보다는 독자의 요구에 부합하도록 쓰려고 노력했습니다. 프로그래밍을 업(業)으로 하시는 분들 중 종이책을 사서 정독하는 분은 많지 않습니다. 책을 정독하더라도 같은 IT Field 근무 특성상, 사용자에게 좋지 않은 책조차 비판하지 않는 관습이 있습니다. 이에, 어떤 책이 좋은 책인지 모르는 경우가 많습니다. 백 그라운드(학력, 경력)가 좋은 사람이 저자가 되는 것도 당연했습니다. "이해 못하는 내가 바보 일거야." 그로 인해 독자는 프로그래밍의 어려움을 오롯이 자신을 탓으로 돌리게 되었습니다. 그러나 이런 개발자 문화가 잘못되었음을 알고, 근래에는 저자의 백 그라운드 대신 작가의 관심 분야에 대해 알려주는 책이 많아졌습니다.

프로그래밍을 배우고자 하는 사람에게도 입문서가 필요합니다. 기초 서적에 관한 목마름은 멘토링, 세미나, 강의를 꾸준히 하면서 체감했습니다. 다른 개발자의 목소리도 많이 들었습니다. 그래서 새로운 시도를 해 보기로 했습니다. 각기 한 권씩의 분량으로 나와야 제대로 전달할 수 있는 여러 내용들을, 단권에 모두 담아보자는 시도입니다. 이제 막 프로그래밍을 업으로 시작하려는 단계에서 길을 찾는 책을 써보자는 시도이기도 합니다. 이 책을 쓰기 전 저희는 '개발자가 알아야 할 비화'를 먼저 출판했습니다. 그리고 '개발자가 알아야 할 비화'에서 글로 모든 것을 전달할 수 없다고 말했습니다. 책으로 전달할 수 있는 것과 없는 것은 분명히 존재합니다. 이에, 저자 및 지인들이 내용을 제대로 전달하기 위하여 인터넷(youtube) 무료 강의도 병행합니다.

카페(cafe.naver.com/vs2015)를 통하여 모르는 부분에 대한 피드백을 남겨 주시면 해당 주제에 대하여 가장 적합한 강사가 강의를 진행하기로 했습니다. 거대한 지식 창고인 위키피디아에서 얻을 수 있는 소스보다 더 잘 짜기 힘든 부분은 인용하는 것으로 기획되었습니다. 굳이 책의 테두리로 지식을 묶기보다 애플(Apple)이라는 회사가 보여준 것처럼 더 좋은 것이 있고, 더 잘하는 사람이 있으면 과감하게 자신의 것을 버리는 판단을 하기로 했습니다. 동영상 강의도 마찬가지입니다. 비록 독자라 할지라도 더 뛰어난 설명을 하는 분이 계시면 독자가 강의하는 것으로 책을 쓰기 전부터 기획되었습니다. 이런 시도 외에도 한자어를 병행하거나 여러 용어를 섞어 쓰기도 합니다. 난해한 용어 때문에 프로그래밍을 어려워하시는 분들께, 다양한 방향의 내용을 쉽게 보여드리기 위함입니다. 정작 한자어의 용어를 개수를 따져보면 몇 개 되지 않기 때문입니다. 여러분은 두꺼운 책 한 권 분량에 나오는 한자를 어렵게 생각하기보다 도전을 하게 될 것입니다. 하나의 개념에서 다양하게 쓰이는 어려운 용어들이 대부분 쉬운 용어로 통합되는 시도를 보고 자신이 알게 된 용어들을 합치고 분리하는 능력을 가지게 될 것이라 생각됩니다.

좋은 책은 독자들 사이에서 만들어진다고 생각합니다. 저자들은 프로그래밍 서적을 읽는 독자였습니다. 우리가 잘못 만들어진 프로그래밍의 인식에서 벗어나, 창의성을 잃지 않기를 바랍니다. 이에, 새로운 시도를 모아 한 권의 책에 담았습니다. 모든 코드 스타일은 이클립스 자바 버전 혹은 CPP 버전을 이용하여 자동 정렬하였습니다. 이 역시 이 책에서 하는 새로운 시도 중 하나로, 각 기업에서 수많은 시간을 투자해서 만든 수백 장 분량의 코드 스타일은 향 후 필요 없어질 것임을 명시적으로 선언하는 것이라 하겠습니다. 대부분의 IT 서적은 5년 이상 읽히기 힘듭니다. 이 책은 꾸준히 읽힐 수 있도록 계속해서 새롭게 쓰고 또 더 새로운 시도를 하려고 합니다. 양자 컴퓨터 이전의 모든 프로그래밍 언어를 하나로 묶는, 이 책에서만 볼 수 있는 불변의 개념인 OLPP(Object Linked Programming Paradigm)만은 변화시키지 않으며 말입니다. 프로그래밍으로 힘들어하셨던 분이 이 책을 통하여 이루어질 많은 토론과 논의로 자신만의 프로그래밍 노하우를 가질 수 있기를 바랍니다.

2017 年
저자 일동

The ones who are crazy enough to think that they can change the world, are the ones who do.

세상을 바꿀 수 있다고 생각할만큼 열정있는 사람들이 실제로 세상을 바꾸는 사람들이다.

스티브 잡스의 말 중에서...

내용

저자의 말   5

Chater.1 프로그래밍   13

무조건 쉽다고 생각하자   14
프로그래밍이 어려웠던 이유   18
웹서핑 공부법   20
프로그래밍 경험이 있는 독자에게   24
프로그래밍 개념 잡기   26
쉘(shell) 프로그래밍   28

Chater.2 쉘 프로그래밍을 넘어서…   41

Visual Studio 설치 (C/C++)   42
C/C++ 프로그래밍   60
JDK / Eclipse 설치 (JAVA)   72
JAVA 프로그래밍   90

Chater.3 프로그래밍 공부 방법   95

수학이 기본입니다.   98
EntryPoint를 찾을 줄 알아야 합니다.   100
DS(Data Structure)를 알아야 합니다.   102
ALGO (Algorithm) 을 짜기 위한 도구를 알아야 합니다.   130
스스로 결정하는 DS, ALGO 실력!   136
흐름제어(Flow Control)   170

Chater.4 프로그래밍 심화 173

- Brute Force 174
- 기본 연산자 178
- 다르게 생각하기 180
- 문제 풀이 182
- 고등학교 수학 문제 188
- 디버깅 193
- 객체지향 알고리즘 201

Chater.5 모든 프로그래밍 언어에 있는 포인터 203

- Indirection 204
- 기본개념 211
- 포인터 연산자 215
- 다중 포인터 217
- 배열 218
- 배열 포인터 220
- 포인터 배열 222
- 동적 할당 224
- 함수 226
- 함수 포인터 229

Chater.6 임베디드 & 맥OS 프로그래밍 237

- 전원 ON/OFF 240
- 키보드 그리고 모니터와 연결 241
- 임베디드 스펙 리딩 242
- Windows Install 248
- APPLE MacOS 251
- BASH 쉘 프로그래밍 252

Chater.7 웹 프로그래밍 259

- 웹 프로그램의 중심이 크롬인 이유 — 261
- 크롬브라우저(Chrome Browser) 프로그래밍 — 262
- 태그(명령어)를 사용한 웹 프로그래밍 — 264
- HELLO WORLD — 267
- 태그(명령어) 정리 — 270
- CSS — 281
- HTML5 정적 페이지 마무리 — 285
- JAVASCRIPT — 289

Chater.8 어셈블리 랭귀지 313

- 개발환경 구축 — 316
- 첫 번째 어셈블리 프로그램 — 318
- 두 번째 어셈블리 프로그램 — 325

Chater.9 디자인 패턴 329

- 싱글톤 패턴 — 330
- 플라이급 패턴 — 334
- 빌더패턴 — 338
- 콜백패턴 — 341

Chater.10 프로그래밍 UP(業) 347

- 기존 모듈 담당자보다 더 잘 알 수는 없습니다. — 348
- C Self-Tests — 350
- JAVA Self-Tests — 356
- C/C++과 JAVA 이해하기 — 360

Chater.11 CPU와 메모리를 넘어선 개발 이론   397

    CBD 개발 방법론   398
    SOA 개발 방법론   402
    개발 방법론, 패러다임의 본질   404
    코드로 이해하기   406

Chater.12 오브젝트 링크 프로그래밍 패러다임   419

    첫 번째 이야기   424
    두 번째 이야기   425
    세 번째 이야기   428
    OLPP 툴 적합성 조사   447
    실무적 OLPP 개발자가 되기 위한 필수 프로토콜   450
    맺음말   457

supplement 작가들의 생각   459

    잘하는 사람과 잘 가르치는 사람   466
    인식과 인정 그리고 목표   468
    현실적으로 대학생에게 도움이 되었던 조언   469
    프로그래머, 개발자는 스트레스가 많은 직업   473
    사람은 최고의 API   474
    못다한 이야기   476
    작가들의 인사   479

Chapter 1.

 STRAPLINE

무조건 쉽다고 생각하자.

프로그래밍이 어려웠던 이유

웹서핑 공부법

프로그래밍 경험이 있는 독자에게

프로그래밍 개념 잡기

쉘(shell) 프로그래밍

프로그래밍
Programming

프로그래밍은 무엇인지? 어떤 분야가 있는지? 무엇을 공부해야 할지? 살펴보는 빠른 방법을 먼저 알려 드립니다. 취미로 프로그래밍을 하는 것이 아닌, 취업을 위해 프로그래밍을 공부하는 독자는 입사를 원하는 회사에서 필요한 '기술 스택'을 공부해야 합니다. 사람인(www.saramin.co.kr)에서 기업을 검색하고 원하는 직무를 보며, 요구하는 기술 스택을 보면 됩니다. 대부분의 개발자, 프로그래머는 취미로 개발하기보다는 일로 삼아 보다 많은 시간을 코드와 함께 보내고자 합니다. 이에, 이 책에서는 원하는 기업의 기술 스택 모두를 다루지는 않지만 실무에서 개발자들끼리의 소통을 위하여 여러 분야를 다룹니다. 다양한 분야를 넓게 공부하다가 마음에 드는 분야가 있다면 스스로 깊은 공부를 하셨으면 합니다.

무조건 쉽다고 생각하자

철수는 남자다.
영희는 여자다.

위처럼 참/거짓을 알 수 있는 것을 '명제'라고 합니다. 누구나가 "아!" 할 명제를 이야기하려고 하면 우리가 사는 세상에서 데이터를 모으고, 가공해서 정보를 만들어야 합니다. 해당 정보를 통하여 지식을 만들고, 해당 지식에서 진리, 정리, 법칙을 만들어 냅니다. 실세계에서는 인식, 인지를 통하여 데이터를 만듭니다. 해당 데이터에는 노이즈가 많이 있습니다. 데이터를 잘 정리하면 정보가 됩니다. 정제된 정보를 체계적으로 만들면 지식이 됩니다. 지식을 이론화하면 진리나 법칙이 됩니다. 데이터와 정보를 간단히 '정보'라고 한다면 정리, 진리, 법칙, 지식은 모두 '지식'이라고 할 수 있습니다. 컴퓨터 프로그래밍을 처음 접하는 사람들이 힘들어하는 이유와, 컴퓨터 프로그래밍을 가르치는 사람들이 하는 실수는 모두 같은 곳에서 출발합니다. 바로 데이터와 정보를 가르치기 전에 진리, 정리, 법칙 혹은 지식을 먼저 가르쳐야 한다는 것입니다. 이에 '프로그래밍은 CPU와 메모리[1]의 장난'이라는 진리부터 말하고자 합니다.

IT 비전공자, 흔히 말하는 '문과생'의 경우 스스로 컴맹이라고 생각하는 사람들이 많이 있습니다. 그 상태에서 프로그래밍이라는 것을 배워보려고 하니 어려운 용어에 답답함을 느끼고 프로그래밍을 배우는 것을 포기하는 분도 많습니다. 그러나 이 책을 펼친 지금부터는 이 한 가지만 알고 시작하시면 됩니다.

....
1. 메모리는 '기억하다'는 단어의 뜻처럼 다양한 데이터를 기억(저장)하는 공간입니다. 프로그램이 실행될 때 '메모리에 올라 간다'라는 표현을 쓰는데, 이것은 프로그램이 작동하는데 필요한 정보가 메모리에 저장되는 것을 뜻합니다. 메모리에서는 하드디스크처럼 계속해서 데이터가 저장되지 않기 때문에, 프로그램이 종료되면 해당 데이터는 메모리에서 사라집니다.

프로그래밍은 CPU와 MEMORY의 장난입니다.[2]

CPU는 노트북이나 개인용 컴퓨터를 살 때 들어 보았던, i3, i5, i7, AMD 等(등, 한자지만 특정 기호라고 간주하시면 됩니다. 앞으로 等이 나오면 그간 복잡하게 쓰였던 용어를 쉬운 용어로 통합하는 기호라고 생각하시면 되겠습니다.) 용어입니다. RISC, CISC, SDRAM, RDRAM 等 의 용어는 모르지만 컴퓨터 살 때 CPU와 메모리를 들어 본 적이 있다면 자신 있게 말할 수 있습니다. 작은 책에서 주장했다는 이유 하나로 자신 있게 말하기 힘들어하시는 분을 위해 조금 더 설명해 보겠습니다. 프로그래밍을 CPU와 MEMORY의 장난으로 알고 시작하는 것은, 수영을 할 줄 모르지만 수영이 무엇인지 아는 것과 같습니다. 실재(實在)는 거짓·상상이 아닌 현실적으로 존재하는 것을 말합니다. 수영은 실재하지만 코드는 실재하지 않습니다. 게임 아이템의 경우 가상공간에 존재하기 때문에 현물이냐 아니냐에 대한 갑론을박이 있었을 정도입니다. 프로그래밍 코드 역시 그렇습니다. 하드 디스크가 저장소이니 하드디스크에 있는 것 같기는 한데 실재(實在)하는지 애매모호한 것입니다. 코드는 실재라기보다 있는 사실을 일컫는 말인 실제(實際)로 써야겠습니다. 프로그래머가 프로그래밍을 해서 나오는 산출물인 코드라는 것은 부팅 전에는 어딘가(하드 디스크)에 존재하고 실행이 되어 무언가(프로세스, process)가 된 이후, 반도체 어딘가의 저장소(플립플롭)에 저장되어 있겠습니다. 그러나 올림픽의 '수영'처럼 눈으로 확인하기는 힘듭니다. 그래서 실재보다는 실제가 더 이해하기 편합니다. 그러나 이 책이 끝날 즈음 여러분은 실제와 더불어 실재하는 코드를 머릿속에 떠올릴 수 있게 될 것입니다. 여러분이 읽는 많은 프로그래밍 서적은 실재와 실제처럼 말장난같이 느껴지는 수많은 IT용어로 이루어져 있습니다. 이제 그 뿌리 용어를 알고 찾을 수 있게 될 것입니다. 왜냐면 기초 단계에서 용어는 이해하기 위한 도구에 불과하지 실제던 실재던 크게 중요하지 않습니다. 고급 단계에서는 작은 용어의 미묘한 차이를 아느냐 모르느냐가 중요해 집니다. 저자의 경우 현실에서는 '결재'와 '결제'를 엄격히 구분해 사용하지만, 이 책에서는 '실재'와 '실제'같이 말 장난같은 용어에 크게 신경쓰지 않습니다. 왜냐면 프로그래밍은 단순하지만 용어 때문에 어려워지기 때문입니다. 수영선수가 여러 가지 영법으로 목표지점까지 물속을 헤엄치는 것과 똑같이 프로그래밍은 프로그래머가 다양한 프로그래밍 언어를 통해 CPU와 MEMORY로 장난을 치는 것뿐이기 때문입니다. 지금까지 보이지 않는 CPU와 MEMORY 내부[3]를 두고, 정확하게 설명하는 사람이 있는 반면, 나름대로의 설명 방법으로 혼돈을 주는 사람도 많았습니다. 두괄식 글이 이해하기 쉽듯이,

프로그래밍은 씨피유와 메모리를 조작하는 것뿐

이라는 진리를 알고 시작해 봅시다.

....
2 프로그래밍을 다른 방식으로 정의합니다.
3 실제로는 디스트림, TRACE32, 오실로스코프와 같은 장비를 통하여 메모리 내부의 값을 볼 수 있습니다.

우리가 C/C++, Java, 어셈블리 및 다른 프로그래밍 언어로 명령을 내리는 대상들, 즉 PC CPU나 모바일 AP, 마이컴 等의 프로세서는 모든 프로세서는 다음과 같은 일을 할 수 있습니다.

메모리에서 데이터를 꺼내어 레지스터로 복사할 수 있습니다.
레지스터에서 데이터를 꺼내어 메모리로 복사할 수 있습니다.
메모리나 레지스터에 값을 기입할 수 있습니다.
레지스터에 있는 값을 비교하거나, 연산할 수 있습니다.

이외에도 더 빠르고 능률적인 처리를 위하여, 메모리에서 메모리로 바로 값을 복사(DMA :Direct Memry Access)하는 기능도 있습니다. 세부구조가 다를 수 있지만 프로세서가 할 수 있는 일은 레지스터나 메모리 영역에서 벗어나지 못합니다.

우리가 기기를 조작하고 결과를 얻기위해서는 마우스나 키보드, 화면과 같은 입출력장치가 필요합니다. 그러나 프로세서가 메모리나 레지스터에서 데이터를 조작하는 일밖에 못 한다니 고개가 갸웃거려 질 수 있습니다. 메모리의 특정위치에 데이터를 쓰면, 무엇인가가 그 데이터를 출력장치에 전달해주거나, 또다른 무엇인가가 입력장치에 입력된 데이터를 메모리의 특정 위치에 써놓습니다.

메모리(memory)에 입출력장치(Input/Output)들을 배치시켜(map) 놓은 것을 메모리-맵 입출력(Memory-mapped I/O, MMIO)이라고 합니다.

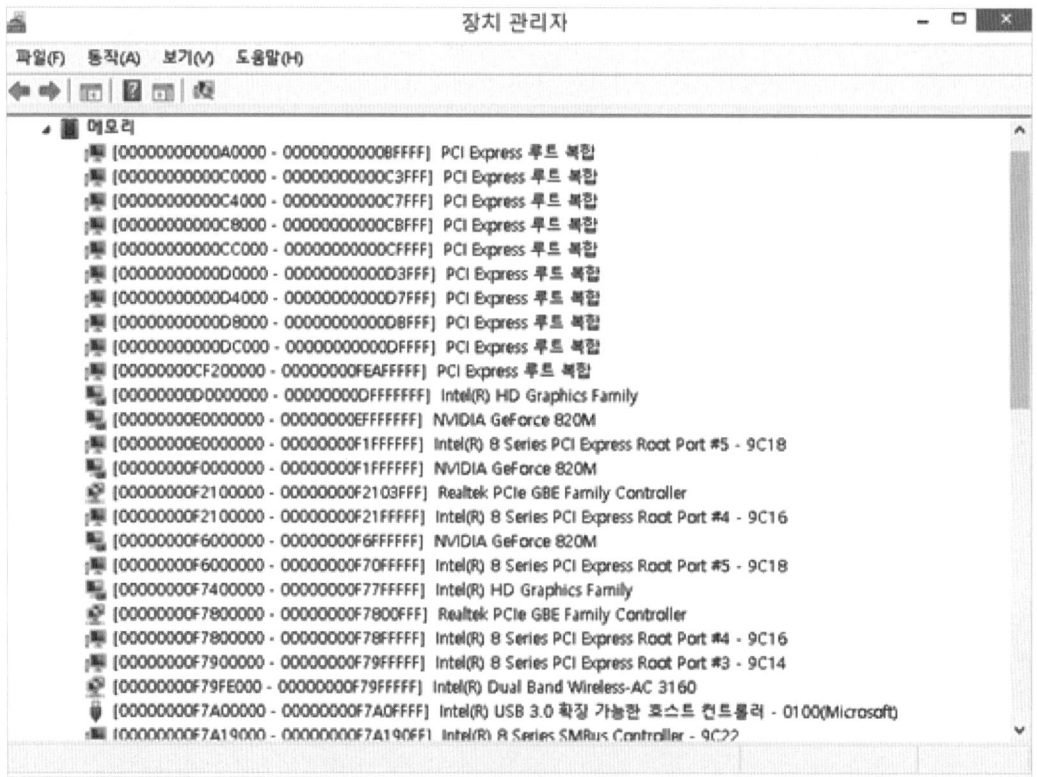

WINDOW의 장치관리자에 들어가서 '보기->리소스 종류별'을 선택하시면 위의 그림과 같이 메모리에 외부 장치들이 맵핑되어있는 것을 확인하실 수 있습니다. 저희는 프로세서에게 명령을 내려 메모리와 레지스터만 조작할 수 있습니다. 그러나 그것만으로도 우리가 프로세서를 통하여 하고픈 일들을 다할 수 있다는 것을 알 수 있습니다. 다시 한번 말하겠습니다. 프로그래밍은 CPU와 MEMORY의 장난입니다.

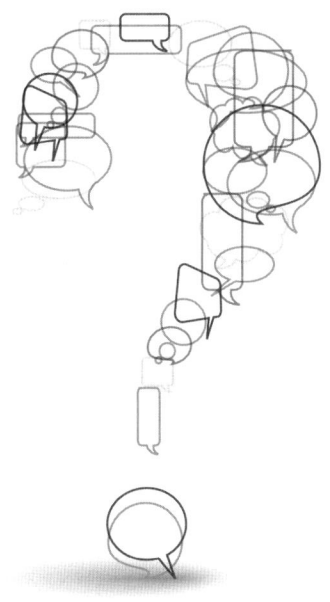

프로그래밍이 어려웠던 이유

우선 용어를 어렵게 쓰는 것이 문제입니다. 의사랑 대화를 하다보면 전문용어를 자연스레 이야기 합니다. ONC(Open and Close, 수술하려고 배나 가슴을 열었으나 회생 가망이 없어 다시 닫는 상황), 페인팅(수술 전 베타딘으로 수술 부위를 소독하는 행위) 등 의학 드라마에서 친절하게 자막을 넣지 않으면 알아듣기 힘든 용어가 있습니다. IT 분야 역시 그렇습니다. IT 관련 이야기를 하는데 하나도 못 알아 듣겠다는 피드백을 많이 받았습니다. 어려운 용어가 몇개만 들어가도 이해가 되지 않기 때문입니다. 때로는 작은 용어들을 무시한 체 문맥만 보고도 이해할 수 있는 것들이 많습니다. 이 책에서도 나온 설명도 이해하기 어려울 때는 코드를 찾아서 타이핑해보는 것만으로 이해할 수 있는 것들이 있습니다. IT 필드에서 어느 정도 경험을 쌓고 다양한 프로그래밍 언어를 접해보면 나중에는 개발할 때 구차한 설명보다 바로 코드를 읽는 것으로 시작합니다. 이에, 어려운 용어가 나오더라도 당황하지 마시기 바랍니다. 주변 누군가(컴퓨터 전공자 등)에게는 너무 쉬운 글일지 모르지만 쉽게 생각하는 그 또한 용어를 몰라서 어렵게 컴퓨터를 배운 사람이기 때문입니다. 안드로이드는 개발자가 아니더라도 아는 용어 입니다. 그러나 안드로이드라 설명하지 않고 AOSP(Android Open Source Project), PDK(Platform Development Kit)이라고 하면 어려운 전달이 되어 버립니다. 물론, 다른 용어입니다. 개발자끼리는 구분해서 써야하는 것이 맞습니다. 그러나 일반적인 의미 전달에 답답함부터 주는 것은 잘못되었습니다. 개발과 강의는 완벽히 다른 분야라는 것을 개발자는 인식해야 합니다. 개발을 잘하는 사람과 강의를 잘하는 사람은 나누어져 있다는 것도 말입니다.

지식에는 전문지식, 해당 필드에서 통하는 경험의 법칙에 관한 지식, 그리고 메타 지식이 있습니다. 컴퓨터에서 메타 정보라고 함은 흔히 정보를 제공하는 파일 자체의 정보를 말합니다. 이미지 파일의 EXIF[4]가 좋은 예라고 할 수 있습니다. 우리가 타인에게 제공하려는 지식 자체에 대한

....
4 EXchangable Image File format 으로 JPG같은 이미지에 들어가는 추가 정보(사진 찍은 날짜 등)

추가 지식. 즉, 메타 지식을 제공하면 다음과 같은 이점이 있습니다.

- 프로그래밍이 쉬워집니다.
- 프로그래밍이 재미있어집니다.

그래서 어떤 지식을 설명한 후에 그것의 이해를 돕기 위한 예를 충분히 제시하고자 합니다. 실체를 알기 위해서는 여러 관점으로 설명을 해야 하기 때문입니다. 장님이 코끼리 코만 만져보고 뱀이라고 말하는 동화 속 이야기처럼 되지는 말아야 합니다.

　프로그래밍을 재미없게 만드는 가장 큰 요소로는 라이선스가 있습니다. 무엇이든 업(業)으로 하게 되면 재미가 없어집니다. 남의 일을 해 주는 회사원이 자신의 직업에 만족하기란 힘든 일입니다. 이는 통계적으로 많은 사람들이 동의하는 경험적 지식입니다. 만약 돈을 벌기 위해 프로그래밍을 한다거나 회사에서 시켜서, 혹은 어쩔 수 없는 일로 해야 하는 프로그래밍은 재미가 없기 마련입니다. 또, 재미가 없으면 책을 끝까지 읽기도 힘듭니다. 프로그래밍은 발명, 공부, 수학, 놀이 等 여러 가지 개념이 복합적으로 합쳐진 용어입니다. 그리고 이 용어를 구성하는 하나하나의 개념들은 지난 역사상 많은 위인들이 업으로 삼으면서도 재미를 느꼈던 분야입니다. 재미를 알려드리기 위해 GPL(General Public License)를 제창한 FSF(Free Software Foundation)에 대해서 간단히 소개드리겠습니다. 다른 사람이 만든 소스를 자유롭게 보고, 또 자신이 만든 것을 오픈하는 라이선스와 문화를 이끄는 단체입니다. 리눅스라는 커널[5]/운영체제도 그렇게 출발했고, 이제는 세계 TOP100 슈퍼컴퓨터 대부분이 리눅스를 사용합니다. 한 가지 아쉬운 것은 국가에서 말하는 오픈소스와 LINUX FOUNDATION이라는 단체가 하고 있는 오픈소스와 프로그래밍은 사실 '재미'와는 매우 거리가 멉니다. 돈을 벌기 위해 복잡한 라이선스 관계를 알고 자신에게 유리하게 이용하며, 또 최종 목적인 자신의 이익을 채우는 구조로 되어있기 때문입니다. 이런 복잡함을 고려하기 전, 먼저 "프로그래밍은 CPU와 MEMORY의 장난"이라는 진리로 진정한 프로그래밍의 재미를 느꼈으면 합니다. 다만, 가장 효과적인 [웹서핑 공부법]을 추가적으로 이용할 때 기본 지식은 필요합니다. 어떤 것이 재미있는 것이고, 어떤 사람이 재미를 추구하는 사람이며 단체인지 구분할 변별력이 필요합니다. 초심자는 이런 변별력을 가지기가 힘들었기 때문에 프로그래밍이 재미가 없었고, 또 재미가 없으니 어려웠던 것입니다. 프로그래밍 세계에서 자유를 뜻하는 용어인 FSF, GNU, GPL 은 꼭 알아 두시기 바랍니다. 약어 풀이를 알 필요는 없습니다. 재미의 가장 큰 전제조건인 자유를 뜻한다고만 알면 됩니다. 컴퓨터 분야에는 수많은 용어가 있습니다. 플랫폼 용어만 해도 다양합니다. Azure, Bluemix, Android, iOS 等 대부분의 용어만 안다고 해도 특정 회사에서 제공하는 S3, EC2, SQS, ARD 等 용어는 해당 회사의 플랫폼을 즐겨 이용하는 프로그래머가 아니면 모릅니다. 모든 것을 알 필요는 없습니다. 시장 경제 원리에 의해 사장되고 사라져 버릴 기술이 수두룩 하기 때문입니다.

---

[5] 커널은 사용자 눈에는 보이지 않는 부분입니다. Windows, Linux와 같은 컴퓨터 운영체제에 있어 가장 중요한 핵심입니다. 동작 처리, 메모리 관리, 입출력 연산 등 컴퓨터 동작에 있어 기본적이고 핵심적인 작동을 하도록 프로그래밍 되어 있습니다. 마치 연극 무대 뒤에서 조명, 카메라, 무대장치 등을 다루는 staff와 같습니다. 중요한 일을 하지만 눈에 바로 보이지는 않습니다. 커널은 컴퓨터가 켜지면서 제일 먼저 메모리에 로딩되고, 항상 메모리에 상주해 있습니다. 컴퓨터를 켰을 때, 까만 화면에 흰 글자들이 획획 올라가는 것은 바로 커널이 메모리에 올라가서 나올 수 있는 로그(행적, 기록)입니다.

웹서핑 공부법

요즘 책을 사서 보는 사람은 점점 줄어드는 추세입니다. 그 이유는 인터넷이라는 좋은 공부방이 있기 때문입니다. 정보의 바다로 불리는 인터넷의 등장으로 정보를 저장하는 책의 역할은 인터넷이라는 커다란 바다를 항해할 수 있는 나침반의 역할로 바뀌어야 합니다. 'Surfing the Internet'이란 용어가 20년 이상 사용되었지만 인터넷을 어떻게 이용하는지에 대해 명확히 모르고 사용하는 것에 대해서 아쉬움이 있었습니다. 그래서 소개하려고 하는 검색 방식이 바로 "구글링"입니다. 구글링은 google.com 을 통해서 원하는 검색 키워드를 입력하고 검색하는 것을 말합니다. 사용법은 매우 간단합니다. 수년 전에는 naver, lycos, yahoo, google, daum 등 다양한 검색 매체를 이용해서 나오는 검색 결과가 모두 조금씩 달랐습니다. 검색 엔진의 검색 범위가 넓어지면서 구글에서 해당 포털 사이트의 내용까지 검색이 되었습니다. 이에 각 기업이 자신의 콘텐츠가 무단으로 이용되는데 불만을 토로했고, 국제적 규약은 없지만 http://www.robotstxt.org/ 를 통해 검색이 되지 않도록 권고하고 있습니다. 간단히 말하면 google에서 제공하는 robot.txt[6] 파일 내부의 태그(명령어)를 이용하면 검색되지 않도록 막을 수 있게 했습니다. 물론, 이 부분도 해외 사업을 하려면 구글을 이용해서 광고해야 하는데 국내 사업의 경우 자사 콘텐츠를 보호해야 하므로 '고무줄 법' 정도로 보면 되겠습니다. 논란의 여지가 있기에 화사첨족이 많았으나 결론만 말하면

구글링을 통해 원하는 내용을 검색하면 됩니다.

예전에는 환경 구축하는 방법이 매우 어려웠습니다. 컴퓨터 조립만 보더라도 파워 케이블의 검은색 선이 꽂힌 핀을 연결하면 메인보드가 망가지는 일도 있었습니다. 그러나 요즘에는 잘못 꽂을

---

[6] https://support.google.com/webmasters/answer/6062608?hl=ko

수 없도록 소켓을 만들었기에 굳이 알 필요가 없습니다. IT 서적에서 많은 부분을 차지하는 환경 설정 부분도 그와 같습니다. 복잡한 환경 설정도 최근에는 버튼 몇 번만 클릭하면 설치됩니다. 오래전 리눅스로 호스팅 사업을 할 때에는 리눅스 설치만 해도 수많은 부분을 알아야 가능했지만 지금은 알지 않아도 되는 지식이 되었습니다. 오래 전 구입한 컴퓨터 기초 서적에는 마우스와 키보드 사용법부터 나옵니다. 그러나 요즘 나오는 기초 서적에는 싣지 않아도 되는 내용입니다. 이에 구글링 방법만 알면 충분히 혼자 공부할 수 있다는 판단에 굳이 책을 낼 필요도 없었습니다. 아마 이 책도 계속해서 써 나가지 않으면 시간이 지나, 이 책도 전혀 필요 없는 책이 될 것입니다.

  구글 검색 방법에서 추천하는 방법은 두 가지 입니다. filetype: , site: 입니다. 제외시키는 - 키워드, 유사 어휘를 찾는 ~ 키워드, 범위를 지정하는 range 방법 등 여러 가지가 있으나 구글이 알아서 필요 없는 것을 제외하고 사람들이 원하는 것을 가져오도록 만들어져 있습니다. 심지어 철자가 틀린 경우에도 유사 어휘로 검색을 해줍니다. 다만, 퀄리티 있는 자료 검색은 쉽지 않기에 실무에서는 DBPIA[7]와 구글 학술검색을 이용하여 논문을 검색하고 해당 논문을 구현하거나 구글링의 filetype:ppt, filetype:pdf, site:apple.com 등 추가 기능을 이용합니다. 가령 이 책에서 설명하는 쉘 프로그래밍을 보고 싶다면, 크롬 브라우저 구글 검색주소창(Ctrl+L)에 다음과 같이 타이핑을 하시면 됩니다.

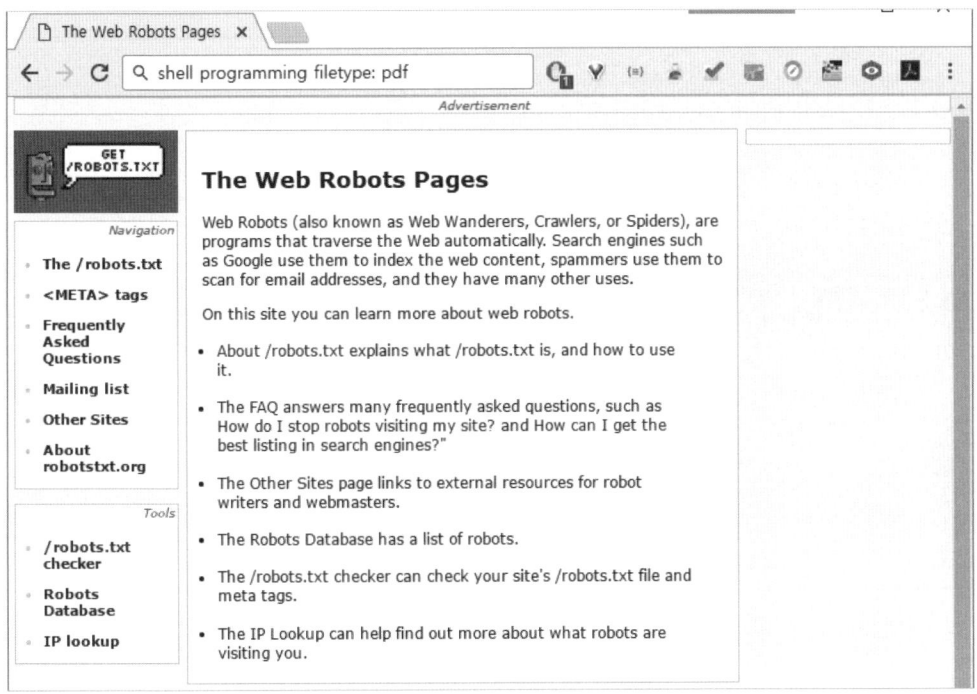

그러면 책 한 권 분량의 PDF 문서를 찾을 수 있습니다.

....
7 http://www.dbpia.co.kr/

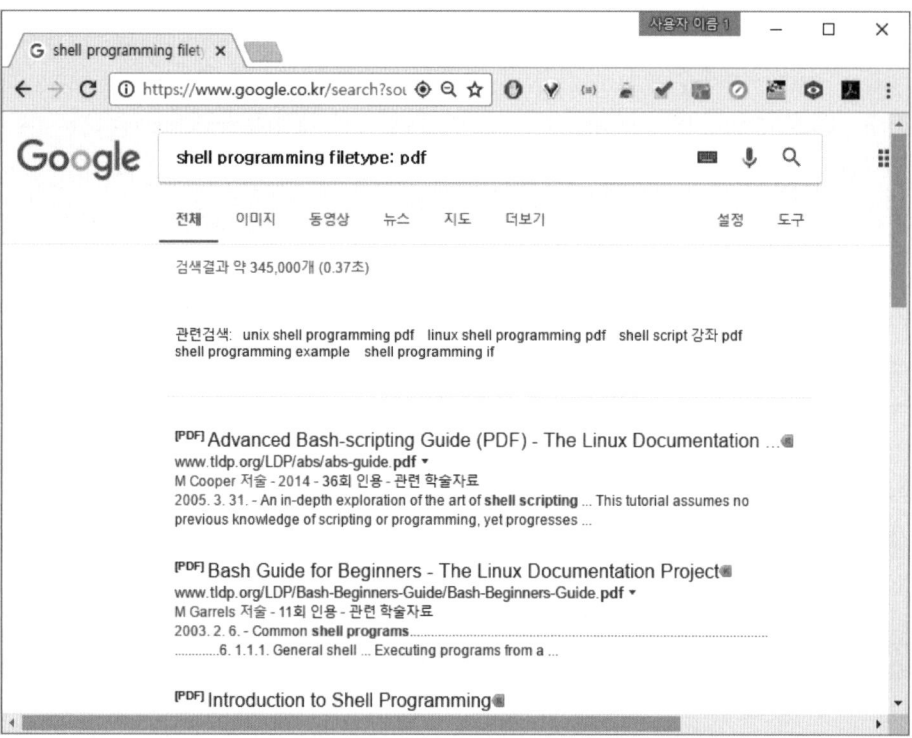

영어가 부담스럽다면 "도구–모든언어–한국어 웹"을 이용하면 됩니다.

영문 자료가 이해하기 쉬울 때가 많습니다. 뜻보다는 소리를 표현하는데 특화되어 있는 한글의 특성상 영어와 1:1로 매칭이 이루어지지 않아 개념을 이해하는데 한계가 있습니다. 국내 서적의 경우 해외자료를 소화해서 작성된 자료가 많기 때문에 의역, 오역으로 인해 원서의 의도와는 전혀 다른 방향으로 해석될 수도 있습니다.

　영어를 그리 달가워하지 않는 대학생 그룹 멘토링 경험이 있습니다. Data Structure나 Algorithm 등 컴퓨터 관련 공부를 원서로 공부한 대학생이 나중에 국문 서적을 보고 오히려 원서가 더 이해하기 쉬웠다는 말을 했습니다. "웹서핑 공부법"은 웹서핑을 위한 서핑 방법이지, 바다나 파도 자체가 아닙니다. 올바른 검색을 위해서는 키워드를 분명히 알고 있어야 합니다. 구글에서 1592를 치면 임진왜란이 검색되고, 구글 이미지 검색에서 1932 4 29 로 검색하면 윤봉길 의사가 나오는 것과 같은 이치입니다. 아는 것이 많을수록 더 많은 자료를 찾을 수 있습니다. 독자께서는 최소한의 지식을 습득하여 웹이라는 거대한 바닷속에서 등대, 지도, 나침반 역할을 하는데 이 책을 잘 이용했으면 합니다. 한 번 길을 찾고 나면 지도나 나침반은 큰 필요성을 느끼기 힘듭니다. 또한 초행길에 대한 어려움은 작가보다 초행길로 목적지에 온 사람의 첫 기억이 가장 정확합니다. 잘못된 부분이 있다면 다음에 올 초행자들을 위해 더 도움이 될 수 있도록, 언제든 카페나 출판사를 통해 제보 바랍니다. 더 나은 책이 될 수 있도록 도움을 주셨으면 합니다.

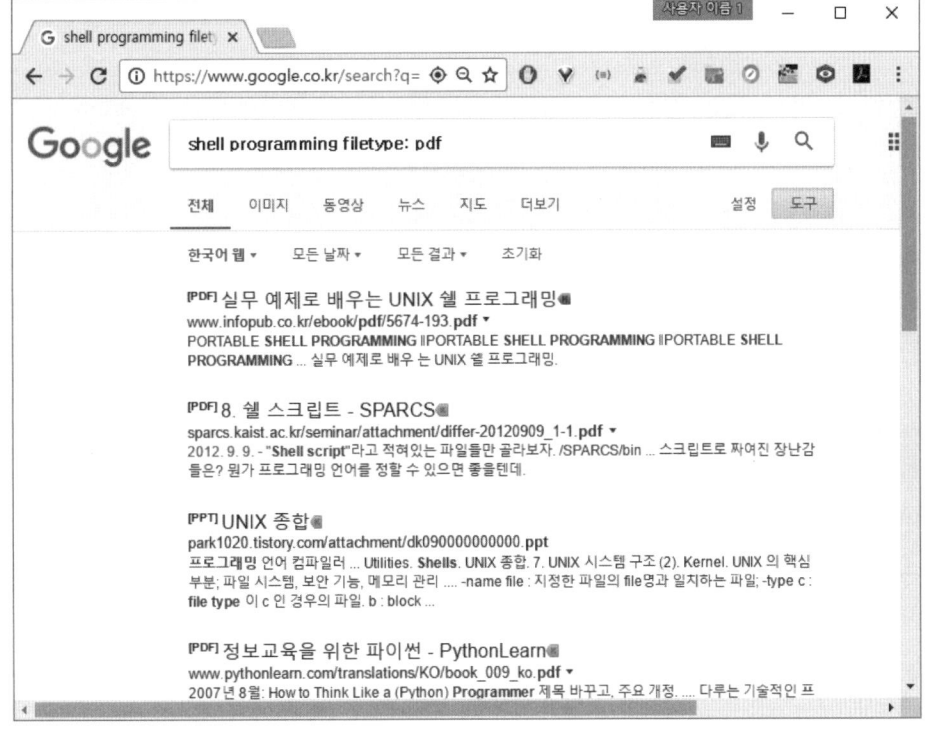

프로그래밍 경험이 있는 독자에게

1847년 George Boole 이 만든 개념이 프로그래밍에 적용되었습니다. boolean, bool, 이진트리, 퀵 소트 등 프로그래밍 패러다임에 큰 영향을 끼쳤습니다. 컴퓨터의 사고 과정을 배우는 것이 프로그래밍이라면 실 생활에서 이분법적으로 생각하는 것은 컴퓨터를 이해하는데 효율적인 경우도 있습니다. CPU 역시 0과 1을 이용해 연산을 합니다. 그런데 의문점이 듭니다. 우리가 생각하는 자료형도 컴퓨터는 이해하지 못하고 메모리 상에서는 모두 구조화되지 않은 채 비트 단위로 저장됩니다. 통짜 프로그램(한 사람이 모든 파트를 만드는 것)을 만들 수 없기 때문에 모듈을 나누고 나누어진 모듈이 각기 다른 프로그래밍 언어로 만들어지기도 합니다. IPC, pipe, shared memory, COM, TCP/IP, NDK, AIDL 등 각종 프로토콜은 모듈 간의 인터페이스를 말합니다. 이렇게 모듈을 나누다 보니 만드는 사람도 나누어져 있고, 악의로 데이터의 무결성을 파괴하거나 시스템을 붕괴시켜 자신을 이익을 채우는 사람도 있습니다. 추가로 이익 관계나 이해관계에 의해서 나누어진 모듈 간의 보안도 필요하게 되었습니다. 0과 1에서 출발했지만 수없이 추상화되는 이 복잡함 속에서 굳이 0과 1의 시온으로 갈 필요가 있을까요? 그러다 보면 응용 프로그램 개발자는 프레임웍을 거쳐 운영체제, 커널, 스케줄러, SoC 프로그래밍, 또 비용 때문에 FPGA까지 내려가다 결국, 전기이론까지 공부를 해야 합니다.

우리의 두뇌 능력이 대동소이한 이상 모든 분야를 다할 수는 없습니다. 수영선수 펠프스 같은 명성을 획득하기는 어렵습니다. IT는 명확한 하나의 분야가 아니기 때문입니다. IT 천재라는 말은 없습니다. 왜냐면 펠프스가 수영도, 육상도, 체조도 우승하는 것과 같은 이치기 때문입니다. 그래서 각 분야는 통합되기 힘들고 공통된 진리를 말하기 힘듭니다. 이 와중에 머리 아픔을 해결해 줄 수 있는 유일한 진리가 있다면, '프로그래밍은 CPU와 MEMORY의 장난' 이라는 것입니다. JVM위에 도는 자바만 해도 메모리에 직접 액세스 할 일이 없고, 웹 프로그래머는 프레임웍 상단인 웹 브라우저에서 동작하는 모듈을 만들기에 더더욱 메모리에 접근하지 않습니다. 그러나 해당 프로그래머도 항상 메모리를 걱정합니다. 다루는 데이터가 너무 커서 overflow가 나진 않을지, 플레이하는 동영상이 너무 크지는 않은지 말입니다. 포인터가 없다는 자바도 결국 null pointer exception이라는 것이 있습니다. SoC의 경우 Memory mapped I/O를 구현하기 전에는 메모리가 있다고 할 수도 없습니다. 상위 인터페이스를 제공하기 위해서는 결국 메모리를 매핑해 주어야 합니다.

프로그래밍을 배우려는 사람에게 우선 진리를 말해주고 지식을 주고, 정보를 주고 경험도 주어야 한다고 생각합니다. 그래야 어렵다고 느끼지 않을 수 있습니다. 경험 많은 프로그래머에게도 수없이 바뀌는 API[8]나 프레임웍, 트렌드들이 그리 녹녹지만은 않기 때문입니다. 데이터가 정보가 되고 지식이 되고 진리가 되는 과정에서 즐거운 점이 있다면 머릿속에 넣어야 할 양이 기하급수적으로 줄어든다는 것입니다.

프로그래밍은 CPU와 메모리의 장난입니다.

---

[8] API(Application Programming Interface) API는 누군가가 이미 만들어 어떤 의미있는 동작을 하는 명령어의 집합입니다. API를 단어 사전이라고 생각하면 이해하기 더욱 쉽습니다. API는 다른 사람들이 기존에 만들어 놓은 단어입니다. 글을 쓸 때 단어가 생각이 나지 않으면 사전에서 단어의 의미를 찾아보고 적절한 단어를 가져와 씁니다. 프로그래밍을 할 때도 마찬가지로, 내가 필요한 부분을 API 사전(Reference)에서 찾아보고 가져다 쓰면 되는 것입니다.

프로그래밍 개념 잡기

"코딩이 뭔지 잘 모르겠어요? 배열, 포인터는 어떤 것인가요?"

처음 프로그래밍을 접하시는 분은 생소한 용어를 가장 어렵다고 느낍니다. 프로그래밍을 배워 보려고 하면 많은 개발자들이 답변하는 패턴은 대부분 비슷합니다. 전부 인터넷에 있다고 합니다. 또, 책을 보라고 합니다. 배움이 힘든 이유는 용어를 모르지만 어떤 것부터 시작을 해야 할지 모르는 경우가 많기 때문입니다. 일반적으로 초등학생이 수학 공부를 하고 싶다고 물었는데, 인터넷에 다 있다고 하는 것과 다를 바 없습니다. 책을 보면 된다고 하는데 어떤 책을 골라야 할지 모르는 상태에서는 선택도 쉽지 않습니다. 단순히 제목만 보고 고교 수학책을 선택할 수도 있습니다. 이미 필드에서 일하고 있는 엔지니어도 전체 숲을 보지 못한 체 공부를 하다 보니 유기적으로 결합된 지식을 얻기가 상당히 힘듭니다.

IT 비(非) 전공자의 "프로그래밍이 뭔가요?"라는 물음에 우리는 "프로그래밍은 책 만들기입니다."라고 답을 합니다. 사람은 의사소통할 때 말과 글을 이용합니다. 즉, 언어로 소통을 합니다. 사람이 컴퓨터에 명령을 내릴 때도 마찬가지로 언어가 필요합니다. 이때 쓰이는 언어가 JAVA, C, C++과 같이 불리는 프로그래밍 언어입니다.

글은 문장으로 이루어져 있고, 문장은 단어로 이루어져 있습니다. 그리고 단어는 알파벳이나 한글 같은 글자들의 조합으로 만들어집니다. 단어는 언어를 사용하는 집단에서 특정 대상을 가리키기 위해서 암묵적, 또는 공개적으로 정한 약속과 같은 것입니다. 컴퓨터 언어도 마찬가지입니다. 컴퓨터 언어의 단어들은 소스 코드가 모여서 만들어집니다. 그리고 이미 만들어져 있는 단어들을 API(Application Programming Interface)라고 합니다. 이런 단어들을 가져다 쓰기도 하고, 직접 만들기도 하면서 사용자가 컴퓨터에 시키고자 하는 명령 문장을 만드는 것을 코딩이라고 합니다. 코딩 된 명령 문장들이 모여 프로그램을 만들어가는 과정을 프로그래밍이라고 합니다.

글자 = (source)code
단어 = API
언어 = 프로그램 언어(JAVA, C, C++, 어셈블리어)
글쓰기 = 코딩(code를 키보드로 타이핑 하기)
책 만들기 = 프로그래밍(프로그램 만들기)
책 = 프로그램

좋은 작가가 쓴 글은 문장의 중복이 없고, 문체가 간결해서 군더더기 없이 쉽게 읽힙니다. 좋은 프로그래머가 만든 프로그램도 이와 같습니다. 잘 만들어진 소스 코드는 이해하기 쉽고 간결하게 짜여, 같은 프로그래머가 보더라도 읽기 편합니다. 이런 코드를 가독성이 좋은 코드라고 합니다.

프로그래밍 영역에는 '백문이 불여일견'이라는 말과 비슷하게, '백문이 불여일타'라는 말이 있습니다. 소스 코드만 계속 본다고 해서 본인의 코딩 실력이 늘지는 않습니다. 손으로 직접 코드를 쳐 봐야 프로그래밍 실력이 늘기 마련입니다. 프로그래밍을 할 때 가장 먼저 하는 일은 개발 환경을 구축하는 일입니다. 책에서 설명하는 개발 환경은 시간이 지나면 금방 업데이트가 되어 구버전이 되어 버립니다. 따라서 개발 환경을 구축하지 않고 우리가 사용하는 Windows에 프로그래밍을 해 보겠습니다. 개발 환경을 구축하다 실패했을 때, 학원이라면 선생님께서 친절하게 가르쳐 주시겠지만, 책의 경우 한번 안되면 포기해 버리는 경우가 허다합니다. 쉘 프로그래밍을 하며 얻은 자신감으로 이후 겪게 될 수많은 버그(프로그램 오류)를 견뎌낼 수 있는 [티타늄 멘탈]을 얻으시길 바랍니다.

사람이 만드는 프로그램 중에 버그 없는 프로그램은 없습니다.

전 세계의 우수한 프로그래머들이 만든 모든 프로그램에도 버그는 있습니다. 사람이 프로그램을 만드는 이상 버그가 없을 수 없습니다. 모든 상황을 고려해서 프로그램을 만든다면 버그가 없을 수 있겠지만, 사람은 모든 상황을 고려할 수 없습니다.

쉘(shell) 프로그래밍

'백문이 불여일타'를 실천하기 위해 먼저 쉘(shell) 프로그래밍 실습을 해보려고 합니다.

쉘은 사용자가 내린 명령을 읽고 번역해서 커널에 전해주는 명령어 통역기입니다. 컴퓨터를 켜면 나오는 바탕 화면을 GUI[9] 쉘(Graphic User Interface Shell)라고 합니다. 실행창에서 CMD[10] 명령어를 쳐서 나오는 까만 화면의 창 또한 CUI[11] 쉘(Character User Interface Shell)이라고 합니다. 초기에는 Windows에도 명령어 입력만 가능한 쉘이 있었지만, 사용자의 편의를 위해서 도입된 GUI Shell이 발전해 지금의 단계에 이르렀습니다. 현재는 부팅 시에 GUI Shell이 바로 실행이 되도록 하고 있습니다. GUI가 있는 어느 운영체제(Windows, Linux, MacOS)에도 쉘은 내장되어 있습니다. GUI 형태가 나오기 전에 쉘이 먼저 있었던 것도 이유겠으나, 커널에 명령을 내리는 가장 기본적인 프로그램이 쉘이기 때문입니다.

....

9 GUI(Graphic User Interface) 지금 우리가 사용하고 있는 컴퓨터처럼, 마우스를 움직여 화면에 있는 아이콘을 클릭해 컴퓨터가 작업을 하게 하는 그래픽 환경입니다.
10 CMD(command의 줄임말) windows에서 키보드를 통해서 명령어를 입력 작업을 수행 할 수 있는 창입니다. 여러분이 아는 까만 바탕화면에 흰 글씨가 적혀있는 창을 커맨드 창이라고 하며, 주로 cmd라고 표기합니다.
11 CUI(Character User Interface) = TUI(Text User Interface) 키보드를 통해 텍스트로 명령어를 입력해서 컴퓨터가 작업을 사용할 수 있게 하는 환경입니다. 명령창 쉘을 뜻합니다.

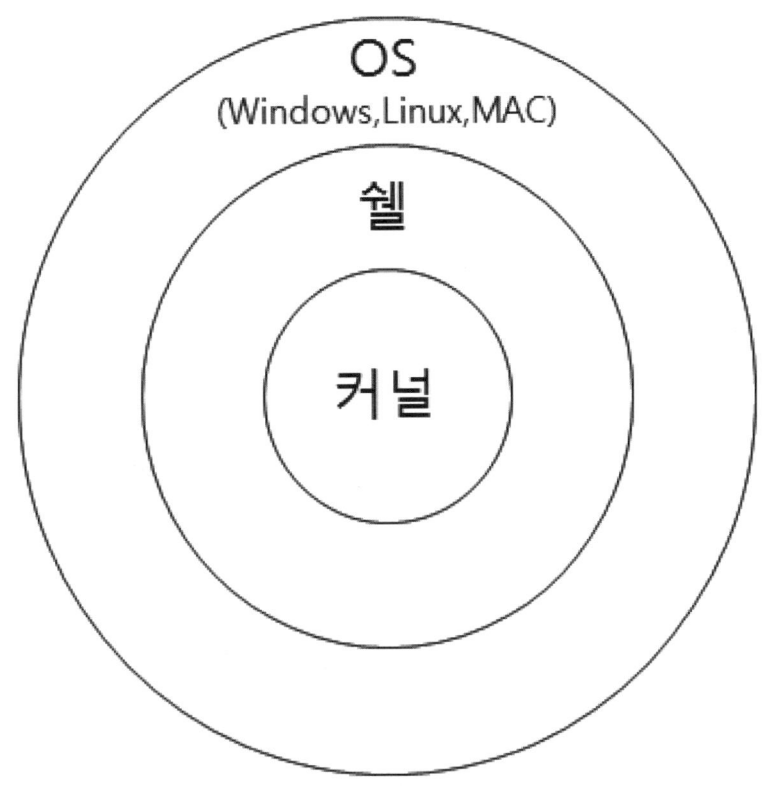

데스크톱 운영체제 분야에서 가장 시장 점유율이 높은 Windows를 중심으로 실습을 합니다. 쉘 프로그래밍은 다른 프로그래밍 언어와는 달리 설치 과정이 필요 없습니다. 운영체제에 기본 내용된 유틸리티(유용한 프로그램)이기 때문입니다. 이에, 바로 실습해보기 적합한 프로그래밍 도구라는 장점이 있습니다.

컴퓨터에 명령어를 입력하기 위해서는 먼저, 명령어를 입력할 cmd 창을 띄워야 합니다. 키보드의 Windows key █ 와 R을 동시에 눌러봅시다. Windows key는 데스크톱 키보드를 기준, 가장 긴 Space Bar 근처 Alt 라고 쓰인 키(key) 옆에 위치하고 있습니다.

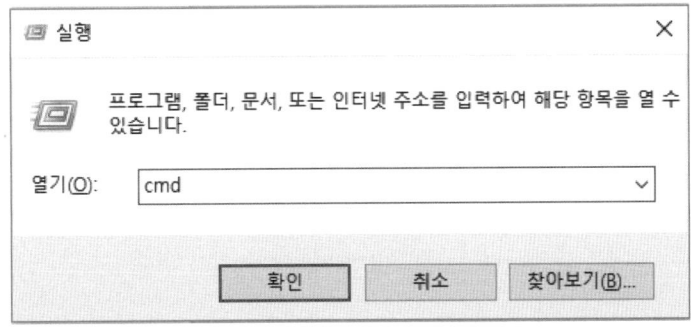

위의 창을 실행 창이라고 합니다. cmd를 입력하면 다음과 같은 cmd.exe 창이 뜹니다.

이 창을 명령 프롬프트, 또는 도스 창이라고 부릅니다. 앞으로 진행될 실습에서는 이 실행 창을 'cmd 창'이라는 용어로 표기할 예정입니다. 여기에 기본 명령어를 코딩(글쓰기) 해보겠습니다. 기본 명령어로는 다음과 같은 것들이 있습니다.

cls 화면 지우기
dir 디렉터리[12] 보기
cd 디렉터리 바꾸기
md 디렉터리 생성
rd 디렉터리 지우기
explorer . 현재 디렉터리 기준으로 탐색기 실행

위에 있는 명령어들을 이용해서 간단한 프로그래밍을 해봅시다. 처음 입력해볼 명령어는 dir(디렉터리, directory의 약어)입니다. dir은 현재 위치에 어떤 파일이나 디렉터리(폴더)가 있는지 보여주는 명령어입니다. 지금 우리가 사용하고 있는 cmd 창은 CUI(Command-line User Interface 혹은 Character User Interface 문자 사용자 인터페이스), 다시 말해 텍스트(글자) 기반의 사용 환경입니다. cmd 창에서는 내가 원하는 위치의 폴더로 들어가기 위해서 마우스를 이용할 수 없습

---

12 디렉터리(directory) 일상생활에서 문서를 작성한 뒤, 폴더에 넣고 이름과 정보(위치)를 쓴 다음 책장에 꽂아 놓으면 필요할 때 그 폴더를 찾을 수 있습니다. 마찬가지로 시스템 안에서 파일을 생성했을 때 그것이 어디에 있는지 나타내줄 수 있는 정보가 표시된 것을 디렉터리라고 합니다.

니다. 글자로만 이루어진 cmd 창에서 위치 또한 글자로 파악해야 하기 때문에 명령어가 필요한 것입니다. 디렉터리나 폴더는 저장소의 방이라고 생각하시면 됩니다. 개미집에도 여러 방이 있듯 저장소에서도 여러 개의 방을 만들어 사용할 수 있습니다. 이미 IT 기기를 많이 쓰는 분들께는 생소한 용어가 아닙니다.

 dir을 입력하면 사용자가 있는 장소인 C:\Users\SORASOFT 폴더 안의 파일과 그 정보들이 나타납니다.

SORASOFT는 유저 이름으로 사용자 이름에 따라 다르게 나타납니다. 유저 이름이 '철수'라면 C:\Users\철수 로 나타나게 됩니다. 유저 이름이 '영희'라면 C:\Users\영희 로 나타나게 됩니다.

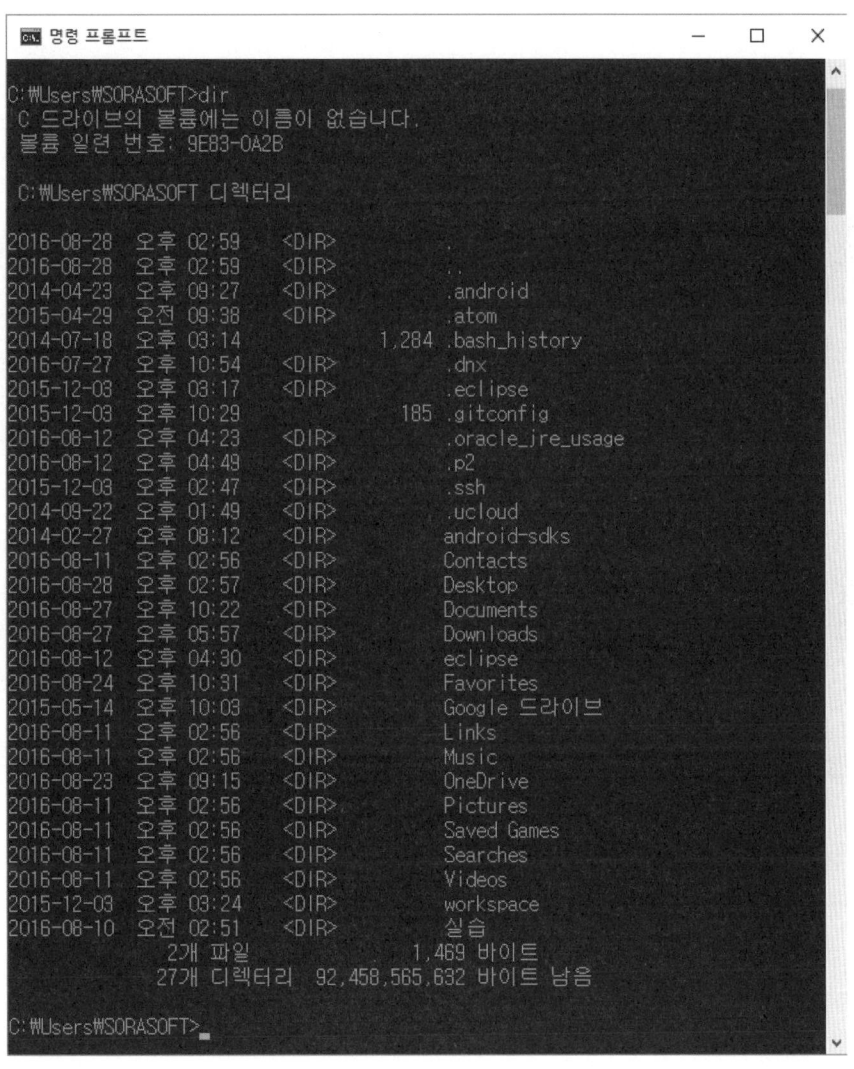

이번에는 폴더를 한번 만들어 보겠습니다. [md 폴더명]을 타이핑한 다음 Enter key를 치면 폴더가 생성됩니다. '실습'이라는 이름의 폴더를 만들었습니다.

```
C:\Users\SORASOFT>md 실습

C:\Users\SORASOFT>
```

폴더가 실재(실제, 이처럼 기초 공부에 중요치 않은 용어는 향 후에도 계속 통합됩니다.)로 만들어졌는지 확인하기 위해 방금 전 해봤던 dir 명령어를 다시 입력해 보겠습니다.

[실습]이라는 폴더가 만들어진 것을 확인했습니다. cmd 창을 이용해서 컴퓨터에 명령을 내려 봤으니, cmd 창에서 명령한 내용이 실제로 컴퓨터에 적용되었는지 확인해 봅시다.

cmd 창에 파일 탐색기를 통해서 현재의 디렉터리(directory, 디렉토리, 폴더)를 볼 수 있는 [explorer]라는 명령어를 입력해줍니다. [explorer .]이라고 타이핑하면 지금 사용자가 있는 디렉터리가 화면에 나옵니다. 코딩에서는 띄어쓰기가 중요한 만큼, 반드시 explorer를 타이핑 한 다음 한 칸을 띄우고 .을 찍어야 합니다.

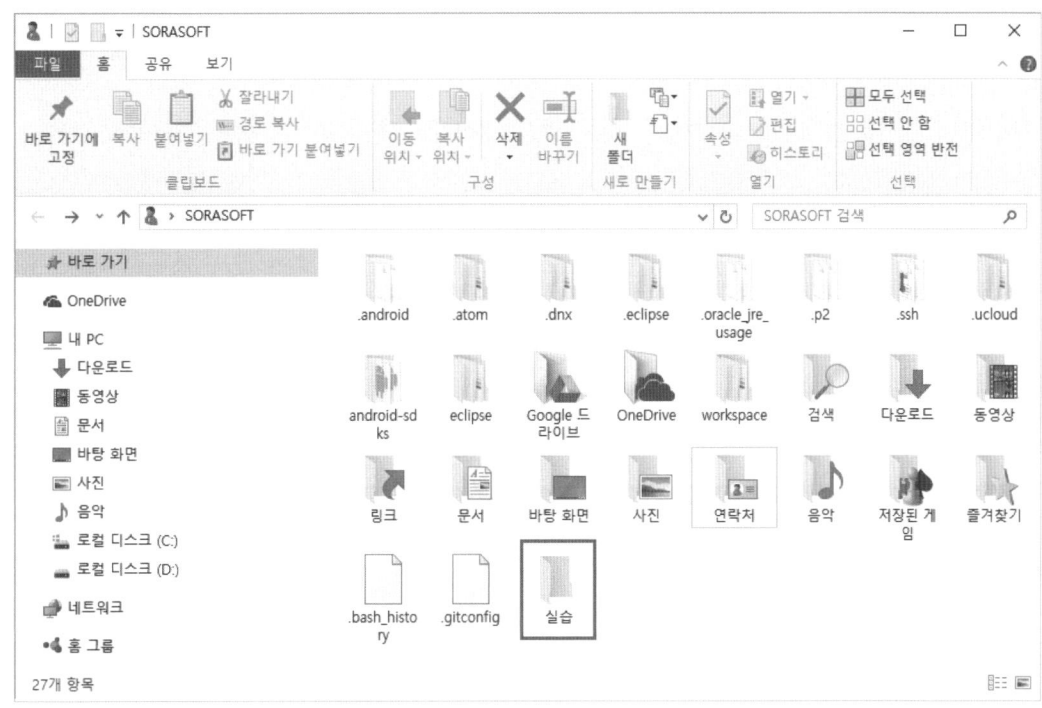

새로운 윈도우에서 조금 전 cmd 창에서 만든 폴더가 생성된 것을 확인할 수 있습니다.
[rd 폴더명]을 입력하면 생성했던 폴더, 혹은 기존에 존재했던 폴더가 삭제됩니다.
추가로 삭제하고자 하는 폴더에 파일과 하위폴더가 있을(비어있지 않은) 경우에는 /S 옵션을 이용하여 [rd /S 폴더명]을 입력하면 '폴더명, 계속하시겠습니까?〈Y/N〉' 이 화면에 출력됩니다.
이때, 'Y'를 누를 경우 폴더 안의 파일과 하위폴더가 모두 삭제되며, 'N'을 누를 경우 명령어가 취소됩니다. 삭제를 하게되면 복구가 되지 않으므로 주의하여야 합니다.
명령어 뒤에 /? 를 입력하면, 해당 명령어와 함께 사용가능한 옵션이 출력 됩니다.

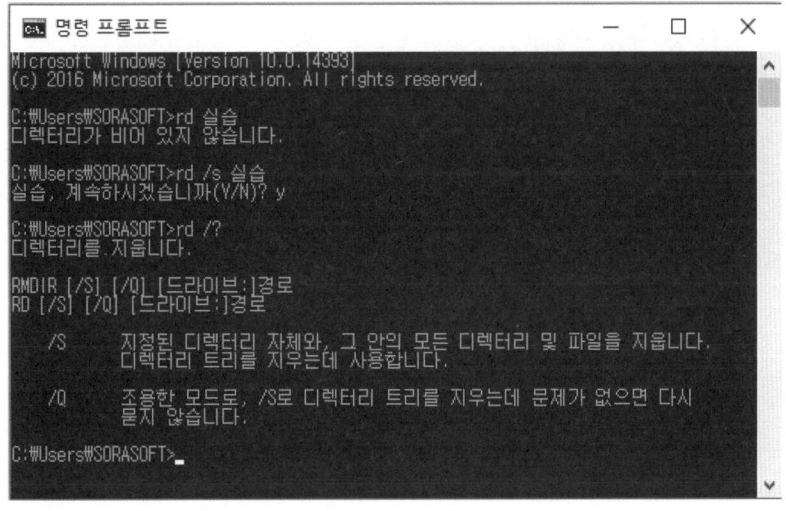

쉘에서 명령어를 타이핑하는 것도 코딩입니다. 앞으로는 다양한 플랫폼의 적응을 위해, cmd 창도 '쉘' 또는 '셸' 또는 'shell'이라는 용어로 통일하도록 하겠습니다. 통일한다는 것은 어떤 용어를 써도 무방하다는 말입니다. 사투리도 널리 쓰이는 언어처럼 다른 용어들을 정리해 버릴 수는 없습니다 하나의 대상을 두고 다양한 용어로 쓰는 방식은 매우 빈번히 쓰입니다. 병원에서 의료진들이 쓰는 복잡한 용어처럼 대상을 명확히 구분하기 위해 쓰기도 합니다. 대부분은 외래어이기 때문에 개발자 내공이 쌓이면 다양한 용어로 혼돈이 없도록 직접, 영문 서적을 읽게 됩니다. 그러나 태권도의 종주국인 우리나라의 용어를 그대로 해외에서도 동일하게 쓰듯이 shell 역시 영문 그대로 shell이라고 쓰는 것이 옳은 표현입니다. 용어에 익숙하지 못한 독자분들을 위해 '폴더', '디렉터리', 'folder', 'directory' 혹은 '쉘', '셸', 'shell' 처럼 혼용해서 용어를 사용합니다. 호기심이 발동하면 [웹서핑 공부법]을 활용해야 겠지만 계속해서 보면서 읽다보면 자연스레 익숙해 집니다.

    기본적인 명령어와 입력 방법을 익혔으니 쉘에 다음 명령을 코딩해 봅시다. 띄어쓰기는 매우 중요한 부분입니다. 더욱 주의하며 실습 해봅시다.

> for %i in (1, 2, 3, 4, 5, 6, 7, 8) do md 새폴더%i

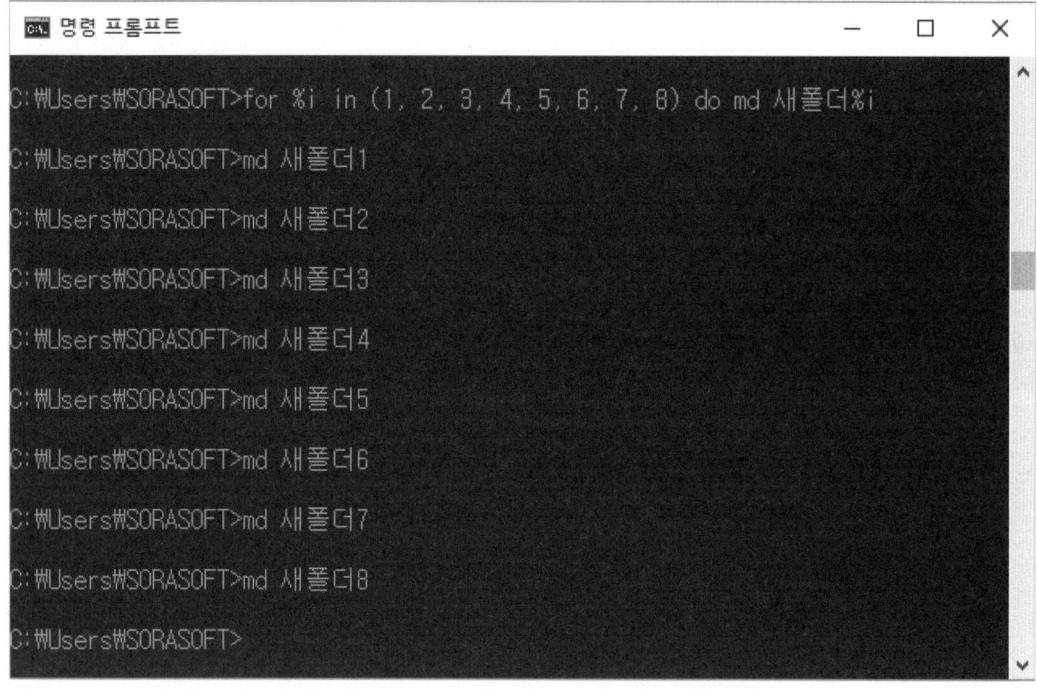

User 폴더에 새폴더1부터 새폴더8까지의 이름을 가진 8개의 폴더가 생성되었습니다.
[explorer .]을 이용하여 User 폴더에서 새폴더를 직접 확인할 수 있습니다. 더불어 dir 명령어로 cmd 창에서 확인할 수도 있습니다.
md가 폴더를 만드는 명령어였던 것처럼 다른 명령어에도 각기 역할이 있습니다. for는 문장을 반

복하게 하고, i는 변수[13]라고 불리며 데이터를 담아주는(저장하는) 일종의 그릇의 역할을 합니다. i 안에 괄호 안의 숫자들을 넣은 폴더가 생기는 것입니다. i가 변수라는 것을 표현하기 위해 앞에 %를 붙여줍니다. 가령 다음과 같은 명령문이 있다면,

> for %i in (1, 2, 3, 4, 5, 6, 7, 8) do md 새폴더%i

〈반복해서[for] i라는 변수에[i] 1, 2, 3, 4, 5, 6, 7, 8의 숫자를 넣어서[in (1, 2, 3, 4, 5, 6, 7, 8)] 새폴더 i 이름의[새폴더 i] 폴더를 만들어라[do md]〉고 해석할 수 있습니다.
한 문장으로 쓰면 복잡하지만,

    for (반복하세요)
    %i (i 변수를 이용하세요)
    in (값을 넣으세요)
    (1, 2, 3, 4, 5, 6, 7, 8) (1~8까지 값을 넣으세요)
    do (특정 작업을 하세요)
    md 새폴더%i (새폴더+변수i 의 이름을 가지는 폴더를 생성하세요)

로 하나하나 풀이하면 이해하기 쉽습니다.
이제 9에서 20까지의 새 폴더를 만들어 봅시다.

> for /L %i in (9, 1, 20) do md 새폴더%i

for와 i 값은 그대로 넣되 /L이라는 옵션이 등장했습니다. 소괄호 안에 입력한 값도 이전의 코딩과는 다른 구조로 되어 있습니다(이 구문에서 소괄호 안의 값은 띄어쓰기하여도, 하지 않아도 같은 결과가 나옵니다).
/L 옵션을 이용하여 소괄호에 입력하는 값을 (시작 값,증감치, 종료값)으로 FOR 반복문 인자를 바꾸었습니다. 옵션을 이용하여 일정한 규칙에 따라 반복되는 값을 입력하는 수고를 줄인 것입니다.

---

13 변수, 상수 : 변수는 변하는 값입니다. 수학 시간에 우리는 x+y=5를 배운 적이 있습니다. x와 y에는 특정한 조건을 주더라도, 마치 빈 그릇처럼 많은 수가 들어갈 수 있습니다. 이와 반대로 바뀌지 않고 한번 정하면 변하지 않는 값을 상수라고 합니다.

지금까지 폴더를 만들어보았습니다. 새폴더를 만드는 실습에서 우리는 새폴더1부터 새폴더20까지, 스무 개의 폴더를 만들었습니다. 실습을 위해 만들었던 폴더를 삭제하고 싶다면, 위에서 입력해본 명령어와 구문을 응용할 수도 있습니다.

시작 값을 1로 두고 종단(종료) 값을 20으로 둔 뒤, 증감치를 1로 설정해줍니다. 폴더를 만드는 대신 이번엔 폴더를 삭제하는 명령어를 넣어 줍시다.

for /L %i in (1, 1, 20) do rd 새폴더%i

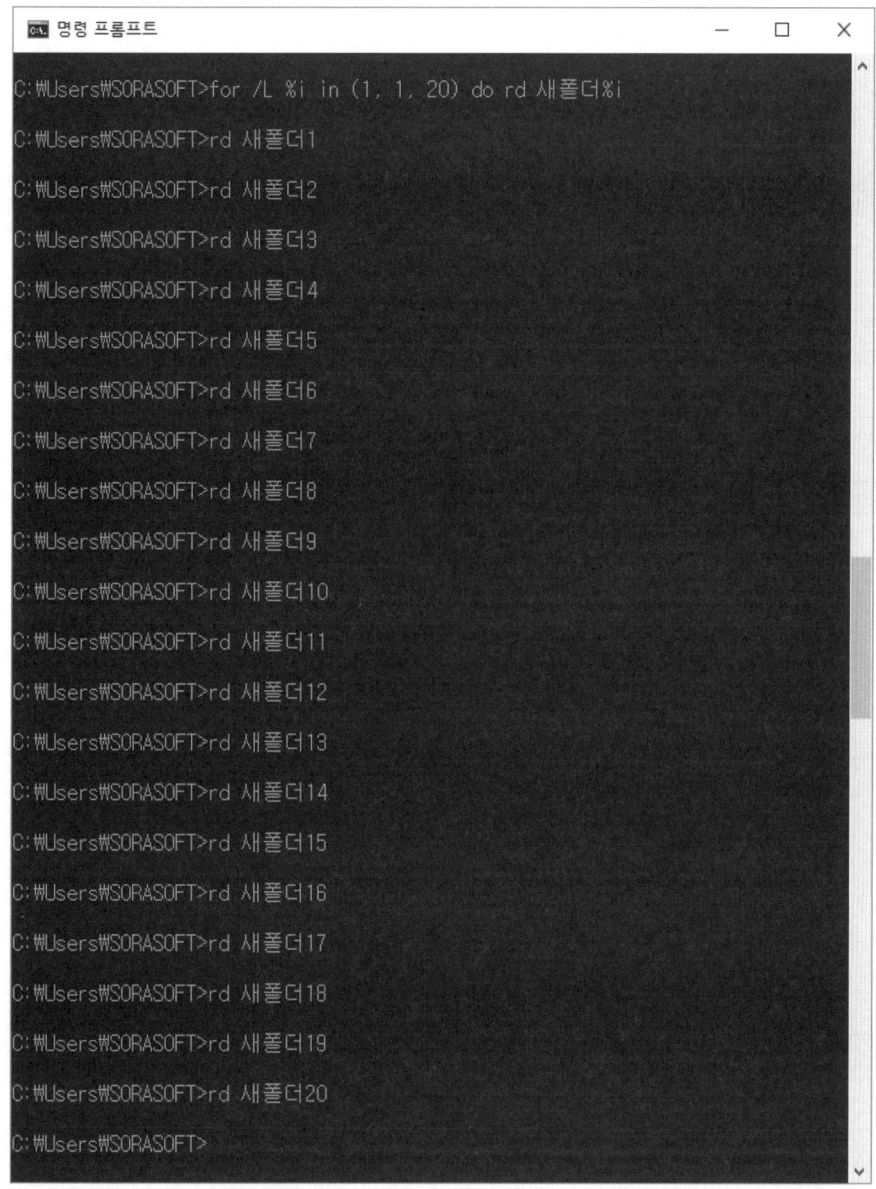

User에서 결과물을 확인해봅시다!

명령어를 입력하여 작업하는 쉘 프로그래밍에서는 띄어쓰기나 점으로 명령하는 내용이 완전히 뒤바뀌는 때도 있습니다. 방금 입력해보았던 [cd](change directory)와 [explorer] 명령어를 예로 설명해보겠습니다.
[cd]는 현재 위치하고 있는 디렉터리에서 다른 디렉터리로 위치를 바꾸어주는 명령어입니다. cmd 창에서 '.'은 현재 폴더를, '..'은 상위 폴더 즉 한 단계 위의 폴더를 뜻합니다.
이 명령 단위들을 조합해 입력해봅시다.

'.'이 하나일 경우에는 위치가 C:₩Users₩SORASOFT 그대로이지만 '..'을 사용하자 C:₩Users₩SORASOFT에서 상위 디렉터리인 C:₩User로 바뀌었습니다. 한 번 더 사용하니 C:₩ 최상위 디렉터리로 이동된 것을 확인할 수 있습니다. [cd] 명령어로는 cmd 창에서의 디렉터리가 바뀌는 것만을 확인할 수 있지만, [explorer]를 이용하면 좀 더 쉽게 눈으로 상위 폴더로 이동하는 것을 볼 수 있습니다. 똑같은 방법으로 [explorer]를 입력해봅시다.

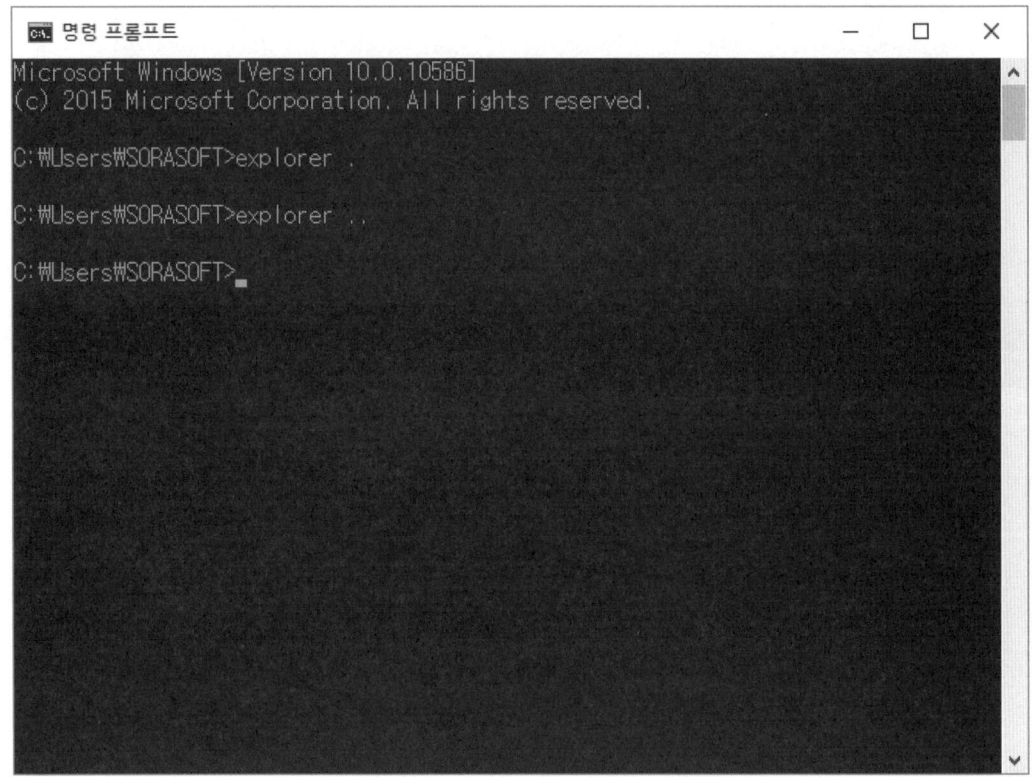

'.'이 하나 일 때는 C의 Users의 user 폴더 창이 뜨게 되고, '..' 점이 두 개 일 때는 C의 Users 폴더 창이 뜨는 것을 확인하실 수 있습니다.

이것으로 아주 기초적인 코딩을 마쳤습니다. 이렇게 쉘에서 코딩을 해서 프로그래밍하는 것을 쉘 프로그래밍이라고 합니다. [explorer]로 간단히 실행할 수 있었던 탐색기의 모든 기능을 만들기 위해서는 고급 개발자가 한 달 이상 투자를 해야 합니다. 버그[14]를 잡기 위해서는 또다시 한 달 이상의 시간을 투자해야 합니다. 사용자에게 베타 테스팅을 하고 시장에서 검증 받으려면 추가로 많은 돈과 시간이 들어갑니다. 그렇지 않았다면 누구나 TOTAL COMMAND와 같이 수십 억 원(76억 원 추정)의 수익을 올리는 탐색기를 만들 수 있었을 것입니다. 상황에 따라 최적의 솔루션을 만드는 데에는 쉘 프로그래밍만 한 것이 없습니다. 가령 [shutdown -s -t 3,600]을 입력한다면, 여러분은 1시간(3600초) 뒤에 컴퓨터가 자동으로 꺼지도록 할 수 있습니다. 물론 [shutdown -a]로 명령을 취소하는 것도 가능합니다. 지금까지 해온 일련의 과정을 바로 쉘 프로그래밍이라고 합니다. 혹은 Shell script coding이라고도 합니다. 이런 작업을 "프로그래밍하다", "코딩을 하다"로 표현하며, 작업을 이루어내는 사람을 "프로그래머"나 "코더"라고 부르는 것입니다.

....

14 버그의 유래를 보면 1940년 중반 하버드 대학의 컴퓨터 개발자 그레이스 호퍼가 마크II 컴퓨터의 오작동을 조사하던 도중 컴퓨터안에서 죽은 나방을 발견 하였습니다. 이 나방이 컴퓨터 안의 회로에 합선을 일으켜 컴퓨터에 오작동이 생겼던 것입니다.이후 나방=벌레=BUG 의 용어가 사용되기 시작하였으며, 프로그래밍에서 BUG는 우리가 만든 컴퓨터 프로그램에 (논리적)오류가 있음을 의미합니다. 이런 오류를 찾아내서 수정,테스트 하는 과정을 디버그(DEBUG) 또는 디버깅 한다고 표현하며, 오류 수정을 도와주는 프로그램을 디버거(DEBUGGER) 라고 부릅니다.

Chapter 2.

STRAPLINE

Visual Studio 설치 (C/C++)

C/C++ 프로그래밍

JDK / Eclipse 설치 (JAVA)

JAVA 프로그래밍

쉘 프로그래밍을 넘어서...

앞에서 우리는 쉘(shell)프로그래밍을 했습니다.
이번 장에서는 C와 JAVA를 통한 본격적인 프로그래밍을 해 보려고 합니다.
단, 쉽게 알려진 방식(IDE 이용)으로 시작하지 않으니 모르는 부분은 추가 학습과
카페(plandosee.org)에 질문을 통하여 확실히 알고 넘어갔으면 합니다.

Visual Studio 설치 (C/C++)

과거 컴파일러[15]를 가장 잘 만들었던 업체는 Boralnd 社였습니다.
덴마크 회사였던 Boralnd는 Turbo C++, Borland C 나 builder 등의 제품을 생산했습니다. 그러나 개발 툴(tool)의 기술력보다 중요한 것은, 개발 툴인 컴파일러가 '어디서 실행되느냐'는 것입니다. 컴파일러는 Windows용, 리눅스 용, 애플맥 용 등 플랫폼에 따라 컴파일러 프로그램이 따로 존재합니다. Boralnd 社의 제품이 더 좋았음에도 불구하고, Microsoft 社의 Windows와 같은 회사에서 나온 C 컴파일러인 Visual Studio가 여러 개발 툴들을 물리칠 수 있었던 이유가 그 때문입니다. 다수의 사용자를 가지고 있는 Windows용 프로그램을 만들기 위해서는 Visual Studio를 사용해야 하고, 따라서 책에서도 Windows용 프로그램의 실습을 위해 Visual Studio를 설치하고자 합니다. 본래 유료였던 Visual Studio는 Express Version에서 Community Version이라고 하는 무료 버전 또한 존재하게 되었습니다. 이에, Community Version을 설치하여 C/C++ 프로그래밍을 경험해보겠습니다. 지금부터는 운영체제가 Windows라는 전제하에 Visual Studio 2015 community version을 설치해봅시다.

---

15 컴파일러: 고급언어로 쓰인 프로그램을 컴퓨터가 이해하고 실행할 수 있는 프로그램으로 바꾸어 주는 번역 프로그램.

0. 컴퓨터의 용량을 확인하자

비주얼 스튜디오는 약 11GB의 공간이 있어야 합니다. 용량 부족으로 설치 도중 오류가 뜨지 않도록, 사전에 Visual Studio를 설치할 공간을 마련해야 합니다.

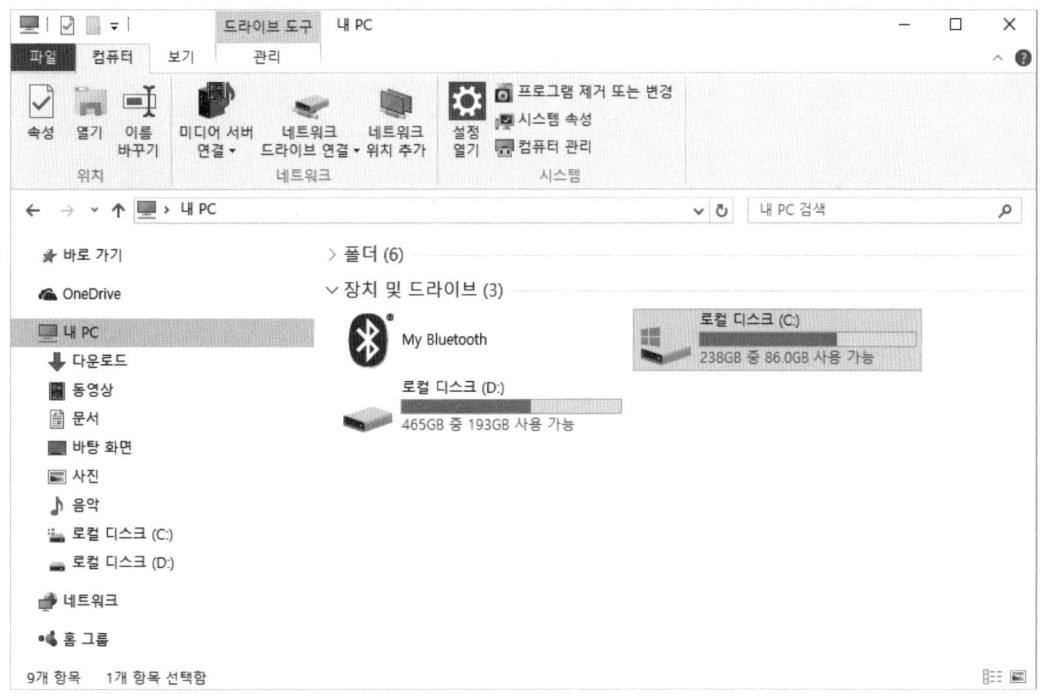

Windows key와 E key를 동시에 누르면 컴퓨터(내 PC)에서 사용 가능한 용량을 확인할 수 있습니다. 설치하고자 하는 로컬 디스크(C:, C 드라이브[16])의 용량이 86GB 남았으니 충분히 설치가 가능합니다.

---

16 드라이브란 하드 디스크 드라이브(Hard Disk Drive, HDD)로 흔히 하드 디스크라고 부르며, 데이터를 읽거나 쓰기 위한 물리적 장치를 말합니다. 컴퓨터 내에서는 공간을 뜻하기도 합니다. 예를 들면 물리적인 하드 디스크는 하나지만, 가상의 구역을 나누어서 C 드라이브, D 드라이브, E 드라이브 등으로 나누어 사용할 수 있습니다.

1. 프로그램 다운받기

주소창에 https://www.visualstudio.com/[17]를 입력합니다.

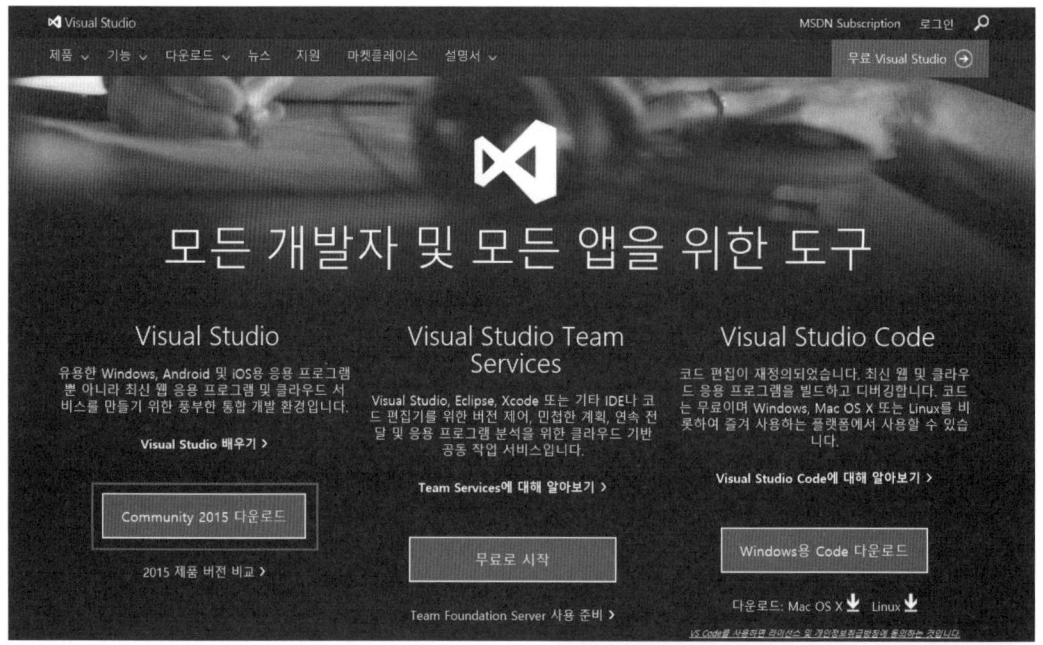

'모든 개발자 및 모든 앱을 위한 도구'라는 설명과 함께 다운로드 창이 뜹니다. 다운로드 종류 중 가장 처음 나오는 Community 2015 다운로드를 클릭하면 설치가 시작됩니다.

---

17 링크는 계속 수정되므로 대표 링크로 달았습니다. https://www.visualstudio.com/ko/vs/community/

2. 설치 유형과 기능 선택

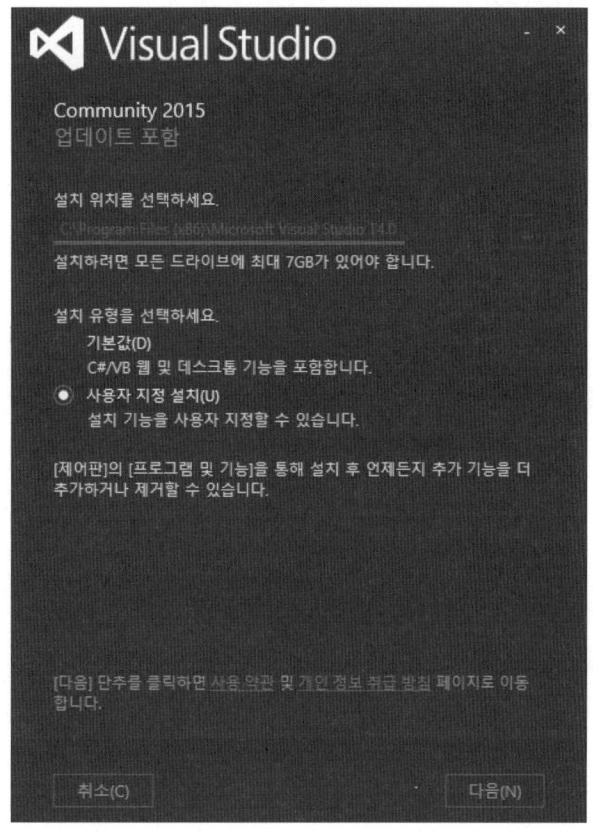

설치 위치는 기본적으로 C 드라이브의 Program File로 지정됩니다. 필자의 컴퓨터에서는 기본적으로 잡힌 설치 위치가 C:₩Program Files (x86)[18]₩Microsoft Visual Studio 14.0 으로 설정되었습니다.

설치 위치를 변경하고 싶을 경우, ...표시 아이콘을 눌러서 원하시는 위치를 지정하시면 됩니다. 설치 유형은 기본값과 사용자 지정 설치 두 가지로 나눕니다. 대부분의 Visual Studio 설치 관련 글에서는 사용자 지정 설치를 권하고 있습니다. 사용자 지정 설치의 경우 인스톨 패키지를 지정할 수 있는 특징이 있습니다. 책에서도 사용자 지정 설치를 해보도록 하겠습니다.

------

18   64비트 운영체제의 설치 프로그램이 32비트인 경우 Program Files (x86)폴더에 설치됩니다.

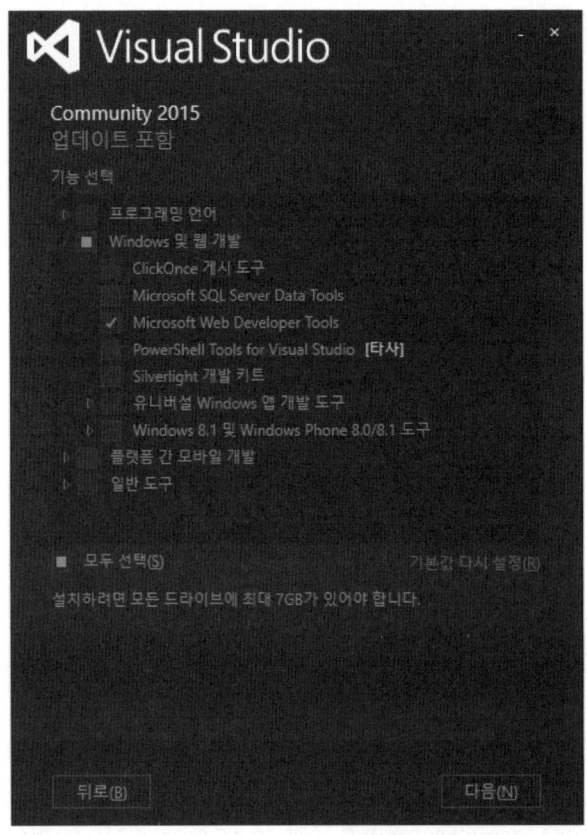

사용자 지정 설치를 선택한 관계로, 우리는 다음 단계에서 프로그램의 설치를 위해 필요한 기능을 선택해야 합니다. 상단에 있는 [프로그래밍 언어]를 열어봅시다. [▷버튼 클릭]

이 책에서 Visual Studio를 설치하는 목적은 C/C++ 프로그래밍을 하기 위해서 입니다. [프로그래밍 언어] 항목에서 Visual C++ 항목에 [모두 선택]을 해줍니다. 오른쪽 아래의 [다음] 버튼을 누르면 선택한 기능을 확인하는 창이 뜹니다. 확인 후 설치(I)를 클릭합니다.

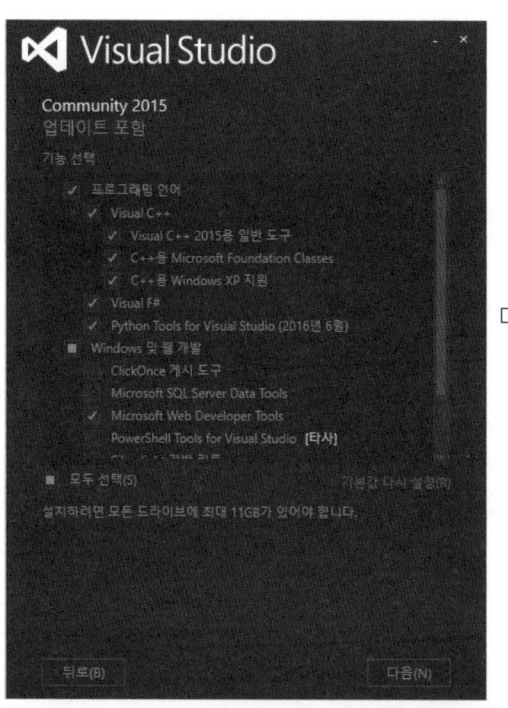 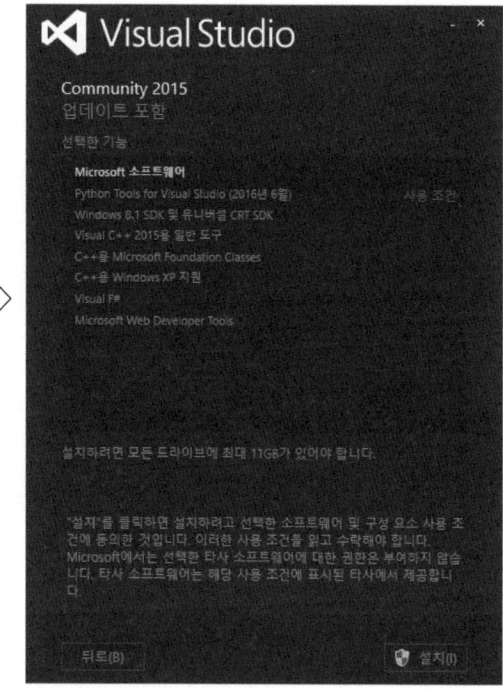

위 화면이 뜸과 동시에 설치가 완료되었습니다.
프로그램이 정상직으로 작동하는지 확인하기 위해서,
재부팅 후 Visual Studio 2015를 시작해 보도록 하겠습니다.

2-1. 2015 언어 팩 추가 설치

주소창에 https://www.microsoft.com/ko-kr/download/details.aspx?id=48157 를 입력 합니다.

사용자 인터페이스에 표시되는 언어를 한국어로 전환해 줌으로써 좀 더 쉽게 이해할 수 있습니다.

3. 프로그램 열기

시작 프로그램에서 Visual Studio 2015를 열면 로그인 창이 뜹니다.
[나중에 로그인]을 눌러도 서비스를 이용할 수 있지만, 설치 후 30일 이후부터는 등록을 해야 계속 Visual Studio 2015를 사용할 수 있습니다. 로그인은 Microsoft 계정으로 하며 메일 주소나 전화번호로 계정을 만들 수 있습니다.

로그인 화면을 넘기면 환경 설정을 해야 합니다. 개발 설정은 일반으로 고정되어 있습니다. 색 테마를 고르고 Visual Studio 시작(S)을 클릭하면 시스템 설정이 완료됩니다.

번외. 생길지도 모를 오류

Visual Studio 2015를 설치하는 도중, 다음과 같은 안내창이 뜨면서 설치가 자동으로 이루어지지 않는 경우가 있습니다. 이 경우 [인터넷에서 패키지 다운로드]를 선택해줍니다. 패키지는 팝업 창의 지시에 따라 쉽게 다운 받을 수 있으며, 이후 자동으로 설치가 계속 진행됩니다.

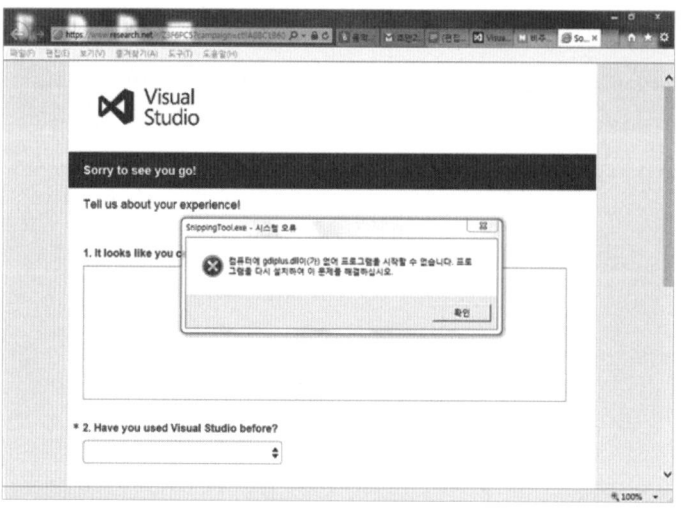

설치 패키지 오류가 나면 인터넷에 위 화면이 뜹니다.
설치가 완료되거나 패키지를 다운 받으면서 [확인]을 누르면 됩니다.

Path 설정

쉘 프로그래밍에서 dir,md,cd,rd 등은 쉘(shell)에 내장된 예약어, 즉 쉘이 가지고 있는 API입니다. 이들 API는 어느 곳에 있든지 항상 실행할 수 있습니다. 그러나 explorer, notepad[19]는 예약어가 아닌 프로그램입니다. 아무데서나 호출할 수 있는 API가 아니라는 뜻도 됩니다. API가 아닌 프로그램을 실행하기 위해서는 어떻게 해야 할까요? 이때 필요한 것이 바로 PATH입니다.
PATH에 등록이 되어 있다면 내장되어 있지 않은 프로그램이라도 어떤 곳에서든 실행이 가능합니다.
  만약에 path 설정이 되지 않은 cl(cl.exe)이라는 프로그램을 실행하려고 하면 다음과 같은 문구를 접하게 됩니다.

  하지만 Path 설정을 하게 되면 다음과 같이 cl 명령어가 작동되는 것을 볼 수 있습니다.
혹, 오류가 발생할 경우 실행되고 있는 cmd창을 종료 후 새로운 창을 열어서 명령어를 입력 하면 됩니다. 이미 실행되고 있던 cmd창은 Path의 변경사항을 바로 적용하지 못하므로 새로운 cmd창을 실행시켜 Path의 변경사항을 알려 주기 위함 입니다.

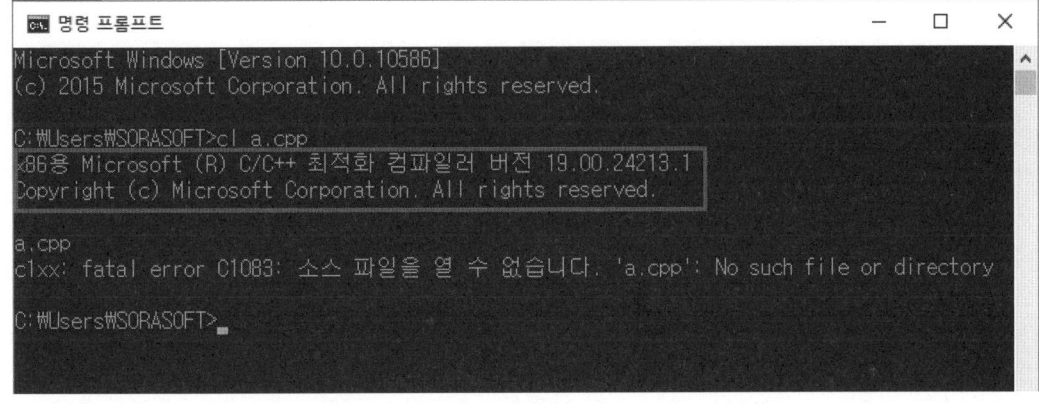

---

19 notepad : 메모장 프로그램

PATH는 단어 뜻 그대로 길, 통로라는 의미를 가지고 있습니다. 필요한 정보를 담고 있는 책이 A 도서관에 있다고 가정해봅시다. 그런데 A 도서관으로 가는 길을 모른다면, 소비자는 도서관의 주소를 가지고 책을 찾으러 갑니다. 이와 마찬가지로 우리가 사용하고자 하는 파일들의 주소를 path에 등록함으로써, 사용자는 어떤 곳에서든 그 프로그램을 사용할 수 있게 됩니다. library와 include의 사용과도 같은 맥락입니다.

지금부터는 C의 경로(path, 패쓰, 패스, Path) 설정을 해 보도록 하겠습니다. path 설정 과정에서는 컴퓨터의 Windows 버전에 따라 팝업 창의 모양이 조금씩 달라집니다. 먼저 버전 10 이상의 화면을 예시로 설명해 보겠습니다.

Windows key와 Break key를 누르면 제어판의 시스템 창이 뜹니다. '컴퓨터에 대한 기본 정보 보기'에서 현재 자신의 운영체제 버전을 확인할 수 있습니다. 좌측 고급 시스템 설정에 들어가면 여러 탭이 보입니다.

고급 탭에서 환경 변수를 클릭합니다.

[시스템 변수]에서 PATH 를 찾아 더블 클릭 합니다.

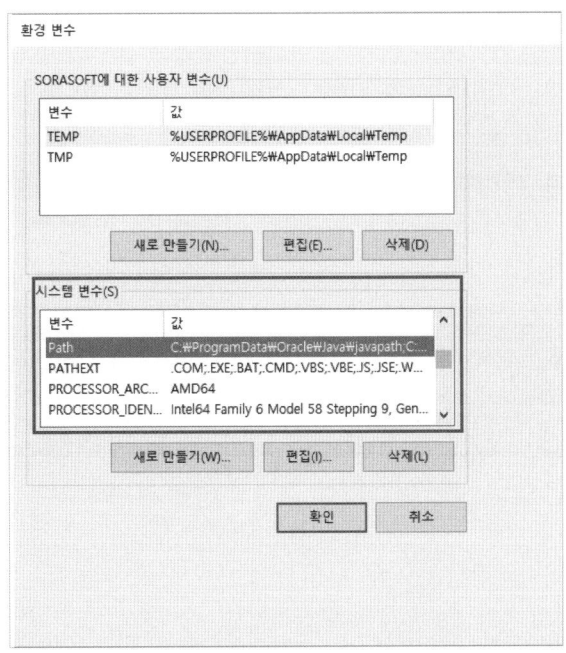

우리가 C 언어로 만든 프로그램의 컴파일과 링크를 하기 위해서는 cl.exe 와 link.exe가 있는 경

로를 지정해 줘야 합니다.

시스템 변수에 Visual Studio의 cl.exe가 있는 디렉터리를 찾아서 넣어줘야 합니다. cl.exe를 찾기 위해 탐색기를 이용하는 방법도 있습니다. Visual Studio가 있는 폴더 또는 내 PC에서 cl.exe를 검색하면 다음과 유사한 경로의 cl.exe 파일을 찾을 수 있습니다.

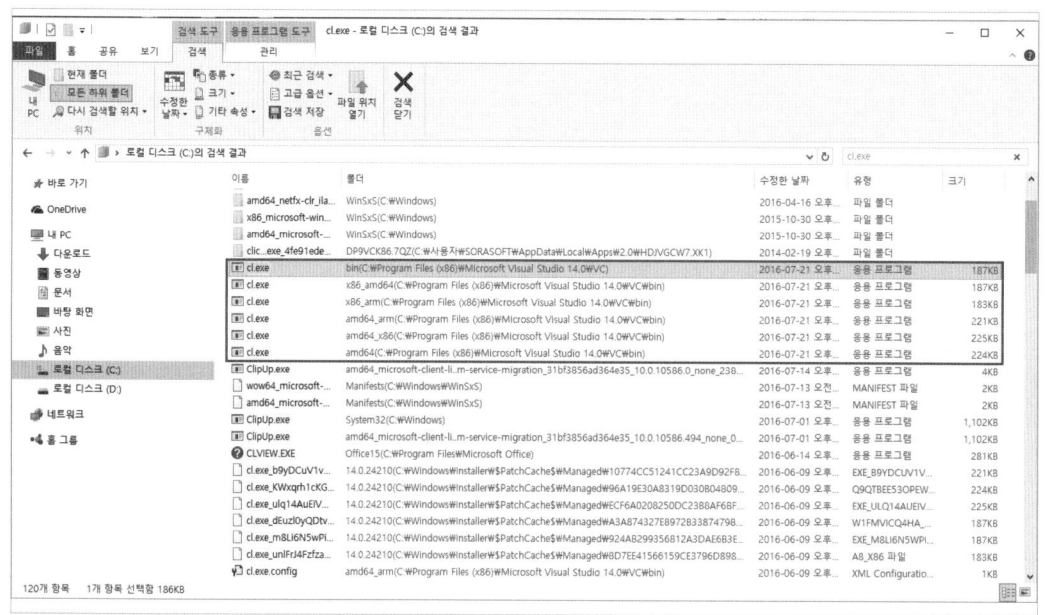

C:₩Program Files (x86)₩Microsoft Visual Studio 14.0₩VC₩bin
경로에 cl.exe가 많이 보입니다.

백슬래시(backslash, reverse solidus)는 폰트에 따라 ₩ 기호로 표현되기도 합니다. 따라서 경로에 있는 ₩ 표시는 ₩ 와 동일한 역할을 하는 것으로 이해하셔도 좋습니다. 경로를 복사하고 붙여넣는 과정에서 표기가 바뀌는 경우도 있지만 실제로 이상이 있는 것은 아닙니다. 보통 자신의 컴퓨터에 Visual Studio가 설치되면 C 드라이브에 설치가 되지만, D나 E 혹은 F 드라이브에 설치되어 있다면 위와 비슷한 경로를 설치된 드라이브에서 찾아서 넣어주시면 됩니다. 새로 만들기 버튼을 클릭해서 경로를 넣어주시면 path 설정이 끝납니다. 이제 우리는 {자신의 드라이브}:₩Program Files (x86)₩Microsoft Visual Studio14.0₩VC₩bin에 있는 파일들을 어떤 곳에서든지 사용할 수 있게 되었습니다.

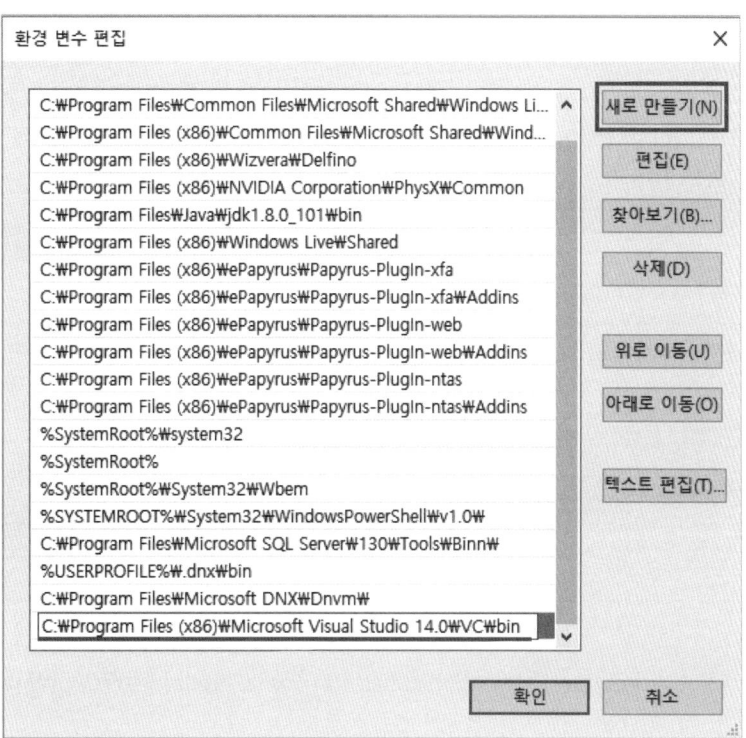

윈도우 10 미만 버전에서의 path 설정 화면은 다음과 같습니다.
표시 방법에 차이가 있을 뿐 path 설정 방법은 똑같습니다.
시스템 변수에서 path를 선택해서 편집 버튼을 누릅니다.

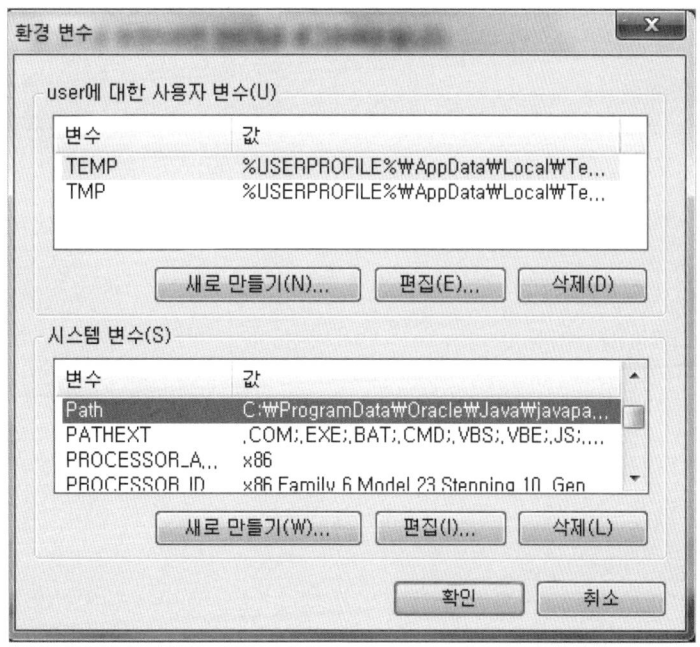

다음과 같이 path에 추가되어있는 많은 경로가 보입니다. ; 이 표시는 '구분자'라고 하며, 말 그대로 구분을 지어주는 역할을 합니다. 경로;경로;경로 식의 구분을 짓습니다.
변숫값 항목에 C:\Program Files (x86)\Microsoft Visual Studio 14.0\VC\bin 경로를 추가해줍니다. 추가 방법은 아래와 같이 기존에 있던 경로에 ';'을 붙이고 바로 path를 추가하면 됩니다.

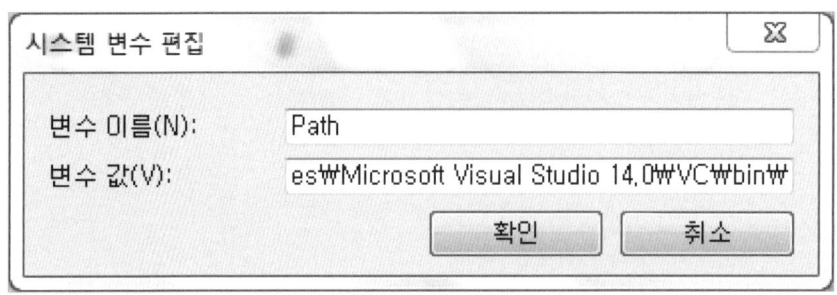

경로;C:\Program Files (x86)\Microsoft Visual Studio 14.0\VC\bin

다음과 같이 변숫값의 마지막 부분을 정리해줍니다. 마지막에 슬래쉬(\)를 추가하면 위 사진과 같은 변수 값이 완성됩니다. 확인을 누르면 path 설정이 끝납니다.

컴파일(Compile)/링크(Link)

코딩을 하게 되면 컴파일, 링크, 라이브러리[20]와 같은 용어들을 많이 듣게 됩니다. 많이 등장하는 용어란 기본이고 중요하다는 뜻과도 같습니다.

컴파일과 링크는 우리가 코딩한 프로그램이 실제로 컴퓨터에서 동작할 수 있는 실행 파일이 되는 과정을 뜻합니다. Windows에서의 실행 파일은 확장자(. 뒤에 붙는 영문자)가 .com 혹은 .exe 인 파일입니다. .com은 작은 메모리를 사용하는 유틸리티[21]에서 많이 사용되었던 확장자입니다. Windows의 실행 파일은 .exe라고 알아 두셔도 되겠습니다.

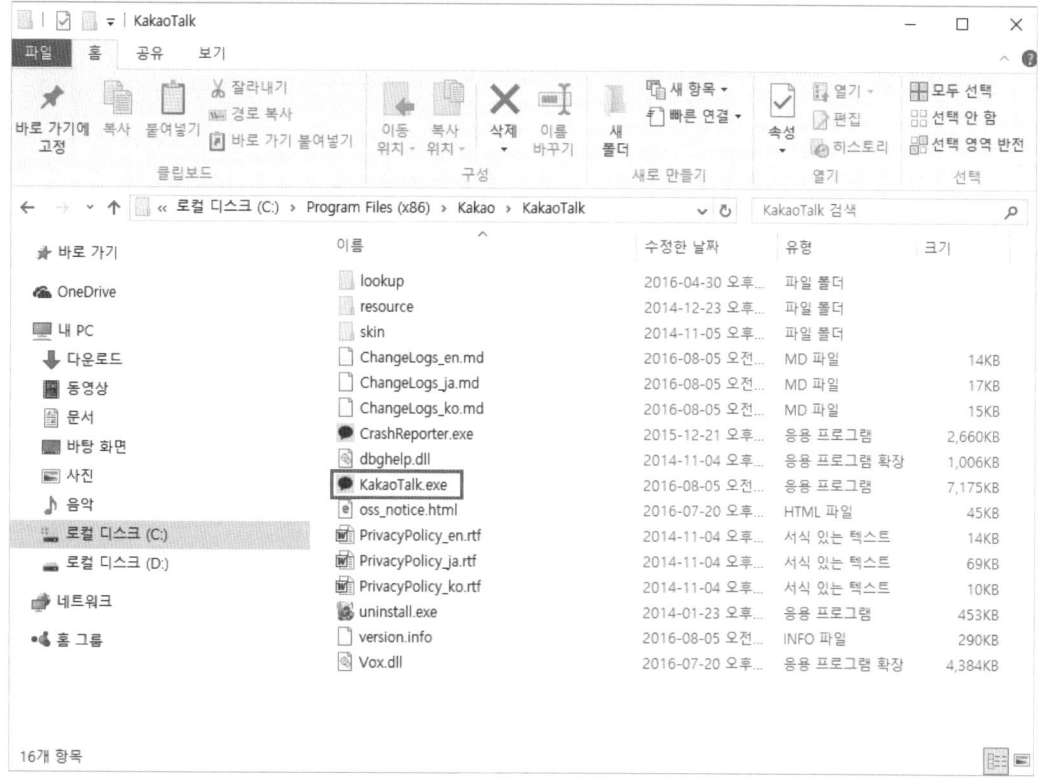

위 그림의 KaKaoTalk.exe 파일이 카카오톡의 실행 파일입니다.
확장자 .exe인 실행 파일에 해당합니다.

---

20 라이브러리란 기계어로 번역된 바이너리(단어 뜻 그대로는 2진법을 뜻합니다. 2진법은 0과 1 숫자 2개로만 표현하는 숫자 체계입니다. 컴퓨터는 0과 1 두 가지 숫자로만 정보를 주고받습니다.) 파일입니다. 프로그램에서 자주 사용되는 프로그램이나 부분들을 모아놓은 것입니다. 단어의 뜻 그대로 도서관이라고 생각하시면 이해가 쉽게 될 것입니다. 책을 쓰는 데 필요한 자료들을 도서관에서 찾는 것과 같다고 생각하시면 됩니다. 이런 라이브러리에는 동적 라이브러리와 정적 라이브러리가 있습니다. 쉽게 설명하면 정적 라이브러리의 경우 프로그램이 동작 되는 데 있어서 자주 접근해야 하는 파일들이고, 동적 라이브러리는 필요할 때만 접근하면 되는 파일들입니다. 이렇게 구분 짓는 이유는 프로그램을 실행하는 실행 파일이 만들어질 때, 정적 라이브러리는 실행 파일에 포함되고, 동적 라이브러리는 포함이 되지 않고 배포되기 때문입니다.
21 사용자가 유용하게 사용할 수 있는 프로그램을 일컫는 총칭

이전 장에서는 만들어진 프로그램을 책에 비유했습니다. 책의 저자가 한국인이기 때문에 〈비전공자를 위한 프로그래밍〉은 한글로 쓰였습니다. 만약 한국어를 배우지 않은 미국인이 이 책을 읽고자 한다면, 번역가가 책을 영어로 번역해주어야 합니다. 프로그램도 마찬가지입니다. 사람이 알아보기 쉬운 고급 언어[22](C,C++,JAVA 등)로 만들어진 프로그램을 컴퓨터가 이해할 수 있는 기계어로 변환시켜주는 작업을 컴파일이라고 합니다. 컴파일 과정이 끝나고 라이브러리(library)와 링크하는 과정을 거치면 컴퓨터가 실행할 수 있는 실행 파일이 생성됩니다.

컴파일 과정을 조금 더 깊이 들여다보면 다음과 같습니다.

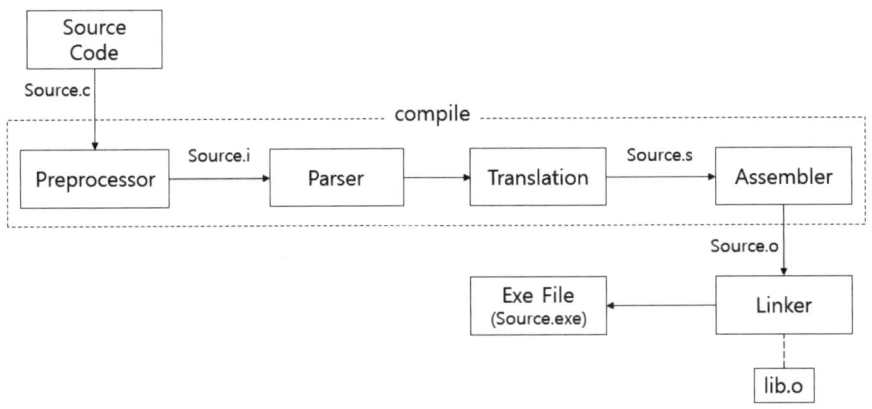

그림에서 표시된 Preprocessor, Parser, Translation, Assembler 과정을 컴파일(compile)이라고 합니다. 프리프로세서 과정은 컴퓨터가 알아보기 쉽게 코드를 정리하는 단계입니다. #include, #define과 같은 매크로나 지시자를 소스 코드로 변환해 줍니다. 여기서 소스 코드 파일인 source.c는 source.i 파일로 변환 생성됩니다. Parser는 코드에 문법적으로 이상이 있는지 문법 검사를 하고, Translation 과정이 각 명령어에 대응하는 코드를 어셈블리어로 바꿔주는 역할을 합니다. 여기서 source.i 파일은 C 컴파일러인 cc1에 의하여 어셈블리 코드인 source.s로 변환됩니다. Assembler는 어셈블리 코드를 기계어로 코드를 바꿔줍니다. Translation 과정의 결과물인 source.s 파일은 이 과정에서 source.o 파일로 변환됩니다.
여기까지가 컴파일 과정입니다. 그러나 이 과정에서 생긴 파일은 실행 파일이 되기에는 반쪽 짜리 결과물밖에 되지 않습니다. 라이브러리 링크 과정을 거치지 않았기 때문입니다.
　그렇다면 링크는 무엇일까요? 링크는 프로그램이 돌아가는 데 필요한 라이브러리를 이어주는 작업을 수행합니다. 앞 장에서 API를 단어 사전이라고 했던 설명을 기억하시나요? 라이브러리는 바로 이 API를 모아 놓은 장소라고 생각하시면 쉽게 이해가 될 겁니다. 도서관에 모여있는 다양한 책 중에서, 우리가 정보를 얻는 데 필요한 단어의 뜻을 찾아서 넣으면 됩니다.

22　이 책에서 배우는 C/C++/JAVA 등의 프로그래밍 언어를 지칭하며, 사람이 이해하기 쉽게(가독성이 높은) 작성된 언어를 말합니다.

링크에는 동적 링크와 정적 링크가 있는데, 정적 라이브러리로 분류된 부분은 링크 시 프로그램에 합쳐집니다. 동적 라이브러리는 필요할 때만 접근하면 되기 때문에 실행 파일에는 포함되지 않고 따로 배포됩니다.

확장자가 .dll 인 dbghelp.dll 가 동적 라이브러리 이며, 실행파일(.exe)과 함께 배포 되어있는 것을 확인할 수 있습니다.

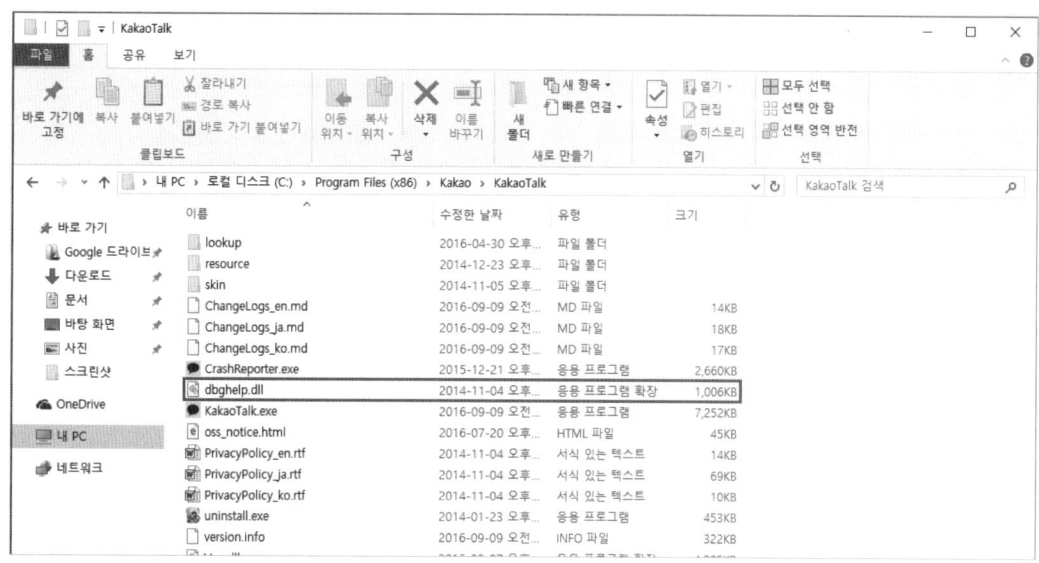

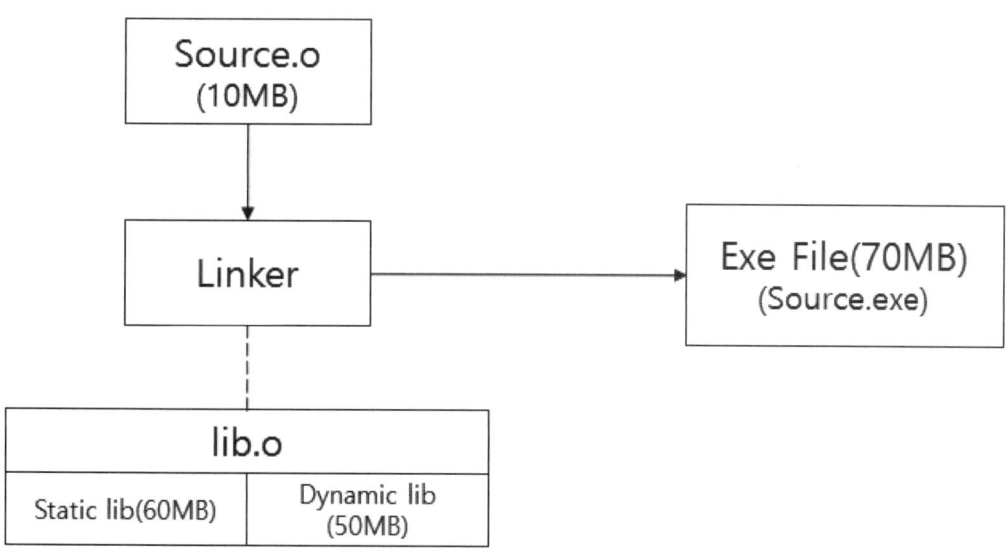

소스가 컴파일된 오브젝트 파일(source.o 10MB)과 정적 라이브러리(60MB), 동적 라이브러리(50MB)가 있으면, 링크 과정을 거쳐서 실행 파일(source.exe) 70MB 가 생성됩니다. 코딩한 소스는 이렇게 컴파일과 링크 과정을 거쳐서 생성된 실행 파일을 컴퓨터가 인식해 동작하는 것입니다.

C/C++ 프로그래밍

지금까지 배운 내용들을 C/C++ 프로그래밍을 통해서 실습을 해보겠습니다. 먼저 cmd 창을 열어보겠습니다. 쉘 프로그래밍에서 배웠던 예약어를 복습하면서, 앞서 설치했던 Visual Studio 디렉터리를 찾아가 보겠습니다. 앞에서는 [cd..] 명령어를 통해서 상위 디렉터리로 이동을 했다면, 이번에는 우리가 원하는 디렉터리로 바로 들어가 볼 예정입니다.

다음과 같이 cd 명령어 뒤에 원하는 디렉터리의 경로를 넣어주시면 됩니다. 이때 반드시 드라이브가 포함된 완전한 경로를 넣어야 명령어가 실행됩니다.

64비트 운영체제일 경우 Visual Studio를 설치할 때, 기본 설정을 따랐다면 주소는 아래와 같습니다. 드라이브와 (x86)의 유무에 주의하며 입력해봅시다.

cd C:\Program Files (x86)\Microsoft Visual Studio 14.0\VC\bin

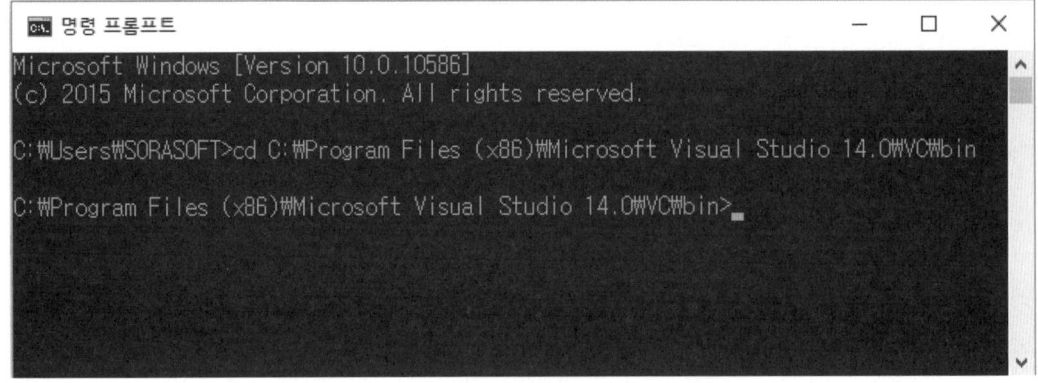

이번에는 현재 위치에서 제가 원하는 파일들을 찾아보겠습니다.

dir *.exe

위 명령문에서 명령어 dir 뒤에 붙은 애스터리스크 마크(*)는 모든(all)을 뜻합니다.
즉 이 파일 안에 있는 exe 확장자를 가진 모든 파일을 보여달라는 것입니다.

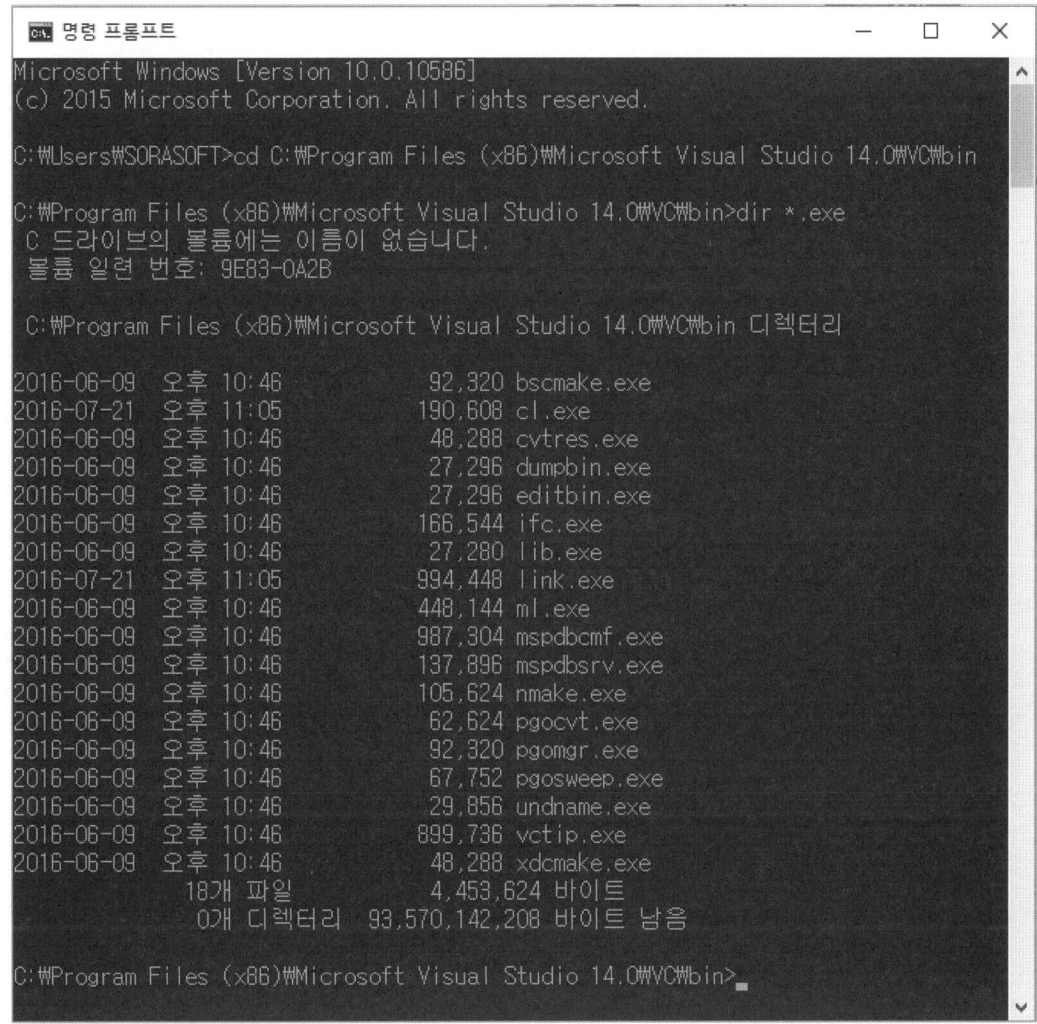

이 exe 파일들이 컴파일에 필요한 실행 파일들 입니다. 즉, 개발툴 입니다.

[cd %HOMEPATH%] 를 입력하여 user폴더로 다시 돌아옵니다.

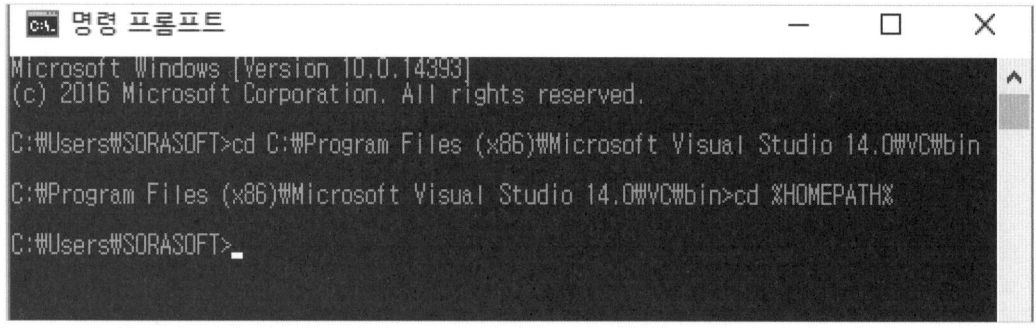

프로그래밍 실습전에 소스파일을 저장할 디렉터리를 생성 하는데,
나의 첫번째 C언어 프로그래밍 이므로 디렉터리명은 my_first_c 로 하겠습니다.
그리고 생성된 디렉터리로 이동 합니다.

새 파일을 만드시겠습니까? 질문에 예를 누르면 메모장을 통해 helloworld.cpp라는 파일이 생성됩니다. [explorer ..] 명령어를 통해서 파일이 생성되어 있는 것을 확인해보겠습니다.

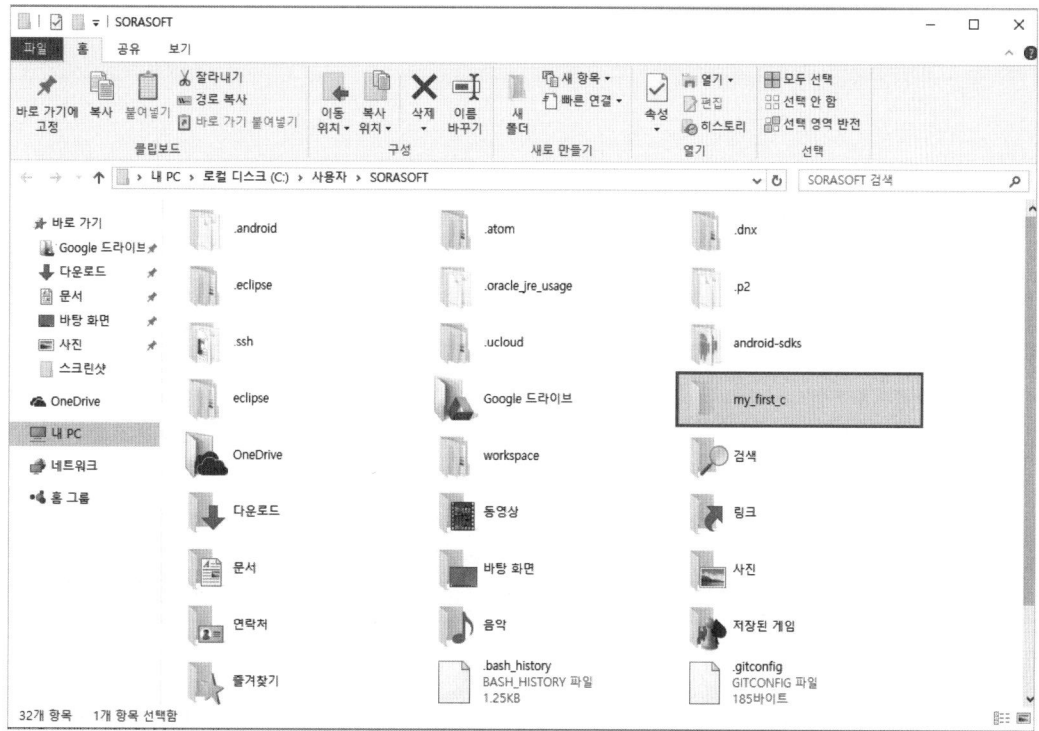

파일이 생성된 것을 창에서 확인할 수 있습니다.
이번에는 메모장으로 돌아가서 'hello world'라는 문자가 출력되는 내용을 코딩해보겠습니다.

```
#include <iostream>

int main()
{
    printf("hello world");
    return 0;
}
```
source

이렇게 만들어진 helloworld.cpp를 소스나 소스 파일, 혹은 원시파일이라고도 합니다. 앞으로는 간단히 소스(source)라고 하겠습니다.

```
helloworld.cpp - 메모장
파일(F)  편집(E)  서식(O)  보기(V)  도움말(H)
#include <iostream>

int main()
{
    printf("hello world");
    return 0;
}
```

메모장이 아닌 cmd 창에서 바로 코딩하기 위해서는 [copy con] 명령어를 이용할 수도 있습니다. 소스 코드의 타이핑 후 ^Z(Ctrl key + Z key) key를 눌러줍시다. "1개 파일이 복사 되었습니다." 라는 문구와 함께 파일이 생성됩니다.

```
명령 프롬프트
C:\Users\SORASOFT\my_first_c>copy con helloworld.cpp
#include <iostream>

int main()
{
    printf("hello world");
    return 0;
}
^Z
        1개 파일이 복사되었습니다.
C:\Users\SORASOFT\my_first_c>
```

컴파일 과정

cl.exe 파일은 C/C++ 소스파일의 컴파일과 링크를 수행하는 실행파일입니다.
다음과 같이 타이핑 하고 Enter key를 누르게 되면 helloworld.cpp파일은 컴파일과 링크 과정을 거치게 됩니다.

> cl.exe helloworld.cpp

이렇게 옵션(/c)을 주면 링크를 생략하고 컴파일만 하게 됩니다.

> cl.exe /c helloworld.cpp

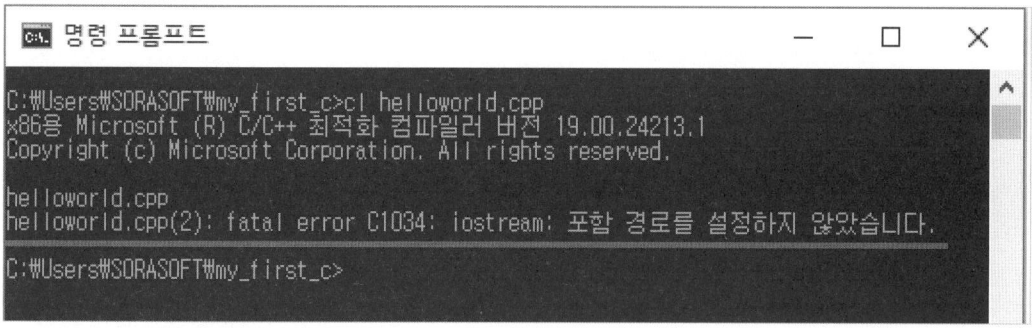

옵션을 주던, 주지 않던 에러가 발생했습니다. 에러의 발생 이유를 살펴보고 에러를 고쳐보도록 하겠습니다. 발생한 에러를 고치는 것을 '디버깅'이라고 하며, '버그를 잡는다.'고도 표현합니다.
에러 메시지를 보면 다음과 같습니다.

    helloworld.cpp(1)[23] : helloworld.cpp 파일의 첫 번째 줄에서 에러가 발생했다.
    에러 내용 : iostream 포함 경로를 설정하지 않았습니다.

에러 내용을 보면 #include 〈iostream〉 구문에서 에러가 발생하였다는 점을 알 수 있습니다. iostream은 입력과 출력을 위한 헤더 파일이고, 'include'는 이 헤더 파일을 가져오는 동작을 뜻합니다. '포함 경로를 설정하지 않았습니다'라는 에러 문구에서 알 수 있듯, iostream의 경로가 설정되지 않아 include가 되지 않는 문제가 발생한 것입니다. 이 문제를 해결하기 위해서는 include라는 변수에 iostream의 경로(Path)를 넣어 주어야 합니다. 사실 이 부분은 쉬운일이 아닙니다. 셀프프로그래밍으로 얻은 자신감으로 인내하고 실습해 보아야 하는 부분입니다. 요지는 필요한 것(API)을 쓰기 위해 필요한 파일(헤더, 라이브러리)을 포함시킨다고 이해하면 됩니다. 헤더와 인클루드의 개념은 다음과 같습니다.

헤더(header)

헤더는 라이브러리의 색인(index) 이라고 이해하시면 됩니다. 라이브러리가 실제적인 내용을 담고 있는 책이라면 헤더는 라이브러리의 제목과도 같습니다. 그 때문에 헤더 파일은 본체는 없고 형식만 있습니다. 라이브러리를 사용하는 데 있어서 우리는 헤더를 Include 해서 라이브러리 파일을 참조했다는 것을 표시합니다.

    본체는 없고 형식만 있다는 것을 확인하기 위해서 우리가 C/C++ 프로그래밍을 하면서 가장 먼저 접하는 stdio.h[24] 파일을 살펴보겠습니다.
탐색기에서 stdio.h 파일을 찾아서 메모장에서 열어보았습니다.

---

23 helloworld.cpp(1)에서 숫자 1은 줄 번호(line number)를 뜻합니다.
24 stdio.h: 표준 입/출력에 관련된 헤더 파일

우리는 이미 hello, world를 만들어 보았습니다. { } 가 나오고 그 안에 입력과 출력에 관련되어 동작을 구현하는 내용들이 있어야 하는데 보이지 않습니다. 입력과 출력을 구현한 '본체'는 라이브러리 파일에 구현 되어 있습니다.

인클루드(include)

'~을 ~에 포함시키다'라는 단어의 뜻이 그대로 반영된 명령어입니다. include는 헤더 파일을 가져오는 것을 뜻합니다. 사용하고자 하는 라이브러리 파일을 불러오기 위해서 해당 헤더를 가져오는 것을 '인클루드 한다'라고 표현합니다.
사용 방법은 아래와 같으며 프로그램 작성 시 제일 먼저 등장해야 합니다.

#include ⟨stdio.h⟩

앞에서 설명한 'PATH 설정'에서 했던 것과 같이 [시스템 환경] 변수에서 path 설정을 하는 것도 가능하지만, 이번에는 shell에서 명령어로 path를 설정해 보겠습니다. 우리가 쓸 명령어는 다음과 같습니다.

명령어에서 'set INCLUDE'는 값과 같습니다. 여기서 INCLUDE는 "변하는 수"인 변수이기도 합니다. 해당 변수에 iostream 경로를 넣어주어야 합니다. 아래 경로에서 iostream을 검색해 보시기 바랍니다.

> C:₩Program Files (x86)₩Microsoft Visual Studio 14.0

C:₩ 일 수도 있고 D:₩ 일수도 있습니다. Visual Studio가 설치된 폴더에서 검색하면 됩니다. 컴퓨터 전체 검색으로 찾아도 되겠습니다.

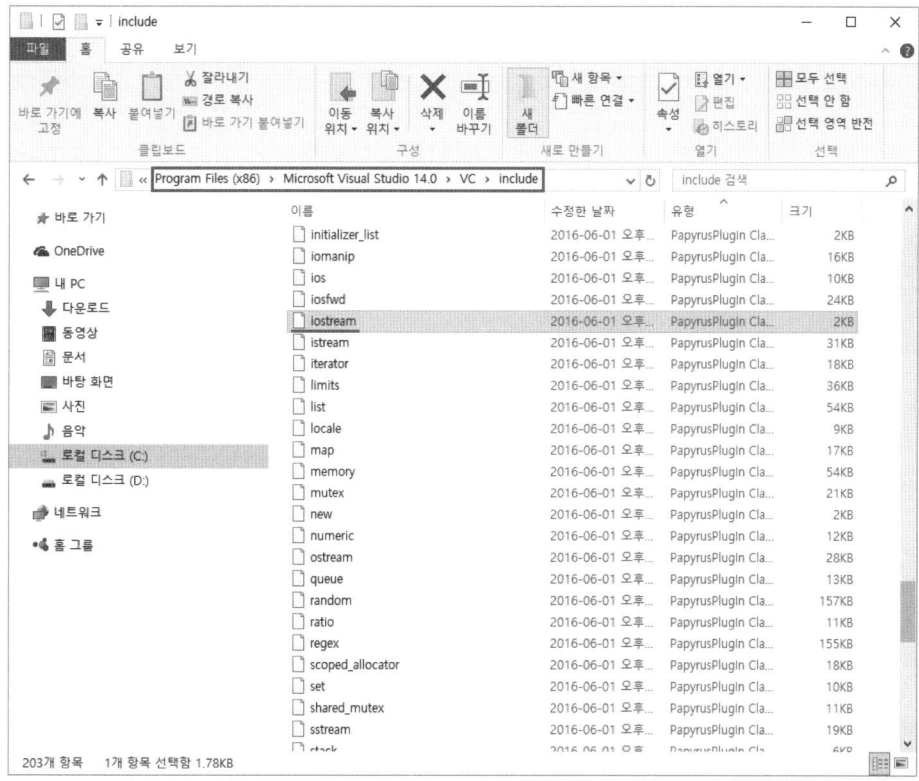

우리의 경우, iostream이 C:₩Program Files (x86)₩Microsoft Visual Studio 14.0₩VC₩include 경로에 있는 것이 확인되었습니다. 이제 이 경로를 INCLUDE 변수에 넣어줍시다.

> set INCLUDE=C:₩Program Files (x86)₩Microsoft Visual Studio 14.0₩VC₩include₩

그리고 다시 한 번 실행을 시켜 줍니다. cl.exe에서 .exe는 제외해도 됩니다.

> cl /c helloworld.cpp

이번에는 다음과 같은 에러가 발생합니다.

밑줄이 그어진 에러 메시지에서 corecrt.h 파일이 필요하다는 것을 유추할 수 있습니다. corecrt.h 파일을 찾아서 추가해야 합니다.

corecrt.h 파일의 경로와 앞서서 추가했던 경로를 다음과 같이 넣어주면 됩니다.

> set INCLUDE=C:\Program Files (x86)\Windows Kits\10\Include\10.0.10240.0\ucrt;%INCLUDE%

이렇게 경로를 추가할 때 한 글자라도 틀리게 되면 제대로 추가가 되지 않습니다. 경로가 틀릴 가능성과 매번 장문의 경로를 추가하는 수고를 줄이기 위해 앞에서 배웠던 변수를 재 사용하는 방법을 쓰겠습니다.

> set INCLUDE=추가할 경로;%INCLUDE%

이처럼 세미콜론(;)을 붙이고 %INCLUDE%로 덧붙이게 되면, 기존의 INCLUDE에 들어가 있던 경로(C:\Program Files (x86)\Microsoft Visual Studio 14.0\VC\include)부터 이번에 새로 추가할 경로까지 한 번에 들어가게 됩니다.
set INCLUDE 에 %INCLUDE% 를 추가 하지 않을 경우 기존에 INCLUDE된 경로는 인식하지

못하므로 위와 같이 할 경우 "iostream 포함 경로를 설정하지 않았습니다."라는 오류가 다시 나타나게 됩니다.

해당 경로를 넣었으니 다시 컴파일 명령어를 입력해보겠습니다. 이번에는 링크 제거(/c) 옵션을 제외하고 명령어를 실행해 보겠습니다.

> cl helloworld.cpp

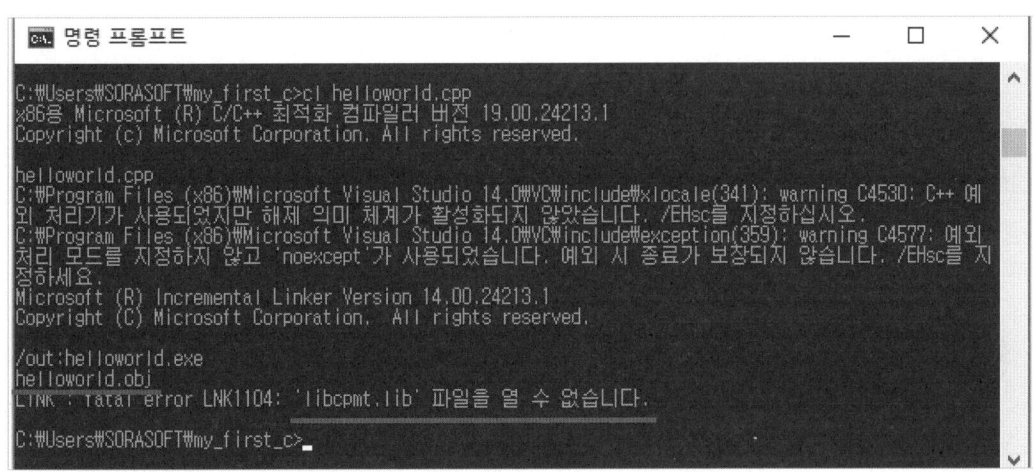

helloworld.obj 파일이 생성되었습니다(obj는 object의 약자 입니다).

이로써 컴파일 과정은 완료했다는 것을 확인했습니다. 하지만 'libcpmt.lib 파일을 열 수 없습니다.' 라는 에러 문구를 통해 링크 과정에서 문제가 생긴 것을 알 수 있습니다.

먼저 a.obj 파일이 제대로 생성되었는지 확인해야 합니다. 다음 명령어를 실행해봅시다.

> dir helloworld.obj

SORASOFT 디렉터리 안에 helloworld.obj 파일이 생성되었습니다.

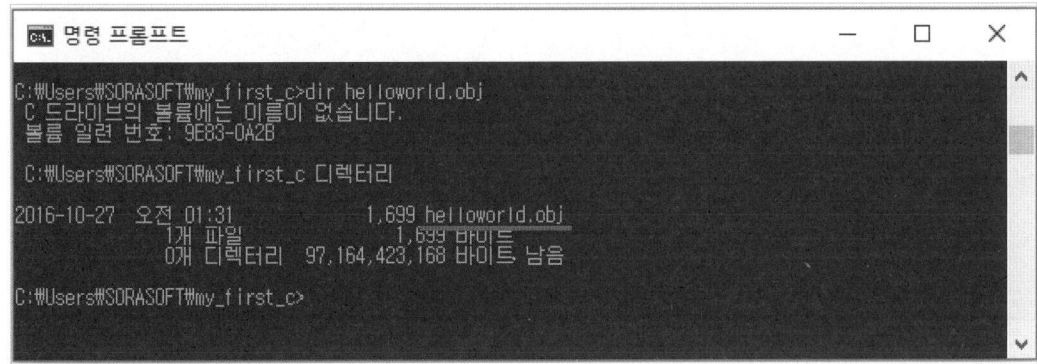

링크 에러는 발생하였지만 helloworld.obj 파일이 생겼습니다. 링크 에러를 보고 싶지 않다면 cl /c helloworld.cpp를 통하여 컴파일 과정만 진행하면 됩니다. 경고(warning)는 발생했지만 그러나 obj 가 만들어 집니다. 이를 통하여 warning 은 error 처럼 .obj 파일을 만들지 못하게 할 수는 없다는 것을 알 수 있습니다.

링크 과정으로 돌아와 봅시다. libcpmt.lib 파일을 열 수가 없다고 합니다. corecrt.h 파일이 없었을 때 문제를 해결한 방식과 똑같은 과정을 거치면 됩니다. 해당 파일을 찾아서 LIB이라는 변수에 넣어줍시다.

[set LIB=경로;경로;경로]

경로를 넣어주고 실행합니다. 에러가 또 나면 에러 메시지를 보고 해당 파일을 찾아서 다시 넣어줍니다. 이렇게 하는 디버깅을 RUN & FIX 디버깅이라고 하며 본 책에서는 이러한 디버깅을 간단히 "디버깅"으로 부르겠습니다.

저의 경우 다음과 같이 경로 지정을 해주었습니다.

set LIB=C:\Program Files (x86)\Microsoft Visual Studio 14.0\VC\lib;C:\Program Files (x86)\Microsoft SDKs\Windows\v7.1A\Lib;C:\Program Files (x86)\Windows Kits\10\Lib\10.0.10240.0\ucrt\x86

라이브러리 경로 지정 후 컴파일을 한 결과 예외 처리에 대한 경고가 있지만 helloworld.exe가 생성되었습니다.

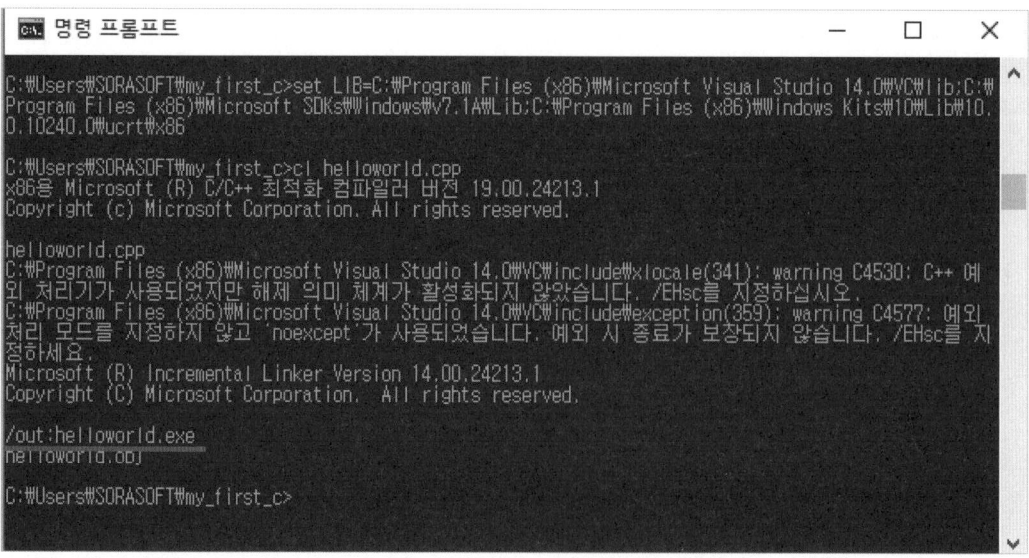

해당 디렉터리를 열어보면 소스 파일(helloworld.cpp)과 컴파일 과정을 거치면서 만들어진 오브젝트 파일(helloworld.obj), 그리고 링크 과정을 통해 실행파일(helloworld.exe)이 생성된 것을 보실 수 있습니다.

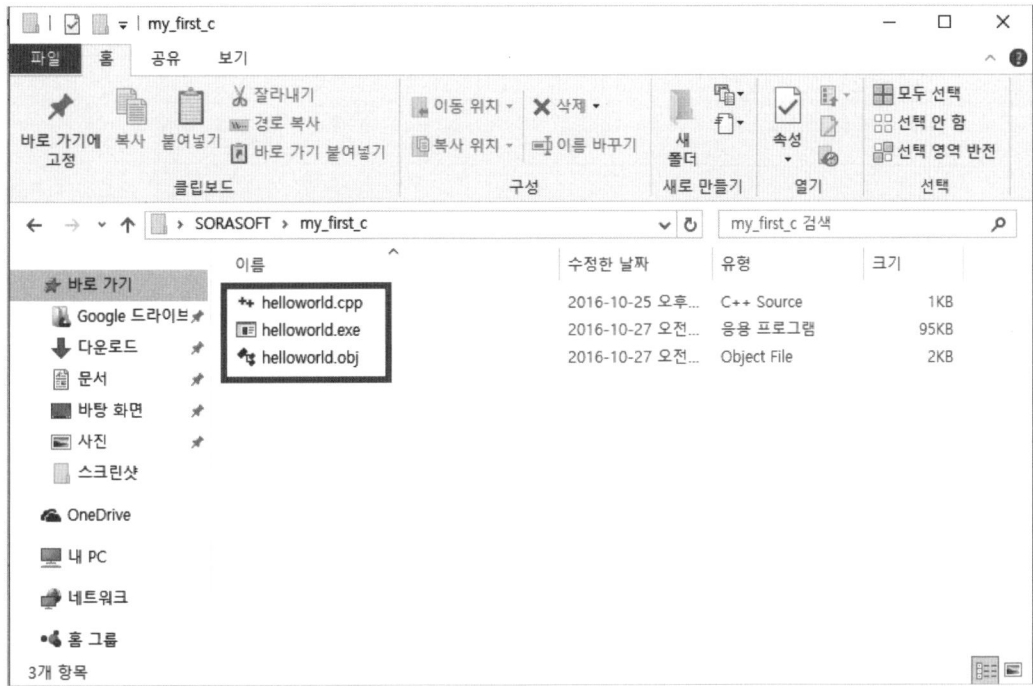

이제 helloworld.exe를 실행시켜봅시다. 이때는 helloworld 만 적어도 실행이 됩니다.

'hello world' 문자열이 출력 되었다면 성공입니다.
지금까지 여러분은 C/C++언어로 코딩에서 컴파일과 링크 과정을 거쳐서, 실행 파일 생성과 실행까지의 과정을 모두 해보았습니다.

JDK / Eclipse 설치 (JAVA)

앞서 우리는 C/C++을 다루어보기 위해 Visual Studio를 설치했습니다.
이번에는 JAVA 언어를 다루기 위한 JDK(Java Development Kit)와, IDE의 종류 중 하나인 Eclipse를 설치해보겠습니다. JDK(Java Development Kit)는 쉽게 말해 JAVA의 응용 프로그램 개발을 위한 프로그램입니다. JDK는 JAVA 언어를 이용한 소스 파일을 컴파일할 수 있는 컴파일러, 디버깅 툴 등으로 이루어져 구성되어 있습니다.

0. 설치환경 점검

JDK는 컴퓨터 환경에 따라 설치 파일이 다르므로, 설치 전 컴퓨터의 bit를 확인해 보아야 합니다. Windows는 정보 처리의 속도에 따라 32bit[25]와 64bit로 나뉩니다. 컴퓨터의 운영체제에 따라 알맞은 파일을 다운받아야 합니다. 운영체제는 다음과 같은 방식으로 확인할 수 있습니다. 실행 창에서 dxdiag를 입력해 봅시다.

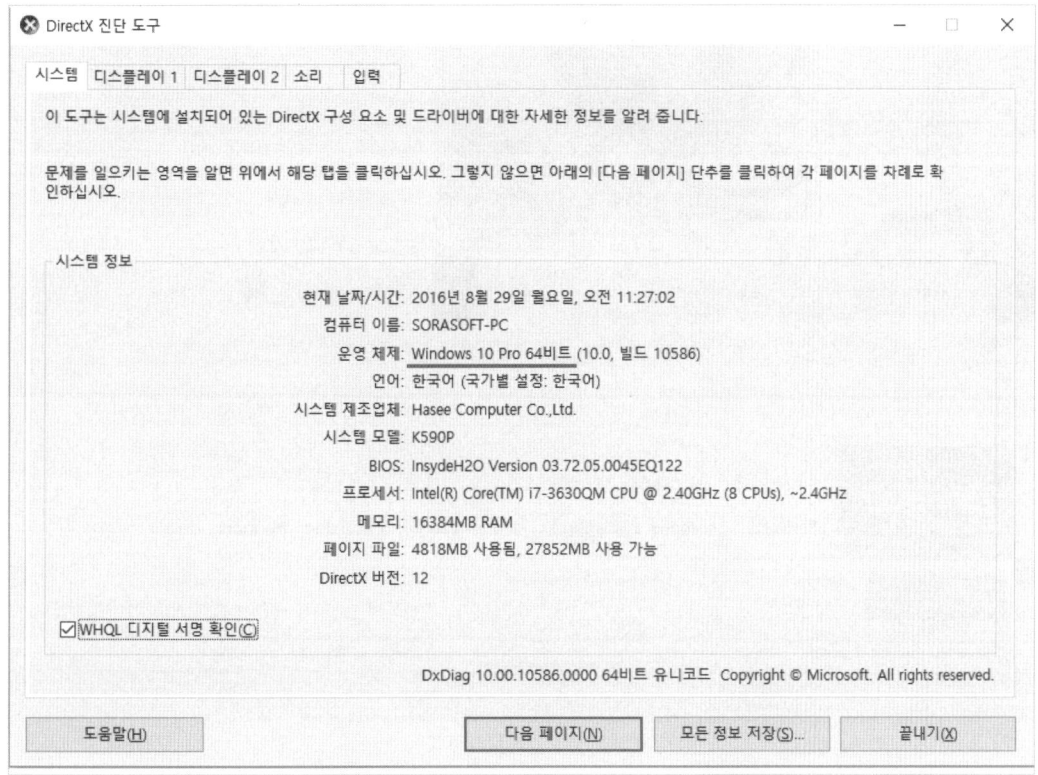

운영체제에 bit가 표시되어 있습니다. 제 컴퓨터는 64bit인 것으로 나오는군요.
자신의 컴퓨터 정보를 보고 해당하는 비트에 맞는 JDK 버전을 다운로드 하시면 됩니다. 버전에 따른 자세한 설명은 뒤에서 이어지므로, 운영체제만 확인한 뒤 단계를 넘어가셔도 좋습니다.

....

25 운영체제에서는 32비트(bit), 64비트(bit)라는 용어를 볼 수 있습니다. 이것은 CPU(Central Processing Unit)가 한 번에 처리할 수 있는 데이터의 양입니다. 32비트는 2^{32}, 64비트는 2^{64} 만큼의 데이터를 한 번에 처리할 수 있습니다. 64비트 운영체제가 32비트 운영체제보다 상위에 있는 버전이기 때문에, 64비트 운영체제 환경에서는 32비트 프로그램을 사용할 수 있지만 32비트 운영체제에서는 64비트 프로그램을 사용할 수 없습니다.

1. 프로그램 다운받기

주소창에 http://www.oracle.com/technetwork/java/index.html를 입력합니다.

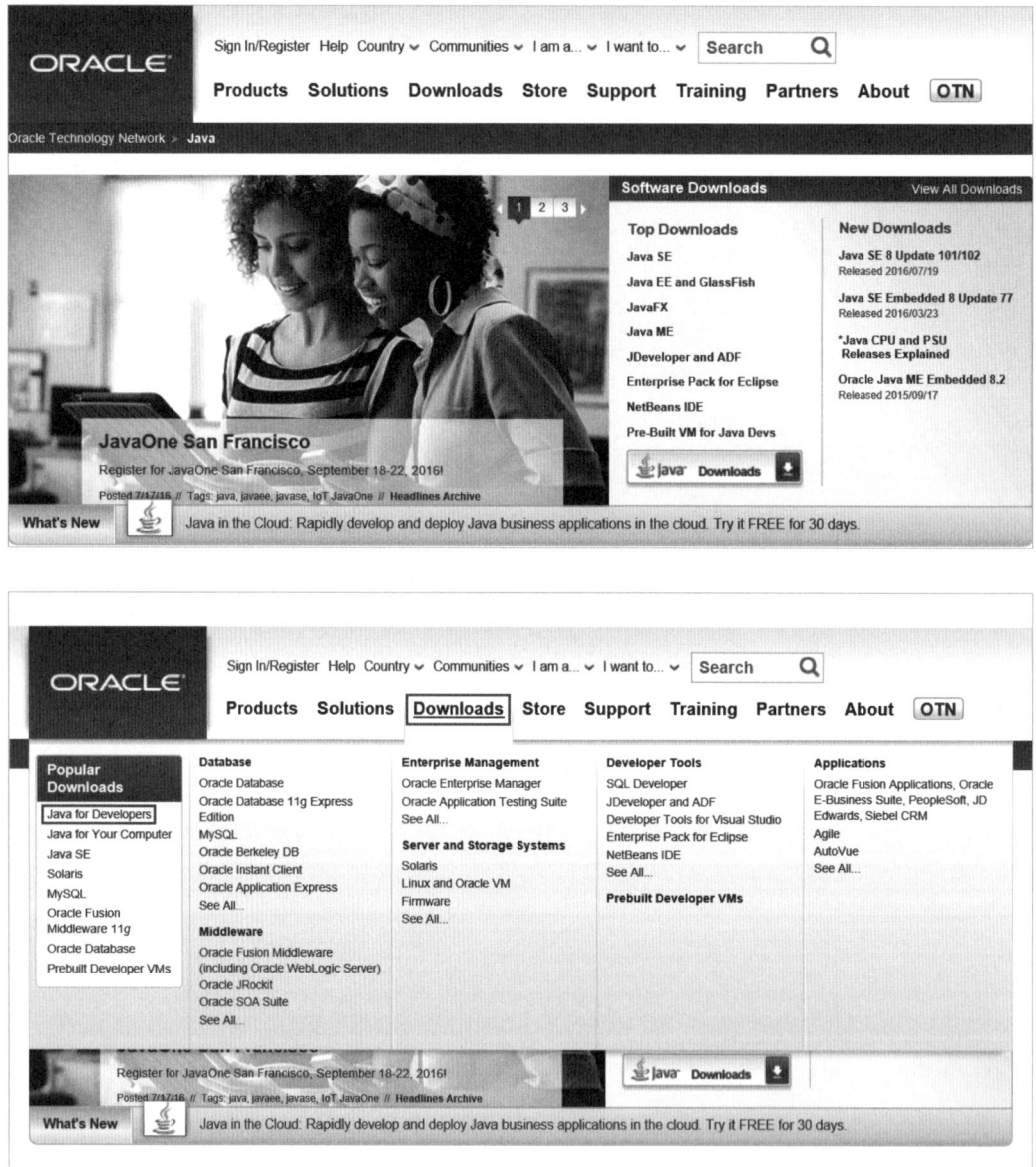

다운로드 탭에 마우스를 가져가면 카테고리가 뜹니다.
좌측 상단 Popular Downloads 목록에 있는 JAVA for Developers를 클릭합니다.

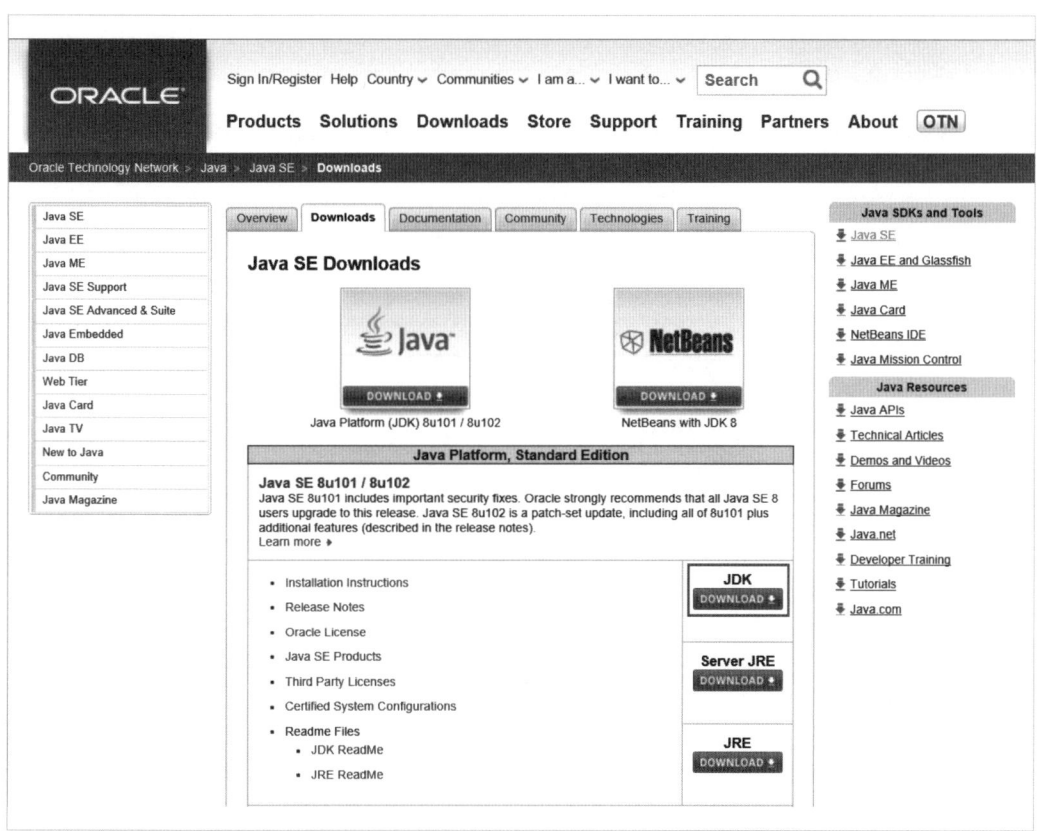

화면 중앙에 있는 JDK Download 버튼을 눌러서 다음 화면으로 넘어갑니다.

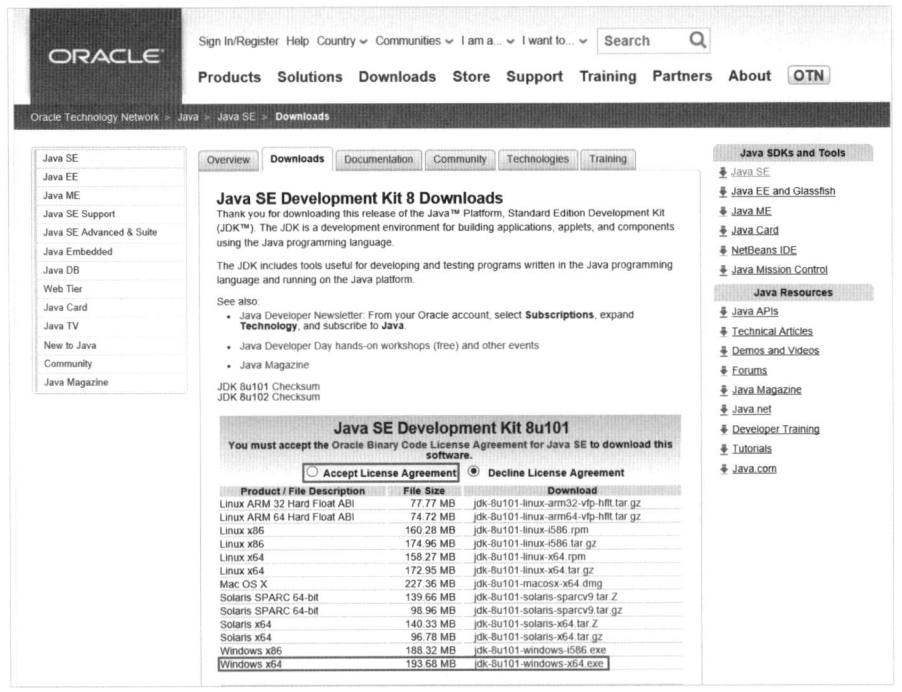

JAVA SE (왼쪽 위 카테고리의 맨 위에 있으며, 보통 이 Java SE 다운로드 창으로 연결됩니다) Development Kit 8u101 버전을 다운로드 하겠습니다. 이때 라이선스에 동의를 해야 다운로드가 가능합니다. Accept License Agreement에 체크를 하고, 아래쪽에 있는 windows 중 알맞은 파일을 다운받으면 됩니다. 운영체제에서 bit를 확인했던 것이 이때 필요합니다. 정보 처리 속도가 32bit인 컴퓨터는 Windows x86[26]을, 64bit인 컴퓨터는 Windows x64를 다운받아 주시면 됩니다. 여기에서 JAVA SE Development Kit 8u101 버전과 JAVA SE Development Kit 8u102 버전이 있는 것을 볼 수 있습니다. 큰 차이는 없지만, 차이점을 아시고 싶으시면 각 버전의 release note를 읽어보시면 됩니다.

설치 파일을 클릭하시면 아래쪽에 다음과 같은 팝업창이 뜹니다.

> download.oracle.com 의 jdk-8u101-windows-x64.exe(193MB)을(를) 실행하거나 저장하시겠습니까?

저장을 눌러서 실행 파일을 다운로드 받아 실행해도 되지만, 저는 바로 실행 버튼을 눌러서 설치 하겠습니다.

---

26 64비트 운영체제를 보면 Program Files (x86)디렉터리를 볼 수 있는데, 이 디렉터리는 64비트 운영체제에서 32비트 프로그램이 실행되기 위한 디렉터리입니다. 과거 인텔에서는 개발한 CPU에 8086, 80286으로 이름을 붙였고, 이후에 줄여서 386, 486 같이 x86의 이름을 붙였습니다. 486 이후에는 586이라는 명칭 대신 펜티엄이라는 용어로 변경되었습니다. x86계열의 CPU들은 386부터 32bit를 지원했고 이전에는 16bit나 8bit를 지원했기 때문에 32bit의 드라이버나 OS를 지칭할 때 관행적으로 x86이라고 합니다.

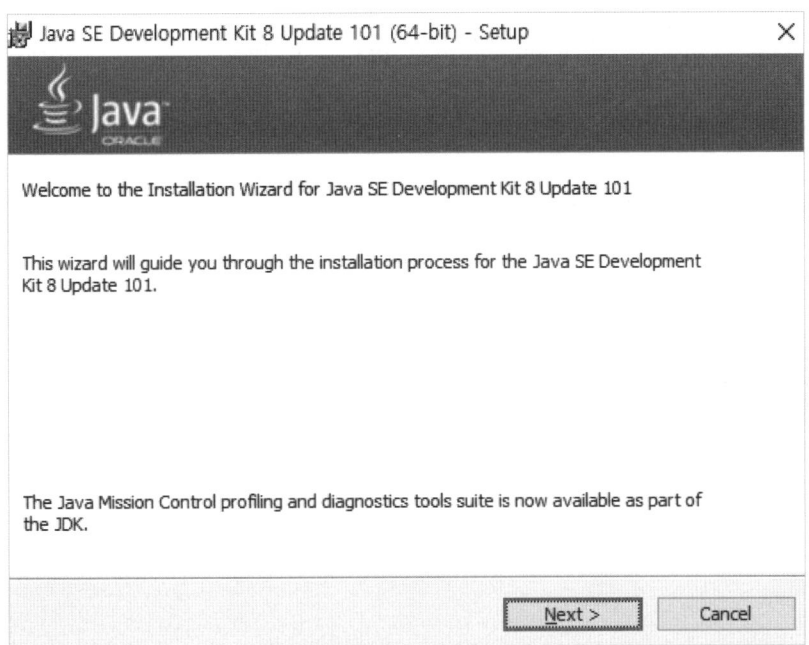

1. 프로그램 접근을 허용하는 창이 뜨면 '예'를 선택하고, 프로그램 설치 창이 뜨면 Next 버튼을 눌러줍니다.

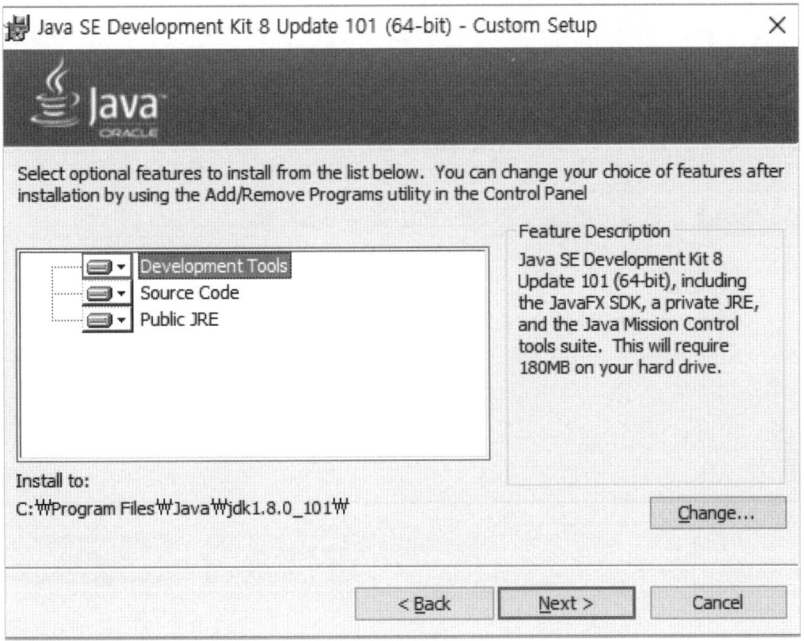

2. Next 버튼을 누릅니다.

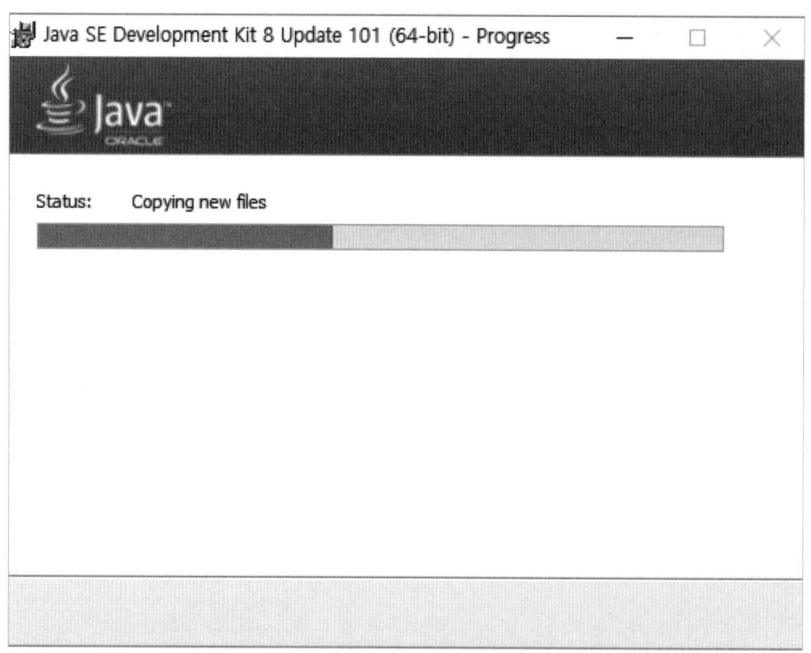

3. 설치 준비 중인 화면입니다.

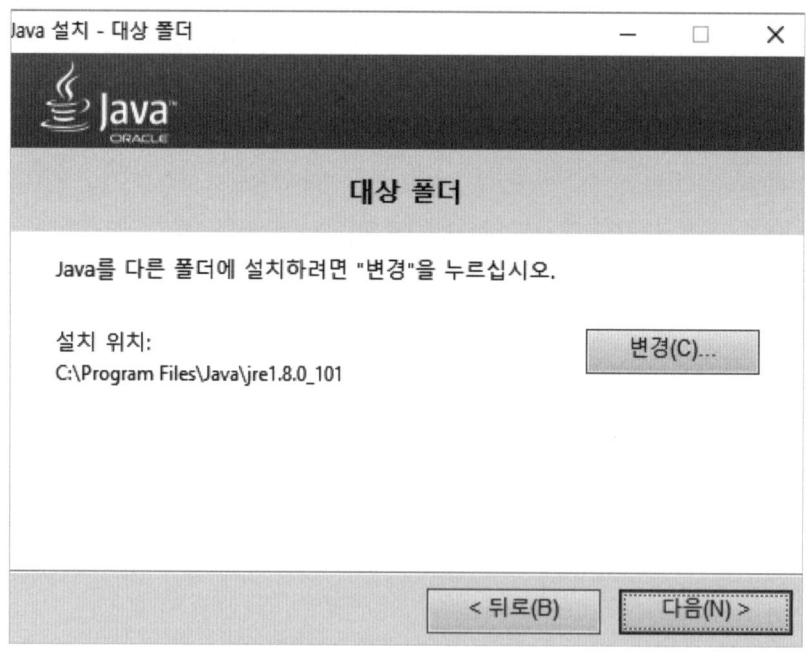

4. 설치할 공간을 설정할 차례입니다. 원하는 위치가 있으면 변경 버튼을 이용해 위치를 지정할 수 있습니다. 저는 위치를 변경하지 않고, 디폴트로 잡혀있는 설치 위치에 바로 설치하도록 하겠습니다. 다음 버튼을 누릅니다.

5. 설치가 진행 중입니다.

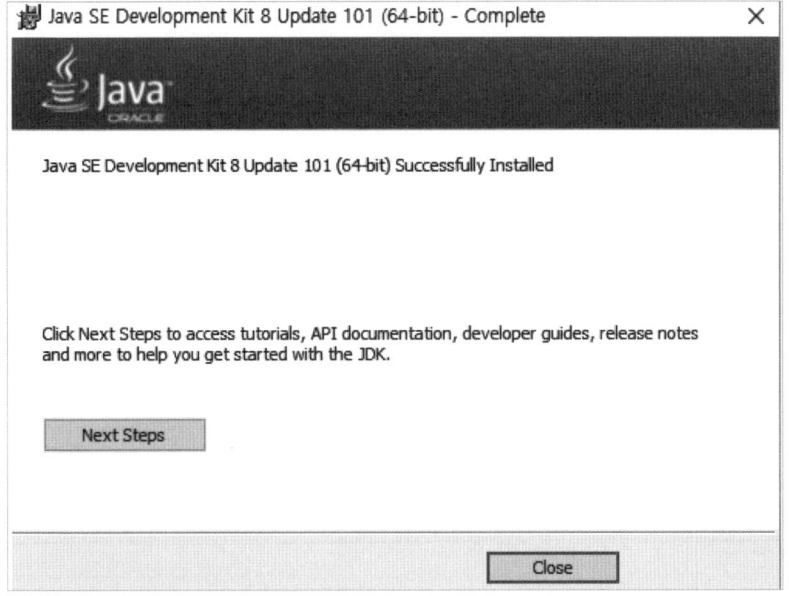

6. Complete! 설치가 완료되었습니다. close 버튼을 누릅니다.
이로써 JAVA의 설치가 끝났습니다. 이번에는 JAVA의 IDE 중 하나인 Eclipse를 설치해보려고 합니다. C/C++과 C#의 경우 Visual Studio라는 IDE를 사용합니다.
마찬가지로 JAVA 언어를 위한 개발툴(tool) 중 주로 쓰이는 IDE가 바로 Eclipse입니다.

1. 프로그램 다운받기

주소창에 http://www.eclipse.org/를 입력합니다.

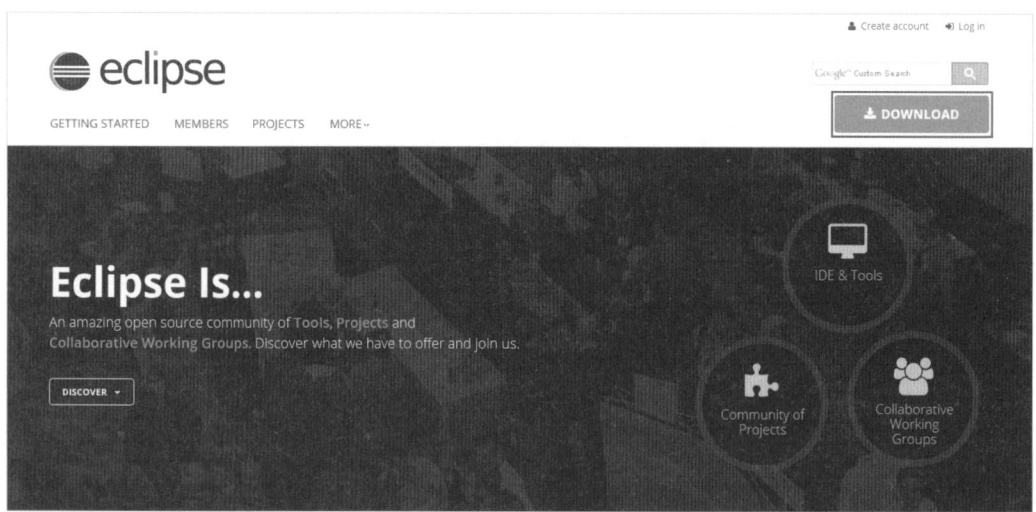

1. 화면 우측 상단의 다운로드 버튼을 누릅니다.

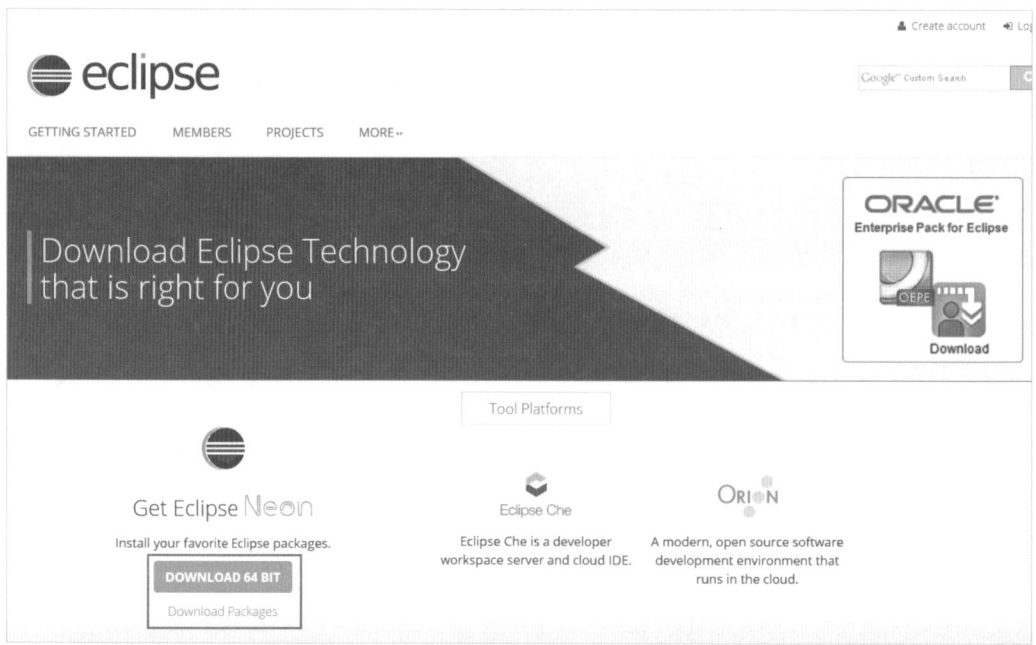

2. 다운로드 화면으로 넘어왔습니다. 자신의 운영체제가 Windows이고 64bit라면 화면에 있는 DOWNLOAD 64 BIT 버튼을 눌러줍시다.

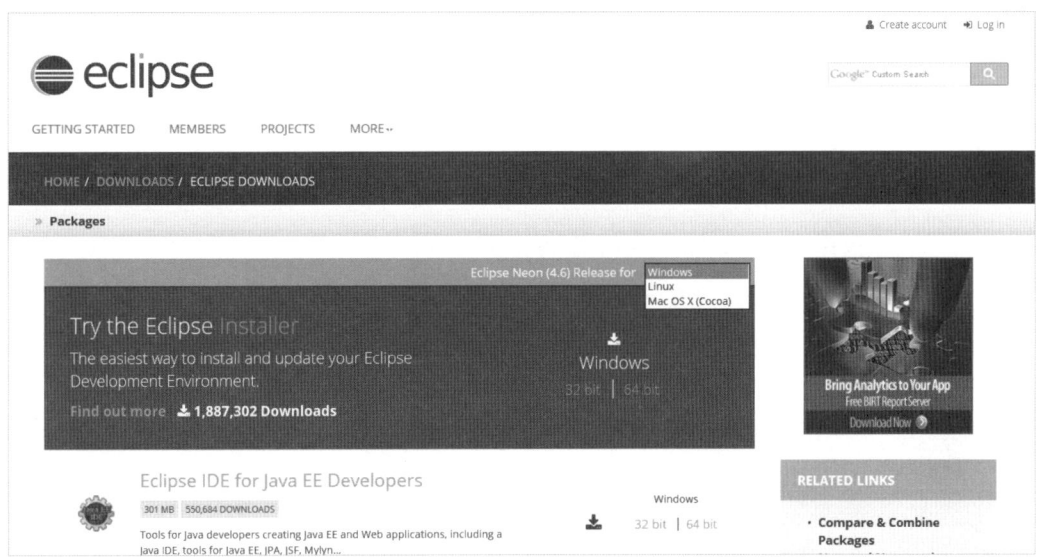

3. 운영체제가 다르거나 64bit가 아닐 경우 버튼 밑에 있는 Download Package 글씨를 눌러 알맞은 버전을 찾을 수 있습니다. JDK와는 달리, 32bit 버전과 64bit 버전 모두 운영체제의 bit 와 같은 숫자로 구분되어 있습니다.
DOWNLOAD 버튼을 클릭하면, 화면 하단에 다음과 같은 팝업 창이 뜹니다.

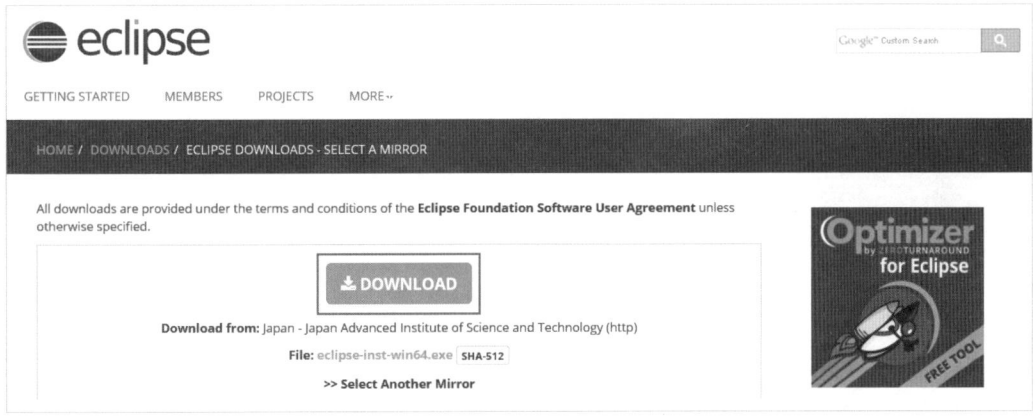

4. 실행(R) 버튼을 클릭해서 설치합니다. 저장 버튼을 눌러서 실행 파일을 실행 시키셔도 됩니다.

5. eclipse installer 화면으로 넘어갑니다. 우리가 설치하고자 했던 Eclipse IDE for Java Developers를 선택해 설치하도록 하겠습니다.

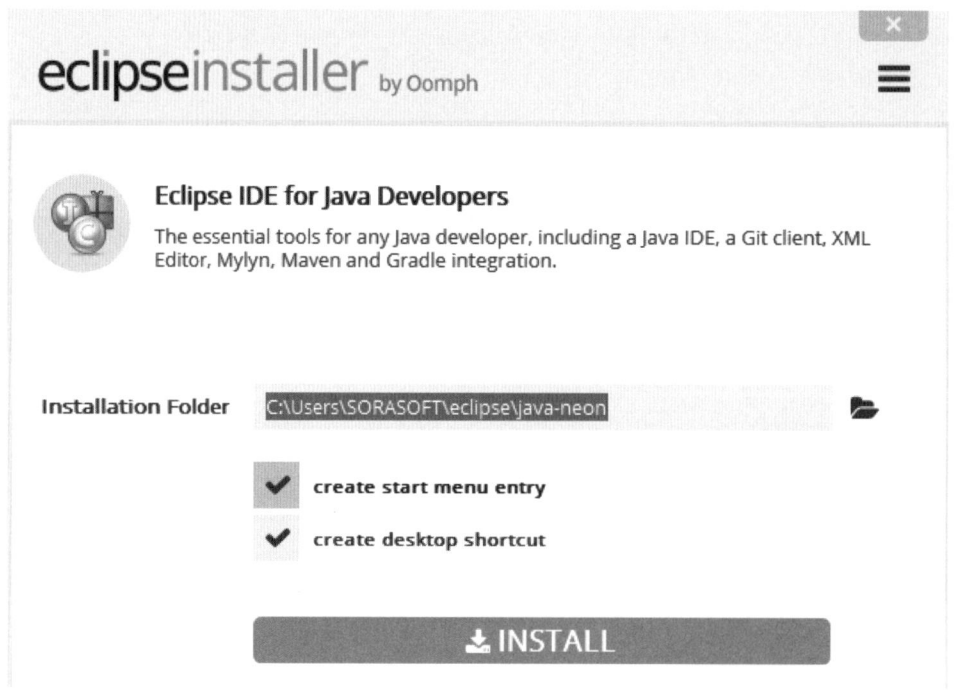

6. Eclipse 설치 경로 설정 화면입니다. 설치를 원하는 경로가 있으면 폴더 ▶를 클릭해서 지정하시면 됩니다. 본 책에서는 기본 경로 그대로 설치를 진행하도록 하겠습니다.
INSTALL 버튼을 클릭합니다.

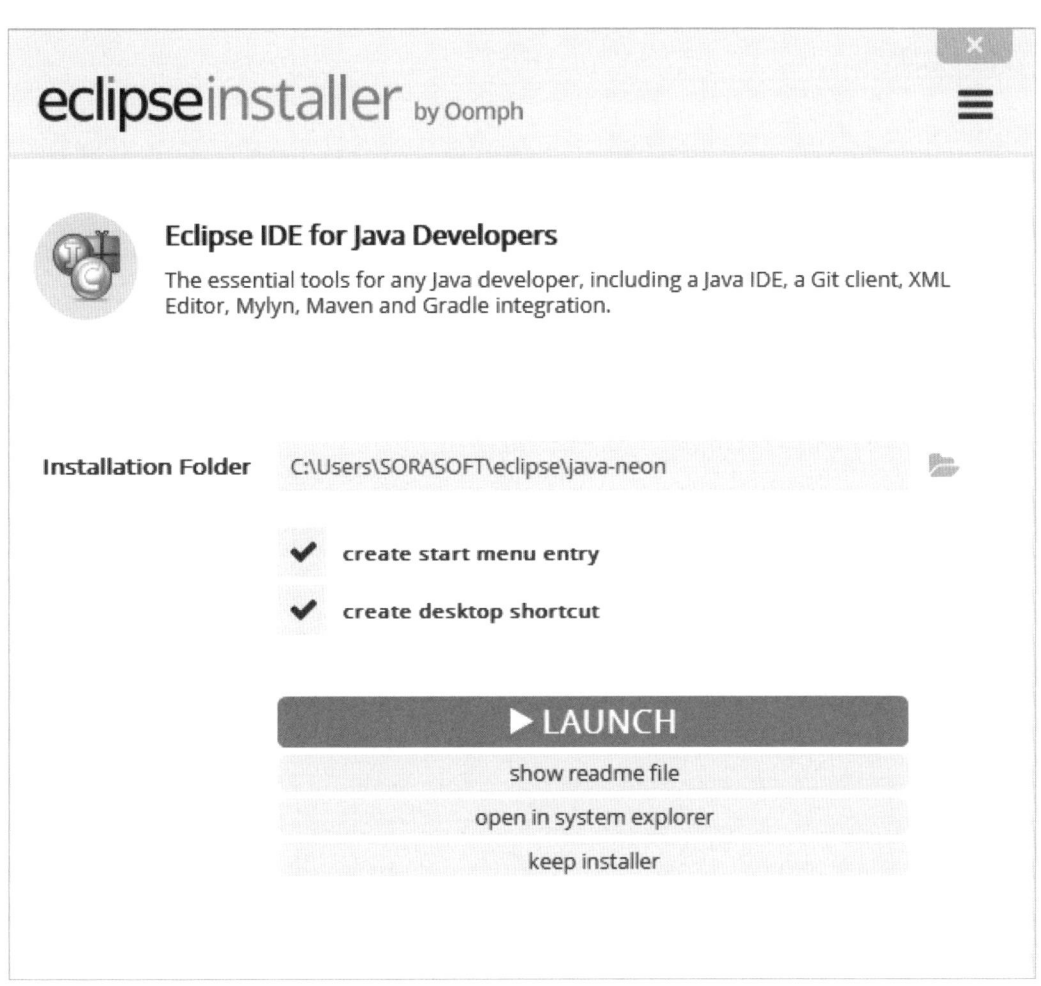

7. 설치가 끝났습니다. LAUNCH 버튼을 누르면 프로그램이 실행이 됩니다.

Path 설정

앞선 C/C++ path 설정에 이어, 이번에는 JAVA의 패스 설정을 해보겠습니다. JAVA 컴파일 파일인 javac.exe 파일을 찾아봅시다.

javacpl.exe C:\Program Files\Java\jre1.8.0_101\bin	수정한 날짜: 2016-08-12 오후 12:20 크기: 78.0KB
javacpl.exe C:\Program Files\Java\jdk1.8.0_101\jre\bin	수정한 날짜: 2016-08-12 오후 12:17 크기: 78.0KB
javac.exe **C:\Program Files\Java\jdk1.8.0_101\bin**	수정한 날짜: 2016-08-12 오후 12:16 크기: 15.5KB
javacpl.exe C:\Program Files (x86)\Java\jre1.8.0_60\bin	수정한 날짜: 2015-09-01 오후 6:39 크기: 66.5KB

제 컴퓨터의 경우 javac.exe가 C:\Program Files\Java\jdk1.8.0_101\bin에 있는 것을 볼 수 있습니다. 이 폴더에 JAVA 컴파일에 관련된 파일들이 있습니다. 보통 자신의 컴퓨터에 JAVA가 설치되면 C 드라이브에 설치가 되지만, D나 E 혹은 F 드라이브에 설치되어 있다면 위와 비슷한 경로를 설치된 드라이브에서 찾아서 넣어주시면 됩니다. 탐색기를 이용해도 가능합니다.

그럼 지금부터 JAVA의 path 설정을 해 보도록 하겠습니다. 설정 방법은 C의 path 설정 방법과 똑같습니다. Windows key와 Break key를 눌러 시스템 창을 열어줍니다. 좌측 고급 시스템 설정으로 들어갑시다.

(1) 고급 탭에서 환경 변수를 클릭합니다.

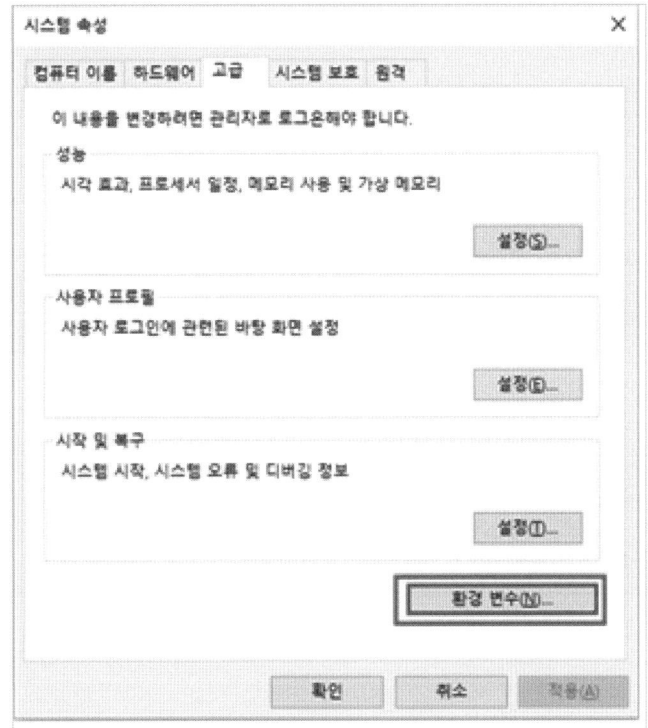

(2) [시스템 변수]에서 PATH 를 찾아 더블 클릭 합니다.

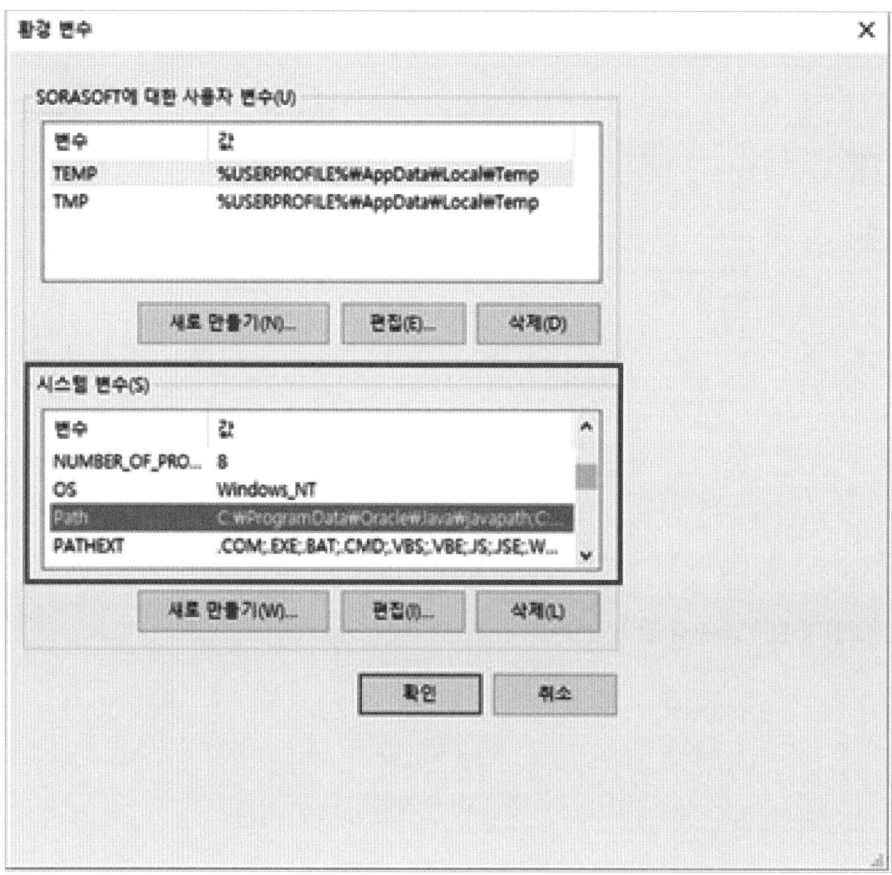

(3) 새로 만들기 버튼을 클릭해서 경로를 넣어주시면 path 설정이 끝납니다.

(4) 이제 우리는 {자신의 드라이브}:\Program Files\Java\jdk1.8.0 _ 101\bin에 있는 파일들을 어떤 곳에서든지 사용할 수 있게 되었습니다.

컴파일(Compile)/링크(Link)

JAVA컴파일 과정은 C/C++의 컴파일 과정과 같지만 조금은 달라 보일 수 있습니다. 그 이유는 JVM(Java Virtual Machine, 자바가상머신)이 존재하기 때문입니다.

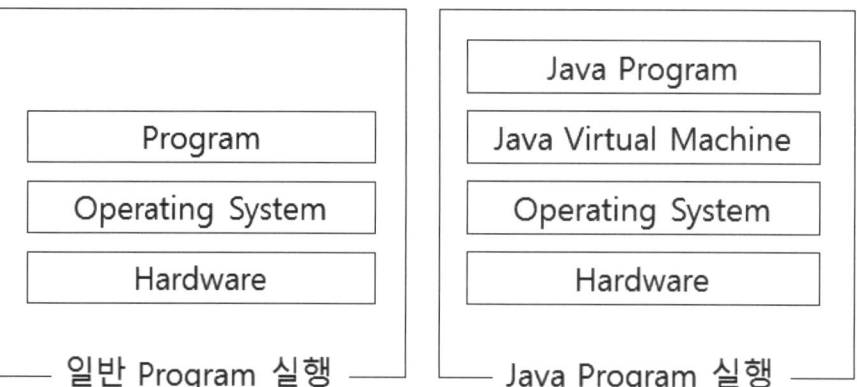

일반 프로그램은 운영체제를 통해서 하드웨어에 접근하지만 자바는 중간에 JVM을 거쳐서 접근합니다. 이것은 JAVA의 객체 지향이라는 개념을 잘 표현해주는 것입니다. 일반 프로그램은 운영체제를 통해서 하드웨어에 접근하기 때문에 운영체제에 종속적입니다. 하지만 JAVA는 JVM 덕분에 운영체제에 상관없이 실행할 수 있습니다. 조금 복잡한 아래 그림이 JAVA 프로그램의 컴파일에서 실행이 되는 과정을 보여줍니다.

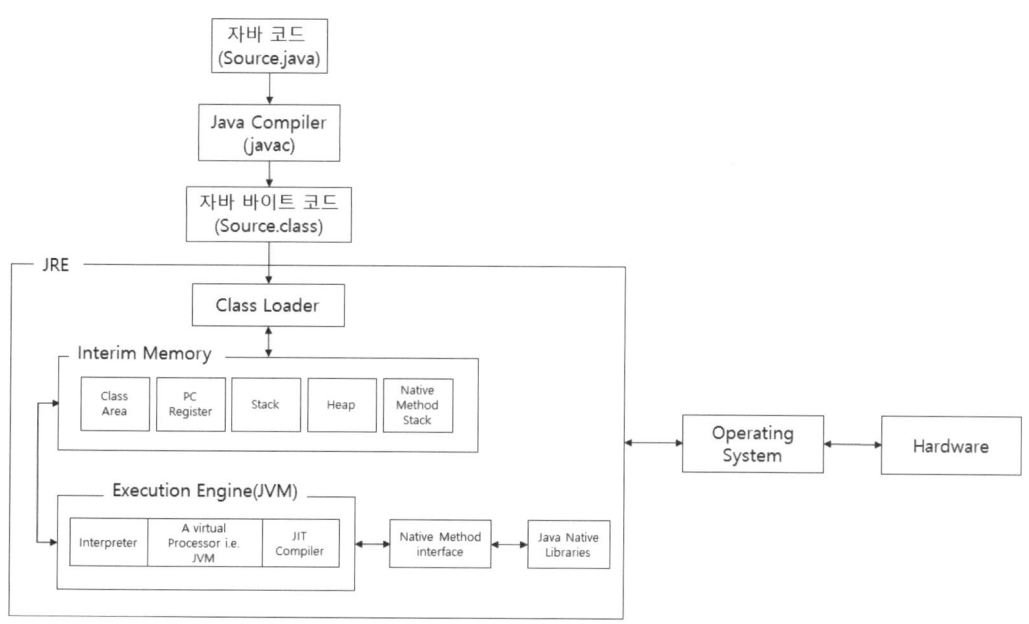

그림에 등장하는 용어들을 하나씩 설명해보겠습니다. 우리가 만든 자바코드(Source.java)는 JAVA 컴파일러를 통해서 자바 가상머신이 이해할 수 있는 코드인 자바 바이트 코드(Source.class)로 변환됩니다. Class Loader가 코드를 읽어서 JVM에 할당된 메모리 영역(Interim Memory)에 필요한 라이브러리와 함께 로드합니다. 로드된 코드들은 실행 엔진(JVM)에 의해, 각 운영체제에 맞게 변환되어 실행됩니다. 한마디로 자바 가상머신이 하는 일은 프로그램 동작에 필요한 자바 바이트 코드들을 읽어 들여서 운영체제가 이해할 수 있게 바꿔주는 것입니다.

JRE(JAVA Runtime Envirionment)는 단어 그대로 JAVA가 실행되는 환경을 뜻합니다. 다시 말해서 JAVA를 실행하는 주체인 JVM이 실행되는 환경을 뜻합니다

JAVA 프로그래밍

이번 장에서는 JAVA의 코딩부터 컴파일 과정까지를 연습해보겠습니다.
먼저 cmd 창을 열어서 코딩해봅시다. [copy con] 명령어로 'hello world'를 출력하는 소스를 타이핑하는 것이 첫 번째입니다.

```
copy con Practice.java
public class Practice {
  public static void main (String [] args){
        System.out.print("hello world");
  }
}
```
source

[copy con] 명령어를 이용해 Practice.java 파일을 만들었습니다.
제대로 파일이 생성되었는지 확인하기 위해 [exploere .] 명령어를 입력해줍니다.

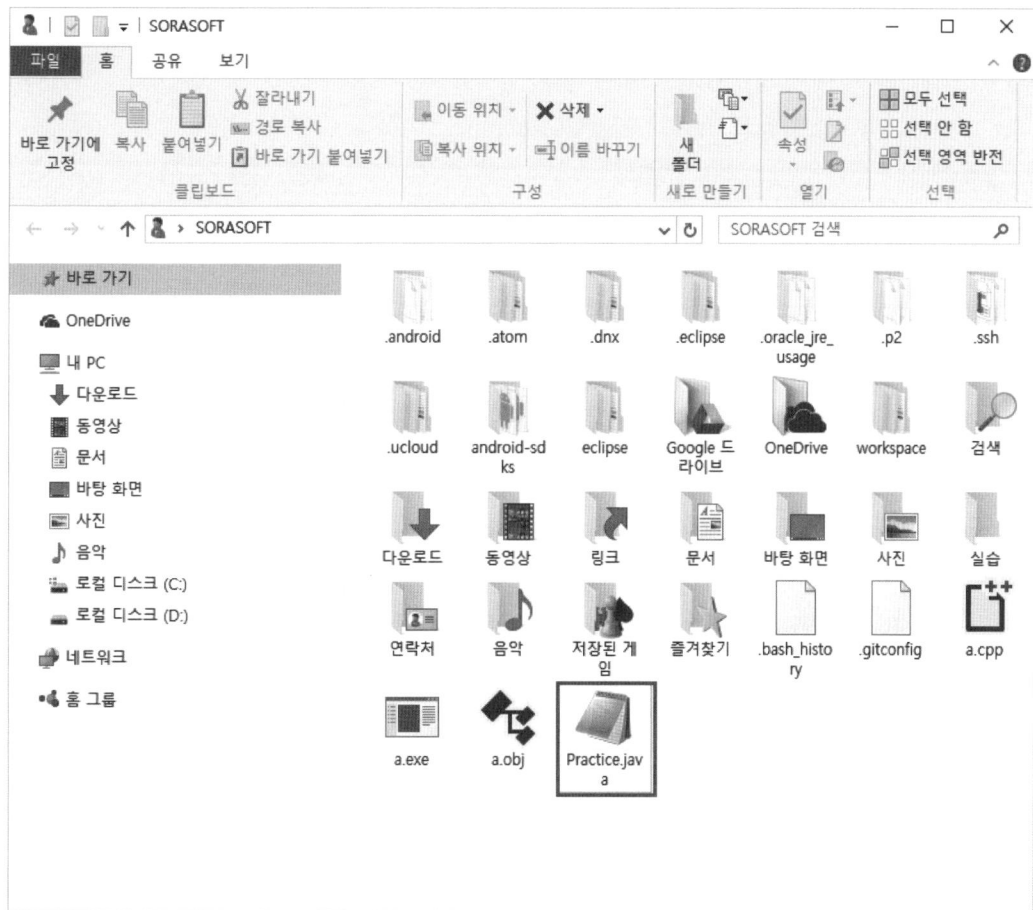

Practice.java 파일이 생성된 것을 확인할 수 있습니다.

이제 자바 컴파일러(javac.exe)를 이용해서 Practice.java 파일을 컴파일 해보겠습니다.

이전에 열어봤던 디렉터리를 보면 Practice.class 파일이 생성된 것을 확인할 수 있습니다. 자바 컴파일러가 제대로 작동이 되어서 클래스 파일을 생성 했습니다.

클래스 파일이 생성 되었으니, 자바 실행파일(java.exe)을 통해서 프로그램을 실행해보겠습니다.

'hello world'가 출력 되었습니다. 우리가 만든 프로그램이 제대로 컴파일 되고 실행(Execution) 되었습니다. 이와 똑같은 것을 쉘에서 만들어 보면 어떨까요? 지금처럼 복잡한 과정을 거쳐야 할까요? 그렇습니다. 프로그래밍에서 가장 중요한 것은 "무엇을 만들까?"입니다.

Chapter 3.

STRAPLINE

수학이 기본입니다.

EntryPoint를 찾을 줄 알아야 합니다.

DS(Data Structure)를 알아야 합니다.

ALGO(Algorithm)을 짜기 위한 도구를 알아야 합니다.

스스로 결정하는 DS, ALGO 실력!

흐름제어(Flow Control)

프로그래밍 공부 방법
Programing Study

10대부터 혹은 20대부터 프로그래밍을 시작하여 30대 40대가 된 실무 개발자들이 이구동성으로 이야기하는 컴퓨터 분야 3과목은 바로 데이터 구조, 알고리즘 그리고 운영체제입니다. 과목당 책 한 권씩으로 깊게 공부를 한다면 책만 2~3권은 읽어야 합니다. 이 단원은 수학과 JAVA 공부 접근 방법을 소개합니다. 프로그래밍 언어로 JAVA를 선택하는 이유는 실무를 경험하기 가장 좋은 언어이기 때문입니다. 다른 말로는 일자리가 많은 프로그래밍 언어라는 말입니다. IEEE(I 트리플 E, 전기/전자 기술자 협회)에서 발표한 인기 언어는 C입니다. 그러나 구직, 구인에 가장 많이 등장하는 언어는 JAVA입니다. C에서 가장 난해하고 어려운 개념인 포인터에 관련해서는 앞서 정리를 해보았습니다. 이제부터는 인터넷 서핑을 통하여 이 책을 나침반으로 활용하고 스스로 공부해야겠습니다.

Language Rank	Types	Spectrum Ranking
1. C	📱🖥️🖲️	100.0
2. Java	🌐📱🖥️	98.1
3. Python	🌐 🖥️	98.0
4. C++	📱🖥️🖲️	95.9
5. R	🖥️	87.9
6. C#	🌐📱🖥️	86.7
7. PHP	🌐	82.8
8. JavaScript	🌐📱	82.2
9. Ruby	🌐 🖥️	74.5
10. Go	🌐 🖥️	71.9

이 책에서는 자료형과 알고리즘을 소개하며 기초적인 JAVA 문법을 소개합니다. 프로그래밍 입문자에게는 다소 어려울 수 있는 개념은 소개하지 않습니다. 일례로

> 자바 8부터는 추가된 람다 함수, SWIFT 언어의 클로저 등 함수형 패러다임이 추가되기도 합니다. 객체지향 프로그래밍 언어에 함수형 프로그래밍 패러다임이 구현되어 들어갈 때는 보통 익명 함수의 형태를 띠게 됩니다. CPU의 레지스터가 상태 변화한다는 패러다임을 구현하였기에 그 위에서 CPU 상태변화를 완전히 벗어난 고차원적 프로그래밍 형태를 띠기는 힘듭니다. 상태 변화가 없으려면 메모리에 적재되는 값들이 모두 고정값이고 그 값이 침범받으면 안 됩니다. 결괏값 예측이 완벽한 퓨어 함수로 구성되어야 합니다. JAVA FX의 경우 함수형 패러다임을 구현하였으나 메모리 사용 구현은 같은 영역에 쓰기도 하고 가비지 컬렉팅이 일어나기도 합니다. 단언컨대 자바의 가비지 컬렉팅에서 메모리 단편화는 2017년 기준으로 아직 해결이 안 되었습니다. Exception에서 쌓이는 복구 안된 자료의 상태들과 더불어 생각하면 주기적 재부팅 없는 서비스는 여전히 불가하다는 말입니다.

이런 설명은 프로그래밍을 공부하고 실무 경험을 쌓아야 명확히 이해할 수 있습니다. "해당 언어를 얼마나 깊이 이해하고 있느냐"는 것보다 더 중요한 것은 "무엇을 만들 것인가?"입니다. 프로그래밍 언어만 깊이 공부한다면 표준을 제정하거나 해당 프로그래밍 자체에 기여를 해야 합니다. 보안 분야를 예로 들어 보겠습니다. 보안 알고리즘을 분야와 해당 알고리즘을 실무에 적용하는 것은 별개입니다. 전자는 수학에 더욱 가깝고, 후자는 프로그래밍에 가깝습니다. 둘 다 잘하면 좋겠지만 둘 다 잘하기는 매우 힘듭니다. 전자는 학계 및 논문으로 인정을 받아야 하며, 후자는 만든 서비스로 인정을 받아야 합니다. 물론, 둘 다 재미있다면 하고 싶은 공부를 말릴 수 없습니다.

수학이 기본입니다.

프로그래밍은 수학에서 나왔으며 수학을 통하여 발전하고 있습니다. 수학을 공부한다는 것은 곧 프로그래밍을 공부하는 것입니다. 자료구조나 파일에서 '헤더'의 개념을 알고자 할 때 희소 행렬을 떠올릴 수 있습니다. 희소행렬은 0을 많이 가진 행렬입니다. 희소행렬을 표현할 때 0번 행렬에는 행렬의 크기와 값 정보가 들어갑니다.[27] 이것은 프로그래밍에서 헤더의 역할과 같습니다. 효율적인 자료 구조의 표현을 위하여 대부분의 파일 포맷은 헤더를 가집니다. 프로그래머가 정의하는 자료 구조에도 헤더를 만드는 경우가 많습니다. 이 또한 수학에서 발생되었다고 해도 과언이 아닙니다.

이처럼 프로그래밍에 있어 수학은 가장 중요한 학문입니다. 수학이 중요하긴 하지만 학문과 개발의 경계를 잘 알아야 합니다. 계속해서 공부하려면 '개발자'가 아닌 '학자'가 되는 것이 맞습니다. 개발자 역시 학위를 밟으며 두 길을 동시에 가기도 하지만 본 목적은 '세상에 이로운 SW를 개발하는 것'입니다. 개발에 필요한 적절한 논문을 코드로 옮길 줄 안다면 고등학교 수학까지만 공부해도 괜찮습니다. 세계 최고의 3D 프로그램을 만들 때도 논문+고교수학+공업수학 정도로 알고리즘을 개발하는 개발자도 있습니다. uC/OS-III나 Linux 같은 커널 스케줄러 역시 고교 수학 지식으로 충분히 이해 가능합니다.

디자인 패턴과 수학?

알고리즘 공부하면서 자주 나오는 디자인 패턴도 알고리즘의 한 종류입니다. 교육용 알고리즘과 디자인 패턴은 같은 의미로 보면 됩니다. 둘 다 상업용 알고리즘을 만들기 위한 [기초]가 됩니다. 디자인 패턴 안에는 우리가 일반적으로 아는 [자료구조], [알고리즘]이 같이 들어갑니다.

....
27 0번 행에 행의 개수, 열의 개수, 0이 아닌 원소들의 개수 같은 전체행렬의 대략적인 정보가 들어갑니다.

알고리즘은 수학과 결합되어 있습니다. 디자인 패턴 외 학교에서 배우는 중요한 과목을 꼽으라면 고교 수학, 공업수학, 선형대수, 이산수학입니다. 수학에는 많은 갈래가 있습니다. 프로그래밍을 위한 수학은 해석학, 대수학, 기하학의 세가지 범위를 크게 벗어나지 않습니다. 해석학은 수열, 미분, 적분을 포함합니다. 대수학은 '큰' 수학이 아니라 '대신 代'하는 수학입니다. 영어로는 unknown인 미지수. 즉, 대신하는 문자인 x, y의 solution(해) 혹은 root(근)을 구하는 것입니다. 기하학은 잘 아시다시피 2D 및 3D 그래픽 영역에서 알아야 할 수학입니다. 최초의 프로그래머인 에이다 러브레이스는 수학, 과학에 뛰어났습니다. 그 말은 프로그래밍의 출발점은 수학이라는 것입니다. 필자가 평가했었던 학생들 중 수학과 물리학과 학생의 경우 프로그래밍 실력 향상 그래프 기울기는 매우 가파랐습니다. 단기간에 빠른 지식 습득이 가능했습니다.

EntryPoint를 찾을 줄 알아야 합니다.

모든 프로그래밍은 시작과 끝이 있습니다. EntryPoint는 프로그램의 시작점을 말합니다. 프로그래밍에 있어 대부분의 EntryPoint는 main 문입니다. Android의 경우처럼 AndroidManifest.xml 파일에서 시작점을 지정할 수 있는 경우도 있습니다. 프로그래밍 언어나 플랫폼별로 상이하기 때문에 엔트리 포인트를 먼저 찾는 것이 필요 합니다.

    JAVA에서 EntryPoint는 main 메소드입니다. 이미 앞서 코딩했었던 main()은 애플리케이션을 실행할 때 자바가상머신이 가장 먼저 로딩 하는 메소드입니다. main() 메소드는 항상 public static void로 선언되어야 하며 매개 변수로서 String 배열을 가져야 합니다. 위의 형식을 지키지 않으면 자바가상머신은 java.lang.NoSuchMethodError: main 에러를 발생합니다. void는 메소드의 리턴 타입 중 하나로서 호출한 쪽으로 반환할 데이터가 존재하지 않을 때 사용되는 키워드입니다. String[] args는 main 메소드의 매개변수로서 사용자가 프로그램을 실행할 때 넘겨주고자 하는 값을 받기 위한 변수입니다. 반드시 이렇게 선언 할 필요는 없고 문자열 배열을 받을 수 만 있게 선언해도 됩니다. 변수 명을 선언 할 때는 반드시 식별자 규칙을 지켜서 선언해야합니다. String[] args, String args[] 와 같은 선언 방법도 모두 정상적으로 컴파일됩니다. 정상 컴파일이 되는 프로그램이 EntryPoint 부터는 영어 독해를 하듯이 코드를 읽어 나가면 됩니다. 영단어에 속하는 예약어(Keyword)를 알고 코드를 읽어 내려가면 알아 들을 수 있는 부분도 있습니다. 그래도 내가 아는 것들로 구성되어 있다는 자신감으로 접근하면 어려운 코드도 모두 분석이 가능합니다.

이렇게 엔트리 포인트를 찾으려면 특정 영역의 지식 즉, 도메인 지식이 있어야 합니다. 수학을 공부하고 도메인 지식이 있다면 전체적인 숲을 볼 수 있습니다. 그 다음은 숲을 구성하는 나무를 볼 줄 알아야 합니다. 나무를 보려면 디자인 패턴, 자료구조를 알아야 합니다. 그래야 이 둘을 이용해서 짜여진 알고리즘을 볼 수 있습니다. 세 가지 중 가장 기초가 되는 것은 자료구조입니다.

DS(Data Structure)를 알아야 합니다.

DS의 종류

실무에서 사용하는 DS, 꼭 알아야할 DS는 다음과 같습니다. 세부적인 소통을 위하여 같은 의미지만 뉘앙스가 다른 여러 단어가 만들어지듯 IT 분야의 용어도 다른 느낌의 같은 용어가 많습니다. DS 역시 자료구조, 데이터구조로 불리듯이 말입니다. 아래는 가장 기본적인 자료 구조의 종류입니다. 책마다 사람마다 교수님 강의마다 조금씩 다르지만 실무 중심으로 보았을 때 개발자간 소통을 위해 알고 있어야하는 DS(자료구조, 데이터구조, 데이터 스트럭쳐)입니다.대중적인 DS를 소개하려면 실무에서 자주 쓰는 DS를 이야기 하는 것이 좋을 것 같습니다. 수많은 DS가 있습니다. 실무에서 사용하는 DS, 꼭 알아야할 DS는 다음과 같습니다. 세부적인 소통을 위하여 같은 의미지만 뉘앙스가 다른 여러 단어가 만들어지듯 IT 분야의 용어도 다른 느낌의 같은 용어가 많습니다. DS 역시 자료구조, 데이터구조로 불리듯이 말입니다.

> 원시타입(Primitive Type), 배열(Array), 스택(Stack), 큐(Queue),
> 연결리스트(LinkedList), 트리(Tree), 힙(Heap), 그래프(Graph), 해시(Hash), 等

데이터 구조라는 것은 사람을 위해 만들어진 개념입니다. 실제 컴퓨터 내에서는 이 DS 대로 저장되지 않습니다. DS의 각 단어는 모두 다수의 하위 카테고리를 가지게 됩니다. 프리미티브 타입의 경우 boolean, char, int, float, double 等, 트리의 경우 이진트리, Red-Black트리, 스레드 트리 等, 해시의 경우 해시리스트, 해시테이블, DHT 等 많이 있습니다. 새로운 데이터 구조도 끊임없이 만들어 지고 있습니다. 혼자서 프로그래밍을 한다면 문제 없겠지만 그것이 아니라면 개발자들간에 소통이 필요합니다. 자료형의 골격이 되는 기초 개념은 이해를 하고 있어야 대화를 할 수 있습니다. DS 카테고리는 더 정의할 수 있으나 매일 복습하기 쉽도록 9가지로 고정하였습니다. 상품을 만드는 실무 프로그래밍을 오래 하다보면 논문을 참조하여 구현하는 경우, 그리고 이 9가지 자료형에 변형을 주어 만들어 쓰는 경우가 대부분입니다. 각 자료형은 특정한 용기에 담기는 음식에 비유할 수 있습니다. 우리가 램(RAM)이라고 부르는 물리 메모리에 들어갈 때는 운영체제의 메모리 관리 방식에 따라 자료형 모습 그대로 탑재될 가능성은 매우 낮습니다. 프로그램을 짜기 위해 사람 머릿속에서 "이런 방식으로 저장될 것"이라고 추측할 뿐입니다. 컴퓨터는 데이터 구조(DS)를 전혀 모릅니다. 자료구조(DS)는 사람간의 소통을 위하여 만들어진 것입니다. 프로그래밍은 협업이 필요하며 협업을 하려면 서로 소통이 되어야 합니다.

원시 타입(Primitive Type)

원시타입은 모든 프로그래밍 언어에서 지원하는 자료형입니다. 대표적 자료형으로는 프로세서에 따라 크기가 달라지는 int 형이 있습니다. int 자료형은 32비트 프로세서에서는 32비트의 크기를 가지며, 64비트 프로세서에서는 64비트의 크기를 가집니다. 자바에서는 기본자료형에 데이터 변환 메소드를 추가한 랩퍼 클래스가 있습니다.

기본 자료형	랩퍼 클래스
boolean	Boolean
char	Character
byte	Byte
short	Short
int	Integer
long	Long
float	Float
double	Double

다음은 C에서의 원시 타입을 보겠습니다. C에서 Data Type으로 말합니다. 기본 자료형, 자료형, 원시 자료형, Data Type등 많은 용어가 있습니다. 이에 Primitive type으로 통일하여 용어를 사용하겠습니다.

```
bool
char
short
int
long
float
double
```

Byte를 제외하고는 동일합니다. 물론, unsigned 형, enum, void 등 예약어 조합은 더 있습니다. 세밀하게 따져보면 차이점이 있습니다. 세세하게 따지면 C내부에서도 C99에서 추가된 bool 형은 넣어야 할지 말아야 할지 애매합니다. 아직도 # define FALSE 0 와 #define TRUE 1 로 프로그래밍을 하는 경우가 많기 때문입니다.[28] 각 언어마다 Primitive Type이 다른 이유는 특별할게 없습니다. 단지, 그렇게 구현되었기 때문입니다. Primitive type의 implementation(구현) 목적은 분명합니다. 자료를 효율적으로 저장하는 것입니다.

모든 프로그래밍 언어에서 Primitive Type은 존재 합니다. 프로그래밍은 특정 문제를 풀거나 원하는 역할을 수행하기 위해 하는 행위입니다. 프로그래밍 코드를 짜서 자료를 저장하고 가공하는 일련의 과정의 집합입니다. 자료 저장에서는 기본 자료형이 필수 개념입니다. 필수자료형은 컴퓨터 메모리에 적재하기 위해 malloc, new 等 예약어를 쓰지 않아도 메모리에 존재하게 됩니다. 기본 자료형이기 때문입니다.

배열(Array)

배열은 운영체제의 핵심부분인 스케줄러를 만들 때에도 쓰이는 DS입니다.

....
28 임베디드 분야에서는 크로스 컴파일된 컴파일러를 사용하기에 여전히 오래된 C컴파일러를 사용하는 경우가 많습니다.

약방의 감초같은 자료형입니다. 가장 쉬우면서도 가장 중요합니다.
C에서 배열을 선언하고 값을 대입하는 방법은 다음과 같습니다.

    int i[] = {1, 2, 3};

자바에서는 어떨까요?

    int i[] = {1, 2, 3};

동일합니다. 잘 아시다시피 출력은 C의 경우 printf, JAVA의 경우 System.out.println을 이용합니다. 단지 API 이름에 차이가 있습니다. "점심", "런치"와 같이 다른 용어로 같은 의미를 말합니다.

스택(Stack), 큐(Queue)

프로그래머라면 스택과 큐는 배열보다 더 기본적인 개념으로 알고 있습니다. LIFO, FIFO, 후입선출, 선입선출 等 영어 및 한자어도 능숙합니다. 교과 과정에서 구현하는 방법도 배웁니다. 그러나 JAVA에는 Stack Class가 있어서 push, pop, peak, peek, search 등의 기능을 쉽게 이용할 수 있습니다. 단순히 java.util.Stack 에서 가져와서 이용하면 됩니다.

```java
import java.util.Stack;

public class MyExample {
    public static void main(String args[]) {
        Stack<String> mStack = new Stack<String>();
        mStack.push("C and JAVA");
        System.out.println(mStack.pop());
    }
}
```

C++에서는 STL을 이용하여 간단히 구현할 수 있습니다.

```cpp
#include <stack>
#include <iostream>
#include <string>

using namespace std;

int main()
{
    stack<string> mStack;

    mStack.push("C & JAVA");

    cout << mStack.top() << endl;

    return 0;
}
```

source

대중적으로 널리 쓰는 Visaul Studio 의 C컴파일러는 C++과 통합되었다고 보면 됩니다. 이에 C는 C/C++로 통합해서 부릅니다. 표준을 제정하는 엔지니어에게는 천인공노할 일이겠습니다. 그러나 상황에 따라 바뀝니다. 이 책에서도 C를 기준으로 하지만 기본적으로 C와 JAVA 언어의 공통점을 찾고 있습니다. 주제를 설명하는데 유리한 방식으로 C와 C++을 혼용해서 설명합니다. 물론, C 역시 따로 코드를 작성해서 user library와 header를 만들어 include해서 쓴다면 C++에서 기본 제공하는 자료형을 쓰는 것과 다를바 없습니다.

연결리스트(LinkedList), 트리(Tree), 힙(Heap), 그래프(Graph), 해시(Hash)

역시 동일합니다. 자바의 경우 java.util.LinkedList<E>, java.util.TreeSet<E>, java.util.PriorityQueue<E>, java.util.HashMap<K,V> 등 을 이용합니다. C/C++에서는 stack, queue, vector, map, set 그리고 비표준 hasp_map 등을 이용합니다. 자료형은 그 종류도 많고 실무에서는 기본으로 제공되는 자료형을 잘 쓰지도 않습니다. 그러나 Primitive Type 및 구현된 자료형을 응용하여 이용합니다. 이에, 기본 지식은 있어야 겠습니다. 리스트는 양방향 연결 링크드 리스트, 백터와 데큐는 배열로 구현된다는 등실재 소스를 보며 어떻게 자료 구조가 짜여져 있는지 파악하는 것이 중요합니다. 어떤 자료형이던 모든 자료형은 분해하다보면 primitive type으로 이루어져 있습니다. primitive type은 JSON, 마샬링, 안드로이드의 AIDL과 같은 기능으로 설명이 됩니다. 특별한 작업없이 메모리에 생성할 수 있는 것은 primitive type 뿐입니다. 또한 프로토콜을 설계하거나 IPC, 플랫폼간의 통신을 만들때에도 모두 Primitive Type 자료형을 이용해야 합니다. 해당 자료형을 추상화할 수는 있겠지만 포장을 계속 벗겨내다보면 결국 Primitive Type으로 귀결 됩니다. Primitive Type이 아니면 메모리에 존재하지 않기 때문입니다.

모든 자료형이 Primitive Type으로 귀결되고, 또 Primitive Type이 언어간 큰 차이가 없음을 발견할 때 언어간의 DS. 즉, 데이터 구조, 자료 구조, 데이터 타입, 기본 자료형은 모두 대동소이 하다는 것을 알 수 있게 됩니다.

여기가지 설명이 어려웠다면 다시 예를 들어 설명하겠습니다. Primitive Type은 그 무엇보다 중요하니까요. 모든 프로그래밍 언어에서 Primitive type은 존재 합니다. 비록 용어가 다를지라도 프로그래밍을 하려면 기본 자료형이 필수이기에 존재합니다. 메모리에 적재하기 위해 malloc, new 예약어를 쓰지 않아도 메모리에 존재하게 됩니다. 기본 자료형이기 때문입니다. 음식에 비유하자면 기본 자료형은 마늘 양파와 같이 기본 재료나 소금, 후추, 고추가루, 참기름과 같이 음식 맛을 맞추는 조미료를 Primitive Type으로 보시면 됩니다.

배열(Array)

배열은 운영체제와 같이 큰 프로그램을 만들 때에도, 작은 앱을 만드는 프로그래밍을 할 때에도 모 가장 빈번하게 쓰는 자료형입니다. 앞서 배운 포인터 배열과 같이 특정 자료형들을 연속해서 저장 하는 개념입니다. 수학의 행렬과 같습니다. 연속해서 음식을 담는 그릇과 같습니다. 3절 종지의 경우 크기 3인 배열입니다. 배열 자료형은 흔히 Primitive type을 씁니다. 포인터 배열과 같이 다른 자료형을 담을 때 쓰는 경우도 있습니다.

배열은 행렬을 나타낼 때도 유용합니다. 행렬은 행과 열로 이루어진 숫자의 모임입니다. 마이크로소프트 엑셀에서 나오는 그리드 화면이 곧 행렬입니다.

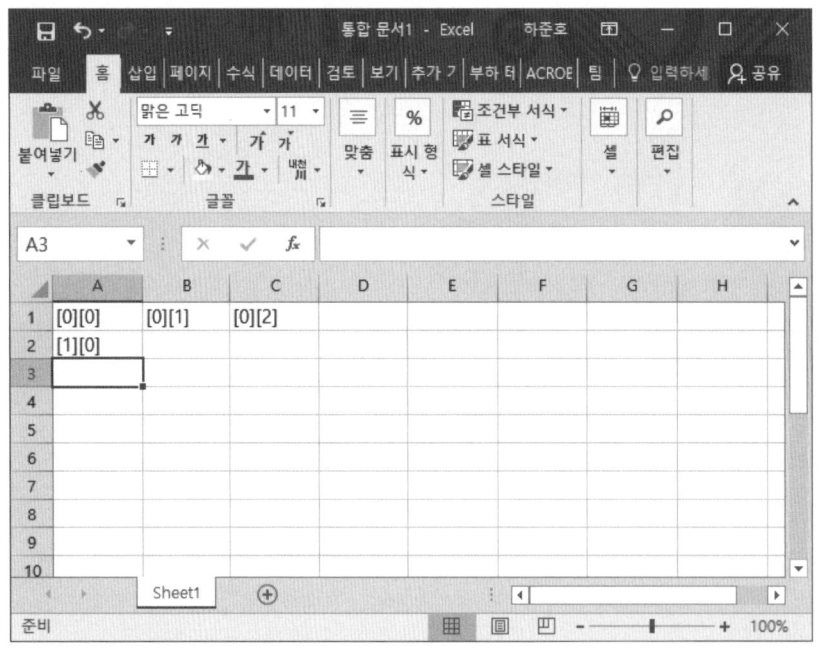

배열의 경우 행 우선 방식과 열 우선 방식이 있습니다.
[0][0], [0][1], [0][2] 순서로 갈 수도 있겠지만 [0][0], [1][0], [2][0]의 순서로 나타낼 수도 있습니다.

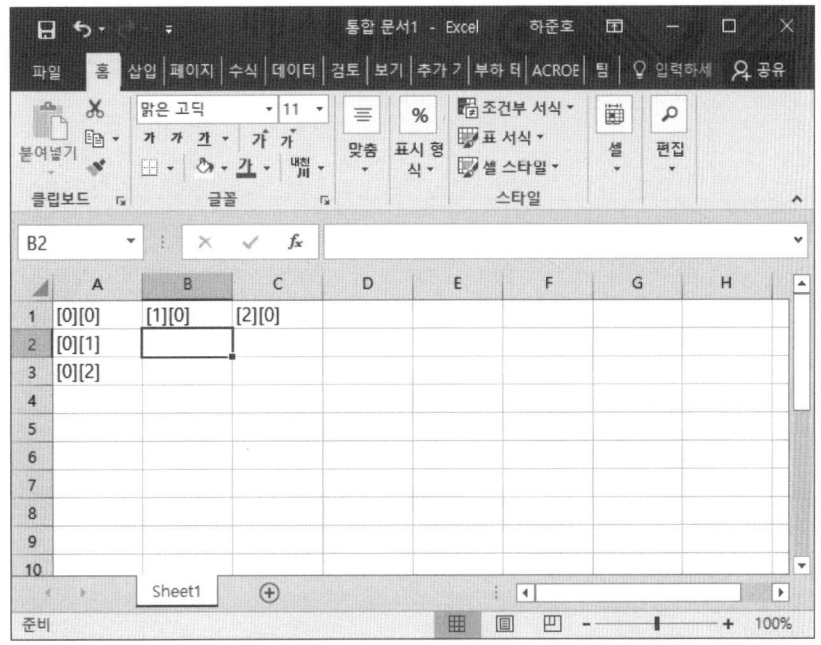

그러나 컴퓨터의 메모리에 들어갈 때는 엑셀처럼 행과 열로 나누어지지도 않고, 순서대로 저장되기 때문에 사람의 머리에서만, 개발자끼리의 소통에서만 사용하는 개념으로 볼 수 있습니다. 그리고 개발자간의 소통을 생각한다면 행 우선 방식만 생각하시면 됩니다.

엑셀의 경우 1행 A열 1행 B열로 나가지만 배열의 경우 행열 모두 숫자로 표현이 됩니다. 게다가 1부터 시작하지 않고 0부터 시작하는 것이 큰 차이입니다. DS에서 말하는 배열이 JAVA에 그대로 구현되어 있습니다. 물론, JAVA 뿐 아니라 다른 모든 프로그래밍 언어에서 Primitive Type(기본 자료형) 다음으로 중요한 것은 배열입니다. JAVA에서 배열 객체 생성 방법은 다음과 같이 3가지 방법이 있습니다.

① 3단계
```
int array[];
array = new int[3];
array[0] = 1;
array[1] = 2;
array[2] = 3;
```

② 2단계
```
int array[] = new int[3];
array[0] = 1;
array[1] = 2;
```

            array[2] = 3;

    ③ 1단계
            int array[] = {1,2,3};
            혹은
            int array[] = new int[]{1,2,3};

배열 각 요소의 데이터 값은 변경 가능합니다. 배열의 크기는 원칙적으로 변경 불가입니다. 동적으로 배열 크기를 변화시키고 싶으면 java.util 패키지의 Collection을 사용해야 합니다. 대부분의 프로그래밍 언어에서 배열 인덱스는 항상 0부터 시작합니다. 배열 초기값을 지정하지 않으면 JAVAC(JAVA Compiler)에 의해서 기본 값(default value)으로 초기화 됩니다. 이는 자료형에 따라 다릅니다.

자료형	기본 초기 값
boolean	false
byte	0
short	0
char	'\u0000'
int	0
long	0
float	0.0f
double	0.0d
reference type	null

실무 개발자도 초기값이 어떤 값이 들어가는지 모두 외우고 있지 않습니다. 통상 0혹은 null로 초기화 되겠지 하고 생각합니다. 프로그래밍 언어가 암시적으로 초기화를 해 주지만, 명시적인 방법을 더 선호하기 때문입니다. 비록 int a=0; 처럼 컴파일러가 해주는 코드를 적는다고 해도 초기화를 해 주는 것이 좋습니다. 초기값을 넣어주는 코딩 습관은 개발자에게 이롭기 때문입니다. 디버깅 할 때 코드 리딩이 더 수월해 집니다.

스택(Stack), 큐(Queue)

스택과 큐는 2단 3단 도시락과 형태가 유사한 x단 도시락이라고 생각하면 이해하기 쉽습니다. 음식을 담은 도시락은 가장 아래부터 순서대로 쌓아 올립니다.

스택은 가장 나중에 쌓아올린 도시락을 제일 먼저 먹는 것이고(Last In First Out), 큐는 맨 처음 쌓은 가장 아랫단의 도시락부터 차례로 먹는 것(First In First Out)이라고 이해 하시면 됩니다.

연결리스트(LinkedList)

연결리스트는 음식(데이터)이 담긴 접시(저장공간)가 연속해서 나오는 것을 말합니다. 코스요리와 같이 특정 음식 다음에는 나올 음식이 정해져 있습니다.

트리(Tree)

트리는 말 그대로 가공되지 않은 나무를 말합니다. 가공된 나무는 일반적으로 wood로 구분합니다.

서비스를 나타낸 트리입니다. 각각의 서비스는 노드(node)라고 합니다. 나무의 본체를 루트노드(root node)[29]라고 합니다. 나무의 끝에는 잎(leaf)이 달려 있습니다. 가장 끝에 달려 있는 노드를 leaf node라고 합니다.

포도에서는 포도 알갱이가 하나의 노드이며 포도의 줄기 부분이 root node입니다. 일반적으로 트리는 다음과 같이 표현합니다.

---

29 부모가 없는 노드를 말합니다.

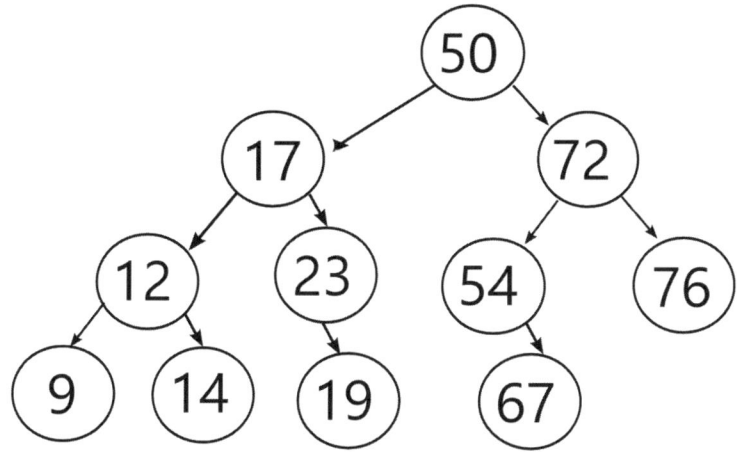

root node 는 50이 됩니다. 각 노드는 상위, 하위 노드가 있습니다. 상위 노드를 부모 노드 (parent node)로 부릅니다. 하위 노드를 자식 노드(child node)라고 합니다. 가장 끝에 있는 노드인 leaf node는 자식을 가지지 않습니다. leaf 노드를 한국어로 번역했을 때 단말노드라고 부릅니다. 와닿지 않는 번역이지만 개발자간 소통을 위해 알아두어야 합니다. 자식이 없는 노드가 단말노드라면 부모가 없는 노드는 루트 노드(root node)입니다. 루트의 경우에는 한국말로도 '루트'로 소통합니다. 이상한 일입니다. 이에, 용어가 너무 다양하면 개발자간 소통이 어려우니 영문 이름으로 가는 것이 좋습니다. 레벨은 각 단계를 말합니다. 50은 root node이면서 1레벨입니다. 19의 경우 4레벨입니다.

자료 구조는 사람이 알기 쉽게 한 논리적 구조이기 때문에 꼭 트리 모양으로 표현하지 않아도 됩니다. 다음의 트리를 벤 다이어그램으로 표현할 수도 있습니다.

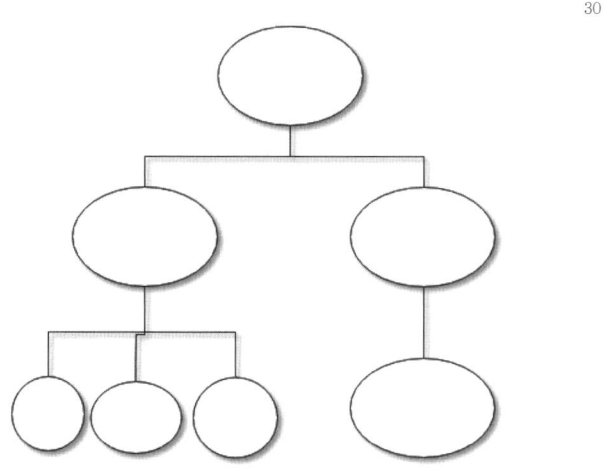

30

---

30 대부분의 트리는 www.draw.io 를 이용하여 그렸습니다.

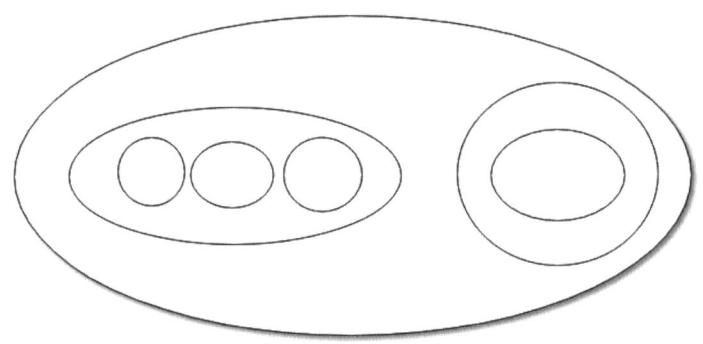

트리에서 가장 많이 쓰는 구조는 이진트리입니다.
이진트리는 자식 노드가 2개 밖에 없는 트리를 말합니다. 다른 말로 표현하면 이진트리에서 리프 노드를 제외한 모든 모드의 진출차수(아래 노드와 연결된 간선)가 2개인 것을 '완전이진트리'라고 합니다. 잎노드를 제외한 모든 부모 노드는 2개의 자식노드가 있는 셈입니다.

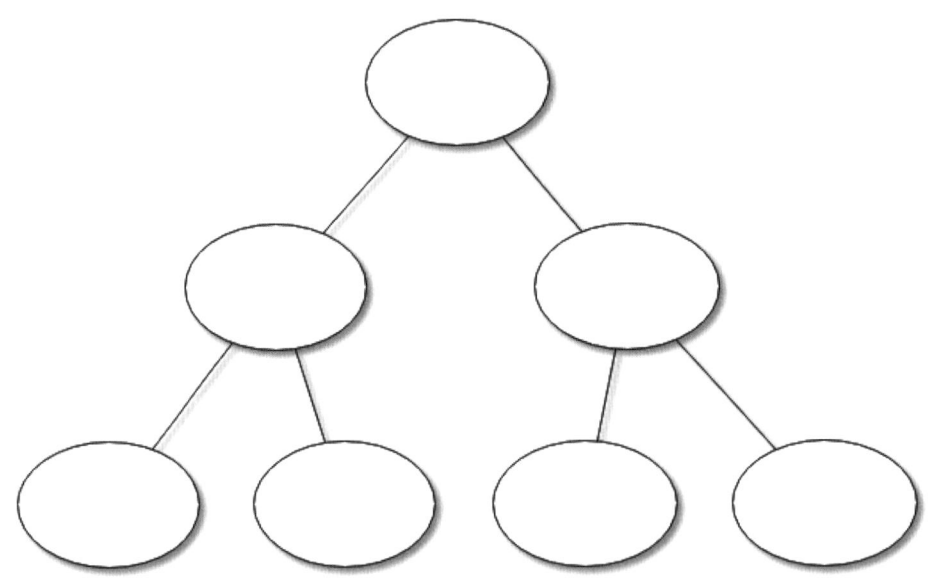

포화 이진트리는 그림으로 설명하는 것이 가장 편합니다.
왼쪽부터 채우면 포화 이진트리입니다. 완전이진트리는 포화이진트리 이기도 합니다. 동그라미(노드)를 오른쪽부터 채우면 포화 이진트리가 아닙니다. '완전이진트리', '포화이진'트리로 구분하는 이유는 메모리상에 리니어하게(선형구조로) 채우는 트리이기 때문입니다. 중간에 빠지거나 뒤쪽부터 채워진 경우에는 낭비되는 메모리가 발생하게 됩니다. 배열을 이용해서 구할 때 낭비가 심합니다. 그래서 보통은 포인터를 이용한 연결 리스트로 구현합니다.

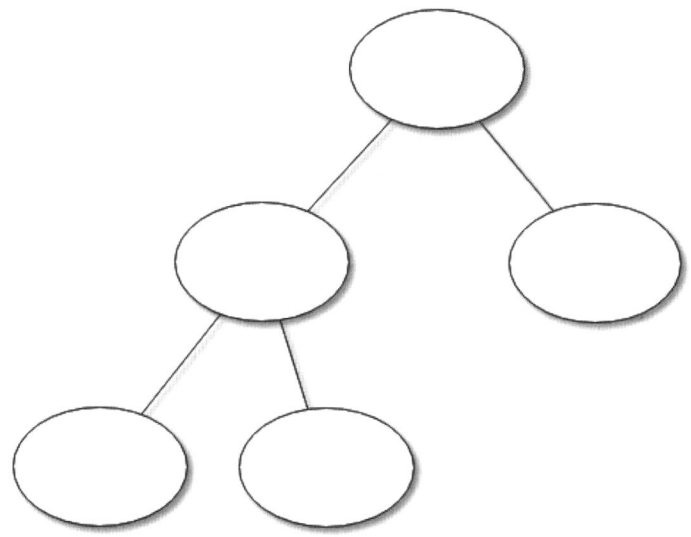

일반 트리를 이진 트리로 변환할 수도 있습니다.

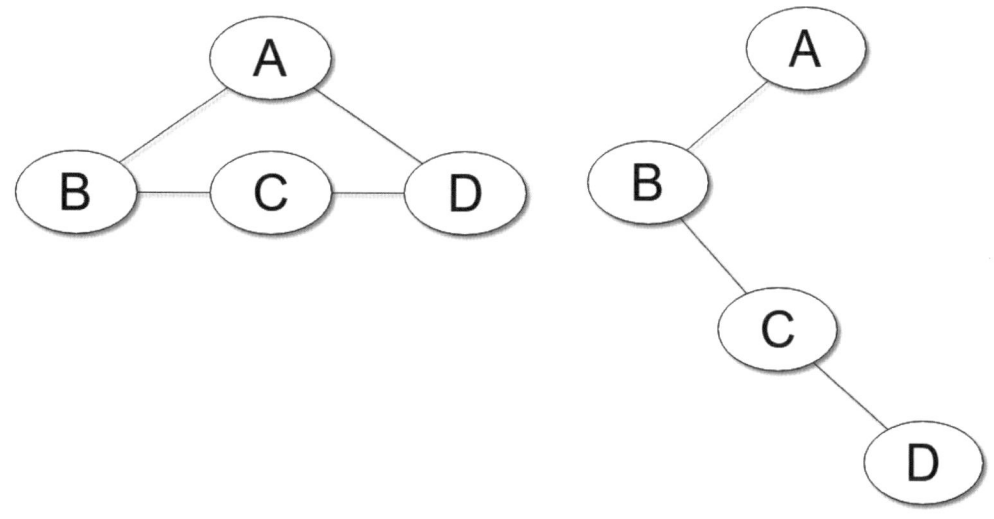

부모-자식 간의 관계는 무조건 왼쪽으로, 형제는 무조건 오른쪽으로 구분하면 됩니다.[31]

....
31 형제(Sibling) : 부모가 같은 노드를 말합니다.

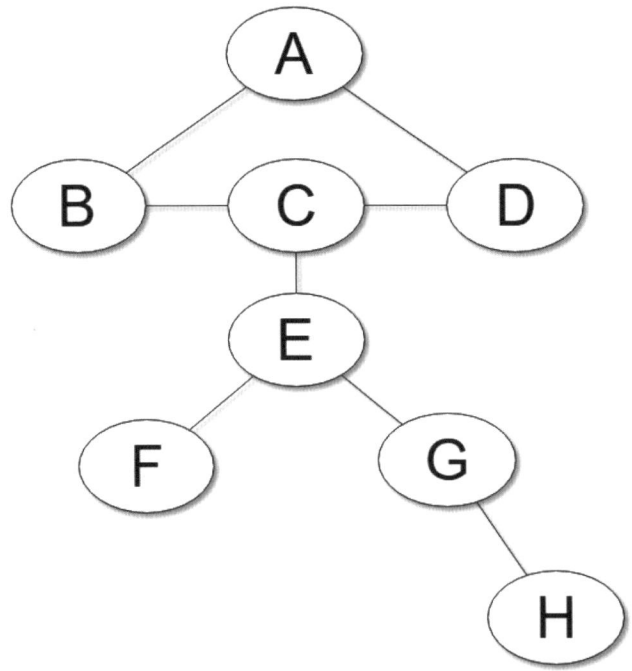

규칙만 알면 이진트리로 변환은 쉽습니다.

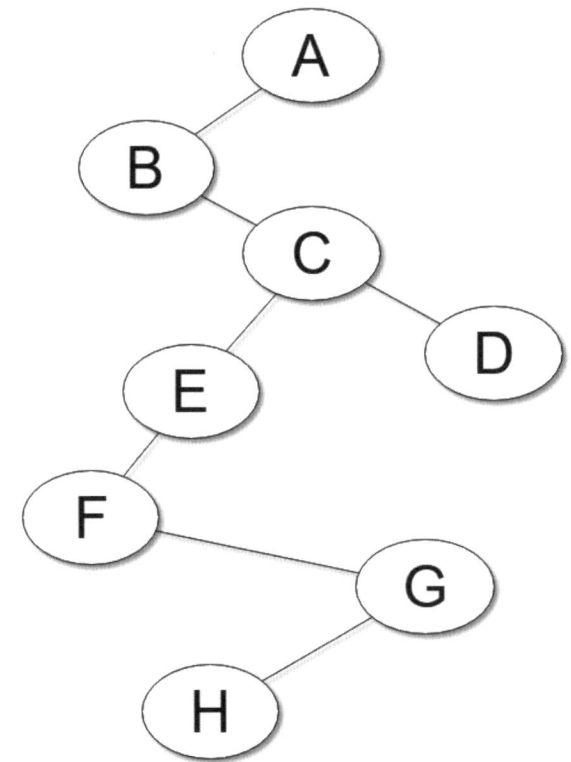

해석하기 복잡하다면 다음과 같이 이해할 수 있습니다. 오른쪽으로 선이 연결된 노드는 모두 '형제노드', 왼쪽으로 뻗은 노드는 모두 '부모-자식' 관계 노드로 보면 됩니다.

트리는 사용자가 정의하는 자료형 중 대표적인 자료형입니다. 트리의 효율적 구현을 위해서는 LinkedList를 알아야 합니다. LinkedList가 효율적이라는 것은 Array로 구현해 봄으로서 효율을 비교해 볼 수 있습니다. LinkedList를 이해하는데 가장 좋은 구조는 실생활과 밀접하게 연관된 Queue입니다. Stack은 프로그래밍 세계에서 빈번히 사용되는 자료형입니다. Queue와 Stack은 비교하기 좋은 자료형입니다. 이로서 지금까지 소개한 자료형은 긴밀하게 연결됩니다. 이후에 나오는 기초 자료형은 모두 트리를 응용한 구조라 생각하시면 됩니다. 트리는 중요하므로 관련된 기타 용어 및 설명[32]을 웹서핑 공부법을 통해 꼭 다양한 프로그래머의 관점으로 공부하셨으면 합니다.

힙(Heap)

Heap 은 Heap Tree의 줄임말입니다. 힙은 트리의 노드가 정렬되어 있는 것으로 생각하면 쉽습니다. 최대힙은 루트 노드의 값이 가장 큰 힙, 최소힙은 루트 노드의 값이 가장 작은 트리입니다. 최대, 최소값은 루트노드를 보면 바로 알 수 있습니다. 번호표를 뽑는 기계가 한개일 때는 Queue 구조를 써서 상태묘사를 하면 되지만 번호표를 뽑는 기계가 두 개 이상일 때는 최소힙을 이용해서 상태묘사를 하면 됩니다.

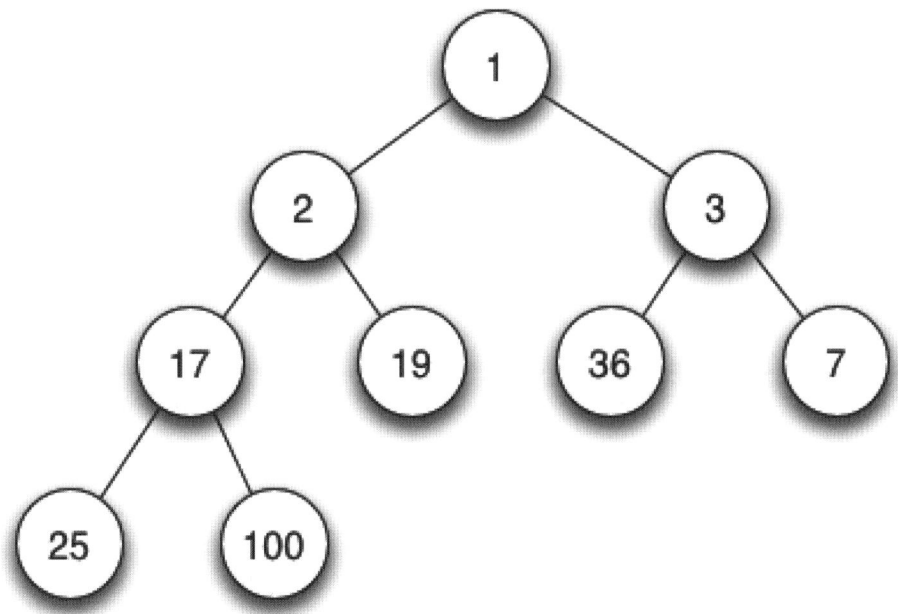

Tree와 동일하나 완전 이진 트리(complete binary tree) 형태를 띠고, 부모와 자식 간의 값 증/감

---

32 진입차수, 진출차수, 키, 트리의 높이/무게, 순회(traverse), 스레드(thread), 이진탐색/Splay/AVL./승자/패자/선택트리, 합병정렬, 숲

이 확실해야 한다는 규칙이 있습니다. 위에서 보았던 포도송이는 하나의 root node에 많은 포도송이(node)가 달려 있으므로 이진트리가 아닙니다. 이진트리를 포화(full) 이진트리, 완전(complete) 이진 트리, 그 외 트리로 나누어 집니다. full binary tree의 경우는 단말노드(자식이 없는 노드)를 제외한 노드가 모두 2개의 child node를 가지는 트리를 말합니다. Complete Tree 는 마지막 레벨 노드가 좌측부터 빠짐없이 채워진 경우를 말합니다.
다음의 트리를 보면서 "완전(Complete)"과 포화(Full)"의 의미를 알아 봅시다.

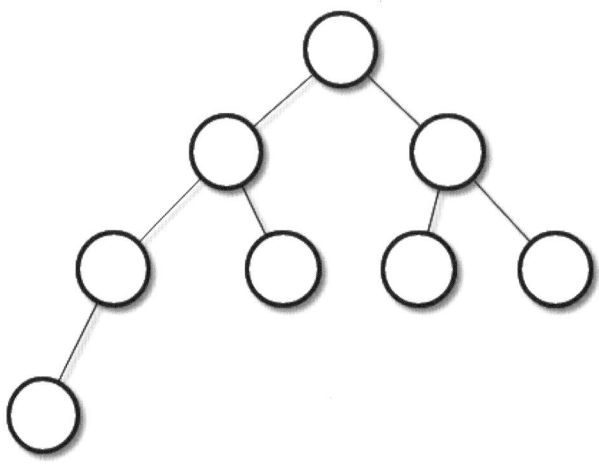

완전 트리지만, 포화트리는 아닙니다.

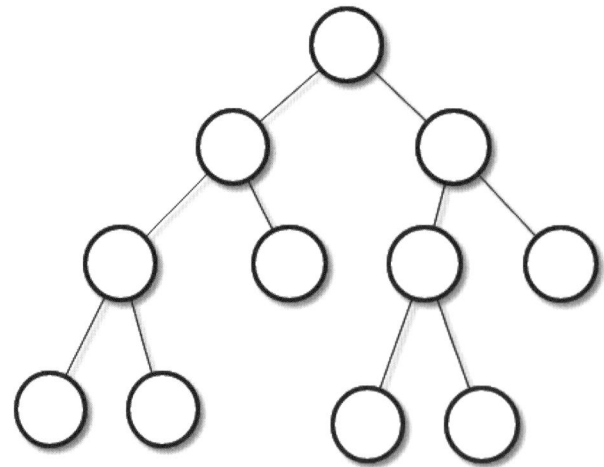

포화 트리지만, 완전트리는 아닙니다.

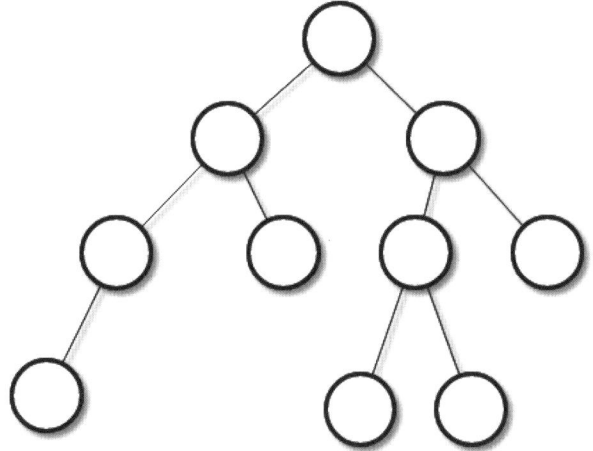

완전트리도 아니고, 포화트리도 아닙니다.

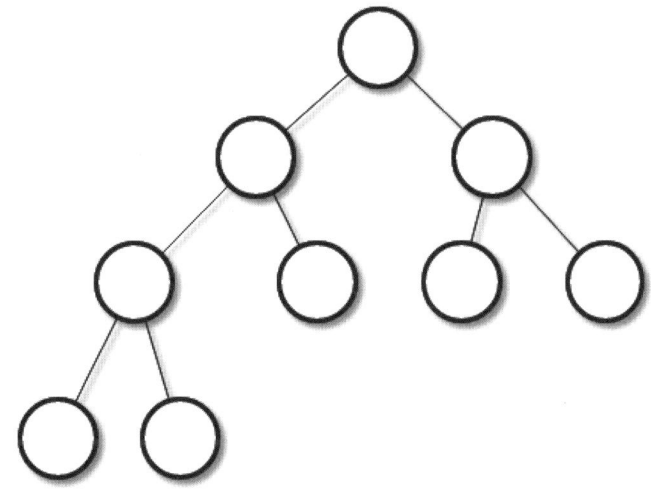

완전트리이며, 포화트리입니다.

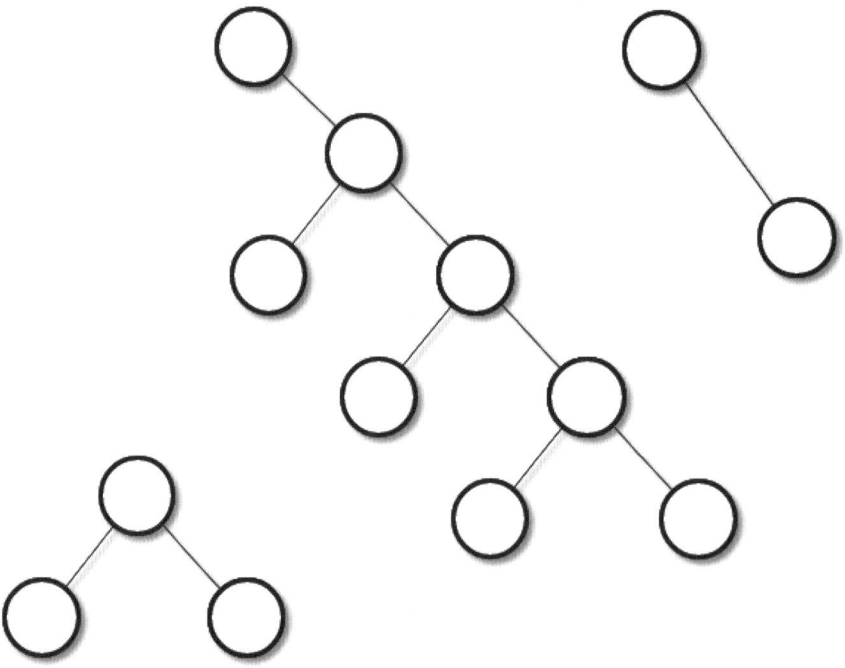

그렇다면, 이 세가지 트리는 어떤 트리일까요?

그래프(Graph)

Graph의 사전적 의미[33]는 "~을 그래프로 만들다", "도식으로 나타내다"입니다. 간단히 말해서 벤다이어그램(동그라미)에 directed(화살(표)) 혹은 undiredted(실(선)) 의 edges(선, 짝대기)를 추가하면 그래프가 됩니다. 그래프로 표현하면 다음과 같습니다. 트리는 그래프의 하위 집합(subset)입니다. 시작 노드에서 마지막 노드로 순회한 후, 다시 처음 노드로 돌아오는 것을 싸이클이라고 합니다. 싸이클이 없는 그래프를 트리라고 합니다. 다른 말로 표현하면 그래프가 상위 개념이며 더 자유로운 표현이 가능합니다. 트리에서처럼 동그라미를 Node, 혹은 Vertex라고 부릅니다. 정점 혹은 노드로 부르고 연결된 선. 즉, 간선을 edge로 부릅니다.

....
33 http://dic.daum.net/search.do?q=graph

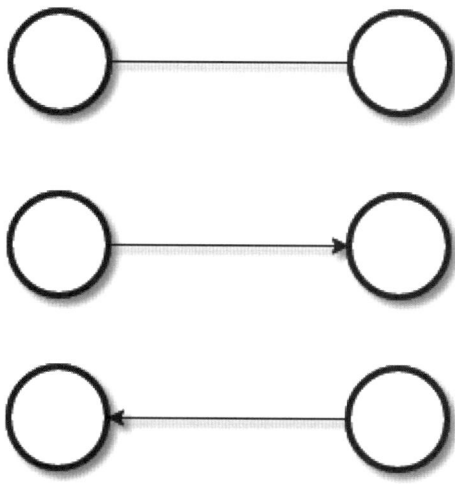

인터넷 서핑을 이용한 공부로 얻을 수 있는 그래프의 인접 행렬과 탐색관련 이론적 지식은 금방 잊혀져 버리지만 코드로 익힌 이론은 쉽게 잊혀지지 않습니다. 오히려 코드가 더 쉽기도 합니다. 그리고 프로그래밍에서 자주 접하는 트리 구조를 코딩하다 보면 모두 같은 패턴의 반복이기에 배열 혹은 포인터로 자료 구조를 표현하는 것은 그리 어렵지 않습니다. 중요한 것은 그래프로 무엇을, 또 어떻게 나타내는 방법입니다. 이를 연구하는 학문을 그래프 이론이라하며 다음과 같이 세분화[34] 되어 있습니다.

   대수적 그래프 이론(영어: algebraic graph theory)
   위상 그래프 이론(영어: topological graph theory)
   기하 그래프 이론(영어: geometric graph theory)
   확률 그래프 이론(영어: probabilistic graph theory)
   극대 그래프 이론(영어: extremal graph theory)
   알고리즘 그래프 이론(영어: algorithmic graph theory)
   조합적 집합론(영어: combinatorial set theory)

---

34 https://ko.wikipedia.org/wiki/그래프_이론

해시(Hash)

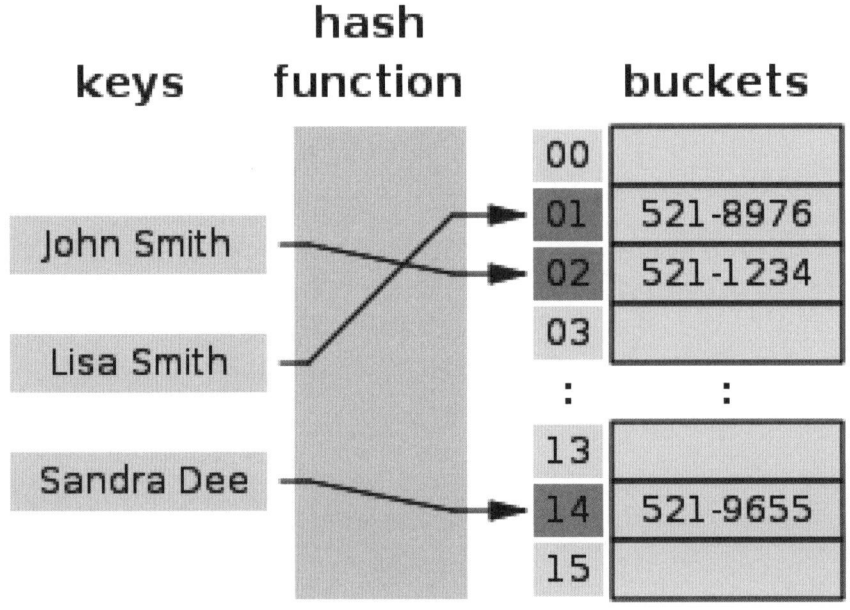

해시는 Key와 Value로 저장되는 구조를 말합니다. 특정 값에서 hash를 구하고 구한 hash를 hash 저장소의 크기만큼 나누어 key 값을 구합니다. 만약 저장소 크기가 5이며 Taekwon을 처리한 hash가 12라면 나눈 나머지는 2가 될 것입니다. 그러면 2번 key를 가지고 해당 부분에 저장이 됩니다. 물론, 나머지를 계산하는 과정에서 hash key가 중복될 수 있습니다. 중복된 곳에는 linked list 형태로 추가 저장되게 됩니다. hash 자료 구조를 응용한 hashmap, hashtable 等입니다.

원시타입(Primitive Type) 찾기

프로그래밍 언어는 크게 DS파트, ALGO파트, 그리고 언어 specific한 파트로 나누어 집니다. 그 중 가장 큰 부분을 차지하는 것이 자료구조(DS)파트입니다. JAVA에서 변수(variable)는 DS의 한 종류입니다. 데이터를 저장하기 위한 메모리 공간으로서 데이터를 저장하기 위해서는 먼저 변수를 선언해서 메모리 공간을 확보해야 합니다. JAVA의 변수에는 두가지 타입이 있습니다. 앞서 말씀드렸던 primitive data type(기본 데이터 타입)과 reference type(참조 타입)입니다. 프리미티브 타입은 int, long 형태, 값이 바로 변수에 할당되는 것입니다. 레퍼런스타입은 String 형과 같은 것으로서 생성된 객체가 할당되는 것이 아니라 객체의 주소가 할당됩니다. 변수가 클래스 내부에 메소드와 같은 레벨로 선언되면 해당 변수를 member variable(멤버변수), 메소드와 같은 블록 내에 선언되어 블록 내에서만 사용 할 수 있는 변수는 local variable(지역변수), 또는

automatic variable(자동 변수)라고 합니다. 멤버 변수는 객체가 생성될 때 객체의 생성자에 의해 디폴트값으로 초기화 됩니다. 초기 값은 배열 객체 디폴트 초기 값과 같습니다. 메소드에 선언된 지역변수는 프로그래머가 초기화를 시켜주어야 합니다. JAVA에서 사용하는 예약어(keyword)는 다음과 같습니다.

기본 데이터	void, boolean, byte, char, short, int, long, float, double
변수	transient, volatile
데이터 값	true, false, null
흐름제어	if, else, switch, case, default, for, while, do, break, continue, return
접근제어	public, protected, private
메소드	synchronized, native
클래스	class, interface, extends, implements, static, abstract, final, new, instanceof, this, super
패키지	package, import
예외처리	try, catch, finally, throw, throws
사용되지않은 키워드	const, goto

이 중 void, boolean, byte, char, short, int, long, float, double이 바로 DS(Data Structure)의 가장 기본 단위인 Primitive Type입니다. 기본 자료형은 용어 그대로 프로그래밍 언어에서 '기본'으로 제공하는 자료형입니다.

구분	데이터 유형	바이트 수	예제
정수	byte	1byte	byte a =0;
	short	2byte	short b =0;
	int	4byte	int c =1;
	long	8byte	long d =0L;
부동소수	float	4byte	float f = 0.0f; float f = 0.0F;

	double	8byte	double g = 0.0;
			double g = 1.0d;
			double g = 1.0D;

문자	char	2byte	char h = 'a' char h = '\n' char h = '\u0000'
논리	boolean	-	boolean b = false

C에서는 char형이 1byte입니다. ASCII CODE를 사용하기 때문입니다.
JAVA는 UNICODE를 사용하므로 2byte입니다. JAVA에서는 이런 프리미티브 타입도 랩퍼 클래스로 제공합니다. Wrapper(랩퍼) 클래스는 기본 데이터 형을 객체 단위로 처리할 수 있도록 하기 위한 클래스입니다. 10진수를 16진수로 변환하거나 데이터형을 변환해서 반환하는 메소드 등이 포함됩니다.

기본 자료형	랩퍼 클래스
boolean	Boolean
char	Character
byte	Byte
short	Short
int	Integer
long	Long
float	Float
double	Double

이런 랩퍼 클래스는 Primitive type은 아니지만 역시 DS 범위에 포함됩니다. 덤으로 객체는 항상 Heap이라는 메모리 영역에 저장된다는 것을 알아 두셨으면 합니다. 원시타입은 stack이라고 불리는 영역에 저장됩니다.

형변환

모든 데이터형은 변화 가능 합니다. 데이터가 "밥"이라고 했을 때 그 밥은 작은 옹기에 담길수도 있고, 큰 대접에 담길 수도 있습니다. 그렇다고 해서 데이터 자체가 변하는 것은 아닙니다. 다만 내용물을 너무 작은 그릇에 담아서 원래의 밥을 다 담지 못한다면 문제가 생깁니다. 123이라는 숫자를 담을 때 123 그대로 유지된다면 몰라도, 담을 공간이 부족해서 12 혹은 23으로 숫자가 잘려버린다면 본래 의도한 데이터가 망가지게 됩니다. 데이터형은 데이터를 담는 그릇과도 같습니다. Wrapper(랩퍼) 클래스가 Primitive Type 자료형을 래핑(Wrapping)하여 객체를 만드는 것이라고 하였습니다. 해당 객체의 용도는 자료구조를 위함입니다. JAVA에는 모든 기본 데이터 타입을 위한 랩퍼 클래스가 정의 되어있습니다. 랩퍼 클래스는 모두 java.lang 패키지에 포함되어 있기 때문에 명시적으로 import하지 않고도 사용할 수 있습니다. 모든 랩퍼 클래스는 final 제한자로 선언되어 있습니다. final 이란 제한자는 더 이상 수정하지 못하게 하는 것입니다. Primitive Type은 수정 불가능 합니다. int로 선언된 타입을 float로 선언된 타입으로 형변환을 할 수는 있어도 int 타입 자체를 float 타입으로 바꿔 버릴 수 없는 것과 같습니다. 이것은 원자성(ATOMIC)이라고 합니다. 형변환을 고려할 때는 자료형이 ATOMIC 한지 고려해야 합니다. 클래스는 기본적으로 "상속"이라고 불리는 "클래스 복사"를 하고 변형하는 것이 관례입니다. 기존의 기조를 유지를 하는 것입니다. 이렇게 해서 ATOMIC을 유지할 수 있지만, final 제한자를 이용할 수 도 있습니다. final이 붙으면 수정을 제한한다고 생각하시면 됩니다. JAVA의 기본 데이터형 래퍼 클래스는 모두 final 이 붙어 있습니다.

Primitive Data Type(기본 데이터 형) 을 변환하는 것을 Conversion, Reference type(참조형)을 변환하는 것을 Casting이라 합니다. 이 둘을 간단히 Casting이라 합니다.

Conversion : 왼쪽의 데이터 형이 오른쪽의 데이터 형보다 작을 경우 명시적인 형 변환(데이터의 손실이 발생할 수 있음)을 해야 합니다. 왼쪽의 데이터 형이 오른쪽의 데이터 형보다 클 경우 자동적으로 형 변환이 일어납니다.

형 변환	사용 예	설 명

묵시적	int a = 10;
	long b ;
	b =a;
		int 형 변수 a를 long형 변수 b에 대입합니다. long형의 유효범위가 int형보다 크기 때문에 자동적으로 형 변환이 일어나 대입됩니다.

묵시적	long a = 10;
	double b;
	b = a;
		long형 변수 a를 double형 변수 b에 넣는다. double형의 유효범위가 long형보다 크기 때문에 자동적으로 형변환이 일어나 대입됩니다.

명시적	long a = 10;
	int b;
	b = (int)a;
		long형 변수 a를 int형 변수 b에 넣습니다. long형의 유효범위가 int 형보다 크기 때문에 명시적으로 형 변환을 해주어야 합니다.

명시적	float a = 10.0f;
	int b;
	b = (int)a;
		float 형 변수 a를 int형 변수 b에 넣습니다. float형의 유효범위가 int 형보다 크기 때문에 명시적으로 형 변환을 해주어야 합니다.

※ boolean 형은 다른 기본 유형으로,
또는 다른 기본 유형에서 boolean 형으로 변환될 수 없습니다.

Casting : 참조 형을 변환하는 것을 말하며 상속 관계에 있을 경우에만 형 변환이 가능합니다. 왼쪽데이터 형이 하위 클래스일 경우에는 명시적으로 형 변환을 해야 합니다.

형 변환	사용 예	설 명
묵시적	Object o = new String("str")	Object는 모든 클래스가 상속하는 최상위 클래스이다. 그렇기 때문에 String 객체는 묵시적으로 형 변환 됩니다.
명시적	Object o = new String("str") String s = (String) o;	Object클래스로 형 변환된 String 객체로 사용하기 위해서는 명시적으로 형 변환을 해야 합니다.

The Collection Framework

JAVA 7 API Reference에는 Collection의 구현 클래스를 다음과 같이 정의 합니다.

AbstractCollection, AbstractList, AbstractQueue, AbstractSequentialList, AbstractSet, ArrayBlockingQueue, ArrayDeque, ArrayList, AttributeList, BeanContextServicesSupport, BeanContextSupport, ConcurrentLinkedDeque, ConcurrentLinkedQueue, ConcurrentSkipListSet, CopyOnWriteArrayList, CopyOnWriteArraySet, DelayQueue, EnumSet, HashSet, JobStateReasons, LinkedBlockingDeque, LinkedBlockingQueue, LinkedHashSet, LinkedList, LinkedTransferQueue, PriorityBlockingQueue, PriorityQueue, RoleList, RoleUnresolvedList, Stack, SynchronousQueue, TreeSet, Vector

이렇게 많은 자료형이 JAVA에 구현되어 있습니다.

필자의 경우도 모든 자료형을 안다는 것은 힘들기에 다음 3가지를 먼저 알아두고 필요시마다 공부해서 찾아 쓰는 방법을 취하고 있습니다.

인터페이스	특 징	구현클래스
Set	요소의 정렬순서는 정해져 있지 않습니다. 요소는 중복될 수 없습니다.	AbstractSet, HashSet, LinkedHashSet, TreeSet
List	요소는 인덱스로 정렬됩니다. 요소는 중복될 수 있습니다.	AbstractList, ArrayList, LinkedList, Vector
Map	키와 요소로 관리됩니다. 키는 중복될 수 없습니다. 요소는 중복될 수 있습니다.	HashMap, TreeMap, WeekHashMap, Hashtable

Set interface

요소들의 순서가 정렬되어 있지 않으며, 중복된 요소를 포함할 수 없는 컬렉션을 말합니다.

클래스	특징
HashSet	집합의 요소들은 정렬되지 않는다. 동기화 처리가 되어 있지 않습니다.
LinkedHashSet	집합의 요소들은 추가된 순서대로 정렬된다(insertion order). 동기화 처리가 되어 있지 않습니다.
TreeSet	SortedSet interface로 구현된다. 집합의 요소들이 오름차순으로 정렬됨.(ascending order, natural order). 동기화 처리가 되어 있지 않습니다.

메소드 명	매개변수	기능
add()	Object o	지정된 요소가 집합에 존재하지 않는다면 추가 합니다.
clear()	-	집합에 있는 모든 요소를 제거 합니다.
contains()	Object o	집합에 지정된 요소가 있다면 true를 리턴 합니다.
equals()	Object o	지정된 객체가 이 집합과 동일한지를 비교 합니다.
isEmpty()	-	집합에 어떤 요소도 추가되어 있지 않다면 true를 리턴 합니다.
remove()	Object o	지정된 요소가 존재한다면 제거 합니다.
size()	-	집합의 요소의 수를 리턴 합니다.
toArray()	-	집합에 있는 모든 요소를 배열로 리턴 합니다.

List

List interface는 중복된 요소를 포함할 수 있으며, 요소들이 추가된 순서대로 정렬되는 컬렉션입니다.

클래스	특징
ArrayList	크기가 동적으로 늘어날 수 있는 배열. 인덱스로 정렬됨 (index order). null을 포함한 모든 요소를 허락. 동기화 처리가 되어 있지 않습니다.
Vector	크기가 동적으로 늘어날 수 있는 배열. 인덱스로 정렬(index order), 배열처럼 인덱스를 통해 요소에 접근. 동기화 처리가 되어 있습니다.
LinkedList	링크드 리스트를 구현하기 위한 클래스. 인덱스로 정렬(index order), null을 포함한 모든 요소를 허락. 동기화 처리가 되어 있지 않습니다.

메소드 명	매개변수	기능
add()	int index, Object element	지정된 요소를 지정된 위치에 추가
add()	Object o	지정된 요소를 리스트의 끝에 추가
clear()	-	리스트의 모든 요소를 제거
contains()	Object o	지정된 요소를 포함하고 있다면 true를 리턴
equals()	Object o	지정된 요소와 리스크가 동일한지를 비교
get()	int index	리스트에서 지정된 위치의 요소를 리턴
isEmpty()	-	리스트가 어떤 요소도 포함하고 있지 않으면 true를 리턴
remove()	int index	리스트의 지정된 위치의 요소를 제거
size()	-	리스트에서 요소의 수를 리턴

Map

Map interface는 key로 value를 매칭시키며 중복된 키를 포함할 수 없도록 디자인되어 있는 컬렉션을 말합니다. (※ SortedMap 인터페이스도 Map 인터페이스에서 상속 받았습니다.)

클래스	특징
HashMap	정렬되지 않음. 요소와 키가 null이 될 수 있음. 동기화 처리가 되어 있지 않음
TreeMap	SortedSet interface를 구현. 키가 오름차순으로 정렬(ascending sorted, natural order). 동기화 처리가 되어 있지 않음
LinkedHashMap	J2SDK 1.4에 새롭게 추가된 클래스. 키가 추가된 순서로 정렬 (insertion order). 요소와 키가 null이 될 수 있음. 동기화 처리가 되어 있지 않음
WeekHashMap	정렬되지 않음. 요소의 키가 사용되지 않으면 자동적으로 키/요소의 쌍을 제거. 요소와 키가 null이 될 수 있음. 동기화 처리가 되어 있지 않음
Hashtable	정렬되지 않음. 요소와 키가 null이 될 수 없음. 동기화 처리 되어 있음

메소드명	매개변수	기능
clear()	-	맵의 모든 키와 요소를 제거
containsKey()	Object key	맵이 지정된 키를 가지고 있다면 true를 리턴
containsValue()	Object value	맵이 지정된 값과 관련된 키들을 가지고 있다면 true를 리턴
equals()	Object o	지정된 요소와 맵이 동일한지를 비교
get()	Object key	맵에서 지정된 키에 대한 요소를 리턴
isEmpty()	-	이 맵이 키와 요소를 가지고 있지 않다면 true를 리턴
put()	Object key, Object value	지정된 키와 값을 추가
remove()	Object key	키와 관련된 요소를 제거
size()	-	맵에서 키/요소 쌍의 수를 리턴

ALGO(Algorithm)을 짜기 위한 도구를 알아야 합니다.

알고리즘이란?
알고리즘이란 어떤 문제를 해결하기 위해 명확히 정의된 규칙과 절차의 모임입니다.
컴퓨터 프로그램은 이런 알고리즘들의 집합이라고 말할 수 있습니다.
알고리즘은 교육용 과 상업용 2개의 카테고리로 나누어 집니다.
교육용 알고리즘은 Online judge 사이트(topcoder 等)에서 정형화된 문제를 푸는 것입니다.
다음과 같은 순서로 코드를 완성합니다.

> 문제의 발견 → 문제의 정의 → 수식으로 변환 → 코드로 변환

문제는 알고리즘 사이트에 있고, 정의도 알고리즘 사이트에 있습니다.
수식은 공개되어 있어서 외우고 해당 코드로 만드는 법도 외우면 됩니다. 교육용 알고리즘과 상업용 알고리즘에는 큰 차이가 없다고 생각할 수 있습니다. 하지만 실제 상황에서 일어나는 다양한 상황과 변수들이 반영된다는 점, 그 결과물에 대한 성능과 안정성 테스트가 이루어진다는 점 만으로도 그 차이는 엄청납니다.
상업용 알고리즘은 상품을 만드는 것이 대표적인 예입니다. 다음의 과정을 거치게 됩니다.

> 목표 설정 → 정보수집 → 대안 설정 → 수식으로 변환
> → 코드로 구현 → 성능 테스트 → 최적안 선정

여러 대안이 있을 수 있고, 교육용에서 하는 것처럼 시/공간 복잡도를 평가할 수도 있겠지만 고려할 사항은 매우 많습니다. 이는 TRIZ와 비슷합니다. TRIZ는 Teoriya(이론) Resheniya(해

결책) Izobretatelskikh(발명의) Zatach(작업의) 약자입니다. TRIZ는 구 소련 겐리히 알츠슐러 (Genrich Altshuller)에 의해 제창 된 문제 해결을 위한 체계적 방법론으로 명백, 개선, 혁신, 발명, 발견 과정에서 고려해야 할 해법 수는 10가지에서 1,000,000(백만)가지로 늘어난다고 되어 있습니다. 1:1 예시를 들 힘들지만, 휴대폰 커널, 프레임웍과 응용 소프트웨어를 개발하는 경우를 생각해 보겠습니다. 모든 프로그램 단계의 초기 버그와 업데이트하면서 생기는 소프트웨어 결함을 모두 누적하면 100만개에 육박하는 것이 사실입니다. 또한 이런 문제를 모두 해결해서 잘 만든다 하여도 선점형 운영체제가 아닌 경우 문제가 될 수 있습니다. RTOS[35]를 쓴다고 해도 Cortex-R[36]과 같이 해당 운영체제를 지원하는 프로세서를 선택해야 문제를 일으키지 않을 수도 있습니다. 이처럼 상업용 알고리즘을 만들기위해 고려해야 할 가지수는 무궁무진합니다. 교육용 알고리즘에서 WhiteBox 검증(소스코드로 검증하는 것)이 유행하지만 상업용 알고리즘에는 비용 문제로 적용하기 힘듭니다. 이에, 완성된 제품을 사용자가 테스트하면서 버그(소프트웨어결함) 찾는 BlackBox 검증이 주(主)를 이룹니다.

디자인 패턴과 수학?

알고리즘 공부하면서 자주 나오는 디자인 패턴도 알고리즘의 한 종류입니다. 교육용 알고리즘과 디자인 패턴은 같은 의미로 보면 됩니다. 둘 다 상업용 알고리즘을 만들기 위한 [기초]가 됩니다. 디자인 패턴 안에는 우리가 일반적으로 아는 [자료구조], [알고리즘]이 같이 들어갑니다. 알고리즘은 수학과 결합되어 있습니다. 디자인 패턴 외 학교에서 배우는 중요한 과목을 꼽으라면 고등학교 수학, 공업수학, 선형대수, 이산수학이 있습니다. 수학은 많은 갈래가 있습니다. 그러나 해석학, 대수학, 기하학의 세가지 범위를 크게 벗어나지 않습니다. 해석학은 수열, 미분, 적분을 포함합니다. 대수학은 '큰' 수학이 아니라 '대신 代'하는 수학입니다. 영어로는 unknown인 미지수. 즉, 대신하는 문자인 x, y의 solution(해) 혹은 root(근)을 구하는 것입니다. 기하학은 잘 아시다시피 2D 및 3D 영역에서 알아야 할 수학입니다. 최초의 프로그래머인 에이다 러브레이스[37]는 수학, 과학에 뛰어났습니다. 그 말은 프로그래밍의 출발점은 수학이라는 것입니다. 필자가 평가했던 학생들 중 수학과 출신과 물리학과 출신 학생들의 프로그래밍 실력 향상 그래프는 매우 가파른 기울기를 가졌었습니다.

---

35 Real Time Operating System 실시간 운영 체제
36 하드디스크 컨트롤러, 실시간 부담이 큰 어플리케이션을 지원하는 고성능 실시간 프로세서
37 러브레이스 백작부인 어거스타 에이다 킹(Augusta Ada King, Countess of Lovelace, 1815년 12월 10일~1852년 11월 27일)은 영국 시인 조지 고든 바이런의 딸로 세계 최초의 프로그래머로 알려져 있다.

알고리즘을 잘한다는 것은?

On-Line Encyclopedia of Integer Sequences를 다루는 사이트가 있습니다.(http://oeisf.org) 다음과 같은 정수열을 다룹니다.

0, 1, 1, 2, 3, 5, 8, 13, 21, 34, 55, 89, 144, 233, 377, 610, 987, 1597, 2584, 4181, 6765, 10946, 17711, 28657, 46368, 75025, 121393, 196418, 317811, 514229, 832040, 1346269, 2178309, 3524578, 5702887, 9227465, 14930352, 24157817, 39088169

이 숫자에서
Fibonacci numbers: $F(n) = F(n-1) + F(n-2)$ with $F(0) = 0$ and $F(1) = 1$

이 수식을 뽑을 수 있다면, 구현할 때 이용하고자 하는 프로그래밍 언어가

```
#include <iostream>
using namespace std;
int fibonacci(int number) {
        if (number <= 1) {
                return number;
        } else {
                return fibonacci(number - 1) + fibonacci(number - 2);
        }
}
int main() {
   int fib_number = fibonacci(8);
   cout << "The 8th Fibonacci number is: " << fib_number << endl;
   return 0;
}
```
source

C/C++이든

```
public class Fibonacci {
   public static void main(String[] args) {
      int fibNumber = fibonacci(8);
      System.out.println("The 8th Fibonacci number is: " + fibNumber);
```
source

```
    }
    function fibonacci(number) {
        if (number <= 1) {
            return number;
        } else {
            return fibonacci(number - 1) + fibonacci(number - 2);
        }
    }
}
```

JAVA 든

```
function fibonacci(number) {
    if (number <= 1) {
        return number;
    } else {
        return fibonacci(number - 1) + fibonacci(number - 2);
    }
}
var fibNumber = fibonacci(8);
console.log("The 8th Fibonacci number is: " + fibNumber);
```

JAVA SCRIPT 든

```
func fibonacci(number: Int) -> (Int) {
   if number <= 1 {
      return number
   } else {
      return fibonacci(number - 1) + fibonacci(number - 2)
   }
}
var fibNumber = fibonacci(8)
println("The 8th Fibonacci number is: \(fibNumber)")
```

SWIFT 든

```
#!/usr/bin/env ruby
def fibonacci(number)
   if number <= 1
      return number
   else
      return fibonacci(number - 1) + fibonacci(number - 2)
   end
end
fib_number = fibonacci(8)
puts "The 8th Fibonacci number is: #{fib_number}"
```

RUBY 든

```
def fibonacci(number):
   if number <= 1:
      return number
   else:
      return fibonacci(number - 1) + fibonacci(number - 2)
if __name__ == "__main__":
   fib_number = fibonacci(8)
   print 'The 8th Fibonacci number is:', fib_number
```

PYTHON이든

※ (http://excode.io) 참조

중요하지 않습니다. 상기 프로그래밍 언어들은 모두 고급언어입니다. 기계어와 어셈블리어만이 저급언어입니다. 다른 언어는 거의 모두 고급 언어입니다. 고급 언어는 사람이 알아듣기 쉽게 만든 프로그래밍 언어를 말합니다. 문법 구조는 조금씩 다르지만 모두 같은 수식을 구현한다는 것은 충분히 알 수 있습니다. 교육용이 아닌 상업용으로 간다면, 언어별 장/단점을 모두 고려해야 하므로 중요합니다. 그러나 교육용 알고리즘 구현 단계에서 "수식으로 변환"하는 과정만을 이야기 하겠습니다. 수학, 물리학과 학생들이 수식을 잘 뽑아 냅니다. 이들을 프로그래머로 만들려면 코드로 변환하는 것만 가르쳐 주면 됩니다. 교육용 알고리즘을 구현할 때 if문 for문, 배열, 링크드 리스트, 큐, 트리, 문자 처리, 함수 쓰는 방법, 소트, 최단거리 알고리즘, 그리디 정도의 키워드를 알면 뽑아낸 수식에서 코드로 변환하기 위한 공부들을 인터넷을 통해 찾을 수 있습니다. if/for, 배열, 함수 쓰는 방법은 해당 키워드가 전부이지만 나머지는 응용한 것들이 많고 또 응용한 것이 새로운 학문이 되기도 합니다.고급 알고리즘 설계 단계, 즉 중/상급 이상 문제를 해결하기 위한 프로그래밍 구현 단계로 넘어가면 논문을 검색하는 영역으로 들어갑니다. 논문은 전체를 이해하기에는 시간이 너무 걸립니다. 보통 해당 수식을 단순히 코드로만 구현해서 상품(제품)을 만듭니다. 제품이 성공하면 해당 부분에 대해서 깊게 공부하는 것이 상업용 알고리즘의 사이클입니다. 결국 상업적으로 성공해야 깊게 팔 수 있다는 뜻입니다. 기존에 관련한 이론이 있는 것은 아닙니다. 개발자로서의 경험적이고 현실적으로 말씀드렸습니다. 다년간의 멘토링 경험, 소프트웨어 인력양성 프로그램 담당자로서의 경험을 덧붙이자면, 대학생의 경우 원하는 기업 입사를 위해서 교육용 알고리즘 공부만 하는 것이 최근 기조입니다. 전체적인 흐름은 알고 공부를 하면 왜 공부해야 하는지 알기에 좀 더 고무적이게 됩니다. 알고리즘 시험을 보는가? 에 대한 답은 다음과 같습니다. 알고리즘 테스트는 프로그래밍은 문제를 푸는 것이고 알고리즘이라는 단어 자체에 문제를 푸는 과정이라는 뜻이 내포되어 있습니다. 문제를 해결해 가는 과정의 뜻을 내포하고 있습니다. 데이터 구조는 문제를 푸는데 중요한 도구이기 때문에 알고리즘 영역 안에 있습니다. 기업마다 원하는 알고리즘 카테고리가 다릅니다. 그러나 자료구조는 동일합니다. 알고리즘에 앞서 자료구조를 먼저 보아야 하는 이유입니다. 인터넷에 있는 자료구조에 대한 설명을 찾는 기본적인 키워드는 다음과 같습니다. array, list, hashtable, map, heap입니다. heap 을 알려면 tree를 알아야 합니다. 소팅을 하다보면 heap 정렬도 있고, list search를 하다보면 quick sort(binary)랑 array(linear)를 씁니다. 그래프 서치에 tree가 또 들어갑니다. 작은 키워드 하나로 얽혀진 자료구조들을 인터넷에서 마음껏 서핑할 수 있습니다. 항공기에도 쓸 수 있는 RTOS 소프트웨어의 스케줄러도 간단한 array 와 sort, search 등을 기반하여 짜여 집니다. 난해하고 어려운 알고리즘만이 꼭 상업용 알고리즘이 되지는 않습니다.

알고리즘을 잘한다는 것. 즉, 프로그래밍을 잘한다는 것은 교육용 알고리즘을 잘 짜는 것과 상업용 알고리즘을 잘짜는 것. 나누어서 말할 수 있습니다. 또한 상업용 알고리즘을 잘짜는 프로그래머는 관련 도메인(특정영역) 지식도 깊다고 말할 수 있습니다. 구현상 버그를 해결하는 것도 상업용 알고리즘 영역에 포함되기 때문입니다.

스스로 결정하는 DS, ALGO 실력!

DS는 Data Structure(자료구조), ALGO는 Algorithm(알고리즘)의 약자입니다. 지금까지 소개한 용어들을 한데 묶고 사색 해 보기 십 수년간 IT Field의 경험 공유가 필요합니다. 페이스북 CEO 마크 저커버그, 애플의 CEO였던 스티브 잡스는 코딩을 그리 잘하지는 못했던 인물로 기억됩니다. Mark zuckerberg 보다는 Adam D'Angelo가 Steve jobs 보다는 Stephen Gary "Woz" Wozniak 이 코딩 실력이 뛰어났습니다. 각각 같은 회사를 운영했던 그들은 서로를 평가할 때 CODE를 READING 하는 능력은 있다고 믿었습니다. 고급 언어이기에 READING은 가능 합니다. 단, 코드를 이해하기 위해서는 각 프로그래밍 언어의 장/단점도 이해하여야 합니다. 프로그래밍 기초 서적을 보면 DS와 ALGO를 나누어서 설명하는 책은 부족해 보입니다. 필자의 경우 각 프로그래밍 언어에서 말하는 DS 파트와 ALGO 파트를 나눕니다. 그러면 DS 파트가 책의 50%를 차지하고 ALGO 관련 파트는 20~30% 정도 차지 합니다. 나머지는 프로그래밍 언어 특유의 기능입니다. 이렇게 구분하여 프로그래밍 언어를 보게 되면 READING할 프로그래밍 언어로 볼 때 쉽게 습득할 수 있습니다. 개발자 대부분이 3~4개 정도는 READING 언어를 할 수 있습니다. 다년간 프로그래밍을 업으로 하게 되면 외국어를 배울 때 1년씩 외국에서 생활하는 것과 같습니다. IT 트렌드가 빨리 바뀌어서 대략 1년에 하나씩 언어를 바꾸기 때문입니다. 1년 외국에 살면 생활은 가능할 수준이 되고 말하지는 못해도 어렴풋이 알아들을 수 있는 실력이 됩니다. 언어적으로 매우 뛰어난 두뇌의 소유자가 5개국어를 막힘없이 하듯이 수리적으로 매우 뛰어난 개발자는 여러 프로그래밍 언어를 WRITING, SPEAKING 수준까지 할 수 있습니다. 일반인이 전문가가 되려면 하나의 언어를 선택해서 WRITING(CODING할 수 있는 능력) 및 SPEAKING 능력(강의가 가능한 수준)까지 끌어 올려야 하겠습니다. 그러기 위해서는 배우고 싶은 언어를 절제하는 것도 필요합니다.

ALGO의 종류

수학과 밀접하게 이어져 있는 ALGO(Algorithm, 알고리즘)는 수학의 다양한 분야 만큼이나 종류가 많을 수 밖에 없습니다.또한 모든 수학식을 코드로 적용하기는 힘드므로 자주 쓰는 알고리즘의 카테고리도 있게 됩니다. 수학의 분야가 무수히 많듯, 그것을 응용한 컴퓨터 알고리즘은 더더욱 그 종류가 많습니다. 그래서 카테고리를 정한다는 것은 혹자가 볼 때는 "오만한" 행동일 수 있습니다. 그러나 기초 공부를 하기 위해서는 "수학의 정석"을 배우는 것처럼 알고리즘의 기초를 공부하기 위해서는 "알고리즘 카테고리"를 알 필요가 있습니다. 그 이 후 온라인이던, 개인 교습이던, 관련 서적을 찾아보는 등의 기초 공부를 할 수 있습니다. 알고리즘 온라인 테스트 관련 사이트는 무수히 많습니다. 그 중 가장 유명한 TOPCODER의 Problem Archive 에서는 다음과 같이 카테고리를 정하고 있습니다.

Simple math, Math, Advanced math, Sorting, Simple Search/Iteration, Search, String Parsing, String Manipulation, Dynamic Programming, Brute Force, Encryption/Compression, Geometry, Graph Theory, Greedy, Recursion, Simulation

이 카테고리를 위키피디아[38]를 참조하면 더욱 구체적으로 만들 수 있습니다. 알고리즘 뿐 아니라 컴퓨터 프로그램이 모두 수학에서 나오기 때문입니다. 과학고, 서울대, 해외 유학, 수학 올림피아드에서 1등을 휩쓸었던 우수한 엔지니어도 모든 알고리즘 분야를 모릅니다. 단, 고도로 단련된 수학적 사고 방식으로 필요할 때 빠르게 공부하여 금방 구현해 내는 능력이 있습니다. 모든 수학 분야를 공부하는 것도 비 전공자에게는 어려운 문제입니다. 이에, 알고리즘 대회를 위한 수학만 정리하기도 합니다. 알고리즘 관련하여 수많은 책이 있습니다. 비전공자가 개발 분야에서 일하고 싶다면, 그 중 "Algorithm in a nutshell" 한 권을 추천드립니다. 저자인 George T. Heineman 교수는 무인도에 가져갈 책으로는 알고리즘 책의 최고봉인 The ART of computer programming 책을 꼽았습니다. 해당 책은 총 4권으로 구성됩니다. 게다가 증명으로 유명한 책도 소개하고 있습니다. 해당 책들을 다 읽고 코드로 구현해 본다면 좋겠지만 하이네만 교수는 개발자가 바쁘다는 것을 인지하고 핵심만 꼽아서 실재 코드로 모두 구현하고 정리해 놓았습니다. 이에 알고리즘에 관심있는 분에게 적극 추천 드립니다.

기초 알고리즘

알고리즘은 인터넷을 통하여 공부하는 것이 좋습니다. 인터넷 서핑을 위해서는 '감'이 있어야 합니다. 아무것도 모르고 감(feel)이 없는 상태에서의 검색은 무의미 합니다. 몇몇 JAVA 알고리즘 문

....
38 https://en.wikipedia.org/wiki/Lists_of_mathematics_topics

제를 통하여 인터넷 검색을 할 수 있는 '감'을 잡아보시기 바랍니다.

1에서 100까지 더해봅시다.

```
package level1;

public class Sum100 {
    public static void main(String[] args) {
        int sum = 0;
        for(int i=1; i<=100; i++) sum += i;
        System.out.println("sum = "+sum);
    }
}
```

1에서 100까지 3의 배수만 더해봅시다.

```
package level1;

public class Sum100 {
    public static void main(String[] args) {
        int sum = 0;
        for(int i=1; i<=100; i++) if(i%3 == 0) sum += i;
        System.out.println("sum = "+sum);
    }
}
```

1에서 100까지 곱했을 때 0의 개수를 구해 봅시다.

```
package level1;

import java.math.BigInteger;

public class Multiply100 {
    public static void main(String[] args) {
        BigInteger sum = new BigInteger("1");
```

```
        for(long i=1; i<=100; i++) sum = sum.multiply(BigInteger.valueOf(i));
        System.out.println("sum = "+ sum);
    }
}
```

1에서 100까지 수 중에서 소수를 구해 봅시다.

```
package level1;

public class PrimeNumber {
    public static void main(String[] args) {
        int count = 0;
        System.out.print("Prime Number = 1");
        for (int i = 2; i <= 100; i++) {
            count = 0;
            for (int j = 2; j <= 100; j++) if (i % j == 0) count++;
            if (count == 1)    System.out.print(", " + i);
        }


    }
}
```

KEEP CALM AND CARRY ON 문자열을 거꾸로 출력해 봅시다.

```
package level1;

class Reverse {
    public static void main(String[] args) {
        String s = "KEEP CALM AND CARRY ON";
        for (int i = 0; i < s.length(); i++) {
            System.out.print(s.charAt(s.length() - 1 - i));
        }
    }
}
```

알고스팟 소개

어느 정도 기초 문제를 풀다보면 더 심화된 학습을 하고 싶은 욕심이 생길 것입니다. 이러한 독자들을 위해 다양한 알고리즘 연습 문제를 제공하는 알고 스팟(https://algospot.com)을 소개해드릴까 합니다. 알고스팟을 통해 문제를 스스로 풀어보는 습관을 기른다면 프로그래밍 실력이 눈부시게 성장할 것이라 생각됩니다. 알고스팟 문제를 스스로 풀어보는 습관을 기른다면 프로그래밍 실력이 눈부시게 성장할 것이라 생각됩니다. 알고리즘 문제의 답은 대부분 상이합니다. 최적화의 정점에서는 소스가 거의 같아질지는 모릅니다. 알고스팟 문제를 도용하는 것은 옳지 않기에 몇가지 문제에 또 다른 답을 올려봅니다. 비전공자라 할지라도 수학, 물리학과 출신의 경우 소스를 더 깔끔하게 짜는 독자[39]가 더 나올 것 같습니다.

MERCY

```java
import java.util.*;
public class Main {
    public static void main(String[] args) {
        Scanner sc = new Scanner(System.in);
        int cases = sc.nextInt();
        while(cases-- > 0) {
            System.out.println("Hello Algospot!");
        }
    }
}
```

ENDIAN

```java
import java.util.*;

public class Main {

    private static boolean isLog = false;

    public static void main(String[] args) {
```

---

[39] 표지의 연락처로 연락해 주시면 재판 때에는 해당 소스로 바꾸어 내겠습니다.

```java
        Scanner sc = new Scanner(System.in);
        int cases = sc.nextInt();
        while (cases-- > 0) {
            Long i = sc.nextLong();
            String s = int2bin(i);
            System.out.println(bin2int(stringToBinaryType(s)));
        }
    }

    static String stringToBinaryType(String s) {
        String s0_7 = "";
        String s8_15 = "";
        String s16_23 = "";
        String s24_32 = "";
        String RETN = "";

        for (int i = 0; i < 32; i++) {
            switch(i/8) {
                case 0: s0_7 += s.charAt(i); break;
                case 1: s8_15 += s.charAt(i); break;
                case 2: s16_23 += s.charAt(i); break;
                case 3: s24_32 += s.charAt(i); break;
            }
        }

        RETN = s24_32 + s16_23 + s8_15 + s0_7;
        if(isLog) System.out.println(RETN);

        return RETN;
    }

    static String int2bin(long param) {
        String prefix_0 = "";
        String RETN = "";
        while (param != 0) {
```

```java
            if (param % 2 == 0) {
                RETN = "0" + RETN;
            } else {
                RETN = "1" + RETN;
            }
            param /= 2;
        }

        for (long i = RETN.length(); i < 32; i++) {
            prefix_0 += "0";
        }

        if(isLog) System.out.println("spaces : " + prefix_0);

        return prefix_0 + RETN;
    }

    public static long bin2int(String param) {
        long RETN = 0;
        for (int i = 31; i >= 0; i--) {
            if (param.charAt(i) == '1') {
                RETN += Math.pow(2, (31 - i));
            }
        }
        return RETN;
    }
}
```

DRAWRECT

가독성을 위해 Main 으로 표기하지 않습니다.

```java
import java.util.Scanner;

public class DRAWRECT {
    public static void main(String[] args) {
        Scanner sc = new Scanner(System.in);
        int cases = sc.nextInt();

        while (cases-- > 0) {
            int sumX = 0;
            int sumY = 0;

            for(int i=0; i<3; i++) {
                sumX ^= sc.nextInt();
                sumY ^= sc.nextInt();
            }
            System.out.println(sumX + " " + sumY);
        }
    }
}
```

LECTURE

isLog FLAG와 if 문을 이용하면 로그를 껐다켰다 할 수 있습니다.

```java
import java.util.Arrays;
import java.util.Scanner;

public class LECTURE {
    private static final boolean isLog = false;
    private static Scanner sc;

    public static void main(String[] args) {
```

```
            sc = new Scanner(System.in);
            int cases = sc.nextInt();

            while (cases-- > 0) {
                int j = 0;
                String s = sc.next();
                String ss[] = new String[s.length() / 2];

                for (int i = 0; i < s.length() / 2; i++) {
                    ss[i] = s.substring(j, j + 2);
                    j += 2;
                    if (isLog)
                        System.out.println(i + " " + ss[i]);
                }

                Arrays.sort(ss);
                for (String fors : ss)
                    System.out.print(fors);
            }
        }
}
```

ENCRYPT

```
import java.util.Scanner;

public class ENCRYPT {
    private static final boolean isLog = false;

    public static void main(String[] args) {
        Scanner sc = new Scanner(System.in);
        int cases = sc.nextInt();

        while (cases-- > 0) {
            String s = sc.next();
```

```java
            for (int i = 0; i < s.length(); i += 2)    System.out.print(s.charAt(i));
            for (int i = 1; i < s.length(); i += 2)    System.out.print(s.charAt(i));
            System.out.println("");
        }
    }
}
```

MISSPELLING

```java
import java.util.Scanner;

public class MISSPELLING {
    private static final boolean isLog = false;

    public static void main(String[] args) {
        Scanner sc = new Scanner(System.in);
        int cases = sc.nextInt();
        int num = 1;

        while (cases-- > 0) {
            int i = sc.nextInt();
            String s2 = sc.next();
            System.out.print(num++ + " ");
            System.out.print(s2.substring(0, i-1));
            System.out.print(s2.substring(i, s2.length()));
            System.out.println("");
        }
    }
}
```

CONVERT

```java
import java.util.Scanner;

public class CONVERT {
    private static final boolean isLog = false;
    public static void main(String[] args) {
        Scanner sc = new Scanner(System.in);
        int cases = sc.nextInt();
        int number = 1;
        while (cases-- > 0) {
            float i = sc.nextFloat();
            String s2 = sc.next();
            System.out.print(number+" ");
            switch(s2){
              case "kg":
                System.out.println(String.format("%.4f",i*2.2046) + " lb"); break;
              case "lb":
                System.out.println(String.format("%.4f",i*0.4536) + " kg"); break;
              case "l":
                System.out.println(String.format("%.4f", i*0.2642) + " g"); break;
              case "g":
                System.out.println(String.format("%.4f",i*3.7854) + " l"); break;
            }
            number++;
        }
    }
}
```

HOTSUMMER

```java
import java.util.Scanner;

public class HOTSUMMER {
    private static final boolean isLog = false;

    public static void main(String[] args) {
        Scanner sc = new Scanner(System.in);
        int cases = sc.nextInt();

        while (cases-- > 0) {
            int limit = sc.nextInt();
            int sum = 0;
            for(int i=0; i<9; i++)    sum += sc.nextInt();
            if(sum <= limit) System.out.println("YES");
            else System.out.println("NO");
        }
    }
}
```

WEIRD

```java
import java.util.ArrayList;
import java.util.Scanner;

public class WEIRD {
    private static final boolean isLog = true;

    public static void main(String[] args) {
        Scanner sc = new Scanner(System.in);
        int cases = sc.nextInt();

        while (cases-- > 0) {
            int intput = sc.nextInt();
```

```java
            if(isAbandentNotSemiperfect(intput)) System.out.println("weird");
            else System.out.println("not weird");
        }
    }

    private static boolean isAbandentNotSemiperfect(int input) {
        if(input < 1) return false;

        ArrayList<Integer> divisorList = new ArrayList<>();
        divisorList.add(1);

        int maxnum = input;
        int temp = 0;
        for(int i=2; i < maxnum; i++) {
            if(input % i == 0) {
                divisorList.add(i);
                temp = input / i;
                divisorList.add(temp);
                maxnum = temp-1;
            }
        }
        int sum=0;
        for(int i: divisorList) sum += i;
        divisorList.sort(null);
        if(isLog) {
            for(int i: divisorList) System.out.print(i + " ");
            System.out.println(" sum = " + sum);
        }
        if(sum <= input) return false;  //abundant?

        if(isSemiperfect(sum, input, divisorList, divisorList.size()-1)) return false;
        else return true;
    }
```

```java
    private static boolean isSemiperfect(int sum, int input,
                    ArrayList<Integer> divisorList, int calcIndex) {
        if(sum < input || input < 0) return false;
        if(sum == input) return true;
        if(isSemiperfect(sum-divisorList.get(calcIndex),
                    input-divisorList.get(calcIndex),
                    divisorList, calcIndex-1)) return true;
        return isSemiperfect(sum-divisorList.get(calcIndex),
                    input, divisorList, calcIndex-1);
    }
}
```

HAMMINGCODE

```java
import java.util.Scanner;

public class HAMMINGCODE {
    public static void main(String[] args) {
        Scanner sc = new Scanner(System.in);
        int cases = sc.nextInt();
        while (cases-- > 0) {
            String s = sc.next();
            char[] input = s.toCharArray();
            int syndrome = (input[0] ^ input[2] ^ input[4] ^ input[6]) +
                    2 * (input[1]^ input[2] ^ input[5] ^ input[6]) +
                    4 * (input[3] ^ input[4] ^ input[5] ^ input[6]);
            if (syndrome != 0) input[syndrome - 1] ^= 1;
            System.out.println("" + input[2] + input[4] + input[5] + input[6]);
        }
    }
}
```

FIXPAREN

```java
import java.util.Scanner;
import java.util.Stack;

public class FIXPAREN {

    static Stack<MyCharacter> stack = new Stack<MyCharacter>();
    static char[] print;
    static int index=0;
    static String order="";

    public static void main(String[] args) {

        Scanner sc = new Scanner(System.in);
        int cases = sc.nextInt();

        while (cases-- > 0) {
            stack.clear();
            index=0;

            String str = sc.next();
            order = sc.next();

            print = new char[str.length()];
            str.chars().forEach(s -> checkStack((char) s));

            for(char c: print) System.out.print(c);
            System.out.println("");
        }
    }

    public static Object checkStack(char s) {
        if (s == '(' || s == '{' || s == '[' || s == '<') {
            stack.push(new MyCharacter(s, index));
```

```java
                print[index++] = s;
            } else {
                MyCharacter c = stack.pop();
                char oppositeS = changeToOpposite(s);
                char winner = Calc(c.c, oppositeS);
                print[c.i] = winner;
                print[index++] = changeToOpposite(winner);
            }
        return 0;
    }


    private static char changeToOpposite(char winner) {
        switch (winner) {
            case ')': winner = '('; break;
            case '}': winner = '{'; break;
            case ']': winner = '['; break;
            case '>': winner = '<'; break;
            case '(': winner = ')'; break;
            case '{': winner = '}'; break;
            case '[': winner = ']'; break;
            case '<': winner = '>'; break;
        }
        return winner;
    }
    private static char Calc(Character c, char s) {
        char[] comparison = order.toCharArray();
        for(char d: comparison) if(d == c || d == s) return d;
        return 0;
    }

}

class MyCharacter {
    Character c;
    int i;
```

```java
    public MyCharacter(char c, int i) {
        this.c = c;
        this.i = i;
    }
}
```

BRACKETS2

```java
import java.util.Scanner;
import java.util.Stack;

public class BRACKETS2 {

    static Stack<Character> stack = new Stack<Character>();
    static boolean yesOrNo = true;

    public static void main(String[] args) {

        Scanner sc = new Scanner(System.in);
        int cases = sc.nextInt();

        while (cases-- > 0) {
            stack.clear(); yesOrNo = true;

            String str = sc.next();
            str.chars().forEach(s -> checkStack((char) s));

            if(yesOrNo && stack.isEmpty()) System.out.println("YES");
            else System.out.println("NO");
        }
    }

    public static Object checkStack(char s) {
        if (s == '(' || s == '{' || s == '[')
            stack.push(s);
```

```
      else {
        char c = 0;
        switch (s) {
          case ')': c = '('; break;
          case '}': c = '{'; break;
          case ']': c = '['; break;
        }
        if (stack.isEmpty() || c != stack.pop()) yesOrNo = false;
      }
      return 0;
    }
  }
```

WEEKLYCALENDAR

```java
import java.util.Scanner;

public class WEEKLYCALENDAR {

  private static final boolean isLog = false;

  public static void main(String[] args) {
    Scanner sc = new Scanner(System.in);
    int cases = sc.nextInt();
    int[] lastDayOfTheMonth = { 31, 28, 31, 30, 31, 30,
                                31, 31, 30, 31, 30, 31 };

    while (cases-- > 0) {
      int month = sc.nextInt();
      int day = sc.nextInt();
      String week = sc.next();
      int index = 0;

      switch (week) {
        case "Saturday": index++;
```

```java
            case "Friday": index++;
            case "Thursday": index++;
            case "Wednesday": index++;
            case "Tuesday": index++;
            case "Monday": index++;
            case "Sunday":

        }

        int[] output = new int[7];

        int dayClone = day;

        for (int i = index - 1; i >= 0; i--) {
            dayClone--;
            if (dayClone == 0) dayClone += lastDayOfTheMonth[month - 1];

            output[i] = dayClone;
        }
        dayClone = day;
        for (int i = index; i < 7; i++) {
        output[i] = dayClone;
        dayClone++;
        if (dayClone == lastDayOfTheMonth[month] + 1) {
                dayClone -= lastDayOfTheMonth[month];
        }
        }
        for (int i : output) System.out.print(i + " ");
        System.out.println("");
        }
    }
}
```

XHAENEUNG

```java
import java.util.Arrays;
import java.util.Scanner;

public class XHAENEUNG {
    private static final boolean isLog = false;

    public static void main(String[] args) {
        String[] numTable = { "zero", "one", "two", "three", "four",
                              "five", "six", "seven", "eight", "nine", "ten" };
        String[] numTableSorted = { "eorz", "eno", "otw", "eehrt", "foru",
                                    "efiv", "isx", "eensv", "eghit", "einn", "ent" };

        Scanner sc = new Scanner(System.in);
        int cases = sc.nextInt();
        sc.nextLine();

        while (cases-- > 0) {
            String s = sc.nextLine();
            String[] array = s.split(" ");
            int a=0, b=0, c=-1;
            char operator = '\n';
            for(int i=0; i<=10; i++) {
                if(array[0].equals(numTable[i])) a = i;
                if(array[2].equals(numTable[i])) b = i;
                char[] answer = array[4].toCharArray();
                Arrays.sort(answer);
                if(new String(answer, 0,
                    answer.length).toString().equals(numTableSorted[i])) c = i;
            }
            for(int i=0; i<=10; i++) {
                if(array[0].equals(numTable[i])) a = i;
                if(array[2].equals(numTable[i])) b = i;
                char[] answer = array[4].toCharArray();
```

```
                    Arrays.sort(answer);
                    if(new String(answer, 0,
                        answer.length).toString().equals(numTableSorted[i])){
                        c = i;
                    }
                }


            operator = array[1].charAt(0);
            if(isLog) System.out.println(a + " " + b + " " + c + " " + operator);
            boolean flag = false;
            switch(operator) {
                case '+' : if(a + b == c) flag=true; break;
                case '-' : if(a - b == c) flag=true; break;
                case '*' : if(a * b == c) flag=true; break;


            }
            if(!flag || c > 10 || c < 0) System.out.println("No");
            else System.out.println("Yes");
        }
    }
}
```

URI

```
import java.util.Arrays;
import java.util.Scanner;

public class URI {
    private static final boolean isLog = false;

    public static void main(String[] args) {
        Scanner sc = new Scanner(System.in);
        int cases = sc.nextInt();
        while (cases-- > 0) {
```

```java
            String s = sc.next();
            s = s.replace("%20", " ");
            s = s.replace("%21", "!");
            s = s.replace("%24", "$");
            s = s.replace("%28", "(");
            s = s.replace("%29", ")");
            s = s.replace("%2a", "*");
            s = s.replace("%25", "%");
            System.out.println(s);
        }
    }
}
```

SHISENSHO

DFS(깊이 우선 탐색)를 이용하였으나 더 좋은 답이 많을 것 같습니다.

```java
import java.awt.Point;
import java.util.ArrayList;
import java.util.Iterator;
import java.util.LinkedHashMap;
import java.util.Map;
import java.util.Scanner;
import java.util.concurrent.ConcurrentHashMap;
import java.util.stream.Collectors;

public class SHISENSHO {

    private static JunMap m;
    static char[][] builtMap;
    public static final int _NONE = 0;  // 0000
    public static final int _UP = 1;    // 0001
    public static final int _DOWN = 2;  // 0010
    public static final int _LEFT = 4;  // 0100
    public static final int _RIGHT = 8; // 1000
    static ArrayList<MyPoint<Point, Point>> result;
```

```java
static Point mStartPoint;

public static void main(String[] args) {
    m = new JunMap();
    Scanner sc = new Scanner(System.in);
    int cases = sc.nextInt();
    while (cases-- > 0) {
        result = new ArrayList<MyPoint<Point, Point>>();
        m.sizeRow = sc.nextInt();
        m.sizeCol = sc.nextInt();
        {
            char[][] temp = new char[m.sizeRow][m.sizeCol];
            sc.nextLine();
            for (int i = 0; i < m.sizeRow; i++)
                temp[i] = sc.nextLine().toCharArray();
            m.build(temp);
        }
        // DFS According to sortedMeaningfulPoints
        builtMap = m.map;
        pathFinder(new Point(0, 0),
            m.sortedMeaningfulPoint.entrySet().iterator(), "#");
        for (int i = 0; i < result.size(); i++) //크게 개선이 가능한 부분.
            for (int j = i + 1; j < result.size(); j++) {
                if (((result.get(i).getDestPoint().x ==
                    result.get(j).getDestPoint().x) &&
                    (result.get(i).getDestPoint().y ==
                    result.get(j).getDestPoint().y) &&
                    (result.get(i).getStartPoint().x ==
                    result.get(j).getStartPoint().x) &&
                    (result.get(i).getStartPoint().y ==
                    result.get(j).getStartPoint().y))
                    ||((result.get(i).getDestPoint().x ==
                    result.get(j).getStartPoint().x) &&
                    (result.get(i).getDestPoint().y ==
                    result.get(j).getStartPoint().y) &&
```

```
                                    (result.get(i).getStartPoint().x ==
                                     result.get(j).getDestPoint().x ) &&
                                    (result.get(i).getStartPoint().y ==
                                     result.get(j).getDestPoint().y))) {
                                    result.remove(j);
                                    j--;
                                }
                            }
                System.out.println(result.size());
        }
    }

    static void pathFinder(Point originKey,
                        Iterator<Map.Entry<Point, String>> iter, String origin) {
        if (!iter.hasNext())
            return;
        mStartPoint = new Point();
        Point key = iter.next().getKey();
        String s = m.sortedMeaningfulPoint.get(key);

        if (s.equals(origin))
            fDFS(s, originKey, key, 0, _NONE);

        pathFinder(key, iter, s);
    }

    private static void fDFS(String s, Point startPoint, Point destPoint,
                            int directionCount, int direction) {
        if (directionCount > 3)
                return;
        int row = startPoint.x;
        int column = startPoint.y;
        char c = s.toCharArray()[0];
        if (directionCount == 0) {
                mStartPoint.setLocation(row, column);
        }
```

```
        else if (builtMap[row][column] == c) {
            result.add(new MyPoint<Point, Point>(mStartPoint,
                    new Point(row, column)));
            return;
        }
        if (builtMap[row][column] == '#')
            return;
        char backup = builtMap[row][column];
        builtMap[row][column] = '#';
        if (row > 0 && (builtMap[row - 1][column] == '.' ||
            builtMap[row - 1][column] == c)) {
            if ((direction & _UP) != _UP)
                fDFS(s, new Point(row - 1, column),
                    destPoint, directionCount + 1, _UP);
            else
                fDFS(s, new Point(row - 1, column),
                    destPoint, directionCount, _UP);
        }
        if (row < builtMap.length - 1 &&
            (builtMap[row + 1][column] == '.' ||
            builtMap[row + 1][column] == c)) {
            if ((direction & _DOWN) != _DOWN)
                fDFS(s, new Point(row + 1, column),
                    destPoint, directionCount + 1, _DOWN);
            else
                fDFS(s, new Point(row + 1, column),
                    destPoint, directionCount, _DOWN);
        }
        if (column > 0 && (builtMap[row][column - 1] == '.' ||
            builtMap[row][column - 1] == c)) {
            if ((direction & _LEFT) != _LEFT)
                fDFS(s, new Point(row, column - 1),
                    destPoint, directionCount + 1, _LEFT);
            else
                fDFS(s, new Point(row, column - 1),
```

```java
                                destPoint, directionCount, _LEFT);
            }
            if (column < builtMap[0].length - 1 &&
                    (builtMap[row][column + 1] == '.' ||
                    builtMap[row][column + 1] == c)) {
                if ((direction & _RIGHT) != _RIGHT)
                    fDFS(s, new Point(row, column + 1),
                            destPoint, directionCount + 1, _RIGHT);
                else
                    fDFS(s, new Point(row, column + 1),
                            destPoint, directionCount, _RIGHT);
            }
            builtMap[row][column] = backup;
    }

}

class JunMap {
    int sizeRow;
    int sizeCol;
    char[][] map;
    ConcurrentHashMap<Point, String> meaningfulPoints;
    LinkedHashMap<Point, String> sortedMeaningfulPoint;

    public JunMap() {
    }

    void build(char[][] map) {

        this.meaningfulPoints = new ConcurrentHashMap<Point, String>();

        this.map = new char[sizeRow][sizeCol];
        this.map = map;

        // Read Map
```

```
            for (int i = 0; i < sizeRow; i++)
                for (int j = 0; j < sizeCol; j++) {
                    if (String.valueOf(map[i][j]).matches("[A-Za-z]+"))
                        meaningfulPoints.put(new Point(i, j), String.valueOf(map[i][j]));
                }

        // Point Sorting
        sortedMeaningfulPoint =
            meaningfulPoints.entrySet().stream().sorted(
            Map.Entry.comparingByValue()).collect(
            Collectors.toMap(Map.Entry::getKey,
            Map.Entry::getValue, (e1, e2)->e2, LinkedHashMap::new));
    }
}

class MyPoint<T1, T2> {

    private Point s;
    private Point d;

    MyPoint() {
        s = new Point();
        d = new Point();
    }

    MyPoint(Point a, Point b) {
        s = new Point();
        d = new Point();
        s = a;
        d = b;
    }

    public Point getStartPoint() {
        return s;
    }
```

```
    public Point getDestPoint() {
        return d;
    }
}
```

알고리즘 문제를 풀다보면 사실, 다시 기초로 돌아가게 됩니다. 문제 풀이에는 직관을 이용하며 한번에 풀이하는 방법, 이전에 풀어보았던 경험에 빗대어 풀이하는 방법, 통찰력을 이용하여 문제 자체를 다르게 생각해서 창의적으로 푸는 방법, 그리고 알고리즘이 있습니다. 알고리즘은 사실 정형화된 풀이 과정입니다. 디자인 패턴이나 운영체제를 배워서 만드는 프레임웍도 크게 다를 게 없습니다. 즉, 많이 풀어볼 수록 실력이 늘어납니다. 이것은 알고리즘 풀이 실력입니다. 알고리즘 풀이로 경험, 직관, 통찰력을 기를 수 있습니다. 다만, 그 기초는 수학에서 출발하므로 기본 연산자부터 차근차근 되짚어볼 필요가 있습니다.

연산자

연산자의 개념 자체가 어느 한 상태로부터 변화할 수 있는 다른 상태로 변환하는 것입니다. 알고리즘의 가장 기본이라고 할 수 있습니다. 자바에서는 다음 연산자를 제공합니다.

산술 연산자

분류	연산자	사용 예	설명
이항	+	a+b	a 와 b 가 숫자라면 합, 문자열이라면 문자를 합함.
	−	a−b	a에서 b를 뺍니다.
	*	a*b	a에서 b를 곱합니다.
	/	a/b	a에서 b를 나눕니다.
	%	a%b	a를 b로 나눈 후 나머지를 구합니다.
단항	+	+a	a의 부호를 유지합니다.
	−	−a	a의 부호를 바꿉니다.

대입 연산자

연산자	사용 예	설명
+=	a+=b	a=a+b
-=	a-=b	a=a-b
*=	a*=b	a=a*b
/=	a/=b	a=a/b
%=	a%=b	a=a%b
&=	a&=b	a=a&b
^=	a^=b	a=a^b
!=	a!=b	a=a!b
<=	a<=b	a=a<b
>>=	a>>=b	a=a>>b
>>>=	a>>>=b	a=a>>>b

증가 (++), 감소 (--) 연산자

증가(++) 감소(--)연산자는 변수의 값을 1 증가시키거나 감소시키기 위해 사용되는 연산자입니다. 증가,감소 연산자에는 전치형과 후치형이 있는데, 전치형의 경우 먼저 값이 증감하고 명령이 실행되고 후치형의 경우에는 반대로 명령이 실행되고 난 후 값이 증감합니다. 아래의 표에서 나오듯이 전치형 증가 연산자의 경우 변수 b의 값이 먼저 증가를 를 해서 값이 6이 되어 변수 a에 들어가서 결과가 a=6, b=6이 나왔습니다. 후치형은 반대로 실행을 하고 값이 증가되었기 때문에 변수 a에는 5가 들어갔고, 변수 b는 증가해서 값이 6이 되는 것입니다.

위치	연산자	사용 예	결좌

전치형	++	int a = 0;
		int b = 5;
		a = ++b;
			a : 6
			b : 6

	--	int a = 0;
		int b = 5;
		a = --b;
			a : 4
			b : 4

후치형	++	int a = 0;
		int b = 5;
		a = b++;
			a : 5
			b : 6

	--	int a = 0;
		int b = 5;
		a = b--
			a : 5
			b : 4

관계 연산자

관계 연산자는 두 개의 피 연산자의 관계를 비교하기 위해 사용되는 연산자입니다.

관계 연산자	사용 예	설명
<	a<b	a가 b 보다 작다면 true를 반환합니다.
>	a>b	a가 b 보다 크면 true를 반환합니다.
<=	a<=b	a가 b 보다 작거나 같으면 true를 반환합니다.
>=	a>=b	a가 b 보다 크거나 같으면 true를 반환합니다.
==	a==b	a가 b와 같으면 true를 반환합니다.
!=	a!=b	a가 b와 다르면 true를 반환합니다.

비트 연산자

① ~ 연산자 : complement(보수) 연산자라고 하며 0인 비트는 1로, 1인 비트는 0으로 만듭니다.
② & 연산자 : AND 연산자라고 하며 피 연산자들의 비트를 비교하여 보고 1이면 1, 아니면 0을 반환, AND 연산자는 논리 연산자로도 사용 가능 합니다.

a	b	a|b	a	b	a||b
0	0	0	false	false	false
0	1	0	false	true	true
1	0	1	true	false	true
1	1	1	true	true	true

③ ^연산자 : XOR 연산자라고 하며 피 연산자들의 비트를 비교하여 같으면 0, 그렇지 않으면 1을 반환 합니다.

a	b	a^b
0	0	0
0	1	1
1	1	1
1	1	0

④ | 연산자 : OR 연산자라고 하며 피 연산자들의 비트를 비교하여 둘 중 하나라도 1이면 1, 둘 다 0일 경우에는 0을 반환합니다. OR 연산자도 AND 연산자와 마찬가지로 논리 연산자로도 사용할 수 있습니다. 다만 피 연산자로 논리 값이 옵니다.

Logical Operator(논리 연산자)

논리 연산자는 true나 false와 같은 논리 값을 연산하기 위한 연산자로서 피 연산자에는 항상 논리 값이 와야하며 결과 값 또한 논리 값이 됩니다.

① ! 연산자

b	!b
true	false
false	true

② && 연산자

a	b	a&&b
true	true	true
true	false	false
false	true	false
false	false	false

③ || 연산자

a	b	a||b
true	true	true
true	false	true
false	true	true
false	false	false

비트 연산자와 논리 연산자의 차이점

&연산자와 &&연산자는 모두 AND 연산자라고 불리고 |연산자와 ||연산자도 모두 OR연산자로 불립니다. 논리연산자(&&,||)는 피 연산자로 논리 값이 오고 비트 연산자는 정수 값이 옵니다. Short Circuit 기능도 차이점이 있습니다. Short Circuit이란 비트 연산자(&,|)는 논리 연산시 왼쪽과 오른쪽에 있는 모든 식을 평가합니다. 논리 연산자(&&,||)는 왼쪽 연산자만으로 논리 연산의 결과를 알 수 있다면 오른쪽은 평가하지 않는데 이런 기능을 Short Circuit 기능이라 합니다. OR의 경우 왼쪽이 참이면 우측식을 평가하지 않고, AND의 경우 왼쪽이 거짓이면 우측식을 평가하지 않습니다.

shift(이동) 연산자

① Left shift (〈〈) : 각 비트를 왼쪽으로 이동시키는 연산자이며 이동된 만큼의 오른쪽의 빈 공간은 0으로 채웁니다.. 그리고 최상위 비트는 왼쪽으로 이동된 비트는 자동적으로 사라집니다.

② Right shift (〉〉) : 각 비트를 오른쪽으로 이동시키는 연산자이며 이동된 만큼의 빈공간은 원래 값의 부호를 채운다. 최하위 비트에서 오른쪽으로 이동된 비트는 자동적으로 사라집니다. 부호 비트를 판별하기 위해서 왼쪽 최상위 비트가 부호 비트가 됩니다.

③ Unsigned Right Shift (〉〉〉) : 〉〉〉연산자는 왼쪽 비트를 항상 0으로 채우며 〉〉〉연산자가 적용된 연산의 결과는 항상 양수가 됩니다. 〉〉연산자와 기능이 동일합니다.

조건 연산자(?:)와 instanceof 연산자

조건 연산자는 if-else 문을 좀 더 간결히 사용하기 위한 연산자로서 3항 연산자라고 합니다.
ex) 조건식 ? 문장1: 문장2
if-else문의 조건식처럼 조건식에 항상 true나 false로 표현될 수 있는 문장이 옵니다.
instanceof 연산자 : 프로그램 실행이 참조 데이터 형을 검사하기 위해 사용 합니다.
instanceof 연산자 왼쪽의 변수가 오른쪽의 클래스와 상속 관계가 없을 경우에는 에러를 발생. 객체가 아닌 기본 데이터 형을 비교하려고 해도 에러가 발생 합니다.

코드	결과
null instanceof Object	false
int a = 0; a instanceof Integer	error
String s = "a"; s instanceof String	true
String s = "a"; s instanceof Object	true
String s = "a"; Object instanceof s	error
String s = "a"; s instanceof Integer	error

연산자 우선순위

여러개의 연산자가 있을 때 결합하는 순서를 연산자 우선순위라고 합니다.

순위	연산자	적용방향	사용 예
1	. , [], ()	->	(a+b)
2	전치형++,-- 단항 +, -	->	++a, --b, +a, -b
3	후치형++,--	<-	a++, b--
4	(형 변환 유형), new	<-	(int)a, new
5	*, /, %	->	a*b, a/b, a%b
6	+, -	->	a+b, a-b
7	<<, >>, >>>	->	a<<2, a>>2, a>>>2
8	<, >, <=, >=, instaceof	->	a<b, a>b, a<=b, a>=b, 객체 instanceof 객체의 형
9	==, !=	->	a==b, a!=b
10	&	->	a&b
11	^	->	a^b

12	|	->	a|b
13	&&	->	a&&b
14	||	->	a||b
15	?:	->	(a>b) ? a : b
16	=, op=	<-	a=10, a+=b

이상 연산자에 대해서 알아보았습니다. 연산자는 String 문자 결합과 같이 객체를 대상으로 이용되기도 하지만 대부분 Primitive Type 자료형에 대해서 연산을 수행합니다.

1. 피연산자에 double 형이 있으면 double 형으로 연산이 수행됩니다.
2. 피연산자에 float형이 있으면 float형으로 연산이 수행됩니다.
3. 피연산자에 long형이 있으면 long형으로 연산이 수행됩니다.
4. 그 외에는 int형으로 연산이 수행(int 형보다 작은 형은 모두 int 형으로 변환)됩니다.

연산의 규칙을 보면 보다 큰 자료형을 따라가는 것을 알 수 있습니다.

계산식	형 변환	결과형
byte * byte	int * int	int
short * byte	int * int	int
byte / int	int * int	int
float * int	float * float	float
long / byte	long / long	long
ong * double	double * double	double

흐름제어(Flow Control)

흐름제어에서 가장 중요한 조건문과 반복문은 모든 프로그래밍 언어에 있는 개념입니다.

조건문

if-else

if-else문은 조건식이 일치하는 지를 검사하여 다음에 오는 문장의 실행 여부를 결정합니다.
if-else문사용 방법
   ① if (조건식) 문장; ⇒ 조건식이 true이면 문장 실행 그렇지 않을 경우 if문 제어 빠져나옵니다.
   ② if (조건식) 문장 1; else 문장 2; ⇒ 조건식이 true이면 문장 1 실행, false이면 문장 2 실행합니다.
   ③ if (조건식) 문장 1; else if (조건식) 문장 2; else if (조건식) 문장 3; ... else 문장 ..
   ⇒ 조건에 맞으면 실행, 아니면 마지막 else문 실행. 마지막 else문 없으면 if문 빠져나갑니다.

switch

switch문은 조건식을 검사하여 해당 문장을 실행하는 조건문입니다.
switch문은 조건식에 int형으로 표현할 수 있는 표현식이 와야 합니다.. char나 byte는 자동으로 int 형으로 변환 될 수 있는 것으로 조건식에 사용 가능하지만 double이나 float과 같이 int 형보다 큰 데이터 형은 올 수 없습니다. case 문에 오는 문자 뒤에 break다 와야 하는데 break가 없을 때에는 해당 case문의 문장을 실행하고 다음 case문에 있는 문장도 실행하게 됩니다.

반복문

for
for문은 조건을 만족하면 특정 문장을 계속해서 반복 실행하고자 할 때 사용되는 반복문입니다. 사용법은 다음과 같습니다.

for (초기화; 조건식; 변수증감) { 문장; }

조건식의 결과는 항상 논리 형이어야 합니다.

while. do~while
while문은 조건을 만족하면 특정 문장을 계속해서 반복 실행하고자 할 때 사용 합니다.

while (조건식) { 문장; }
do { 문장; } while (조건식);

do-while 문은 먼저 문장을 실행하고 조건식을 평가하기 때문에 반드시 한번은 실행 됩니다.

분기문

분기문은 루프나 문장을 비정상적으로 벗어나고자 할 때 사용합니다.

break
switch문에서 case문의 종료를 위해서 사용 합니다. for문이나 while문에서 반복문의 종료를 위해 사용 합니다.

continue
루프문의 일부분을 건너뛰고자 할 때 사용 합니다.

그 외 JAVA 언어의 특징들을 나열하면 많이 있습니다. 그러나 핵심적인 파트는 그리 어렵지 않으니 지금까지 설명한 내용을 기초로서 공개된 여러 코드를 READING 하다보면 어느새 WRITING이 가능해진 자신을 발견할 수 있을 것입니다. CODE WRITING이 가능하다는 것은 곧 코딩이 가능하다는 것이며, 코딩이 가능하다는 것은 프로그래머가 되었다는 것을 의미합니다. 사람들이 원하는 것을 알아내고 그것을 코딩할 줄 아는 프로그래머, 바로 '개발자'로 불리는 직업의 의미입니다.

Chapter 4.

 STRAPLINE

Brute Force

기본 연산자

다르게 생각하기

문제 풀이

고등학교 수학 문제

디버깅

객체지향 알고리즘

프로그래밍 심화
Programming

Brute Force

알고리즘 종류에서 Brute Force를 보았습니다.
Brute Force는 대입 가능한 방법을 모두 대입해 보는 방법으로 가장 무식하면서도 가장 기본적인 방법입니다. 프로그래밍은 모두 Brute Force에서 출발한다고 해도 과언이 아닙니다. 다른 말로는 RUN&FIX라고 합니다. 요즘처럼 다양한 프레임웍과 오픈소스를 끌어 거대한 프로젝트를 운영하는 시대에서는 모든 결과를 예측하기란 쉽지 않습니다. 오픈 소스 프로젝트만 해도 석학들이 수십명 모여 만드는 것도 있는데 하나하나 분석하기 보다는 우선 run을 해보고 잘 안되면 package update를 통해 해결할 수 있는 경우가 더 많습니다. Brute Force 단계는 흔히 '삽질'에 비유됩니다. 구글링이 개발이 꼭 필요한 이유도 이와 같습니다. 선배 프로그래머들이 열심히 '삽질' 한 히스토리를 알면 그것을 더 발전 시킬 수 있기 때문입니다. Brute Force는 가장 최악의 상황을 뜻하는 big O 표현에서 O(N^2) 이상인 경우가 많습니다. 가령 제짝이 없는 유일한 숫자를 찾는 [그림]의 예제는 O(N^2)의 효율성을 가집니다. 알기 쉬운 방법은 for 문의 개수가 중첩되어 있으면 일반적으로 O(N^ for문의 개수) 로 보면 됩니다. for문이 2개 중첩되었다고 꼭 O(N^2)은 아니지만 대체적으로 그러합니다.

```
package level1;

public class BruteForce {
    public static void main(String[] args) {
        int[] myNumbers = { 10, 30, 5, 8, 30, 20, 10, 20, 5, 8, 3 };
        int cnt = 0;
        for (int i = 0; i < myNumbers.length; i++) {
```

source

```
            for (int j = 0; j < myNumbers.length; j++) {
                if (myNumbers[i] == myNumbers[j])
                    cnt++;
            }
            if (cnt == 1)
                System.out.println(myNumbers[i]);
            else
                cnt = 0;
        }
    }
}
```

이 예제의 경우

```
package level1;

public class BruteForce {
    public static void main(String[] args) {
        long sTime = System.currentTimeMillis();
        int[] myNumbers = { 10, 30, 5, 8, 30, 20, 10, 20, 5, 8, 3 };
        int cnt = 0;
        for (int i = 0; i < myNumbers.length; i++) {
            for (int j = 0; j < myNumbers.length; j++) {
                if (myNumbers[i] == myNumbers[j])
                    cnt++;
            }
            if (cnt == 1)
                System.out.println(myNumbers[i]);
            else
                cnt = 0;
        }
        System.out.println(System.currentTimeMillis() - sTime);
    }
}
```

와 같이 수행시간 측정을 해도 0으로 나옵니다. 실제로는 0이 아닙니다.
컴퓨터의 수행속도가 그 만큼 빠르다는 정도로 인식하면 됩니다. 그래서 O(N^2 + 2N + 1) 과 같은 경우나 O(N^2 +1)과 같은 경우 모두 O(N^2)으로 표기합니다. 별 차이가 없기 때문입니다.

그러면 다음과 같이 자료가 늘어난 경우 시간을 측정하면 어떻게 나올까요?

```java
package level2;

public class BruteForce {
    public static void main(String[] args) {
        int[] manyNumbers = new int[65535];
        for(int i=0; i<manyNumbers.length; i++) {
            manyNumbers[i] = i/2;
        }

        long sTime = System.currentTimeMillis();

        int cnt = 0;
        for (int i = 0; i < manyNumbers.length; i++) {
            for (int j = 0; j < manyNumbers.length; j++) {
                if (manyNumbers[i] == manyNumbers[j])
                    cnt++;
            }
            if (cnt == 1)
                System.out.println(manyNumbers[i]);
            else
                cnt = 0;
        }
        System.out.println(System.currentTimeMillis() - sTime);
    }
}
```

컴퓨터마다 수치는 다르겠지만 1000이 넘는 값이 나옵니다.
1000이 넘는다고 해도 단위가 밀리세컨드 단위(1/1000초)이기 때문에 1초가 조금 넘는 값입니다.
그러나 이 자료가 더 커진다면 어떨까요?

'억' 단위로 올라 가려면 65535라는 값에 0이 4개 더 붙어야 합니다. 1초라고 가정해도 10000초면 2시간이 넘습니다. 숫자 비교에만 몇 시간을 써야 한다면 수억명이 쓰는 서비스의 검색 기능은 꿈꾸기 힘듭니다. 그래서 Brute Force에서 발전하게 됩니다.

기본 연산자

XOR 연산자는 두 개의 이진수가 있을 때 같으면 0, 다르면 1을 반환합니다.
2진수에서의 이런 규칙은 같은 숫자일 경우 0을 반환하게 되어 있습니다. 여러 수를 XOR 연산할 때 2개씩 있는 숫자의 경우 모두 0으로 바꾸어 버립니다. 0과의 XOR 연산하는 수를 x라 할 때, x^0 = x 입니다. ^(hat) 기호는 승수(제곱)을 나타내기도 하지만 XOR 연산을 나타내기도 합니다. 그러면 연산자 하나를 아는 것은 for 문 하나를 삭제 시킬 수 있습니다. O(N^2)에서 O(N)이 됩니다.

```
package level3;

public class BruteForce {
    public static void main(String[] args) {
        int[] manyNumbers = new int[65535];
        for (int i = 0; i < manyNumbers.length; i++) {
            manyNumbers[i] = i / 2;
        }
        long sTime = System.currentTimeMillis();
        int result = 0;
        int cnt = 0;
        for (int i = 0; i < manyNumbers.length; i++) {
            result ^= manyNumbers[i];
        }
        System.out.println(result);
```

```
            System.out.println(System.currentTimeMillis() - sTime);
      }
}
```

　level 2와 level3의 수행 속도만 보았을 때 1000배 넘는 차이가 난다고 할 수 있습니다. 자료가 커지면 시간 뿐 아니라 메모리 공간을 쓰는 것에도 차이가 나기에 알고리즘의 차이는 실행이 되느냐, 마느냐의 문제도 될 수 있습니다.

　한 가지 다행인 것은 모든 알고리즘을 알 필요는 없다는 것입니다. 기본에 충실하면 됩니다. 알고리즘에 정통한 사람도 알고리즘 대회에서 우승할 수는 있어도 석학들이 만들어 놓은 STL(표준 템플릿 라이브러리)에 크게 기여하지는 못합니다. 소팅 방법만 해도 소팅 방법의 최적화만 연구하는 학자도 있기에 국소적인 분야에서 모두 최고가 되기는 힘들기 때문입니다. 프로그래머, 개발자라 불리는 사람들은 논문을 읽고 그것을 코드로 표현하며, 그 코드들을 유기적으로 연결시켜 세상에 도움이 되는 프로그램을 만들 수 있는 실력을 다지는데에 그 목적이 있습니다.

다르게 생각하기

한번에 axe변수 만큼 자를 수 있는 도끼로 tree변수의 나무를 벨 때 몇 번 만에 벨 것인지를 생각하는 문제를 다루어 봅니다.

```java
package level1;

public class Logging {
    public static void main(String[] args) {
        int result = 0;
        int tree = 100;
        int axe = 10;
        while (true) {
            if (tree <= 0) {
                break;
            } else {
                tree -= axe;
                result++;
            }
        }
        System.out.println(result);
    }
}
```

사실 코드를 자주 보다보면 문제 설명보다 소스가 더 이해하기 쉽습니다. while을 써도 되고 do while을 써도 됩니다. 물론, for 문을 대신 써도 됩니다. 문제는 이 문제를 생각하는 방식입니다. 소스를 보면 그럴싸하게 보이지만 사실 tree를 axe로 나누어 보면 해결되는 문제입니다. tree/axe 수식 한 줄이면 끝입니다. int 형이 소수점을 고려하지 않는 점을 참고하여 다음과 같이 짤 수 있습니다.

```java
package level2;

public class Logging {
    public static void main(String[] args) {
        int tree = 100;
        int axe = 10;
        int result = tree/axe;
        System.out.println(tree % axe == 0? result-1 : result);
    }
}
```

이 문제 역시 tree가 작은 때는 별 문제가 되지 않지만 long tree = 123123004000L; 과 같이 자료가 큰 경우에는 큰 차이를 보입니다. result 역시 자료형이 변경되어야 하며, 수행 시간에도 level 1과 level 2는 큰 차이를 보입니다.

문제 풀이

문제 축소는 다이나믹 프로그래밍, 분할 정복과 같은 개념입니다. 문제를 나누어 각자의 해를 구하는 방법으로 답을 찾는 방법입니다. 일상 생활에도 이런 문제들이 많습니다. 단번에 해결할 수 있는 문제는 잘게 나누어 하나씩 해결해야합니다. 문제풀이의 방법에는 대표적으로 맹목적 탐색과 경험적 탐색, 임원경로 탐색과 최적경로 탐색의 방법이 있습니다. 이는 경험적 정보를 이용할 수 있는지에 대한 여부, 그리고 단순히 목적을 찾는 것인지 최적의 목적을 찾는 것인지에 대한 여부를 말합니다.

	맹목적 탐색	경험적 탐색
임의경로 탐색	깊이우선, 너비우선 담색	언덕오르기 탐색 최적우선 탐색
최저경로 탐색	균일비용 탐색	A* 알고리즘

문제풀이 방법이 나누어지는 주된 이유는 '속도' 때문입니다. 정보를 수집하거나 경험을 수집하는 데에는 '시간'이 소요됩니다. 프로그램을 짤 때에도 마찬가지입니다. 비즈니스는 해야 하고 경쟁자에 비해서 빠른 속도가 요구될 때, 즉 상품을 바로 내 놓아야 하는 디버깅을 할 때에는 우선 버그를 해결하는 것이 목적인 경우가 많습니다. 이 때 경험적 지식이 없고 각 노드에 대한 경로 비용을 측정하기 힘든 경우 깊이 우선 또는 너비 우선의 방법을 취하게 됩니다.

깊이우선, 너비우선 탐색

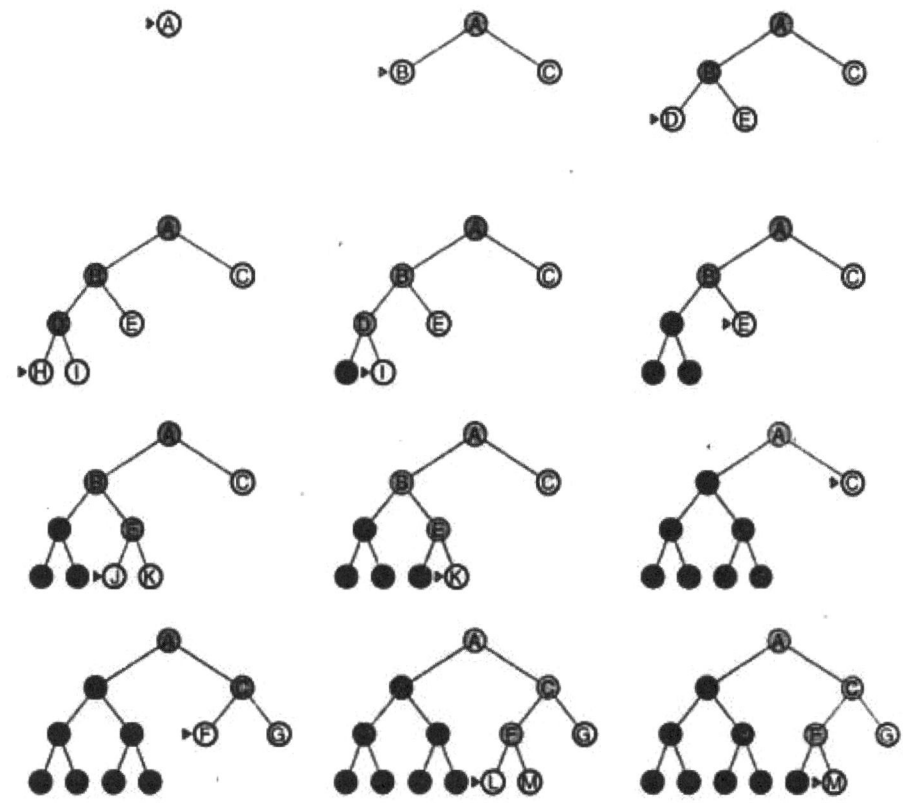

깊이 우선 탐색의 경우 찾으려는 방법(노드)에 대해서는 계속해서 찾는 것을 말합니다. 일반적인 개발 방식이 이런 방식입니다. 끝까지 해 보고 그것이 찾는 방법(해)이 아니라면 다시 다른 방식으로 하는 방법(깊이우선 탐색)을 말합니다.

너비 우선 탐색의 경우는 여러 방법을 두고 조금씩 해당 방법들을 진행해 나가는 것을 말합니다. 휴대폰 개발의 경우 'RESET'이 발생했을 때는 Resource Leak이, 'STUCK' 같이 멈춤 현상이 발생했을 때는 특정 지역에서 무한루프가 도는 것을 말합니다. 깊이우선 탐색 방법에서는 하나의 방법을 믿고 끝까지 디버깅을 해보면 됩니다. 그러나 간헐적으로 리셋도 발생할 때도 있고 멈춤도 발생할 때도 있는 경우, 깊이우선 탐색 방법을 통해서 디버깅을 해도 되겠지만 너비우선 방법을 통하여 조금씩 디버깅을 진척하는 것도 필요합니다.

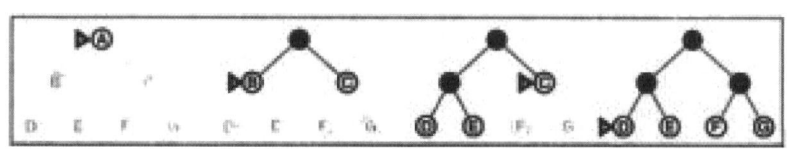

균일비용탐색

깊이우선, 너비우선 방식에서 해당 노드(방법)까지 가는 비용을 안다면 균일비용탐색을 적용해 볼 수 있습니다. 대체적으로 프레임웍과 관련된 앱을 디버깅 할 때 적용해 볼 수 있습니다. 특정 프레임웍의 기능을 쓰는 앱에서 문제가 생긴다고 할 때 해결 방법은 크게 두가지 방법이 있습니다.

앱과 프레임웍 전체 빌드를 해서 한번에 디버깅된 기능을 확인하는 방법, 프레임웍과 앱을 따로 빌드하는 방법입니다. 이 때는 프레임웍과 앱의 빌드타임이 가장 큰 비용 요소가 됩니다. 특정 기능이 문제 있을 때 테스트 모듈을 만들어서 프레임웍의 기능을 테스트하고 앱 역시 특정 모듈의 테스트 케이스를 만듭니다. 즉, 테스트 주도 개발은 균일비용 탐색의 종류에 해당합니다. 이 때 테스트 모듈을 만드는 시간보다 깊이우선, 너비우선 방법으로 해결하는 것이 더 나은 경우도 있습니다. 내일 Lab Entry Binary 를 전달해야 하는 상황인데 오늘 당장 디버깅을 해서 해결해야 하고 본래 잘 동작하는 모듈인 경우가 있습니다. 이 때는 여러 명의 엔지니어가(너비우선) 하나의 해결 방법을 끝까지 해보는(깊이우선) 방법을 적용하는 것이 가장 효율적입니다. 일단 당장의 버그부터 해결해야하는 상황이기 때문입니다.

언덕오르기, 최적우선 탐색

최적우선 탐색 방법은 언덕오르기 탐색 방법 풀이할 때 '정렬'을 하는 것이 다르므로, 거의 동일한 방법으로 보아도 무방합니다. 균일비용탐색방법은 초기 노드에서 진행되고 있는 노트까지의 비용을 계산하는 방법입니다. 언덕오르기는 현재 진행된 노드에서 마지막 노드(방법)까지의 비용을 계산하는 방법입니다. 이에 유사한 경험이 없다면 비용 측정이 힘듭니다. 이에 두 방법은 경험적 탐색 방법이라고 하는 것입니다.

A* 알고리즘과 경험의 정의

균일비용 탐색과 최적우선(언덕오르기) 탐색을 합한 방법이 A* 알고리즘입니다. 현재 노드까지의 비용 + 앞으로 갈 노드들에 대한 비용도 함께 계산하는 것이 A* 알고리즘입니다. 경로 찾기에서 자주 등장하는 다익스트라 알고리즘은 균일 비용 탐색 알고리즘입니다. 시작점부터 현재 계산하고 있는 노드까지의 비용만을 계산합니다. 언덕오르기 알고리즘은 산을 떠 오르게합니다. hill climbing Algorithm 이라 언덕오르기로 번역이 되었습니다. 이에 알고리즘 설명에 산을 이용합니다. 산길은 정상까지 직선도로로 되어 있지 않습니다. 산을 올라가기전 시작 위치를 '초기노드', 산 정상을 '목표노드'라고 하면 초기노드에서 목표노드로 가기까지 여러 경로가 있을 수 있습니다.

이 때 경험적 탐색이라고 하면 산을 한번 올라봤어야 하는 경험을 말하는 것이 아닙니다. 목표 노드가 있는 산의 모든 산길을 가보고 가장 걷기 쉽고 빠른길을 이미 탐색한 경험은 이미 답이 정해져 있는 경우입니다. 더 이상 산길이 만들어지지 않거나 케이블카카 생기지 않는한 '완벽한 알고리즘'으로 명명할 수 있습니다. 그러나 보통 산길은 만들기에 따라 새로 생기기도 하고 모든 산길을 간다는 것은 쉬운일이 아닙니다. 이 때 경험적 방법이라하면 정상까지의 눈대중을 말합니다. 어떤 때에는 정상보다 조금 멀어지기는 하지만 쉬운 길이 바로 눈에 보일 때가 있습니다. 정상까지의 바로 직선코스가 있지만 절벽으로 만들어진 경우도 있습니다. 이 때 절벽을 오르는 비용보다 돌아가는 비용이 더 낮다고 판단되면 해당 노드까지 가는 비용. 즉, 균일비용탐색은 돌아가는 것이 더 나은 경우입니다. 그리고 최적우선(언덕오르기) 탐색으로 보았을 때는 돌아가는 것이 정상에서는 더 멀어지므로 비용이 더 들어가는 방법이 됩니다. A* 알고리즘으로 이 둘을 함께 고려했을 때 절벽으로 가지 않는 것이 최적우선 비용은 더 들어가나 해당 노드까지의 균일비용은 훨씬 낮은 경우 A* 알고리즘은 절벽으로 가지 않게 됩니다.

정형화된 문제를 연구하는 알고리즘

보통 큰 병이 났을 때 그것을 치료해주는 의사가 뛰어난 의사라고 알고 있습니다. 그러나 정말 뛰어난 의사는 병이 큰 문제로 발전하지 않도록 미리 발견하고 예방하는 의사입니다. 그만큼 큰 비용도 줄일 수 있겠습니다. 문제란 목표와 현 상황과의 차이(gap)입니다. 문제를 발견하는 것이 알고리즘을 푸는데 가장 어려운 단계입니다. 그러나 정형화된 문제를 푸는데 다음의 문제를 정의하는 과정 중 [문제의 발견]을 할 필요가 없습니다.

  문제의 발견 → 문제의 정의 → 수식으로 변환 → 코드로 변환

코드로 변환하는 과정에서 [데이터 구조]가 많이 쓰이므로 프로그래밍에서 데이터 구조와 알고리즘은 항상 같이 말을 하게 됩니다.
 정형화된 문제를 연구하는 알고리즘의 경우 풀이 과정 중, [목표설정], [정보수집], [대안설정], [성능 테스트], [최적안 설정]을 할 필요가 없습니다. 목표는 문제를 푸는 것이며 문제 풀이 과정은 정형화 되어 있고 최적안은 보통 한가지 이기 때문입니다.

  목표설정 → 정보수집 → 대안설정 → 수식으로 변환 → 코드로 구현
  → 성능 테스트 → 최적안 선정

알고리즘을 잘한다는 것은?

On-Line Encyclopedia of Integer Sequences를 다루는 사이트가 있습니다.(http://oeisf.org) 다음과 같은 정수열을 다룹니다.

0, 1, 1, 2, 3, 5, 8, 13, 21, 34, 55, 89, 144, 233, 377, 610, 987, 1597, 2584, 4181, 6765, 10946, 17711, 28657, 46368, 75025, 121393, 196418, 317811, 514229, 832040, 1346269, 2178309, 3524578, 5702887, 9227465, 14930352, 24157817, 39088169

이 숫자에서

Fibonacci numbers: $F(n) = F(n-1) + F(n-2)$ with $F(0) = 0$ and $F(1) = 1$

이 수식을 뽑을 수 있다면 어떤 프로그래밍 언어로 구현하는지는 크게 중요치 않습니다.

일반적으로 말하는 프로그래밍 언어들은 모두 고급언어입니다. 기계어와 어셈블리어만이 저급언어입니다. 다른 언어는 거의 모두 고급 언어입니다. 고급 언어는 사람이 알아듣기 쉽게 만든 프로그래밍 언어를 말합니다. 문법 구조는 조금씩 다르지만 모두 같은 수식을 구현한다는 것은 충분히 알 수 있습니다. 교육용이 아닌 상업용으로 간다면, 언어별 장/단점을 모두 고려해야 하므로 중요합니다. 그러나 교육용 알고리즘 구현 단계에서 "수식으로 변환"하는 과정만을 이야기 하겠습니다. 수학, 물리학과 학생들이 수식을 잘 뽑아 냅니다. 이들을 프로그래머로 만들려면 코드로 변환하는 것만 가르쳐 주면 됩니다. 교육용 알고리즘을 구현할 때 if문 for문, 배열, 링크드 리스트, 큐, 트리, 문자 처리, 함수 쓰는 방법, 소트, 최단거리 알고리즘, 그리디 정도의 키워드를 알면 뽑아낸 수식에서 코드로 변환하기 위한 공부들을 인터넷을 통해 찾을 수 있습니다. if/for, 배열, 함수 쓰는 방법은 해당 키워드가 전부이지만 나머지는 응용한 것들이 많고 또 응용한 것이 새로운 학문이 되기도합니다.고급 알고리즘 설계 단계, 즉 중/상급 이상 문제를 해결하기 위한 프로그래밍 구현 단계로 넘어가면 논문을 검색하는 영역으로 들어갑니다. 논문은 전체를 이해하기에는 시간이 너무 걸립니다. 보통 해당 수식을 단순히 코드로만 구현해서 상품(제품)을 만듭니다. 제품이 성공하면 해당 부분에 대해서 깊게 공부하는 것이 상업용 알고리즘의 사이클입니다. 결국 상업적으로 성공해야 깊게 팔 수 있다는 뜻입니다. 기존에 관련한 이론이 있는 것은 아닙니다. 개발자로서의 경험적이고 현실적으로 말씀드렸습니다. 다년간의 멘토링 경험, 소프트웨어 인력양성 프로그램 담당자로서의 경험을 덧붙이자면, 대학생의 경우 원하는 기업 입사를 위해서 교육용 알고리즘 공부만 하는 것이 최근 기조입니다. 전체적인 흐름은 알고 공부를 하면 왜 공부해야 하는지 알기에 좀 더 고무적이게 됩니다. 알고리즘 시험을 보는가? 에 대한 답은 다음과 같습니다. 알고리즘 테스트는 프로그래밍은 문제를 푸는 것이고 알고리즘이라는 단어 자체에 문제를 푸는 과정이라는 뜻이 내포되어 있습니다. 문제를 해결해 가는 과정의 뜻을 내포하고 있습니다. 데이터 구조는 문제를 푸는데 중요한 도구이기 때문에 알고리즘 영역 안에 있습니다. 기업마다 원하는 알고리즘 카테고리가 다릅니다. 그러나 자료구조는 동일합니다. 알고리즘에 앞서 자료 구조를 먼저 보아야 하는 이유입니다. 인터넷에 있는 자료구조에 대한 설명을 찾는 기본적인 키워드는 다음과 같습니다. array, list, hashtable, map, heap입니다. heap 을 알려면 tree를 알아야 합니다. 소팅을 하다보면 heap 정렬도 있고, list search를 하다보면 quick sort(binary)랑 array(linear)를 씁니다. 그래프 서치에 tree가 또 들어갑니다. 작은 키워드 하나로 얽혀진 자료구조들을 인터넷에서 마음껏 서핑할 수 있습니다. 항공기에도 쓸 수 있는 RTOS 소프트웨어의 스케줄러도 간단한 array 와 sort, search 등을 기반하여 짜여 집니다. 난해하고 어려운 알고리즘만이 꼭 상업용 알고리즘이 되지는 않습니다.

   알고리즘을 잘한다는 것. 즉, 프로그래밍을 잘한다는 것은 교육용 알고리즘을 잘 짜는 것과 상업용 알고리즘을 잘 짜는 것. 나누어서 말할 수 있습니다. 또한 상업용 알고리즘을 잘짜는 프로그래머는 관련 도메인(특정영역) 지식도 깊다고 말할 수 있습니다. 구현상 버그를 해결하는 것도 상업용 알고리즘 영역에 포함되기 때문입니다. 이렇게 영역을 나누는 이유는 이렇게 만든 논리로 수학, 물리학과 학생이 프로그래밍 세계에 뛰어드는 것을 매우 적극적으로 지지하고 싶기 때문입니다. 또 우리가 서로에게 잘못된 평가 잣대를 대는 문화를 바꾸고 싶은 마음이기도 합니다. OLPP는 따져보면 하나의 철학과 같습니다. LINK가 가장 중요하다는 이유는 사실 객체를 정의하고 목적성을 따지는데에 LINK가 중요하기 때문입니다. 삶의 본질과도 일치합니다. 자신의 모습 또한 다른 사람이라는 거울로 비춰보는 것과 같습니다. 다른 사람과 연결되는 인터페이스가 필요한 이유를 생각 해보며 자신이라는 객체의 목적성을 다시금 정의하기도 합니다.

고등학교 수학 문제

3D나 물리엔진이 아닌 실무 프로그래밍에서 사용하는 수학은 고교 수학이 대부분입니다. 가끔 공업수학까지 이용해야 하는 경우도 있기는 합니다. 대학교의 수학과에서는 코딩없는 문제 풀이만 칠판을 4번 썼다가 지워야 하는 경우가 있는데, 그것을 실무 프로그래밍에 적용할 코드로 옮기기란 쉽지 않습니다. 또한 답이 맞지 않아도 풀이 과정이 괜찮다면 점수를 받을 수 있는 것과는 달리 조금의 오차가 있어도 시장에서 실패하는 것이 실무 프로그래밍의 세계입니다. 가정을 책임 지는 여러명의 수준급 엔지니어가 아무리 좋은 프로그램을 만들어도 사용 중간에 작은 실수로 앱이 다운이 된다면 한번 두번은 참을지 몰라도 일반적으로는 지우는 것이 사용자입니다. 프로그램 개발을 하다 기술의 원천인 수학이 좋아지면 다시 학교로 돌아 가기도 합니다. 그러나 일반적으로는 고등학교 수학에서 머뭅니다. 물론, 고교 수학이라고 해도 올림피아드 수준을 포함해서 말합니다. 두려움을 없애 드리고 싶어서 고교 수학이라고 정의합니다만, 월급을 받을 수 있는 개발자인 '실무 개발'에서도 다양한 경우가 있으니까요.

  자신감을 가지기 위해 "고등학교 수학"으로 프로그래밍 문제를 정의했다면, 고등학교 수학을 코드로 옮겨줄 API가 필요합니다. JAVA의 MATH API[40]들을 구성하는 종류의 이름은 알아야 인터넷 검색을 할 수 있습니다.

---

40 https://docs.oracle.com/javase/8/docs/api/java/lang/Math.html

절댓값을 구하는 [API]는 다양하게 [오버로딩]되어 있습니다. () 값을 인자 혹은 파라미터라고 부릅니다. 함수명은 똑같으면서 () 안의 형식(자료형)이 다르면 오버로딩이라고합니다. 인자(파라미터)의 개수가 다른 것도 다른 함수로 보시면 됩니다.

    abs(double a)
    abs(float a)
    abs(int a)
    abs(long a)

사인, 코사인, 아크 사인, 아크 탄젠트 等 기하, 삼각함수와 관련된 [메소드]도 있습니다.

    acos(double a)
    asin(double a)
    atan(double a)
    atan2(double y, double x)
    cos(double a)
    cosh(double x)
    sin(double a)
    sinh(double x)
    tanh(double x)
    copySign(double magnitude, double sign)
    copySign(float magnitude, float sign)
    tan(double a)

더 크거나 작은 값을 비교하는 [함수]도 다양한 [인자]를 받을 수 있습니다.

    max(double a, double b)
    max(float a, float b)
    max(int a, int b)
    max(long a, long b)
    min(double a, double b)
    min(float a, float b)
    min(int a, int b)
    min(long a, long b)

제곱, 세제곱, 그 이상의 제곱을 할 수 있는 [method]도 있습니다. [파라미터]는 double 형만을 받습니다.

    sqrt(double a)
    cbrt(double a)
    pow(double a, double b)

함수들의 [인자]가 대부분 double 형처럼 큰 이유는 컴퓨터에서 실수 표현은 정확하지 않기 때문입니다. 이에, 현재 값 다음의 실수 값을 알 수 있는 API도 제공 됩니다. direction은 더 큰값, 혹은 작은 값을 넣어 + 혹은 − 방향을 지정할 수 있습니다. ulp는 커지거나 작아지는 단위입니다. 보통은 +−0.0000001입니다.

    nextAfter(double start, double direction)
    nextAfter(float start, double direction)
    nextUp(double d)
    nextUp(float f)
    ulp(double d)
    ulp(float f)

반올림, 올림, 내림 [function]은 다음과 같습니다. round와 rint는 둘 다 반올림이지만 rint의 경우 수학에서 배운 것과 달리 중간값일 때 내립니다.

    round(double a)
    round(float a)
    rint(double a)
    ceil(double a)
    floor(double a)

로그 및 상용로그, 지수를 구하는 관련 [펑션]은 다음과 같습니다.

    log(double a)
    log10(double a)
    log1p(double x)
    getExponent(double d)
    getExponent(float f)

e^x를 계산사거나 e^x-1을 계산하는 [method]도 있습니다.

 exp(double a)
 expm1(double x)

라디안과 각도 변경도 가능합니다.

 toDegrees(double angrad)
 toRadians(double angdeg)

가장 빈번히 쓰는 랜덤함수는 [JAVA API references]에 다음과 같이 표기되어 있습니다.

 random()
 Returns a double value with a positive sign, greater than or equal to 0.0 and less than 1.0.

0과 1 사이의 double 형 값을 되돌려 준다고 되어 있습니다. API 레퍼런스는 모든 프로그래밍 언어가 지원합니다.

Java 8에서 지원되는 MATH 클래스의 API(메소드)는 여기까지입니다. 꼭 모든 함수(API)를 써야 하는 것은 아닙니다. 가령 두 점 사이를 구할 때

 hypot(double x, double y)
 Returns sqrt(x2 +y2) without intermediate overflow or underflow.

를 쓸 수 있겠지만 보통은 수식으로 계산해서 씁니다. 2차원, 혹은 3차원 계산을 해야 하기 때문에 x1, y1, x2, y2를 쓰는 경우가 많기 때문입니다. 또한 부호만 반환하는 함수의 경우에도

 signum(double d)
 Returns the signum function of the argument; zero if the argument is zero, 1.0 if the argument is greater than zero, -1.0 if the argument is less than zero.

 signum(float f)
 Returns the signum function of the argument; zero if the argument is zero, 1.0f if the argument is greater than zero, -1.0f if the argument is less than zero.

if(d>0) 혹은 if(d<0) 처럼 대체해서 쓰는 경우가 많고,

> scalb(double d, int scaleFactor)
> *Return d × 2scaleFactor rounded as if performed by a single correctly rounded floating-point multiply to a member of the double value set.*

> scalb(float f, int scaleFactor)
> *Return f × 2scaleFactor rounded as if performed by a single correctly rounded floating-point multiply to a member of the float value set.*

특정 숫자와 2의 scaleFactor 제곱을 계산해도 되겠지만 x = d * Math.pow(2, scaleFactor)와 같이 수식으로 정의해서 써도 됩니다. 속도가 중요하다면 API 레퍼런스에는 계산 속도가 나오지 않으니 따로 System.currentTimeMillis() 예제를 만들어서 체크해 봐야합니다.

IEEEremainder(double f1, double f2)
> *Computes the remainder operation on two arguments as prescribed by the IEEE 754 standard.*

는 % 와 비슷한 기능으로 잘 사용되지 않습니다. %의 경우 명확한 나머지 값이 나오는 반면 IEEE754의 경우 다른 값이 나옵니다. System.out.println(Math.IEEEremainder(12, 7)); 는 -2.0을 반환합니다. %로 계산했을 때는 몫이 1이니 나머지가 5가 되어야합니다. 몫이 1일 때는 7이기 때문에 나머지가 5가 됩니다. 몫이 2일때는 14가 됩니다. 이 값은 7보다 12에 더 가깝습니다. IEEEremainder 메소드는 피제수와 더 가까운 몫을 선택합니다. 그래서 2를 선택해서 14를 만들고 나머지는 초과해 버려 -2.0 값을 가지게 됩니다. 상황에 따라 쓰기도 하겠지만 고교 수학과 직관적으로 연결되는 부분도 아니며, 상황에 따라 따로 구현해서 써도 되는 API입니다.

디버깅

디버깅은 버그(프로그램 오류)를 잡는(해결하는) 행위입니다. 프로그래밍을 하면서 가장 많은 시간을 보내게 될 부분입니다. 아래 프로그램은 "버그"를 포함하고 있습니다. 한번 해결해 보시기 바랍니다.

```java
package debug;

public class Car {
    public String no;
    public int inTime;
    public int outTime;
    public int fee;

    public Car() {

    }

    public Car(String no, int inTime) {
        this.no = no;
        this.inTime = inTime;
    }
```

```java
        public Car(String no, int inTime, int outTime, int fee) {
            this.no = no;
            this.inTime = inTime;
            this.outTime = outTime;
            this.fee = fee;
            public void calculateFee() {
                this.fee = (this.outTime - this.inTime) * 1000;
            }
        }
        public void print(){
            System.out.println("********************");
            System.out.println("차량번호 : "+ this.no);
            System.out.println("입차시간 : "+ this.inTime );
            System.out.println("출차시간 : "+ this.outTime);
            System.out.println("주차요금 : "+ this.fee);
            System.out.println("********************");
        }
        public void setData(String no, int inTime, int outTime, int fee){
            this.no = no;
            this.inTime = inTime;
            this.outTime = outTime;
            this.fee = fee;
        }



        public String getNo() {
            return no;
        }

        public void setNo(String no) {
            this.no = no;
        }
```

```java
    public int getInTime() {
        return inTime;
    }

    public void setInTime(int inTime) {
        this.inTime = inTime;
    }

    public int getOutTime() {
        return outTime;
    }

    public void setOutTime(int outTime) {
        this.outTime = outTime;
    }

    public int getFee() {
        return fee;
    }

    public void setFee(int fee) {
        this.fee = fee;
    }
}
```

```java
package debug;

public class CarParkingManager {
    private Car[] carArray;

    public CarParkingManager() {
        carArray = new Car[30];
    }
```

```java
    public CarParkingManager(int no) {
        if (no <= 0) {
            carArray = new Car[30];
        } else {
            carArray = new Car[no];
        }
    }

    public Car[] getCarArray() {
        return this.carArray;
    }

    // 차를 줄테니 입차시켜주세요.
    public void addCar(Car c) {
        for (int i = 0; i < carArray.length; i++) {
            if (carArray[i] == null) {
                // 번호중복체크
                carArray[i] = c;
                break;
            }
        }
    }

    // 총 주차대수를 반환해주세요

    public int getCount() {
        int tot = 0;
        for (int i = 0; i < carArray.length; i++) {
            if (carArray[i] != null) {
                tot++;
            }
        }
        return tot;
    }
```

```java
// 현재 차량의 15시 현재 총 주차 요금 반환해주세요.
public int getTotFee(int currentTime) {
    int fee = 0;
    for (int i = 0; i < carArray.length; i++) {
        if (carArray[i] != null) {
            fee = fee + ((currentTime - carArray[i].getInTime()) * 1000);
        }
    }

    return fee;
}

// 특정시간 이후 입차된 차들 찾아서 반환해주세요.
public Car[] findByInTime(int inTime) {
    Car[] car = new Car[30];

    for (int i = 0; i < carArray.length; i++) {
        if ((carArray[i] != null) && (carArray[i].getInTime() >= inTime)) {
            for (int j = 0; j < car.length; j++) {
                if (car[j] == null) {
                    car[i] = carArray[i];
                    break;
                }

            }
        }
    }
    return car;
}

// 차량번호로 차 찾아서 반환해주세요.
public Car findByNo(String no) {
    Car name = new Car();
    for (int i = 0; i < carArray.length; i++) {
        if (carArray[i].getNo().equals(no)) {
```

```java
                name = carArray[i];
                break;
            }
        }
        return name;
    }

    // 번호로 출차시켜주시고 메시지를 주세요.
    public String chulCha(String no, int outTime) {
        for (int i = 0; i < carArray.length; i++) {
            if (carArray[i].getNo().equals(no)) {
                carArray[i].setOutTime(outTime);
            }
        }
        return no + "번 차량이" + outTime + "시간으로 출차되었습니다";
    }
}
```

```java
package debug;

public class CarParkingMain {

    public static void main(String[] args) {
        CarParkingManager carManager = new CarParkingManager();

        // 차를 줄테니 입차시켜주세요.
        System.out.println("1 입차 --------------");
        Car car1 = new Car("1111", 4);
        Car car2 = new Car("2222", 5);
        Car car3 = new Car("3333", 7);
        Car car4 = new Car("4444", 8);
        Car car5 = new Car("5555", 11);
        Car car6 = new Car("6666", 10);
```

```
        carManager.addCar(car1);
        carManager.addCar(car2);
        carManager.addCar(car3);
        carManager.addCar(car4);
        carManager.addCar(car5);
        carManager.addCar(car6);

        // 총 주차 대수를 반환해 주세요.

        int tot = carManager.getCount();
        System.out.println("2 총주차대수 :" + tot);

        // 현재 차량의 15시 현재 총주차 요금 반환해주세요.

        int grandTot = carManager.getTotFee(15);
        System.out.println("15시 현재 총 주차 요금 :" + grandTot);

        // 입차시간으로 차들 찾아서 반환해주세요
        Car[] findByInTime = carManager.findByInTime(8);
        System.out.println(findByInTime);

        // 차량번호로 차 찾아서 반환해주세요.
        Car findByNo = carManager.findByNo("5555");
        findByNo.print();

        // 번호로 출차시켜주세요.
        String chulCha = carManager.chulCha("4444", 12);
        System.out.println(chulCha);

    }

}
```

디버깅 과정중에 가장 빈번히 접하게 될 버그는 resource leak 관련 버그입니다.
out of bound, buffer overflow나 null pointer exception, out of memory 와 같은 것은 모두

resource leak에 속합니다. 프로그램의 버그를 고치는 행위를 bug fix라고 합니다. 위의 프로그램은 if(carArray[i] ==null) return ""; 으로 bug fix할 수 있겠지만, 이 경우 땜빵(?)으로 표현할 수 밖에 없습니다. 중요한 것은 배열의 index를 벗어나지 않게 하는 것입니다. 실 자료를 넣을 때 count 값을 두는 방법, 해당 객체에 실 자료를 for 문 돌아 실 계산해서 반환하는 메소드 추가 등 많은 방법이 있습니다. 이 방법들 중 가장 빠르고 메모리를 적게 차지하는 즉, 시간 복잡도와 공간 복잡도의 효율이 가장 좋은 방법(알고리즘)을 선택하는 것이 프로그래머의 몫입니다.

객체지향 알고리즘

앞선 예제에서 알고리즘을 수정할 수 있겠지만 그렇게 수정한다고 해서 객체지향 프로그래밍은 아닙니다. 일반적인 객체 지향 프로그래밍은 멤버변수가 private으로 선언되어야 합니다. 자기 자신을 객체로 표현할 때 '눈', '코', '입' 等이 상태가 됩니다. 이 '눈', '코', '입' 을 public으로 선언하면 다른 사람이 아무렇게나 수정할 수 있는 것입니다. 그래서 setting/getter를 둡니다. set코수정() 메소드에는 적어도 상대방이 의사 면허가 있는지, 코 수술 경험이 많은지 等을 검사하는 구문이 들어가야 합니다. 해당 setter를 만드는 것이 알고리즘을 만드는 것입니다. 일반적으로 알고리즘은 메소드 혹은 펑션(function), 함수 단위입니다. 반면, 일반 알고리즘의 아닌 객체지향 알고리즘은 알고리즘 대회에서 배울 수 없는 각 함수간의 설계 지식을 말합니다. 이는 디자인 패턴을 공부하거나 혼자 만들기 힘든 규모의 프레임웍, 운영체제와 같이 거대한 프로그램을 다뤄봐야 할 수 있습니다. 가장 중요한 것은 객체를 보는 단위입니다. 도메인 지식없이는 어디서 어디까지를 하나의 객체로 봐야 할지 알지 못합니다. 눈,코,입 등이 얼굴에 있고, 팔, 다리가 몸에 있다고 하면 얼굴과 몸이 합쳐서 하나의 객체가 된다는 사실을 알아야 하는데 문제 풀이만 해서는 해당 객체들을 유기적으로 작동하도록 설계할 수 없기 때문입니다. 객체지향 알고리즘을 생각 할 수 있는 단계로 가는데에는 시간이 걸립니다. 기초 알고리즘 공부, 운영체제와 같은 거대 프레임웍을 다루는 실전경험, 다른 분야에도 적용 가능하도록 특정 도메인 지식과 하나의 프로그래밍 언어에 정통해야 할 수 있습니다. 단순히 시간만 따져보면 8년 이상의 개발자 경험이 필요합니다. 객체지향 알고리즘은 이기종 간의 프레임웍을 이해하고 짜야 합니다. 파일로 산출물을 교환할 수 도 있고 간단한 소켓 통신이나 SOAP, REST를 이용할 수도 있겠습니다. 랜카드를 이용하여 여러대의 컴퓨터를 연결하여 만든 오래 전 클러스터 컴퓨터도 객체지향 알고리즘의 한 방법이겠습니다. 그 외에서 함수 한 단위의 알고리즘이 아닌 여러 함수의 유기적인 결합을 고려하여 성능을 높히고 비용은 줄여서 원하는 목표에 이르는 것이 모두 객체지향 알고리즘의 한 종류입니다. OpenSource와 NDK도 객체지향 알고리즘을 구현하는 도구 중 하나입니다.

Chapter 5.

STRAPLINE

Indirection

기본개념

포인터 연산자

다중 포인터

배열

배열 포인터

포인터 배열

동적 할당

함수

함수 포인터

모든 프로그래밍
언어에 있는 포인터
Programming pointer

Indirection[41]

컴퓨터 과학 분야에서는 indirection level(간접 접근 레벨)이 추가했을 때 풀리지 않는 문제는 없다고 했습니다. indirection 기법은 직접 지정하지 않고 간접 지정하는 방법으로 집 주소를 지정하는 우체국 사서함, 우리 자신을 말하는 개개인의 이름, 평화의 상징인 노벨 평화상 등 간접적으로 지정하는 모든 것을 말합니다. 그리고 indirection의 가장 근본적인 개념은 바로 포인터입니다. 포인터가 없다고 하는 JAVA에도 포인터가 있습니다. 바로 인스턴스 변수라고 불리는 것입니다. 컴퓨터가 CPU와 메모리로 이루어져 있기에 메모리의 특정 영역을 가리키는 포인터는 존재하지 않을 수 없습니다. 단지 바뀐 이름으로 또는, 다르게 추상화[42]된 모습으로 존재합니다. C 언어는 모든 언어의 아버지 언어라고 해도 과언이 아닙니다. C를 만든 데니스 리치 & 브라이언 커니핸의 대표적인 저서로는 "The C programming language"가 있는데, 이 책의 차례에서만 해도 "pointer"가 10번 이상 언급됩니다.

그만큼 포인터는 중요한 개념이며, 다른 모든 언어를 이해할 때도 포인터가 가장 기초적인 개념으로 자리 잡고 있습니다. 심지어 이기종 언어인 JAVA도 해당 개념으로 이해할 수 있습니다. 포인터에 대한 기본 개념을 알기 전에, 컴퓨터에서 프로그램이 동작하는 방식에 대해서 잠깐 짚고 넘어가겠습니다. 프로그램을 실행하기 위해 실행 파일을 열면 먼저 프로그램의 실행 코드와 데이터들이 메인 메모리에 복사됩니다. 중앙처리장치(CPU)가 이 코드와 데이터들을 메인 메모리 상에 적재된 명령어와 데이터를 레지스터(register) 내에서 고속으로 연산해, 최종 결과를 출력 장치로 내보냅니다. 프로그램이 종료되기까지 중앙 처리 장치는 변경되는 값(data)을 다시 메인 메모리에 보내고 읽어오기를 반복합니다.

여기까지 설명된 내용을 요리 과정에 대입하면 더욱 이해하기 쉽습니다. 음식을 만들기 위해 필요

---

41 https://en.wikipedia.org/wiki/David_Wheeler_(British_computer_scientist)
42 10장에서 설명합니다.

한 재료들을 냉장고에 넣고, 요리를 하기 위해서 조리대에 올려서 칼질을 합니다. 이때 냉장고는 메모리가 되는 것이고 요리사는 CPU, 조리대는 레지스터와 같은 역할을 수행합니다. 냉장고에서 양배추 한통을 꺼내서 반을 잘라 쓰고 나머지는 다시 냉장고에 넣습니다. 즉 냉장고 안에 남은 반 쪽짜리 양배추가 '변경된 값'인 것입니다. 이렇게 바뀐 데이터가 다시 메모리에 저장되었습니다.

냉장고가 메모리라고 할 때, 냉장고 안의 재료들이 있는 위치는 메모리의 주소라고 할 수 있습니다. 이 주소를 가리키는 것이 포인터입니다. 때문에 포인터를 이용하면 여러 장점이 생겨납니다. 포인터의 대표적인 장점은 메모리를 효율적으로 사용할 수 있다는 것입니다. 가령 1000페이지짜리 보고서의 내용을 수정해야 한다고 가정해봅시다. 수정하고자 하는 보고서의 페이지 번호만 안다면 전문을 통째로 읽어보지 않아도, 해당 페이지로 이동해 수정할 수 있게 됩니다. 포인터에 대해서 조금 더 자세히 파악해 봅시다.

　포인터 실습을 위해서 앞서 설치했던 Visual Studio 사용법을 알아보겠습니다. 설치 과정에서 계정 등록을 하지 않았다면 간단하게 이메일과 비밀번호를 지정해서 등록을 하실 수 있습니다. 등록한 계정으로 로그인을 하게 되면 다음과 같은 화면이 나옵니다.
여기서 좌측 상단에 있는 '새 프로젝트'를 클릭하겠습니다.

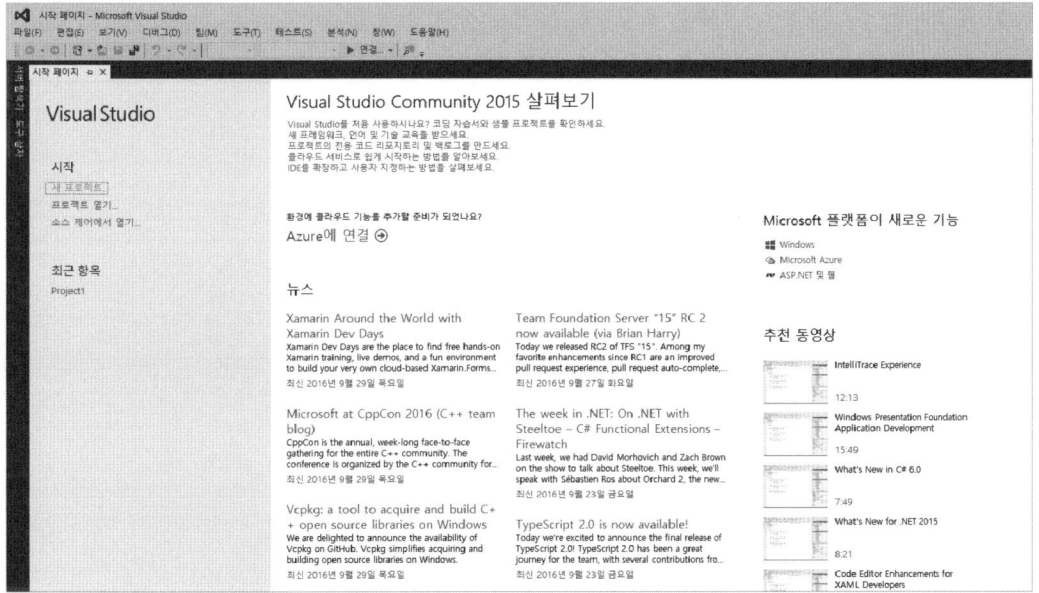

'새 프로젝트'를 클릭하게 되면 다음과 같은 창이 뜹니다.
여기서 'Visual C ++'을 선택하고 'win32 콘솔 응용 프로그램'을 선택하신 후 프로젝트의 이름을 적으면 됩니다.
저는 Practice라고 프로젝트 이름을 정했습니다.

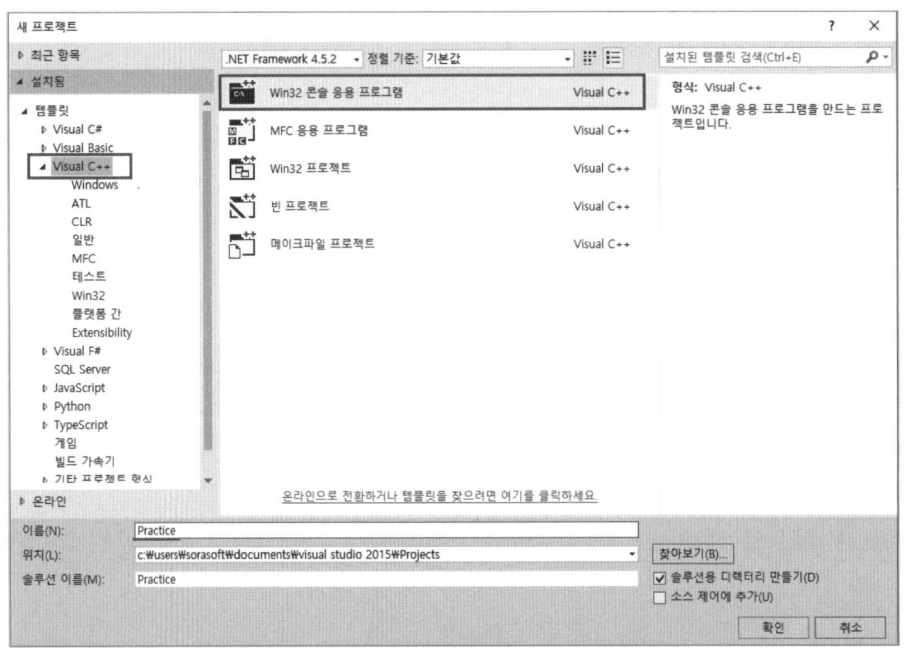

확인 버튼을 누르시면 win32 응용 프로그램 마법사 창이 뜨게 됩니다.
다음 버튼을 눌러서 응용 프로그램 설정으로 넘어가겠습니다.

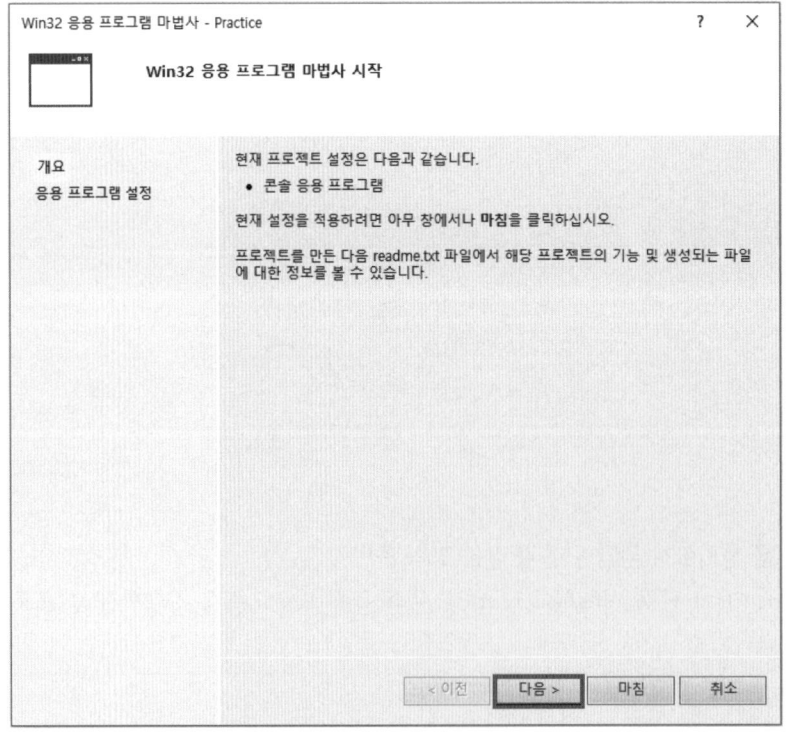

다음과 같이 콘솔 응용프로그램과 추가옵션에 선택된 것을 확인하시고 마침 버튼을 누르시면 됩니다.

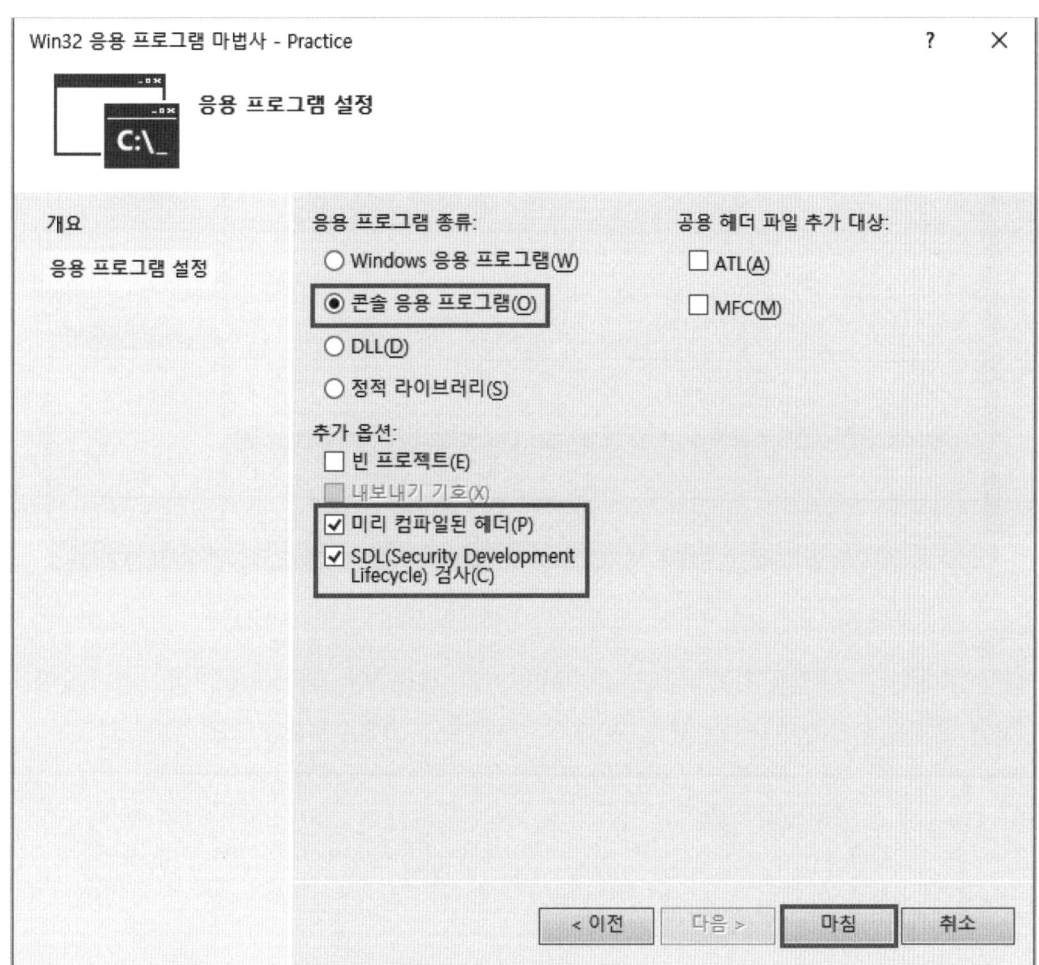

설정이 끝난 후 코딩을 시작할 수 있는 상태가 되었습니다.
맨 위에 //표시는 주석을 뜻하는 표시입니다. '//' 뒤에 있는 글자는 모두 주석으로 처리가 되며 프로그램이 실행되는데 아무런 영향을 주지 않습니다. 주석은 프로그램에 있어서 구현 부분에 대한 설명이나 생각을 적는 등 아주 중요하기 때문에 잘 이용하면 크게 도움이 됩니다.

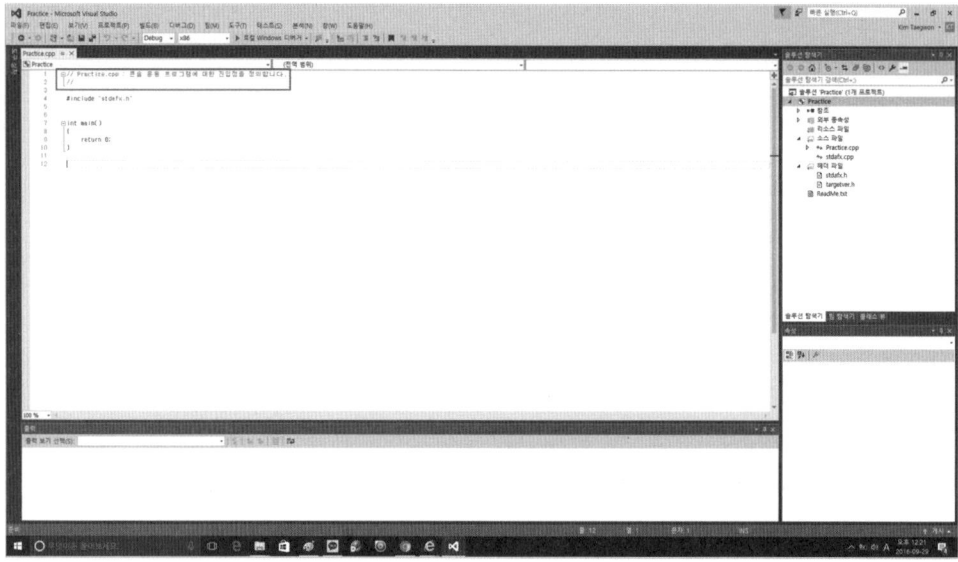

앞에서 배웠던 헤더파일을 가져오는 [include]명령어가 있습니다. [include]아래 부분이 우리가 코딩할 영역 입니다. 아래 그림과 같이 main() 아래 괄호{} 안에 소스를 코딩할 것입니다.

```
7   int main( )
8   {
9       //이곳에 소스를 코딩 합니다.
10      return 0;
11  }
```

작성이 완료된 소스는 컴파일과 링크 과정을 거쳐 실행파일을 만들어내는 빌드의 과정을 수행해야 실행할 수 있습니다. 순서대로 실습을 해봅시다.

① [빌드] → [컴파일] 또는 Ctrl + F7을 통해 컴파일을 수행합니다.

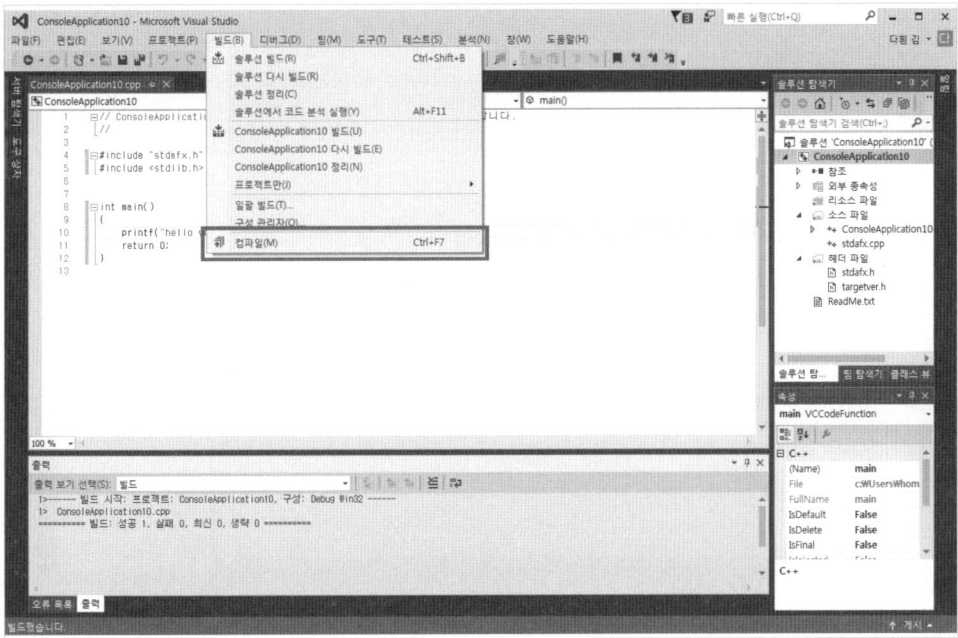

② [빌드] → [솔루션 빌드]를 통해 빌드를 수행합니다.

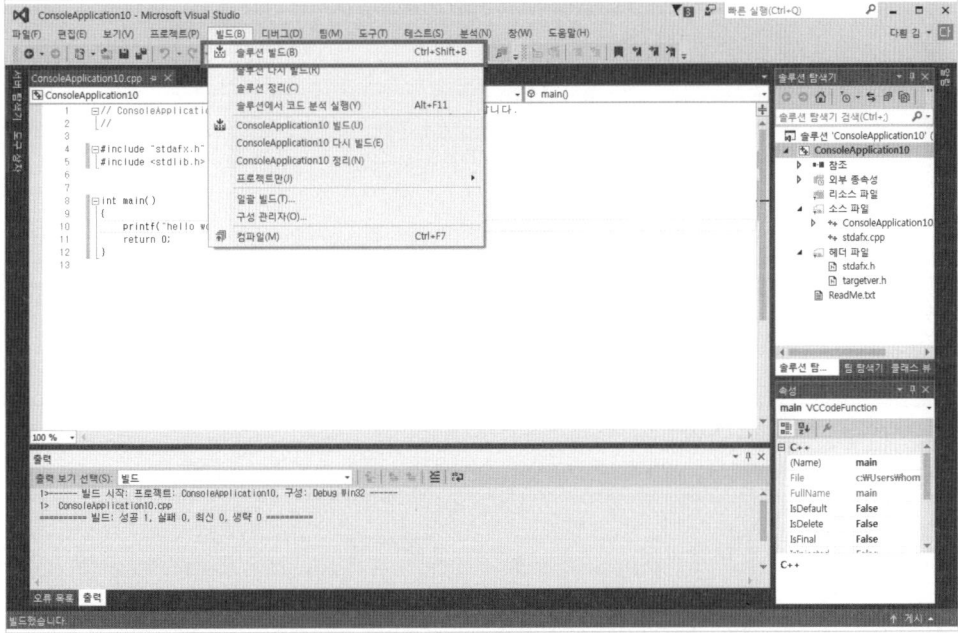

③ 이제 [디버그] → [디버그하지 않고 시작] 또는 Ctrl + F5를 통해 소스를 실행시킬 수 있습니다.

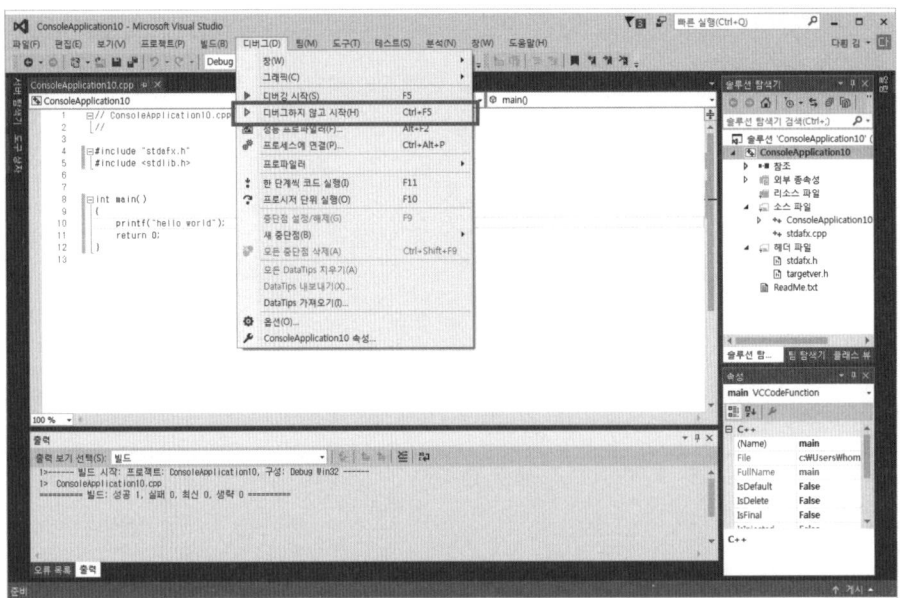

④ [예]를 누르면 실행됩니다.

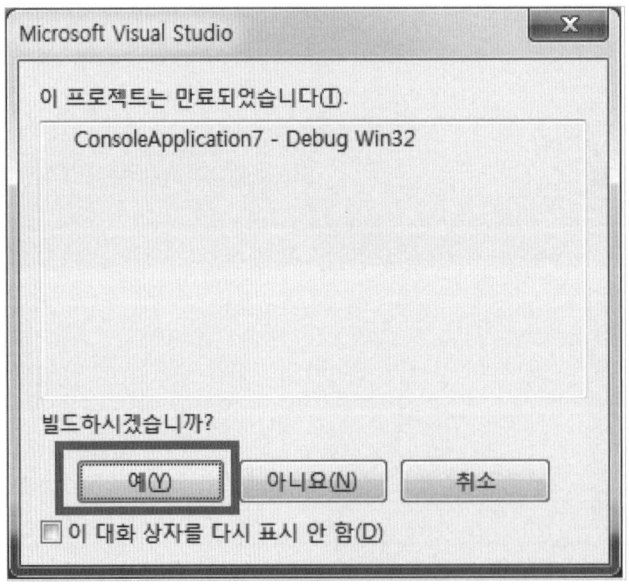

[실행 결과]

Hello World계속하려면 아무 키나 누르십시오 . . .

기본개념

포인터를 만드는 키워드는 * (Asterisk, 애스터리스크) 입니다. point는 "가리키다"라는 뜻이며, pointer는 "가리키는 것"이라는 의미가 있습니다. 포인터의 가장 명확한 정의는 "메모리의 특정 주소를 가리키는 것" 입니다. [주소]를 가리키는 포인터의 성질을 아파트의 [주소]에 비유하기도 합니다.

> 아파트의 주소를
> 수원시 영통구 영통로 154번길 자바아파트 108동 1004호
> 의 식으로 표현하는 것과 같이

> 메모리 주소의 경우
> 0xb000001
> 로 표현합니다.

포인터와 아파트 주소에는 각기 다른 점이 있습니다. 아파트 주소에는 평수가 나오지 않지만 포인터의 경우 크기를 고려해야 합니다. 그리고 포인터 변수의 크기는 우편번호와 같이 고정 길이로 되어 있습니다. 아래의 소스를 코딩해서 실행시켜 보겠습니다.

```
#include "stdafx.h"

int main()
{
    printf("%d %d\n"[43], sizeof[44](char), sizeof(char*));
    printf("%d %d\n", sizeof(short), sizeof(short*));
    printf("%d %d\n", sizeof(int), sizeof(int*));
    printf("%d %d\n", sizeof(long), sizeof(long*));
    printf("%d %d\n", sizeof(float), sizeof(float*));
    printf("%d %d\n\n", sizeof(double), sizeof(double*));
    return 0;
}
```

실행 결과가 다음과 같이 나옵니다.

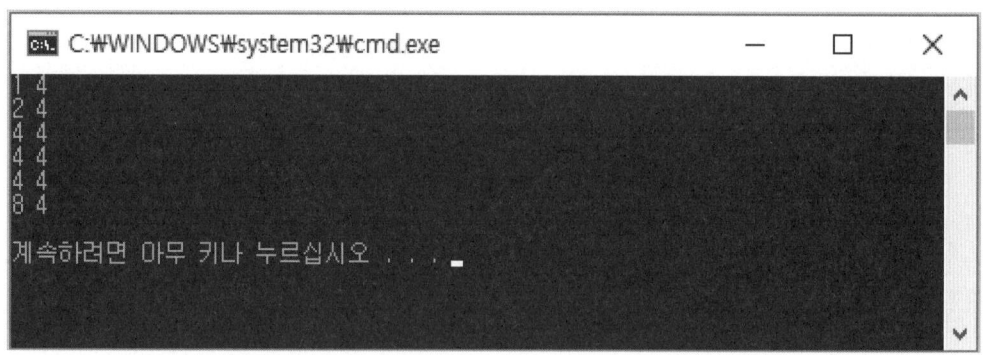

각각의 프리미티브 타입 변수의 크기는 1, 2, 4, 8byte로 다양하지만 주소를 가리키고 있는 각각의 포인터의 크기는 4byte로 모두 동일한 것을 볼 수 있습니다.
백설표 설탕 마크(*)가 붙은 모든 변수는 32bit로 컴파일 했을 때는 4byte, 64bit로 컴파일 했을 때는 8byte입니다. 해당 변수는 특정값을 말하는 것이 아닌 메모리 주소값을 말하기 때문입니다. 프리미티브 변수[45]의 경우 변수 자체가 값을 의미합니다.

---

43 \n 개행
44 크기를 반환하는 함수
45 Primitive type 모든 프로그래밍 언어에서 지원하는 자료형입니다. (char, short, int, long, float, double)

```
int s = 88;
int *o = &s;
printf("1. 변수s의 값 : %d\n", s);
printf("2. 변수s의 메모리 주소값 : %x\n", o);
printf("3. 변수s의 메모리 주소값 : %x\n", &s);
printf("4. 포인터 변수o의 메모리 주소값 : %x\n", &o);
printf("5. 포인터 변수o가 가리키는 메모리주소에 실제 저장되어있는 값 : %d\n", *o);
```

```
1. 변수s의 값 : 88
2. 변수s의 메모리 주소값 : 41fc9c
3. 변수s의 메모리 주소값 : 41fc9c
4. 포인터 변수o의 메모리 주소값 : 41fc90
5. 포인터 변수o가 가리키는 메모리주소에 실제 저장되어있는 값 : 88
계속하려면 아무 키나 누르십시오 . . .
```

포인터 변수 o 가 변수 s 의 메모리 주소 값을 담고 있습니다. 즉 88=s=*o 로 s의 값은 *o값과 같고 그값은 88입니다. &s = o 입니다. &o[46] 의 경우 포인터 변수 o 자체의 주소를 말합니다. 주소 공간의 크기는 32비트 컴퓨터라면 4byte, 64비트 컴퓨터라면 8byte를 차지하고 있습니다. 8비트 프로세스는 8비트의 주소 공간을 이용할 수 있습니다. 그러나 8비트씩 2번 묶어서 주소 공간을 읽는다고 하면 16비트 주소 공간에도 접근은 가능합니다. 이것은 8비트 프로세서에서 실재로 사용하던 기법이었습니다. 정상적인 방법을 사용한다면 16비트 프로세스를 사용하여 16비트 주소공간에 접근하는 것이 옳은 방법입니다. 8비트 프로세서지만, 주소 공간 표현 방법을 2개가 아닌, 4개를 묶어 32비트 주소공간에 접속을 할 수 있도록 한다면 8비트 프로세서라고 부르기가 애매합니다.

이와 더불어 속도 저하 및 해당 프로세서가 수행해야할 목적성 때문에 일반적으로 비트수를 맞추는 것입니다. 8비트 프로세서에 4GB 메모리를 사용한다고 해서 윈도우를 돌릴 수 있지는 않기 때문입니다. 인텔 i3 프로세서도 느리다고 하시는 분들이 i7 프로세서로 바꾸는 것도 같은 이유입니다. 그래서 주소 공간의 크기는 꼭 컴퓨터 하드웨어가 64비트를 지원해야 합니다. 그래서 32비트 윈도우즈를 설치한 컴퓨터에 32GB 메모리를 달아도 4GB 밖에 인식하지 못하는 것입니다. 이렇듯 우리가 사용하는 운영체제 역시 64비트를 지원해야 64비트 메모리 주소 공간을 참조할 수 있습니다. 우편번호가 만약 3자리 이면, 000~999개 밖에 사용할 수 없도록 한다면 1000이라는 주소를 참조할 수 없는 것과 같습니다. 우리가 사용하는 응용 프로그램(메모장, 웹 브라우저, 게임 等)이 메모리를 제어하는 것이 아니라 운영체제가 메모리에 값을 저장하고 불러오는 역할을 수행하기 때문입니다. 모든 프로그램은 메모리에서 실행이 되기 때문에, 포인터는 이름 그대

---

46 변수 앞에 & 연산자를 붙이게 되면 해당 변수의 주소 값이 반환 됩니다.

로 메모리의 모든 공간을 가리킬 수 있습니다. 다만 포인터가 얼마 만큼의 공간을 가리키는지 정해 줄 필요가 있습니다. int 형의 경우 int 형 포인터로 선언해서 같은 공간을 가리킬 수 있습니다. char 형의 경우 char 형 포인터 변수를 이용해 공간을 가리키면 됩니다. int와 long 형 모두 4byte 이므로 int형을 long형 포인터로 가리켜도 관계 없습니다. 앞서 말했듯이 아파트 주소와는 다르게 변수의 크기를 함께 기재해 줘야 합니다. 아파트 주소를 예시로 든다면

int *s; 의 경우 *s 부분만 아파트 주소를 말합니다.
수원시 영통구 영통로 154번길 자바아파트 108동 1004호 (24평)
처럼 평수를 기입하는 것이 바로 *s의 앞부분 int 부분 입니다.

이처럼 크기를 나타내기 위해 프리미티브 타입 변수를 사용하는 이유는 메모리의 개념이 연속적인 것이라서 특정 부분까지 읽기 위해서 입니다. 예를 들어, "아버지가방에"가 다음과 같이 메모리의 연속적 공간에 적재된다고 해봅시다.

|아|버|지|가|방|에|

3글자를 읽으면 '아버지'가 되고
5글자를 읽으면 '아버지가방'이 되고
6글자를 읽으면 '아버지가방에'가 됩니다.

포인터가 가리키는 곳에서 읽는 크기에 따라서 얻을 수 있는 값이 달라진다는 뜻입니다.

포인터 연산자

포인터 관련 연산자는 단 두 가지 입니다. &의 경우 주소값을 말하며, *의 경우 값을 말합니다. 둘은 정반대의 개념입니다. 그래서 *& 와 같이 쌍으로 적었을 때는 두 연산자가 상쇄됩니다. 특정 값의 주소에 있는 값을 말하기 때문에 재귀적 용어가 됩니다. 예제로 확인해 보겠습니다. 이는 *&*&... 를 제외하고 단순히 s를 적어준 것과 같습니다.

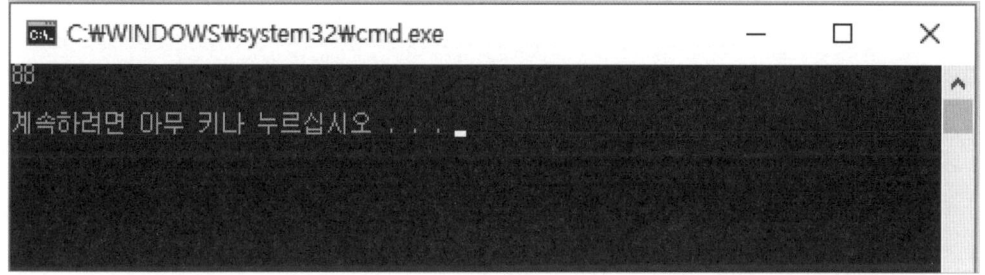

그림에서 보듯이 printf 안에 있는 *&...s 는 모두 상쇄되어 단순히 s를 적어 준 것과 같습니다.

리틀 엔디안, 빅 엔디안

CPU가 갖는 바이트 오더로는 빅 엔디안과 리틀 엔디안이 있습니다.
CPU는 무조건 둘 중 하나의 바이트 오더를 가집니다. 옵션으로 선택을 할 수 도 있고, 처음부터 고정되어서 나오기도 합니다. 여기서 unit(단위)이 byte 단위라는 것이 가장 중요합니다. int 형 4byte(혹은 8byte)수를 char 형(1byte) 포인터 변수로 읽는다면 앞 부분 혹은 뒷부분의 일부분 밖에 읽을 수 없습니다. 앞부분/뒷부분의 방식은 CPU의 endian 방식에 따라 달라집니다. 빅 엔디안의 경우 상위 바이트부터 순차적으로 저장을 하고, 리틀 엔디안의 경우 그 반대로 하위 바이트부터 순차적으로 저장을 합니다.

아래의 소스를 실행해보면 44가 남습니다.

```
int n = 0x11223344;
printf("%x\n", (char)n);
```

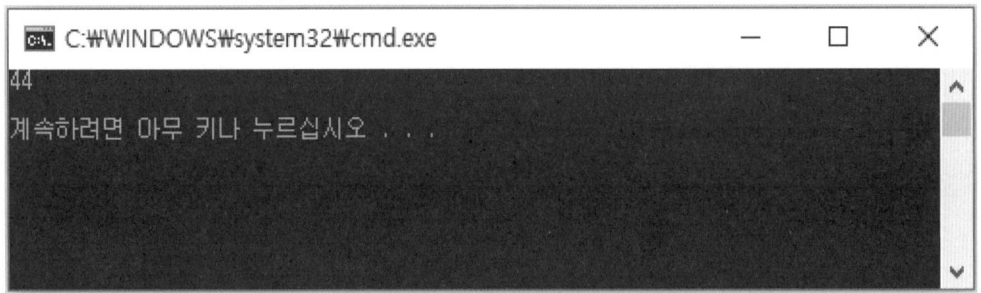

데스크톱 컴퓨터에서 가장 많이 쓰는 Intel CPU의 경우 리틀 엔디안 입니다. 0x 로 시작하는 16진수에서 각각의 숫자(문자)는 4비트로 표현할 수 있습니다. 8비트가 1바이트니 "44"라는 2개의 숫자가 나오는 것입니다. (Char 자료형[47]의 크기가 1바이트)

포인터 변수의 경우 메모리의 주소 값을 가지고 있는 특수 목적 변수입니다.

```
int s = 88;
int *p = &s;
```

p의 경우 가리키는 곳(s)의 주소값을, &p의 경우 포인터 변수 자체의 주소값을 그리고 *p의 경우 가리키는 곳의 주소값의 실제 값(88)을 가리킵니다.

---

47 자료의 종류(type)을 말합니다. 정수, 실수, 문자형식, 사용자가 정의한 타입 등이 있습니다. 추상자료형은 자료형을 사용하는 프로그래머가 임의대로 정의한 타입의 자료형을 말합니다. 모든 형태가 가능하나 가공하고자 하는 자료를 논리적으로 잘 표현하여 현실 세계의 상태묘사를 잘 할 수 있도록 만드는 것이 중요합니다.

다중 포인터

주소값을 대입할 때에는 다음과 같이 포인터 변수에 다시 포인터 변수를 대입하여 나타낼 수 있습니다.

```
int s = 88;
int *o, **o2o, ***o2o2o, ****o2o2o2o, *****o2o2o2o2o, ******o2o2o2o2o2o;
o = &s;
o2o = &o;
o2o2o = &o2o;
o2o2o2o = &o2o2o;
o2o2o2o2o = &o2o2o2o;
o2o2o2o2o2o = &o2o2o2o2o;
printf("%d\n\n", ******o2o2o2o2o2o);
```

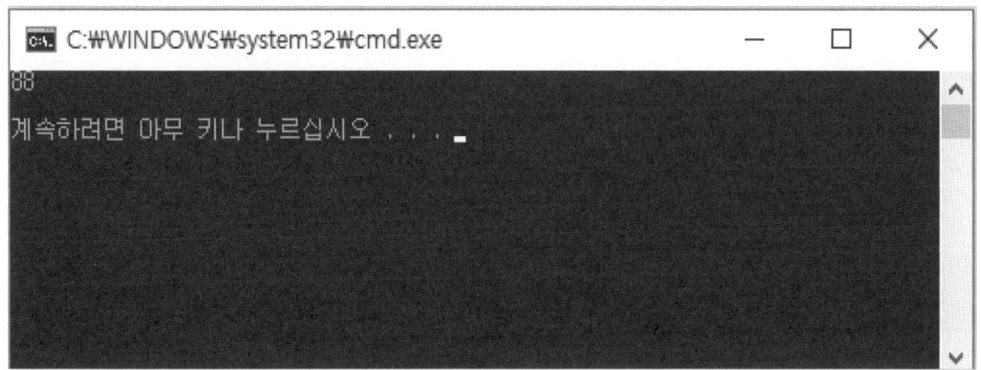

배열

```
int s1, s2, s3, s4;
```

어떤 값을 담기 위해서 만든 변수입니다. 비슷한 형태라 s1, s2 …, sn 처럼 연속된 숫자를 붙일 수 있습니다. 이런 경우 번거롭기도 하고 뒤에 붙는 숫자를 index로 쓸 수 없을까 하여 나온 것이 바로 '배열'입니다.

배열 선언 방법은 간단합니다.

```
int s[10] = {1, 2, 3, 4, 5, 6, 7, 8, 9, 10};
```

이렇게 원하는 크기의 공간만큼 숫자를 써서 선언하면 됩니다. 배열로 우리 주변의 상태묘사를 한 예는 쉽게 찾아 볼 수 있습니다. 아파트를 구성하는 하나하나의 집, 버스 정류장에 쭉 늘어서 있는 사람 모두 하나로 구성되어 있지 않습니다. 상태묘사할 때 모두 배열로 단순화 하여 표현할 수 있습니다.

자바아파트 101동은 총 3개층이며, 각층마다 2가구가 거주하고 있습니다.

301호(3)	302호(4)
201호(1)	202호(2)
101호(4)	102호(5)

〈자바아파트 101동〉

괄호안의 숫자는 구성원(가족)의 수를 나타내며, 302호에는 4명이 살고 있습니다.
각 호수의 가족의 수는 아래와 같이 배열로 표현할 수 있습니다.

> int 자바아파트101동[3][2] = { {4, 5}, {1, 2}, {3, 4} };

자바아파트101동[3][2] 에서 '3' 은 총 3개층, '2' 는 각층에 2가구를 의미 합니다.
배열에서 202호의 가족의 수를 알고자 한다면,

> printf("202호 구성원 수 : %d\n", 자바아파트101동[1][1]);

202호 이므로 자바아파트101동[2][2] 로 생각할 수 있겠지만, 배열의 값에 접근할때는 첨자(인덱스)가 '0' 부터 시작하므로 자바아파트101동[1][1] 이 됩니다.

101호일 경우 자바아파트[0][0]이 됩니다.

배열 포인터

```
int s[3][6] = { 0, 1, 2, 3, 4, 5, 6, 7, 8, 9, 10, 11, 12, 13, 14, 15, 16, 17 };
int (*o)[6] = s;
printf("%d\n\n", o[1][1]);
```

s는 배열입니다. []는 *와 같습니다. [][]가 두개 있으니 s는 이중 포인터로 볼 수 있습니다. 실제 s라는 배열을 담는 변수는 해당 배열의 가장 첫번째 주소인 [0][0]의 주소를 담고 있습니다. s가 배열의 첫번째 주소를 뜻하므로 o라는 배열 포인터에 대입(=) 했을 때 해당 주소가 넘어(대입)갑니다.

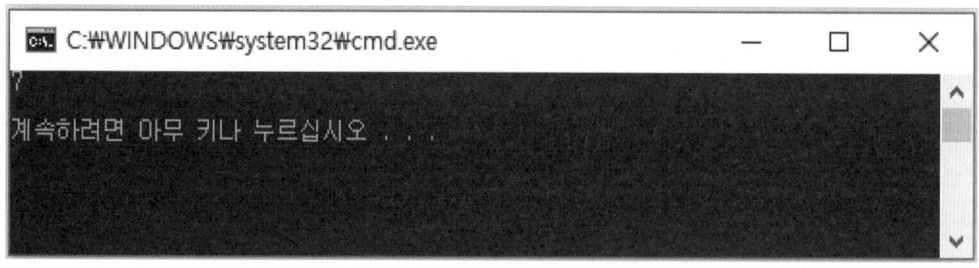

배열 포인터라는 단어는 "배열"과 "포인터"의 결합으로 이루어져 있습니다. 배열과 포인터를 해석할 때에는 뒤에 오는 단어만 보면 됩니다. 배열 포인터는 "포인터" 입니다. 만약, 배열에 포인터에 포인터에 배열에 포인터의 배열이라고 하면… 가장 뒤에 "배열"이 있으니 "배열" 입니다.

배열 포인터는 배열을 가리키는 포인터 입니다. 가리킬 때 "아파트 평수"를 같이 말해줘야 합니다. 아파트 평수는 이해를 돕도록 들었던 예시이니, 개념이 정돈된 지금부터는 "메모리 공간을 바라보는 크기", 줄여서 "크기"라고 표현 하겠습니다. 배열의 크기가 6이므로 *o는 6개의 단위로 끊어서 메모리를 바라보게 됩니다. printf 값은 7이 나오게 됩니다.

모든 작업을 할 때마다 이렇게 값을 알려줘야 할까요? "아버지가방에"처럼 마음대로 읽고 싶다면 그렇게 해도 됩니다.

  int s[3][6] = { 0, 1, 2, 3, 4, 5, 6, 7, 8, 9, 10, 11, 12, 13, 14, 15, 16, 17 };
  int **r = (int **)s;
  printf("%d", *(int*)r+15);

이와 같이 대입 후 r 의 크기(메모리 공간을 바라보는 크기, 아파트 평수, 아버지방구)를 int 형으로 지정 후에 끊어서 읽으면 됩니다. 15번째 값이므로 15가 출력 됩니다.

printf("%d", *(int*)r+15); 는 다음과 같이 바꿀 수도 있습니다.

  printf("%d", ((int*)r)[15]);

[] 는 +와 * 의 역할을 합니다.

포인터 배열

```
int s = 88;
int *o, **o2o, ***o2o2o, ****o2o2o2o, *****o2o2o2o2o, ******o2o2o2o2o2o;
o = &s;
o2o = (int**)&o;
o2o2o = (int ***)&o2o;
o2o2o2o = (int ****)&o2o2o;
o2o2o2o2o = (int *****)&o2o2o2o;
o2o2o2o2o2o = (int ******)&o2o2o2o2o;
printf("%d\n", ******o2o2o2o2o2o);
int *p[6] = { o, (int *)o2o, (int*)o2o2o,
              (int*)o2o2o2o, (int*)o2o2o2o2o, (int*)o2o2o2o2o2o };
printf("%d\n", s);
printf("%d\n", *p[0]);
printf("%d\n", *(int*)*p[1]);
printf("%d\n", *(int*)*(int*)*p[2]);
printf("%d\n", *(int*)*(int*)*(int*)*p[3]);
printf("%d\n", *(int*)*(int*)*(int*)*(int*)*p[4]);
printf("%d", *(int*)*(int*)*(int*)*(int*)*(int*)*p[5]);
```

위에서 설명한 것과 같이 "포인터 배열"의 뒷 부분만 읽으면 "배열" 입니다.
포인터를 담는 배열로 생각하면 되겠습니다. 포인터를 하나씩 꺼내어 참조했던 값들을 따라가서 모두 88이 출력되는 프로그램 입니다.

동적 할당

```
int *a = (int*)calloc(9, sizeof(int));
int y[8] = {0, 1, 2, 3, 4, 5, 6, 7};
for (int i = 0;i < 8;i++) {
    a[i] = y[i];
}
printf("%d\n", y[6]);
printf("%d\n", a[6]);
y[6] = 88;
printf("%d\n", y[6]);
printf("%d\n", a[6]);
free(a);
a = y;
printf("%d", a[6]);
```

동적 할당은 메모리 공간 확보로 이해하면 됩니다.
성능이 크게 중요하지 않다면 malloc 보다 calloc를 사용하는 것을 권장합니다.
메모리 공간을 확보하고 배열을 이용하여 값을 복사합니다.
포인터 변수 a는 단지 확보된 메모리를 가리키는 변수일 뿐입니다. 메모리를 해제하고 a를 y가 가진 메모리를 가리키고 바뀐 값을 보여주는 예제 입니다. malloc과 calloc 함수를 사용하기 위해서는 코드 상단에 #include <stdlib.h>를 추가하여 stdlib.h 헤더 파일을 참조토록 해야 합니다.
malloc함수나 calloc함수로 동적할당한 메모리는 반드시 free함수로 할당 해제를 해주어야합니다. 해제해 주지 않고 계속 할당할 시 메모리 부족으로 인한 Out of Memory 에러가 발생합니다. 실행하면 다음과 같이 출력 됩니다.

함수

반복되는 작업을 수행하기 위해 함수를 사용하며 함수를 사용하기 위해서는 함수를 선언, 정의한 후 호출하여야 합니다.

함수를 정의하는 방법은 다음과 같습니다.

> 반환값의 자료형 함수이름 (매개변수의 자료형 매개변수)
> { //함수의 시작
>   //함수의 body
>   return 반환값
> } //함수의 끝

우리의 생활에서 찾아볼 수 있는 함수는 음료수 자판기가 있습니다.

> 음료수 자판기(돈 동전)
> {
>   자판기 음료수자판기;
>   return 음료수;
> }

자판기는 함수가 되고 동전은 매개변수가 되어 함수에서 쓰이게 됩니다. 그리고 음료수자판기에 동전을 넣어 나오는 것인 음료수가 반환되는 값이 됩니다.

또 다른 예로, int형 변수 x와 y를 매개변수로 하여 x와 y의 값을 출력하고 그 둘의 합을 반환하는 함수의 경우 다음과 같이 정의할 수 있습니다.

```
int addition(int a, int b)
{
    printf("x의 값: %d\n y의 값: %d\n", a, b);
    return a+b;
}
```

이렇게 정의된 함수는 함수의 원형인 int addition(int a, int b);를 main함수보다 앞서 선언해주어 함수의 가독성을 높일 수 있습니다. 함수원형을 선언하지 않고 사용하려면 함수를 정의한 모든 부분을 main보다 앞서 정의해야합니다. 만약 addition과 같이 호출되어지는 함수가 호출하는 함수인 main보다 선행되지 않는 경우 컴파일 에러가 일어납니다. 사용자 정의 함수가 적고, 간단한 경우에는 함수원형을 선언하지 않는 것이 편리하지만 그렇지 않은 경우에는 가독성이 현저히 떨어지기 때문에 권장하지 않습니다.

함수원형을 선언하지 않은 경우	함수원형을 선언한 경우
| ```c
#include "stdafx.h"

int addition(int a, int b)
{
  return a + b;
}

int subtraction(int a, int b)
{
  return a - b;
}

void multiplication_table(int a)
{
  int i;
  printf("구구단%d단출력\n", a);
  for (i = 1; i <= 9; i++)
  printf("%d*%d=%d\n", a, i, a*i);
}

int main()
{
  int x = 6, y = 2;

  printf("%d \n", addition(x, y));
  printf("%d \n", subtraction(x, y));
  multiplication_table(x);
  return 0;
}
```<br>main함수와 정의된 함수를 알아보기 어렵습니다. | ```c
#include "stdafx.h"

int addition(int a, int b);
int subtraction(int a, int b);
void multiplication_table(int a);

int main()
{
  int x = 6, y = 2;

  printf("%d \n", addition(x, y));
  printf("%d \n", subtraction(x, y));
  multiplication_table(x);
  return 0;
}

int addition(int a, int b)
{
  return a + b;
}

int subtraction(int a, int b)
{
  return a - b;
}

void multiplication_table(int a)
{
  int i;
  printf("구구단%d단출력\n", a);
  for (i = 1; i < 10; i++)
  printf("%d*%d=%d\n", a, i, a*i);
}
```<br>비교적 main함수를 알아보기 수월합니다. |

함수를 호출하는 방법은 다음과 같습니다.
함수이름(매개변수);
즉, addition(1, 2) 혹은 미리 정의되어 있는 변수가 있다면 addition(x, y)와 같이 호출할 수 있습니다. 반환되는 값이 없다면 반환값의 자료형을 void로 하고 return의 값을 생략하거나 return 자체를 생략할 수 있습니다.

함수 포인터

lvalue는 변수를 중심으로 종류를 구분하며 일반 변수, 포인터, 함수, 배열 中 하나입니다.

변수 우측에
아무것도 없다면 일반 변수, x는 일반 변수
*가 왼쪽에 있다면 포인터, *x는 포인터
(로 시작하면 함수, x() 는 함수
[로 시작하면 배열, x[] 는 배열

) 로 닫혀 있으면 괄호()안이 우선 됩니다.

*p[] 는 배열이지만, (*p)[] 는 포인터, (*p[])(int, int) 는 배열입니다.
이처럼 닫혀진 괄호,)에 따라 읽는 우선순위가 바뀌게 됩니다.

Visual Studio를 이용하여 코드로 배워봅시다.

C++, Windows Console Application을 생성합니다.

```
#include "stdafx.h"
int main()
{
    return 0;
}
```

글자를 출력해 봅시다.

```
#include "stdafx.h"
int main()
{
    printf("7");
    return 0;
}
```

변수를 써 봅시다.

```
int main()
{
    int value = 6;
    printf("%d", value);
    return 0;
}
```

더하기 함수를 만들어 봅시다.

```
int Addition(int, int);

int main()
{
```

```c
    int value = Addition(4, 2); //다음에 생략하자.
    printf("%d", value);
    return 0;
}

int Addition(int x, int y)
{
    return x + y;
}
```

더하기 빼기 곱하기 나누기 함수를 만들어 봅시다.

```c
int Addition(int, int);
int Subtraction(int, int);
int Multiplication(int, int);
int Division(int, int);

int main()
{
    printf("%d ", Addition(4, 2));
    printf("%d ", Subtraction(4, 2));
    printf("%d ", Multiplication(4, 2));
    printf("%d ", Division(4, 2));
    return 0;
}

int Addition(int x, int y) {
    return x + y;
}

int Subtraction(int x, int y) {
    return x - y;
}

int Multiplication(int x, int y) {
```

```
    return x * y;
}

int Division(int x, int y) {
    return x / y;
}
```

함수 포인터를 만들어 봅시다.

```
int Addition(int, int);
int Subtraction(int, int);
int Multiplication(int, int);
int Division(int, int);
int main()
{
    int(*p)(int, int);
    p = Addition;
    printf("%d ", p(4, 2));
    printf("%d ", Subtraction(4, 2));
    printf("%d ", Multiplication(4, 2));
    printf("%d ", Division(4, 2));
    return 0;
}
int Addition(int x, int y) {
    return x + y;
}
int Subtraction(int x, int y) {
    return x - y;
}
int Multiplication(int x, int y) {
    return x * y;
}
int Division(int x, int y) {
    return x / y;
}
```

for 문을 돌리기 위해 함수 포인터 배열을 만들어 봅시다.

```
int main()
{
    int(*p[4])(int, int);
    p[0] = Addition;
    p[1] = Subtraction;
    p[2] = Multiplication;
    p[3] = Division;
    for (int i = 0; i<4; i++) printf("%d ", p[i](4, 2));
    return 0;
}
```

main() 도 함수입니다. main 우측에 (가 있기 때문입니다.

```
int main()
{
    int(*p[4])(int, int);
    int(*pMain)();
    pMain = main;
    p[0] = Addition;
    p[1] = Subtraction;
    p[2] = Multiplication;
    p[3] = Division;
    for (int i = 0; i<4; i++) printf("%d ", p[i](4, 2));
    pMain();
    return 0;
}
```

main을 가리키는 함수 포인터를 생성해서 실행시켜 주었습니다. 이에 무한 루프가 되었습니다. 이번에는 팩토리얼 재귀 호출처럼 만들어 봅시다. main에 파라미터를 값을 주지 않으면 1이 할당됩니다.

```
int main(int mainParam)
{
```

```
        int(*p[4])(int, int);
        int(*pMain)(int);
        pMain = main;
        p[0] = Addition;
        p[1] = Subtraction;
        p[2] = Multiplication;
        p[3] = Division;
        for (int i = 0; i<4; i++) printf("%d ", p[i](4, 2));
        printf("\n"); //지저분해서 추가
        if (mainParam == 1) mainParam = 5; //초기값 할당
        if (mainParam == 2) return 0; //탈출 조건
        else pMain(--mainParam);
        return 1; //그냥
    }
```

typedef를 써봅시다.

```
        typedef int(*_pMain)(int);
        int main(int mainParam)
        {
            _pMain pMain;
            int(*p[4])(int, int);
            pMain = main;
            p[0] = Addition;
            p[1] = Subtraction;
            p[2] = Multiplication;
            p[3] = Division;
            for (int i = 0; i<4; i++) printf("%d ", p[i](4, 2));
            printf("\n");
            if (mainParam == 1) mainParam = 5;
            if (mainParam == 2) return 0;
            else pMain(--mainParam);
            return 1;
        }
```

만약, 함수포인터 _pMain이 파라미터라면?

int(*fp)(_pMain)

풀어쓰면,

int(*fp)(int(*)(int))

함수 포인터를 파라미터로 가지는 함수 포인터입니다. 복잡하고 어렵지만, 결론은 포인터라고 읽는다는 것입니다.
우측이)로 닫혀 있어서 ()안을 먼저 해석하면 변수에 fp가 붙어서 포인터이기 때문입니다.

이것을 담는 배열을 만들고 싶다면
int(*fp[8])(int(*)(int))
처럼 만들면 됩니다. 함수 포인터를 파라미터로 가지는 함수 포인터 배열입니다.

즉, 배열입니다.

변수, 함수, 포인터, 배열은 구분할 줄 알아야 합니다.

typedef가 class와 닮은 점이 조금이나마 보인다면, C/C++, JAVA를 연계해서 이해할 준비가 된 것입니다.

Chapter 6.

| STRAPLINE |

전원 ON/OFF

키보드 그리고 모니터와 연결

임베디드 스펙 리딩

Windows Install

APPLE MacOS

BASH 쉘 프로그래밍

임베디드 & "맥OS 프로그래밍"
Embedded & MacOS Programming

지금까지 개인이 사용하는 컴퓨터에 실행되는 프로그램을 만들었습니다. 임베디드 프로그래밍은 작은 컴퓨터 위에 동작하는 프로그램을 만드는 것입니다. 데스크탑 컴퓨터의 메인보드가 크다면 작은 메인 보드는 단순히 '보드'라고 합니다. 혹은 PCB라고도 합니다. 메인보드에 꽂혀있는 MCU를 CPU라고 할 때 보드 혹은 PCB에 실장되어 있는 MCU는 Chip이라고 합니다. 그 중 가장 많이 쓰는 명령어셋을 ARM이라고 합니다. 데스크탑에서는 x86 혹은 amd64 등을 줄여 32비트, 64비트 프로그램으로 부릅니다. 명령어 셋이 다르더라도 컴파일러가 하나의 소스파일로 여러 명령어 셋을 지원하도록 추상화 되어 있기 때문에 똑같이 C 프로그래밍을 해 볼 수 있습니다. 비전공자는 디지털 회로 실습이나 UNIX PROGRAMMING 등의 교과목을 배우지 않았을 확률이 큽니다. 따라서 임베디드 프로그래밍에 관한 개괄적인 이론과 실습을 통해, 프로그래밍이 무엇인지 조금 더 감을 잡아 보는 시간을 가져 보려고 합니다.

포인터를 먼저 알아야 하는 이유는 int *p[6] 나 int(*fp)(int(*)(int)) 를 구분할 줄 알기 위해서가 아닙니다. 아래 메모리맵을 보고 메모리 직접 접근을 위하여 GPX2CON이 사용할 메모리 주소를 char, int 구분없이 한줄로 정의하고,

#define GPX2CON (*(volatile unsigned char *)0x13400C40)

Pin Number	GPIO name	Base Address	Offset	Name	Bit	Type	Description
15	GPX1.2	0x1340_0000	0x0C20	GPX1CON[2]	[11:8]	RW	0x0=input, 0x1=Output, 0x2=Reserved, 0x3=Reserved, 0x4=TraceData, 0x5 to 0xE=Reserved, 0xF=EXT_INT
18	GPX1.3			GPX1CON[3]	[15:12]		
13	GPX1.5			GPX1CON[5]	[23:20]		
17	GPX1.6			GPX1CON[6]	[27:24]		
25	GPX1.7			GPX1CON[7]	[31:28]		
26	GPX2.0		0c0C40	GPX2CON[0]	[3:0]		
24	GPX2.1			GPX2CON[1]	[7:4]		
20	GPX2.4			GPX2CON[4]	[19:16]		
21	GPX2.5			GPX2CON[5]	[23:20]		
19	GPX2.6			GPX2CON[6]	[27:24]		
22	GPX2.7			GPX2CON[7]	[31:28]		
27	GPX3.1		0x0C60	GPX3CON[1]	[7:4]		
10	GPA2.4	0x1401_0000	0x0040	GPA2CON[4]	[19:16]		
11	GPA2.5			GPA2CON[5]	[23:20]		
9	GPA2.6			GPA2CON[6]	[27:24]		
7	GPA2.7			GPA2CON[7]	[31:28]		
16	GPB3.2		0x00C0	GPB3CON[2]	[11:8]		
14	GPB3.3			GPB3CON[3]	[15:12]		

GPX2CON |= ~(0x1 《 4) 처럼 주소 연산의 개념을 어렴풋이 알 필요가 있기 때문입니다. 임베디드 보드를 사용해봄으로서 메모리 주소에 대한 개념을 실습을 통해 더욱 더 "자기 것"으로 만드는데 그 목적이 있습니다. 또한 ARM 명령어셋도 배울 수 있습니다. ARM 명령어셋을 꼭 임베디드 보드를 통해 실습할 필요는 없습니다. 그러나 이 방법은 비용이 조금 들어가긴 해도 가장 효과적인 실습 방법입니다. 임베디드 프로그래밍 실습을 위해 책에서는 하드 커널(http://www.hardkernel.com)의 오드로이드 보드를 선택하였습니다. 지금까지 많은 임베디드 보드가 존재했지만 수년이 지나면 사라져 버립니다. 이에, 데스크탑 성능과 맞먹는 보드를 선택하여 데스크탑 프로그래밍 수준의 프로그램을 만들어 보려고 합니다. 해당 타겟보드(임베디드 보드)가 사라지더라도 응용력을 키울 수 있는 보드를 선택한 이유는 지금의 고성능 데스크탑도 먼 미래엔 하나의 임베디드 보드처럼 취급될 가능성이 있기 때문입니다.

실습용으로는 ODROID-XU4 보드를 선택하였습니다. 데스크탑 컴퓨터의 메인보드를 축소한 형태라고 보면 됩니다. 베어본 PC와 같은 데스크탑은 기존의 ATX(큰 메인보드)와 다르게 mATX(작은 메인보드)를 씁니다. 기존의 것 보다 더 작은 메인 보드라고 생각하면 됩니다.

전원 ON/OFF

전원을 켜고 끄는 방법은 매우 쉽습니다. 어댑터를 연결하면 전원이 켜지고, 어댑터를 빼면 . 전원이 꺼집니다. 임베디드 보드의 경우 전원이 들어가면 바로 작동합니다. 배터리를 넣는 어린이 장난감의 대부분에도 임베디드 보드가 들어가 있습니다. 배터리를 넣는 순간 작동하는 것(계속 움직이는 토끼 인형)도 있고 전원 버튼을 통해 작동하는 것도 있는데, 이는 데스크탑처럼 전원 버튼을 만들어 두었는가에 따라 다릅니다. 데스크탑을 뜯어보면 전원 버튼은 케이스에 붙어 있고 가느다란 선이 메인보드에 연결되어 있는 것을 볼 수 있습니다.

메인보드에는 여러개의 핀이 있습니다. 각 핀은 각각 담당하고 있는 역할이 있습니다. 전원과 관련된 2개의 핀에 전기가 통하는 스크류 드라이버를 갖다 대도 전원을 껐다가 켰다 할 수 있습니다. 즉, 컴퓨터를 켜거나 임베디드 보드는 "켠다"는 표현은 사실상 전기를 공급한다는 말과 같습니다.

키보드 그리고 모니터와 연결

아래 사진과 같이 키보드, 마우스, 그리고 모니터와 연결해 줍니다. 이제 데스크탑 컴퓨터와 다른 것이 전혀 없습니다. 운영체제가 설치되어 있다면 윈도우와 똑같이 프로그래밍을 하면 됩니다. 임베디드 플랫폼에서는 대부분 임베디드 리눅스를 씁니다. 가장 큰 이유는 라이센스에 따른 비용 문제 때문입니다. 리눅스는 대부분 무료로 사용할 수 있습니다. 애플의 맥과 리눅스의 공통점은 BASH SHELL을 쓴다는 것입니다. 앞서 쉘 프로그래밍을 공부하였습니다. 똑같이 쉘 프로그래밍을 해 보도록 하겠습니다.

임베디드 스펙 리딩

다음은 오드로이드 홈페이지에서 읽을 수 있는 정보입니다. 추가로 더 공부해 보고 싶은 분들은 해당 홈페이지에 있는 자료를 찾아서 더 공부하면 됩니다. 자신이 아는 용어로 쉽게 풀이하면서 자료를 본다면 재미있는 공부가 될 것입니다.

BLOCK DIAGRAM

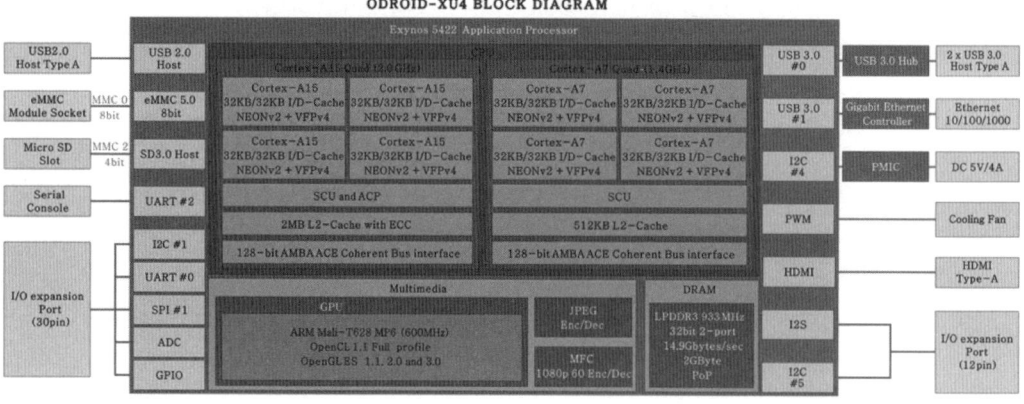

기능을 표현하는 블락 다이어그램은 단순히 많은 사각형들을 모아놓은 것으로 생각할 수도 있습

니다. 많은 정보를 시각적으로 드러내고 있다는 점에서 매우 중요하지만 그만큼 비전공자에겐 낯선 용어가 많습니다.
UART(오래전 많이 쓰던 시리얼 포트), SPI(시리얼 통신용), ADC(아날로그 신호를 디지털 신호로 바꾸어주는 컨퍼터), PWM(주로 모터 제어 할 때 쓰는), GPIO(일반적인 입출력 핀) 등은 하드웨어 지식입니다. 알면 더 많은 프로그램을 만들 수 있겠으나 임베디드 프로그래밍의 숲을 보는 것이 이번 챕터의 목적이므로 현재 알고 있는 용어만 봐도 좋습니다. 'USB 포트가 있으니 마우스/키보드를 연결할 수 있고, HDMI 포트가 있으니 모니터와 연결할 수 있다'는 정보만 알면 되는 것입니다.

XU4 is fully software compatible with XU3 !
But XU4 is more compact, more affordable and more expandable.

XU3보다 **XU4**가 더 좋다는 것이죠.

What's different from XU3.
Pros - Pros and Cons는 장/단점을 말합니다.
- Gbit Ethernet - 인터넷이 빠르다는 뜻입니다. (기가비트 인터넷 지원)
- More Stable Dual USB 3.0 host ports - USB 3.0을 지원하네요.
- More compact PCB size - 크기가 더 작습니다.
- More IO ports (I2S/I2C/GPIO) - 입출력 포트가 더 많네요.

Cons - 단점은...
- No USB OTG - OTG 기능(휴대폰에 꽂는 SD-card 처럼 쓸 수 있는 기능)은 없네요.
- No DP - 디스플레이가 없습니다.
- No Audio CODEC - 오디오 코덱이 없습니다. 소프트웨어로 구현하면 되겠네요.
- No Power Monitoring Sensors - 파워 모니터 센서가 없습니다. 컴퓨터를 사용하면서 데스크탑 CPU 전압이 얼마인지 보고 있지는 않습니다. 절대 꺼지면 안 되는 시스템에서는 단점일지도 모르겠습니다만, 전원 회부부를 따로 구성하기 때문에 이것도 단점이기보다는 '알림' 정도로 봐야겠습니다.

BOARD DETAIL

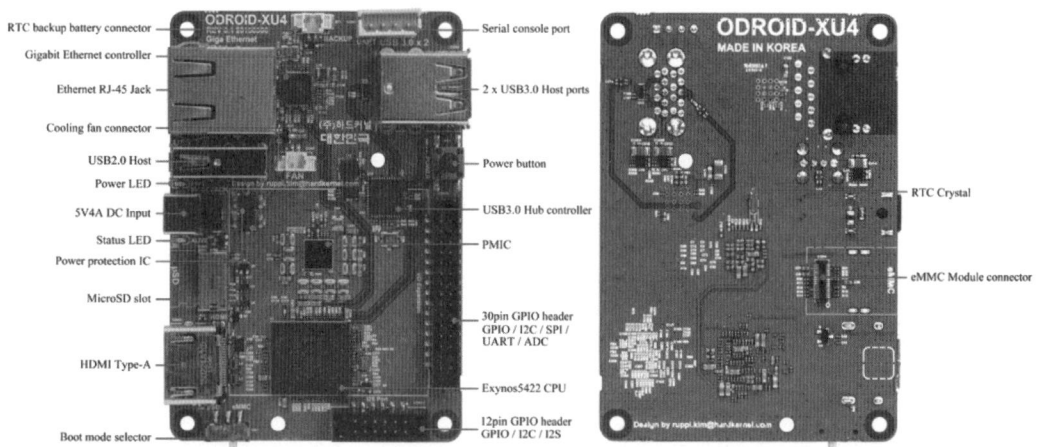

보드의 앞/뒷면 입니다.
우리가 사용하는 컴퓨터도 이런 모습의 메인보드에 케이스를 입혀서 예쁘게 만든 것입니다.

PCB DETAIL

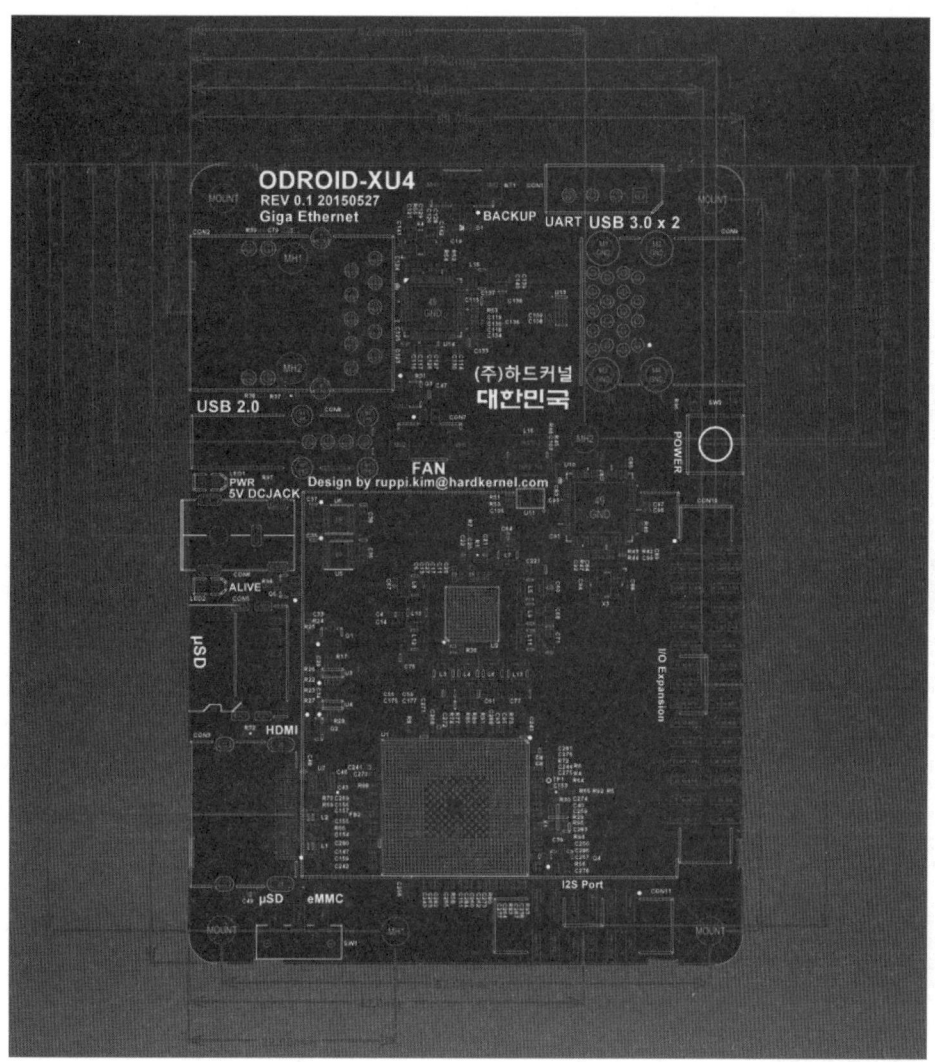

- 앞서 말했듯이 보드를 PCB라고도 부릅니다. 콘덴서, 메모리, 칩 등이 실장되기 전의 보드 크기를 말합니다. 어지럽게 여러개의 선이 있지만 두개의 선은 어느 부분의 크기를 말하는지 표시하며, 화살표는 그 크기를 나타내고 있습니다. 보드 자체로는 충격에 약하니 해당 보드를 위한 케이스를 만드는 용도로 이 크기 정보는 사용될 수 있습니다. 물론, 그저 네모난 상자에 뽁뽁이를 채워 보드를 보호 한다면 굳이 세부 크기가 있을 필요는 없습니다. 우리들이 쓰는 휴대폰 케이스를 만든다고 해도 해당 휴대폰의 각 부분 크기를 알아야 하는 것과 같은 이유입니다. 온도 습도에 따른 전원부의 위치, 주변 장치로의 연결고려, 케이스 설계 등 여러 방면에 이용이 가능합니다. 단순히 크기를 보기 위한 용도로도 사용됩니다.

CPU	Samsung Exynos-5422 : Cortex™-A15 and Cortex™-A7 big. LITTLE processor with 2GByte LPDDR3 RAM - AP라고 불리는 가장 중요하고 비싼 칩은 보통 MICOM, MCU, MPU, SoC 등으로 불립니다. 조금씩 다르긴 하지만 연산 속도, 즉 속도를 결정짓는 가장 중요한 소자라고 보면 됩니다.
eMMC 5.0 module(Option)	16GB/32GB : Sandisk iNAND Extreme 64GB : Toshiba eMMC • 하드 디스크 속도의 저가형 SSD로 보면 됩니다.
PMIC	Samsung S2MPS11 9 high-efficiency Buck, 1 Buck-Boost regulators, RTC and 38 LDOs. Contact Samsung for more information • 전압 변화를 가능케 해 주는 회로입니다. 전압은 수압과 같은 의미 입니다. 전기의 압력이죠.
Ethernet controller	Realtek RTL8153 The Realtek RTL8153-CG 10/100/1000M Ethernet controller combines an IEEE 802.3u compliant Media Access Controller (MAC), USB 3.0 bus controller. QFN-48 Package • 1000M = 1G, 기가비트 랜이 가능합니다.
USB 3.0 Hub	Genesys GL3521 The Genesys GL3521 is a 2-port, low-power, and configurable USB 3.0 SuperSpeed hub controller. QFN-48 Package • USB 3.0을 지원합니다. 임베디드 보드를 찾아보았을 때 USB 3.0 지원하는 제품군은 거의 없습니다.
USB Load Switch	NCP380 Protection IC for USB power supply from OnSemi. • 전력 분배 스위치 입니다.
Input Power protector	NCP372 Over-voltage, Over-current, Reverse-voltage protection IC from OnSemi. • 전력 초과나 역전류로 부터 서킷(보드에 실장된 칩들)을 보호합니다.

LED indicator	Red LED is solid on when the power supply is connected. Blue LED to display the status of operating system. Two LEDs on the RJ45 Ethernet jack. | Green	Flashes when there is 100Mbps connectivity | |---|---| | Yellow | Flashes when there is 1000Mbps connectivity | 보드에 내장된 LED는 몇몇 정보를 보여 줍니다.
HDMI connector	Standard Type-A HDMI, supports up to 1920 x 1080 resolution - Full HD를 지원합니다.
IO Ports	USB 3.0 Host x 2, USB 2.0 Host x 1, PWM for Cooler Fan, UART for serial console Ethernet RJ-45, 30Pin : GPIO/IRQ/SPI/ADC, 12Pin : GPIO/I2S/I2C • I/O 포트가 일반 데스크탑과 큰 차이점 입니다. 메인보드의 경우 GPIO를 따로 뽑아서 다른 기기를 제어하는데 잘 이용하지 않습니다. UART가 지원되는 시리얼 포트도 메인보드에서 없어지는 추세입니다. 그러나 이런 임베디드 보드의 경우 UART, GPIO, PWM등을 이용해서 다른 기기를 제어하기도 합니다. 간단하게 GPIO 핀 하나에 출력을 주면 LED 한개를 켤 수 있습니다. 물론, LED의 소모 전력량도 고려해야 겠습니다.
Storage slot	Micro SD slot, eMMC 5.0 module connector - 마이크로 SD 카드를 지원합니다.
DC Input	5V / 4A input, Plug specification is inner diameter 2.1mm and outer diameter 5.5mm - 5V/4A의 어댑터를 꽂아야겠습니다.

Windows Install

윈도우즈를 한 번도 설치(인스톨, Install) 해 보지 않은 사람은 드뭅니다. 임베디드 세계에서는 윈도우즈와 같은 운영체제 혹은 펌웨어 덩어리를 이미지라 부릅니다. 윈도우즈를 설치(인스톨)하는 것을 다른 말로 '이미지 플래시'라고 합니다. 이미지 플래시의 경우 Trace32란 특수한 장비를 사용하기도 하고 이미 설치된 bootloader란 프로그램(윈도우즈 인스톨러 와 비슷한 역할을 합니다.)을 이용하기도 합니다. 또한, 오드로이드와 같이 특수한 프로그램을 사용하기도 합니다. 이런 프로그램이 필요한 이유는 다음과 같습니다. Ctrl+C, V로 복사 붙여넣기를 할 때는 파일 시스템 형태로 복사가 됩니다. 그 말은 특정 작업을 수행하는 코드가 먼저 들어가야 하는데 파일시스템을 구성하는 헤더 정보가 먼저 들어간다는 것입니다. 이미지 플래시에는 특정한 형식없이 0번지부터 이미지 파일 그대로를 써야 합니다. 예를 들어, 파일 복사의 경우 마트 가서 물건 사오라는 명령어가 바로 들어가야 하는데, 필요없는 헤더 정보인 "친애하는 나의 아들에게, 쌀쌀한 날씨에 감기는 걸리지 않았는지 걱정이 됩니다. 이렇게 연락 드린 이유는 다름이 아니오라…" 는 필요없는 헤더 정보가 들어갑니다.

이러한 파일 시스템과 파일의 헤더 정보는 운영체제인 Windows가 읽기 위해 꼭 필요하겠지만 운영체제 자체를 Writing 할 때는 0번부터 써야 합니다. 하드 디스크에서 0번 부터 써지는 부분을 MBR(마스터 부트 레코드)이라고 합니다. 하드디스크가 고장나서 부팅은 할 수 없지만 데이터 저장은 된다는 의미도 이런 연유에서 가능합니다. 메인보드의 펌웨어(바이오스, 하드디스크에서 운영체제를 읽어서 메모리에 적재시키고 해당 메모리 번지를 CPU에게 알려주는 역할을 하는 소프트웨어)가 하드디스크의 0번 비트가 고장난지 모르기 때문입니다. 물론, 윈도우 처럼 BAD SECTOR(고장난 영역)를 건너뛰고 다른 곳에 쓸 수 있는 기능이 BIOS에 내장된다면 MBR이 고장났다고 하더라도 운영체제를 부팅할 수 있는 기능을 탑재할 수 있겠습니다. 하드디스크의 수명은 한계가 있고 보통 MBR이 BAD SECTOR가 될 정도면 교체 시기가 되었기 때문에 지금까지도 해당 기능이 만들어지지 않고 있습니다.

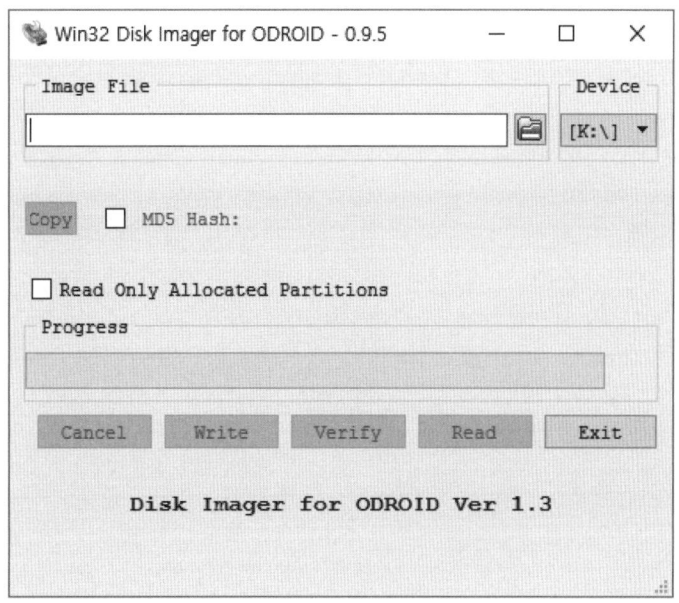

홈페이지를 통하여 플래싱(이미지 쓰기)할 이미지를 받습니다. ubuntu-16.04-mate-odroid-xu3-20161011.img.xz

xz 파일은 7zip 이라는 압축 프로그램으로 압축을 풀 수 있습니다. 압축이 풀린 이미지 파일을 넣고 Write를 하게 되면 이미지를 플래시 합니다. 이 작업은 하드디스크에 윈도우즈를 인스톨하는 작업과 같습니다. 임베디드용 하드디스크(emmc card)에 이미지(운영체제)를 플래시(인스톨)하는 것입니다. 다른 것은 단지 사용되는 용어일 뿐입니다.

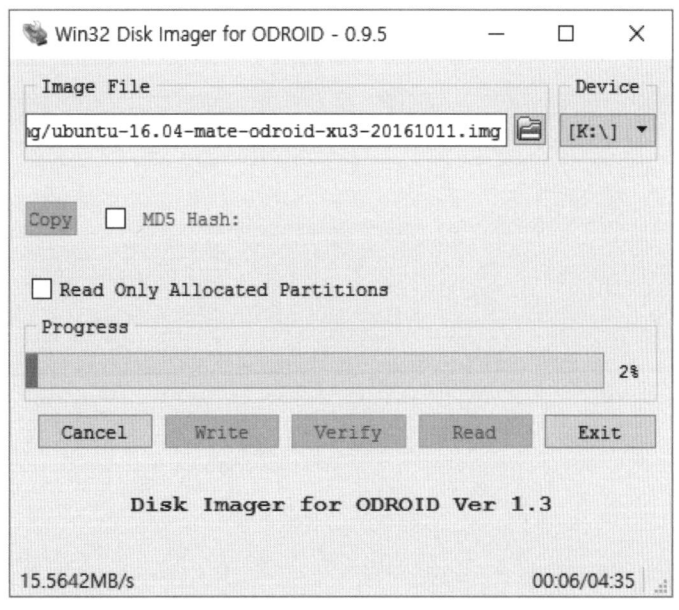

플래싱된 emmc 카드를 odroid board에 장착 후 전원을 인가하면(전원 버튼을 누르면) 다음과 같이 리눅스가 부팅되는 것을 볼 수 있습니다. 임베디드 보드에 USB 포트가 있으니 키보드와 마우스를 연결하면 우리가 쓰는 컴퓨터와 똑같이 쓸 수 있게 되는 것입니다.

그림에서와 같이 BASH SHELL을 볼 수 있습니다. 이 BASH SHELL은 애플의 MacOS에도 있습니다. 최근에는 Windows 10도 BASH SHELL을 지원하게 되어 BASH SHELL은 웹 브라우저와 같이 명실상부한 독립적인 플랫폼이 되었습니다.

APPLE MacOS

꼭 자신이 아이폰을 쓰지 않더라도 이젠 주변에서 아이폰을 쉽게 볼 수 있습니다. 안드로이드와 iOS는 판이하게 다른 운영체제임에도 불구하고 사용법이 크게 다르지 않습니다. 안드로이드 유저도 백 버튼을 제외하고는 아이폰을 쓰는데 무리가 없고, 아이폰 유저 또한 안드로이드 폰을 쉽게 사용할 수 있습니다. 개인 데스크탑은 애플이 먼저 만들었지만 보급률은 Windows가 높습니다. 각 기능에 대해 서로가 서로를 벤치마킹하다 보니 메카니즘은 다르지만 정책이 같은 경우가 발생했습니다. 프로그램 코드는 다르겠지만 사용하는 방식은 똑같다는 것입니다. 국산차를 타든 외제차를 타든 메카니즘은 다르지만 우리가 운전을 하는 조작법(정책)은 모두 같은 경우가 이에 해당합니다.

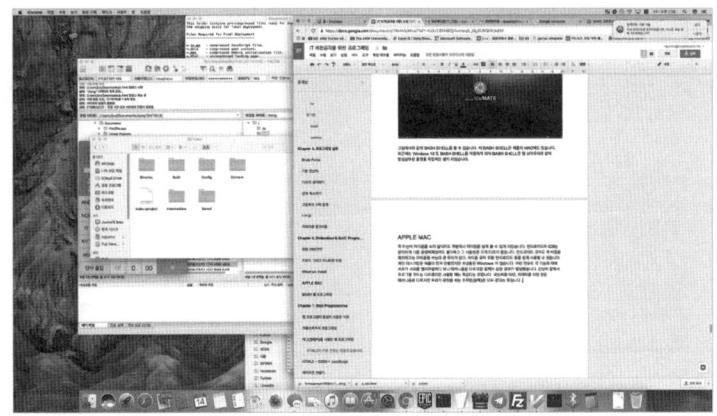

사진에서는 MacOS에서 원고 작업을 하고 있습니다. 그러나 오전에 저는 Windows에서 작업을 했었습니다. 앞서 실습한 임베디드 보드에서 작업을 할 수도 있습니다. 즉, 어떤 환경이든 그 차이는 근소하다는 것입니다. 앞서 했던 Windows Command Shell programming을 bash shell에서도 해보겠습니다. 이는 임베디드 보드와 Apple 컴퓨터에서 동일하게 적용이 가능합니다.

BASH 쉘 프로그래밍

여기에 앞서 했던 쉘 프로그래밍을 똑같이 해 보겠습니다.
우선 터널을 띄웁니다. 그 이후 bash shell programming을 해 봅니다. 윈도우즈와 명령어 형식이 약간 다를 뿐 대동소이하여 쉽게 접근 하실 수 있습니다.

앞서 우리는 cmd로 shell을 실행하였습니다.

```
cmd
```

임베디드 보드에서나 맥에서는 cmd를 터미널로 부릅니다. cmd, 터미널 등의 이름도 모두 "쉘"로 통일하여도 무방합니다. 컴퓨터에 명령을 내릴 수 있는 창을 뜻합니다.

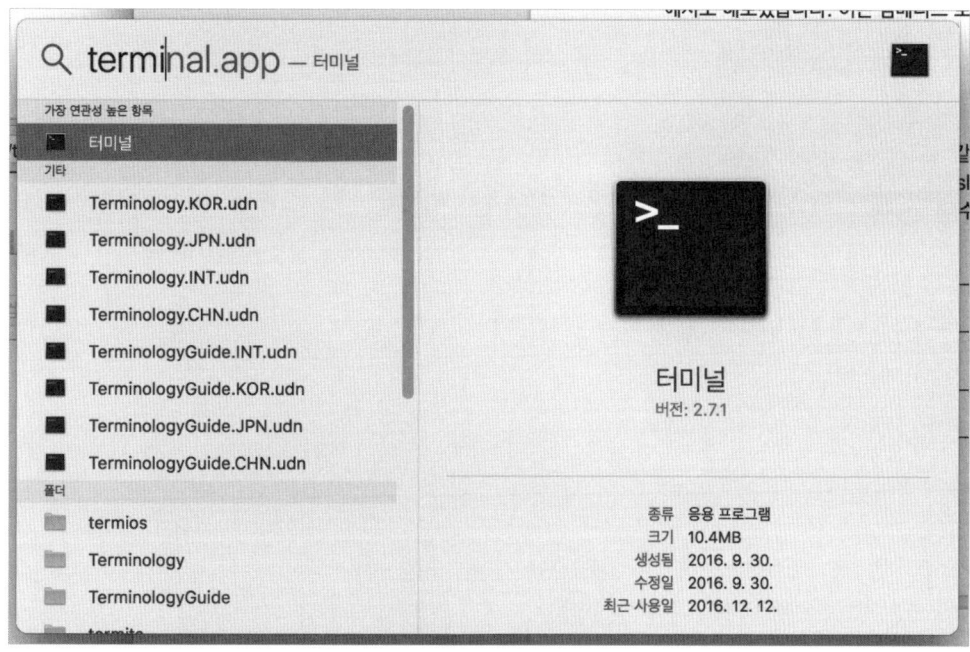

```
cls
dir
cd
md
rd
explorer .
```

을 연습했었습니다. 이제,

```
clear
ls
cd
mkdir a
rm -r
open .
```

으로 바꾸어 연습해 봅시다. 앞서 사용했던 for 문도 바꾸어 봅시다.

> for %i in (1, 2, 3, 4, 5, 6, 7, 8) do md 새폴더%i

> for i in 1 2 3 4 5 6 7 8; do mkdir 새폴더$i; done

```
[/Users/joe/Documents$ for i in 1 2 3 4 5 6 7 8; do mkdir 새 폴 더 $i; done
[/Users/joe/Documents$ ls
FileZilla.app/
FileZilla_3.23.0.2_macosx-x86.app.tar.bz2
Unreal Projects/
myVector.taf/
temp3/
새 폴 더 1/
새 폴 더 2/
새 폴 더 3/
새 폴 더 4/
새 폴 더 5/
새 폴 더 6/
새 폴 더 7/
새 폴 더 8/
/Users/joe/Documents$
```

지우는 명령어도 응용하면 다음과 같습니다.

> for i in 1 2 3 4 5 6 7 8; do rm –r 새폴더$i; done

SHELL Programming도 깊게 들어가면 JAVA나 C#보다 어려워지기도 합니다. 여러 언어를 잘 다루시는 분들이 BASH SHELL로 짜여진 프레임웍 컴파일 스크립트를 어려워하시는 것도 많이 보았습니다. 컴포넌트지향 프로그래밍이든 서비스지향 프로그래밍이든 만들어진 특정 모듈을 이용하여 쉽게 프로그래밍을 하는 것을 말합니다. IaaS, PaaS 등 최근 유행하는 서비스도 마찬가지 개념입니다. BASH SHELL PROGRAMMING은 컴포넌트 지향, 서비스 지향 프로그래밍과 같습니다. 간단히 service httpd start 를 넣으면(물론 웹서버가 설치된 상태여야 합니다.) 해당 명령어는 웹서버를 구동하는 것입니다. 프로그래밍이라고 하는 것은 플랫폼과 관계없이 대동소이 합니다. 프로그래밍 방식의 큰 숲을 보고 나면 그 다음은 인터넷 검색을 통해 개발할 수 있습니다. 이것을 바로 웹서핑 개발, 또는 구글링이라도고 합니다. 필자가 구글링한 배시쉘 스크립트 소스를 첨부 합니다.

```bash
#!/bin/bash
# Bash Menu Script Example

PS3='Please enter your choice: '
options=("Option 1" "Option 2" "Option 3" "Quit")
select opt in "${options[@]}"
do
    case $opt in
        "Option 1")
            echo "you chose choice 1"
            ;;
        "Option 2")
            echo "you chose choice 2"
            ;;
        "Option 3")
            echo "you chose choice 3"
            ;;
        "Quit")
            break
            ;;
        *) echo invalid option;;
    esac
done
```

출처 : http://askubuntu.com/questions/1705/how-can-i-create-a-select-menu-in-a-shell-script

여기까지 입력하기 위해서는 리눅스, 맥, 임베디드 보드의 기본 설치된 텍스트 에디터인 vi를 익혀야 합니다. vi 혹은 버전 업데이트된 vi인 vim 을 사용할 수 있어야 합니다. 해당 텍스트 에디터를 사용하는 것은 독자의 선택이므로 따로 지면을 할애하지는 않겠습니다. 위와 같이 입력 후 menu.bash로 저장했다고 하면 chmod 명령어로 실행 권한을 주어야 합니다.

```
chmod +x menu.bash
./menu.bash
```

실행 권한을 준 다음에는 실행이 가능합니다.

```
[/Users/joe$ chmod +x menu.bash
[/Users/joe$ ./menu.bash
1) Option 1
2) Option 2
3) Option 3
4) Quit
Please enter your choice: 1
you chose choice 1
Please enter your choice: 2
you chose choice 2
Please enter your choice: 3
you chose choice 3
Please enter your choice: 4
/Users/joe$
```

지금까지 쉘 프로그래밍 실습을 해 보았습니다.

필드에서 개발을 하다보면 Objective-C 개발자는 JAVA개발자를 무시하고 JAVA로 코어를 짜는 사람들은 UI 프로그래머를 무시하는 발언을 듣기도 합니다. 쉘 프로그래밍을 하는 사람도 그런 대우를 받기도 합니다. 그 반대로, 아키텍트 수준의 엔지니어들을 만났을 때 최근에는 쉘 스크립트로 프레임웍 빌드 코드를 짜는 사람 연봉이 가장 높았다는 이야기를 듣기도 합니다.[48] 개인이 아무리 뛰어나다고 해도 지금까지 버전업 되어 온 아파치 웹서버를 혼자서 프로그래밍하기란 불가능 하다고 봐도 무방합니다. 그런 아파치 웹서버를 BASH SHELL PROGRAMMER는 단 한 줄로 서비스 구동을 할 수 있으니 정말 대단한 일입니다.

물론, 추상화가 잘 되어 있는 API를 사용하여 코딩하는 방법은 인터넷에서 쉽게 찾을 수 있고 또 누구나가 쉽게 배울 수 있기에 무시하는 경향이 있습니다.

만약 프로그래밍을 배워서 IT Filed로 오게되면 그런 태도를 가진 개발자와 일 해 볼 기회가 의외로 많이 있습니다. 그러나 그런 개발자는 실무 노하우가 부족하기에 인터넷에서 찾기 어려운

....
48 실 경험입니다. ETRI, 삼성 임원과의 저녁 식사자리에서 나왔던 대화입니다.

작은 환경 설정 하나를 못해서 몇날 며칠을 끙끙대는 경우도 보았습니다. 비록 비전공자에게 숲을 보여줘서 하는 사명이 있는 이 책에서는 더 깊은 구체화를 하지 않습니다. "어느 정도 맛을 보았으니 더 깊이 공부해 볼거야"하는 부분이 생기면 해당 분야의 끝이 보일 때까지 관련 서적을 찾아 읽고 깊게 들어가 보아야 합니다.

Chapter 7.

 STRAPLINE ▼

웹 프로그램의 중심이 크롬인 이유

크롬브라우저(Chrome Browser) 프로그래밍

태그(명령어)를 사용한 웹 프로그래밍

HELLO WORLD

태그(명령어) 정리

CSS

HTML5 정적 페이지 마무리

JAVASCRIPT

웹 프로그래밍
Web Programming

웹 프로그래밍은 쉘 프로그래밍이나 실행 파일을 만드는 컴파일 프로그래밍보다 더 쉽다고 일반적으로 생각합니다. 눈에 결과가 바로 보이기 때문입니다. 눈에 보이지 않을 수록 어렵다고 생각합니다. 그래서 UI 개발자 보다는 Framework 개발자, Framework 개발자 보다는 Core 개발자가, Core 개발자 보다는 칩 개발자가 더 어렵겠구나라고 생각합니다.

그러나 막상 실상을 들여다보면 다릅니다. Web Programming도 만만치 않습니다. 그러나 이 책의 어조가 양자 컴퓨터가 아닌 이상 CPU와 Memory를 이용한다면 프로그래밍은 똑같다는 것을 전제로 하고 있기에 Web Programming도 우선 쉽다고 생각하고 접근해 보도록 하겠습니다. 웹 프로그래밍을 공부 한다고 해서 WHATWG, W3C, 시맨틱 웹, 태그, 속성, 속성값, DOCTYPE, CSS, 폼, 캔버스, 웹 워커 等의 웹 프로그래밍 용어를 알고 있을 필요는 없습니다. 그러나 빠뜨리지 말아야 할 것은 웹 프로그래밍은 Google 의 Chrome 브라우저에서 실행된다는 것입니다. 오페라, 파이어폭스, 인터넷 익스플로러, 사파리 等 많은 브라우저가 있습니다. 이 장에서는 크롬을 중심으로 하고 HTML5 를 다룹니다. HTML5는 HTML, XHTML과 호환되며, 어도비 플래시, 실버라이트 등과 같은 플러그인을 쓰지 않아도 기존의 원하는 웹의 기능들을 훌륭히 수행합니다.

웹 프로그램의 중심이 크롬인 이유

1991년 HTML 이 나오고, 1999년 HTML 4.01이 나왔습니다. 2000년도에는 W3C[49]라고 불리는 단체에서 XHTML 1.0을 만들고 2001년 1.1로 업그레이드를 합니다. 2004년에는 모질라, 애플, 구글, 오페라가 만든 그룹 WHATWG에서 Web Applications 1.0이라는 표준을 만들게 됩니다. 즉, 이익을 추구하는 각 단체들이 뭉치지 않다가 이 때 처음 뭉치게 되었습니다. W3C가 2007년에 이대로 있으면 안되겠다고 생각했고 2008년에 HTML5 초안을 냈습니다. 구글에서 만들었던 노트북인 크롬북은 크롬 브라우저를 필두로 모든 어플리케이션이 크롬 앱으로 구동되었습니다. 최근 여러 플랫폼을 통합하는 CORDOVA 의 경우에도 웹을 이용합니다. 기타 많은 플랫폼을 통합하려는 프레임웍들이 모두 WEB VIEW를 이용해서 만듭니다.

즉, 모든 회사가 인정한 플랫폼은 브라우저 기반 플랫폼이라고 보시면 됩니다. 모두가 잘 아는 기업인 구글이 수십억개의 사이트를 분석해서 가장 많은 쓰는 태그(명령어라고 보시면 됩니다)를 정리한 것이 바로 HTML5 입니다. HTML5는 다른 말로 시맨틱 웹이라고 합니다. 시맨틱은 의미가 있다는 뜻입니다. 표현 중심이 아닌 의미 있는 구조의 문서작성을 위한 태그들이 추가되었기 때문입니다. HTML5는 웹 표준이기 때문에 브라우저를 만드는 각 회사에서 표준을 지켜야 합니다. 그 표준을 잘 지키며 가장 선두에 있는 브라우저가 바로 크롬 브라우저 입니다.
http://html5test.com/ 에서 자신이 사용하는 브라우저가 얼마나 HTML5 표준을 지원하는지 알 수 있습니다.

---

49 월드와이드웹을 위한 표준을 개발하는 조직

크롬브라우저(Chrome Browser) 프로그래밍

notepad를 열고 파일명을 A.html 로 지정한 다음 원하는 문구를 입력하고 저장합니다.

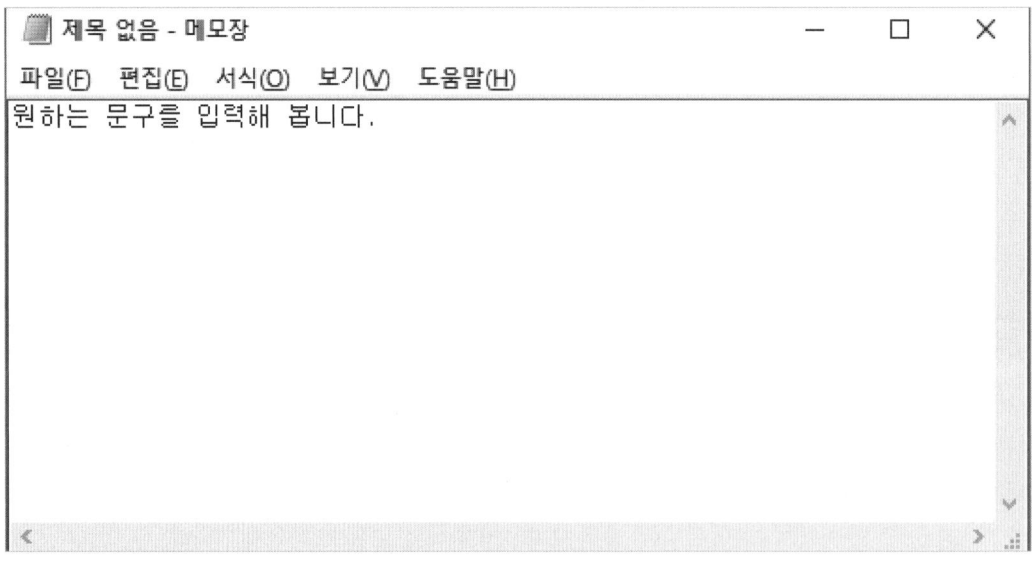

그리고 크롬에 Drag&Drop을 하면 입력한 문구가 그대로 표현 됩니다.
Drag&Drop은 특정 위치(바탕화면)에 있는 어떤 대상(A.html 파일)을 마우스로 선택한 다음 다른위치(크롬브라우저)에 끌고가서 놓는다는 뜻입니다.

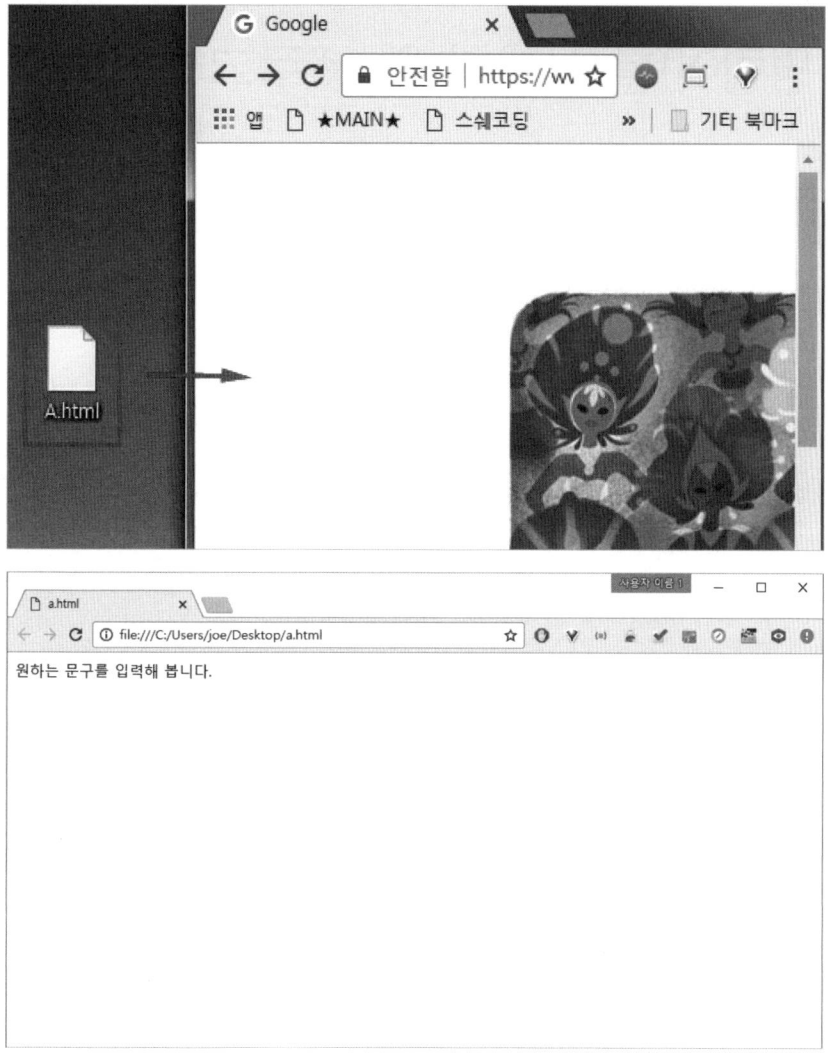

다른 실행 방법으로 A.html 파일을 마우스로 더블클릭하여 실행할수 있는데 이때는 여러분 PC의 기본 브라우저가 어떤 브라우저로 지정되어 있느냐에 따라 인터넷 익스플로러, 크롬, 파이어폭스가 실행될수 있습니다.

또한, 크롬브라우저 주소입력란에 A.html 파일의 경로를 직접 입력해도 확인할 수 있으며, 파일명(a.html , A.html)의 대소문자는 구분하지 않으므로 a.html, A.html의 결과는 동일합니다.

크롬이 아니더라도 오페라, 파이어폭스, 사파리나 인터넷 익스플로러에서 실행하여도 동일한 결과가 출력 됩니다. 이것이 바로 웹 프로그래밍입니다. 프로그래밍이 너무 단순한가요? 단순하다고 해도 분명 웹 프로그래밍을 해 보았습니다. 이제 태그(웹 프로그래밍에 쓰이는 명령어)를 사용해 보겠습니다.

태그(명령어)를 사용한 웹 프로그래밍

태그를 사용하기에 앞서 HTML이 무엇인지 알아 보겠습니다.

HTML은 HYPER TEXT MARKUP LANGUAGE 의 줄임말로 WORLD WIDE WEB 문서를 작성하기 위한 언어이며, 앞으로 우리가 배울 다양한 태그들을 이용하여 웹페이지(문서)의 골격을 만드는 일을 합니다.

HYPER TEXT 란 하나의 문서(페이지)에서 마우스 클릭으로 다른 문서로 이동할수 있다는 의미로 지금은 간단히 링크(LINK) 정도로 생각하면 됩니다.

여러분이 브라우저에 google.co.kr 이라고 입력을 하면 https://www.google.co.kr 이라고 표시가 되는데 여기서 http 는 HYPER TEXT TRANSFER PROTOCOL 의 약자로
WWW상에서 HYPER TEXT 문서를 전송하기 위한 규약을 의미 합니다.
즉 HTTP 를 통하여 HTML 문서를 전송 하게 됩니다.

태그는 HTML 문서를 구성하는 명령어 이며,
이미지를 나타내기 위해서는 〈img〉태그
문서의 제목을 나타내는 〈title〉 태그
문단을 표현하는 〈p〉태그
테이블표를 만들기 위한 〈table〉 〈tr〉 〈td〉 등 많은 태그가 있습니다.

태그를 쓰기 위해서는 다음과 같이 HTML 문서라는 명시적 선언을 해 주어야 합니다. 쓰지 않더

라도 a.html 예제처럼 동작합니다.

HTML 4.01에서는
<!DOCTYPE html PUBLIC "-//W3C//DTD HTML 4.01 Transitional//EN" "http://www.w3.org/TR/html4/loose.dtd">
으로 복잡했었지만 HTML5 로 오면서
<!DOCTYPE html>
로 단순화 되었습니다.

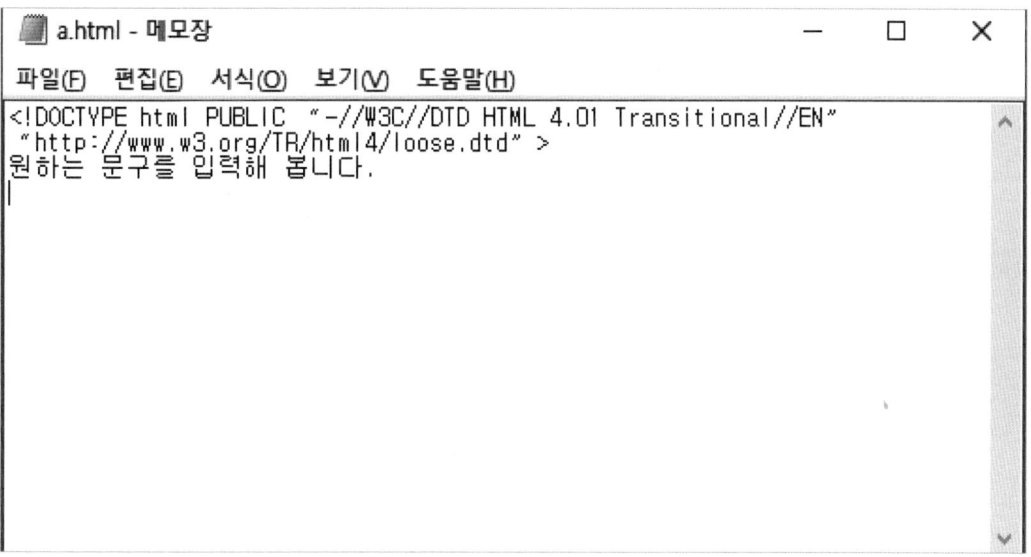

최상단에 DOCTYPE을 선언해 주는것은 웹브라우저에게
여러분이 작성한 HTML 문서에서 사용되는 태그를 미리 알려줘서 내용이 올바르게 표시되기 위함입니다. HTML4.01에서는 사용하였지만 HTML5로 넘어오면서 사라진 태그목록은 이곳에서 확인할수 있습니다.
http://www.w3schools.com/tags/ref_html_dtd.asp

태그(명령어)는 브라우저에서 나타나지 않습니다.

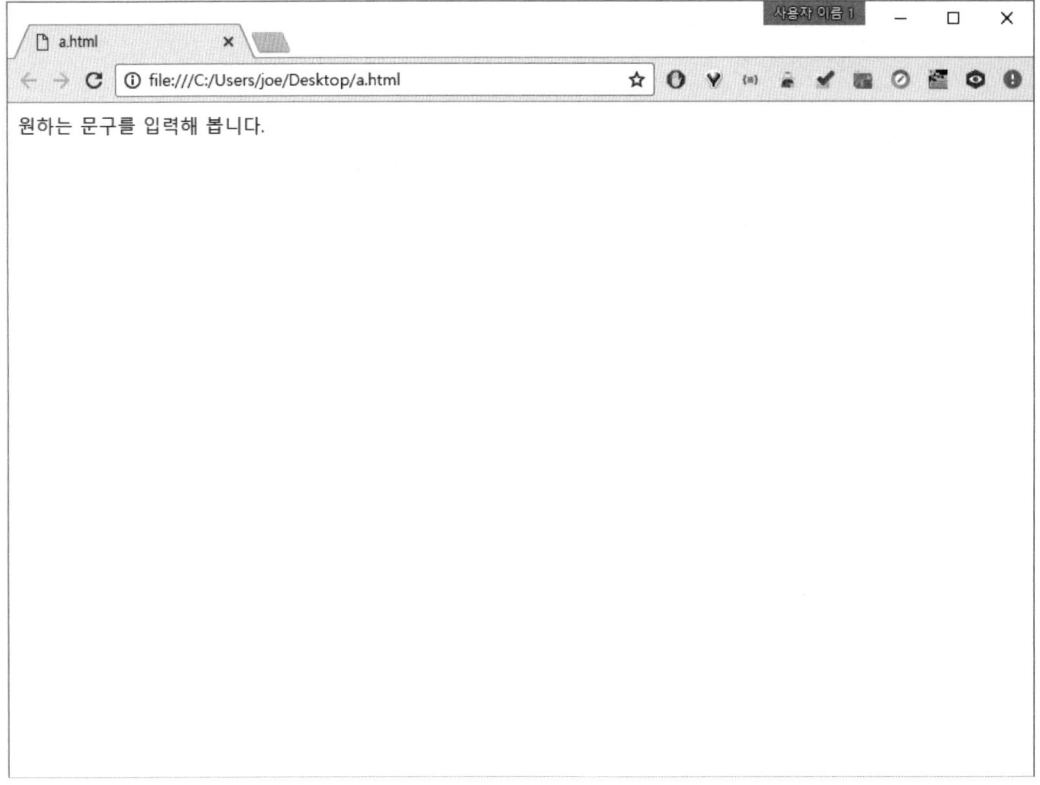

HELLO WORLD

HTML5의 기본 구조는 다음과 같습니다.

```
<!DOCTYPE html>
<html>
    <head>
        <meta charset="UTF-8">
        <title> title </title>
    </head>
    <body>Hello, World!!</body>
</html>
```

```
helloWorld.html - 메모장
파일(F)  편집(E)  서식(O)  보기(V)  도움말(H)
<!DOCTYPE html>
<html>
<head>
<meta charset=" UTF-8" >
<title> title </title>
</head>
<body>
Hello, World!!
</body>
</html>
```

파일명을 helloWorld.html로 저장하고 웹 브라우저에서 실행시켜 봅니다.

타이틀 태그는 〈title〉 브라우저의 탭(tab)영역에 표시됩니다. 〈/title〉

〈title〉 title 〈/title〉 을
〈title〉 Hello, World 〈/title〉 로 바꾸어 봅시다.

탭 이름이 바뀐 것을 확인 할 수 있습니다.

> Hello, World!! 를
> <p style="text-align:center;"> Hello, World!! </p> 로 바꾸어 봅시다.

<p> 태그는 '문단'을 의미하며, 문서의 가로영역 전체를 차지합니다.
또한 글자는 디폴트로 좌측에 정렬됩니다.

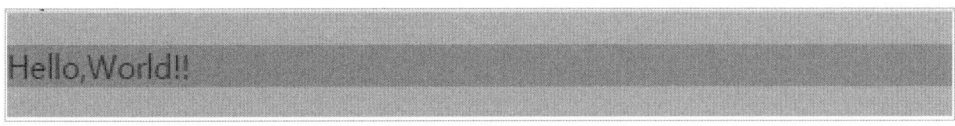

<p>Hello,World!!</p>

글자를 중앙으로 정렬하고 싶을 경우에는 css 라는것을 사용하면 됩니다.
css 는 태그를 꾸미는 역할(디자인)을 하며, 태그 안에서 사용될때는 style속성을 이용합니다.
<태그명 style="속성명:속성값;">

<p style="text-align:center;">Hello,World!!</p>

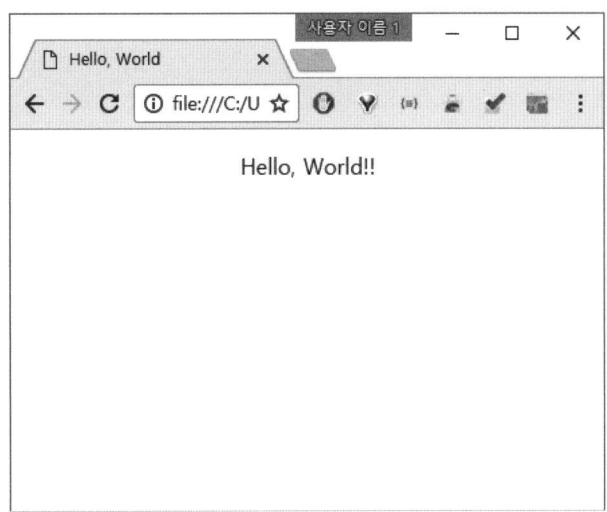

중앙 정렬이 된 것을 확인할 수 있습니다.

태그(명령어) 정리

보통 웹 프로그래밍이라고 하면 HTML5 + CSS3 + JavaScript 를 지칭합니다.
즉, HTML5 프로그래밍이라고 해도 CSS3와 JavaScript는 기본적으로 포함한다는 뜻입니다.
그 이유는 HTML 문서는 정적이기 때문에 HTML5를 HTML5만 지칭하지는 않습니다. HTML5가 웹 페이지의 내용을 말한다면 CSS3는 디자인을 말합니다. JavaScript는 웹페이지의 동적인 효과를 줍니다. helloWorld.html에서 우리는 이미 '태그'라는 것이 무엇인지 알았으니, 다양한 태그를 알면 정적인 HTML5 문서는 만들 수 있다고 말할 수 있습니다.
TAG의 종류는 http://www.w3schools.com/tags/ 에서 찾을 수 있습니다. 이 책에서 TAG들을 이해하기 위한 기본 개념들을 익힌 후 해당 사이트를 이용한다면 두꺼운 HTML5 서적이 없어도 개발에는 큰 지장없을 것 같습니다.

레이아웃 만들기

일반적인 웹 사이트는 헤더영역, 메뉴영역, 컨텐츠영역, 사이드영역, 푸터 영역으로 나누어져 있습니다.

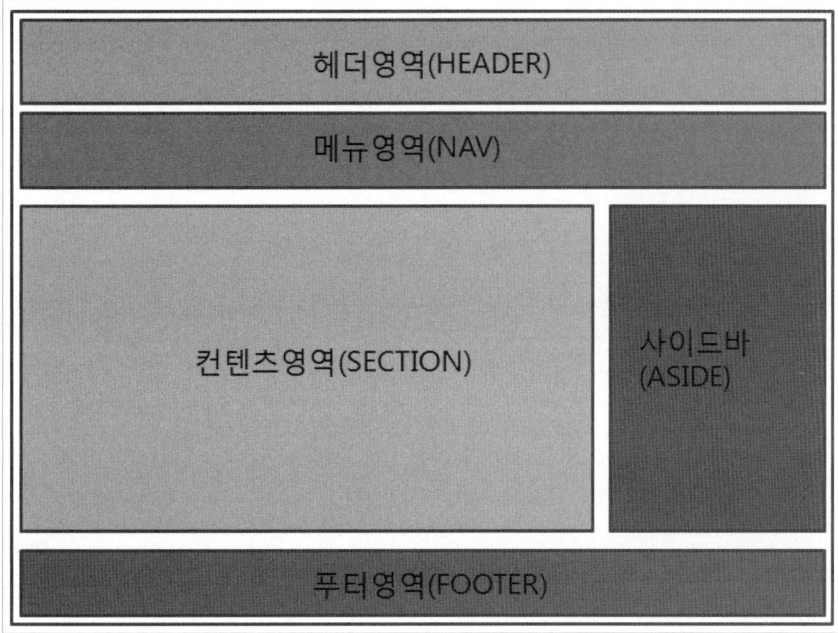

웹 사이트를 보면 메뉴를 중심으로 헤더와 메인영역을 구분할 수 있습니다. 또한 로그인 기능이 있는 사이드 영역을 구분할 수 있습니다. 푸터(footer) 영역은 가장 하단 영역입니다.

div(Division element, Block element) 를 사용해서 프로그래밍을 하던 기존 방식은

```
<div id="container">
<div id="header"> </div>
<div id="menu"> <div>
```

형태로 적어 주었습니다.

```
<!DOCTYPE html>
<html>
   <head>
      <meta charset="UTF-8">
      <title> Hello, World </title>
   </head>
   <body>
      <p style="text-align:center;"> Hello, World!! </p>

      <div class="pageContentWrapper">
         <!-- All the page content goes here-->
      </div>
      <div class="footer">
         여기가 푸터입니다.
                    <a href="http://hajunho.com"> 홈페이지 링크 </a>
      </div>
         더 적을수도...
   </body>
</html>
```

footer가 하위 영역을 의미하지만, footer 아래에 내용을 추가하지 못한다는 것은 아닙니다. 다른 프로그래밍 언어와는 달리 HTML5 정적 요소 프로그래밍에서는 느슨(loose)한 형식을 가지고 있다고 생각하셔도 되겠습니다. 장점은 까탈스럽지 않은 풍모를 풍긴다는 것 외에 아무것도 없습니다. 디버깅을 해야 하는 개발사 입장에서 보았을 때는 말이죠. 디버깅 기법은 따로 다루겠지만 일반적으로 코드를 보고 눈으로 디버깅을 해야 하는 개발자에게는 매우 어려운 부분입니다. 그래서 HTML5 표준에 많은 기여를 하고 있는 Google社 가 수십억개의 웹 사이트를 분석해서 HTML5 에서는 div로 나누는 것이 아닌 의미가 있는 특정한 태그(TAG)로 나누게 되었습니다.

HTML5 에서는

```
header, hgroup, nav, section, article, aside, footer
```

의 레이아웃 태그가 있습니다. 다른 말로는 레이아웃을 위한 시맨틱(Semantic) 혹은 구조적(Structural) 요소라고 합니다. 그 외 콘텐츠 요소, 캔버스, 폼, 미디어 요소 등 다양한 구분 방법이 있으나 태그(TAG)라는 용어로 통일하여 말해도 무방합니다.

header : 사이트 메뉴, 로고나 타이틀
hgroup : 제목과 부제목
(**hgroup** 태그는 **HTML5**에서는 제거되었지만, **WHATWG**에는 남아있습니다.)
nav : 고정된 메뉴영역, 사라지지 않는 고정 메뉴입니다.
section : 제목별로 나눌 수 있는 문서의 내용
article : 뉴스 기사 블로그 내용
aside : 보조 콘텐츠
footer : 제작자, 저작권 정보

의미있는 요소로 나누는 것이 시맨틱 웹입니다. 시맨틱 웹은 **Google**社에서 수십억개의 사이트를 조사하여 의미있는 요소를 정의한 것입니다.

```
<header> 헤더 </header>
<section>
<h1> 제목 </h1>
<p> 본문 <p>
</section>
<aside> 사이드 </aside>
<footer> 저작권 정보 </footer>
```

nav 만들기. **ol**은 **ordered list** 입니다.
li 태그로 이루어진 내용에 자동으로 번호를 매겨주는 기능을 합니다.

```
<body>
<nav>
<ol>
<li><a href="http://…."> </a></li>
<li
</ol>
<ol reversed>
<li …
</nav>
</body>
```

article을 그룹짓는 **section**. **section** 하부에 **article**을 쓰지만 **section** 하부에 **section**이 담길 수도 있고 **article** 안에 **section** 이 위치할 수도 있습니다. 여러개의 **article**이 하나의 주제로 묶여진 경우 **section** 사용하는 것이 좋고, 하나의 주제로 묶이지 않으면 기존 방식대로 **div**로 사용하는 것이 좋습니다.

```
<section>
<h1>제목</h1>
<article>
<hgroup>
<h2> 제목 </h2>
<p> 내용 </p>
</hgroup>
</article>
 .
 .
 .
</section>
```

주의 할 점은 하나의 section 안에 같은 제목 레벨(h1, h2 등)을 동일하게 쓰면 두개의 섹션으로 결정됩니다. 즉,

```
<section>
    <h1> 첫번째 H1 </h1>
    <h1> 두번째 H1 </h1>
<section>
```

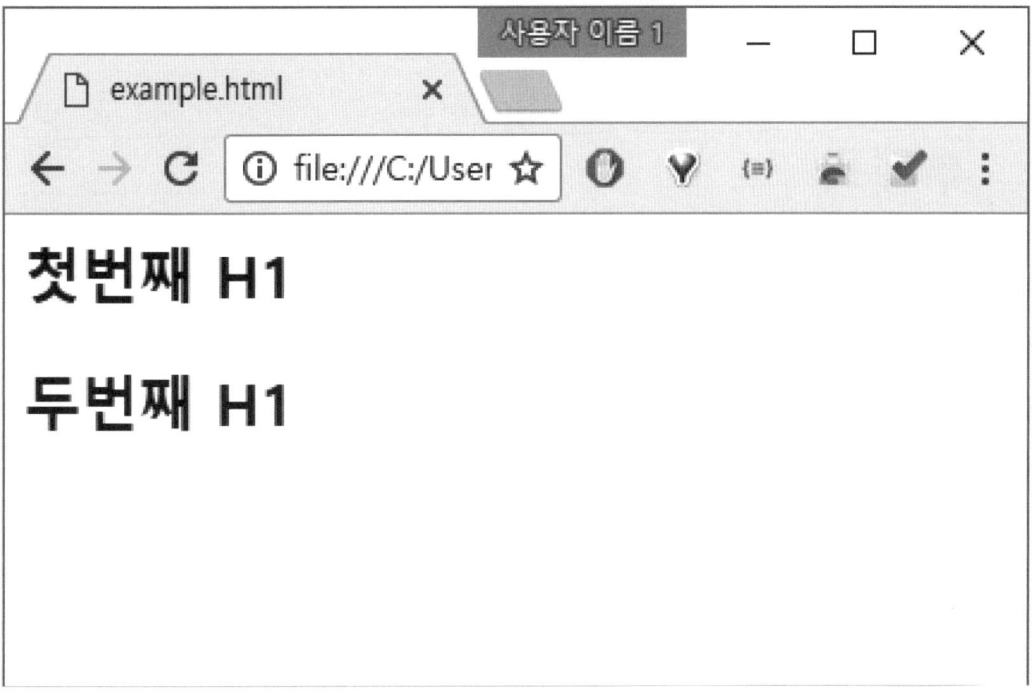

는

```
<section>
    <h1> 첫번째 H1 </h1>
</section>
<section>
    <h1> 두번째 H1 </h1>
</section>
```

하나의 섹션에 다른 레벨의 제목을 쓸 때는 중첩 효과가 발생합니다. 중첩 시키지 않으려면 ⟨hgroup⟩을 이용합니다.

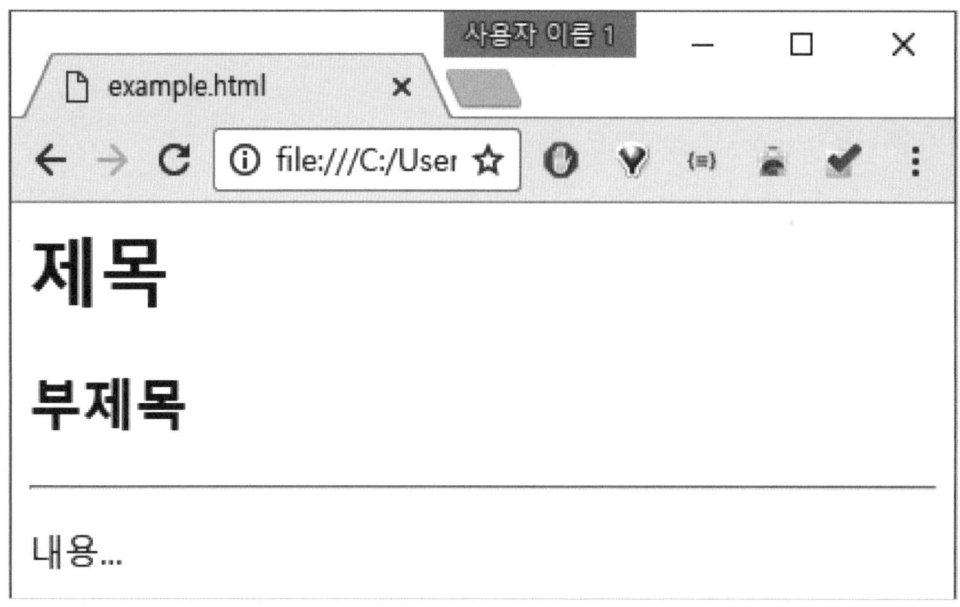

그림, 사진, 비디오를 담을 때는 figure를 사용합니다. figcaption 을 이용하면 해당 요소에 대한 캡션을 표시할 수 있습니다.

```
<figure id="간디">
    <img src="간디.jpg" alt="간디">
    <figcaption> 간디 사진 </figcaption>
</figure>
```

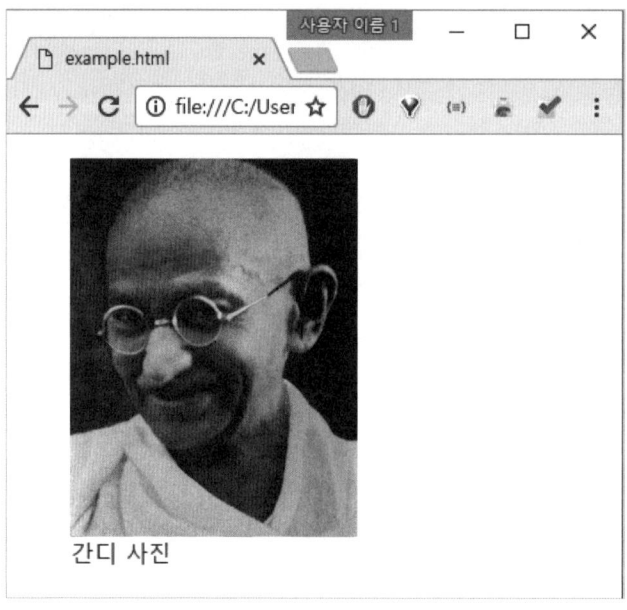

main 은 딱 한번 사용할 수 있습니다. 문서에 어떠한 영향도 없지만 한 페이지 안에서 메인이라는 암시적인 효과를 줍니다.

```html
<!DOCTYPE html>
<html>
    <head>
        <meta charset="UTF-8">
        <title> Hello, World </title>
    </head>
    <body>
        <p align="center"> Hello, World!! </p>

        <div class="pageContentWrapper">
            <!-- All the page content goes here-->
        </div>
        <main>
        <div class="footer">
            여기가 푸터입니다.
                        <a href="http://hajunho.com"> 홈페이지 링크 </a>
        </div>
        더 적을수도...
        </main>
    </body>
</html>
```

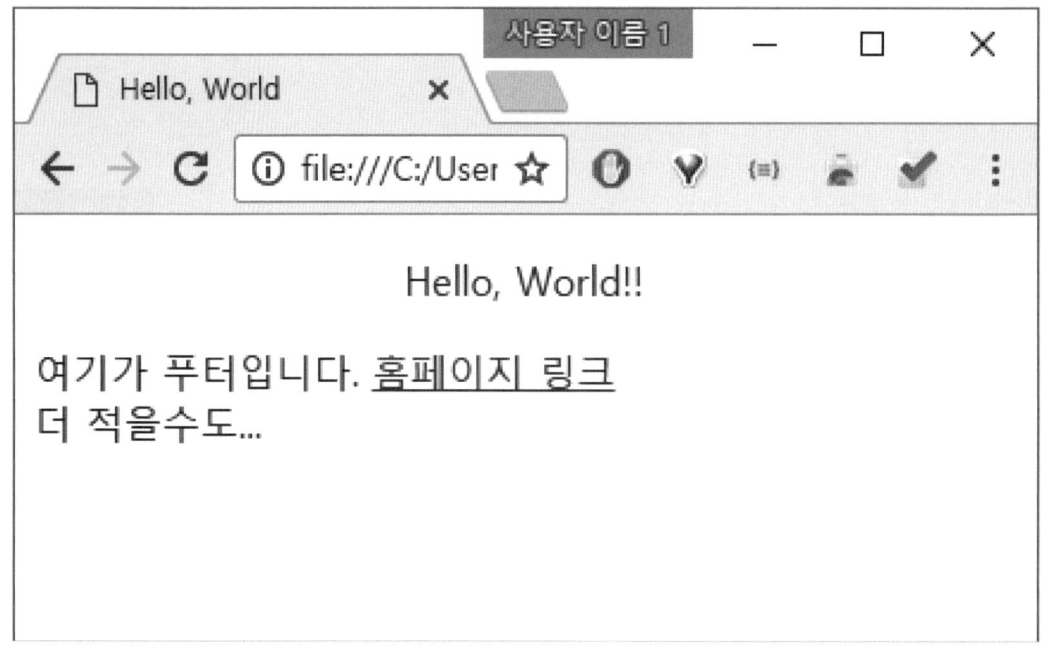

이 정도 실습을 해 보았다면, 이제 웹 프로그래밍은 무엇인지 어렴풋이 알 수 있을 것 같습니다. 태그라 불리는 또 다른 형태의 명령어를 이용해서 프로그래밍하는 것을 웹 프로그래밍이라고 합니다. 앞 서 설명했듯이 태그를 이용해도 HTML5 프로그래밍을 한다고 말할 수 있습니다. 그러나 HTML5에는 CSS와 JAVA SCRIPT까지 포함해서 말하기에 CSS와 JAVA SCRIPT 까지 해야 비로소 HTML5 를 할 수 있습니다. 태그는 이외에도 그 종류가 많습니다. HTML이 웹을 기반으로 하는 만큼 웹서핑을 통하여 직접 찾아서 프로그래밍을 해 보아야 실력이 늡니다. 책을 많이 보유한다고 해서 해당 지식이 내 것이 되지 않는 것과 같습니다.

```
a, em, string, small, c, cite, q, dfn, abbr, code, var, samp, kbd, sub, sup, i, b,
u, span, br, time, mark, ruby, rt, rp, rb, rtc, bdi, wbr, ping, strong
```

심플한 하나하나의 태그들을 연습하다보면

```
<a href="보여줄.jpg" download="다운로드되는.jpg">
<a href="#" ping="trace.php">
```

처럼 응용도 해 보고 중요, 긴급, 심각한 것을 표현할 때 STRONG 태그로 충분한지도 고민해 볼 수 있습니다.

또한 이런 화면 표현에 대한 요구사항을 받았을 때

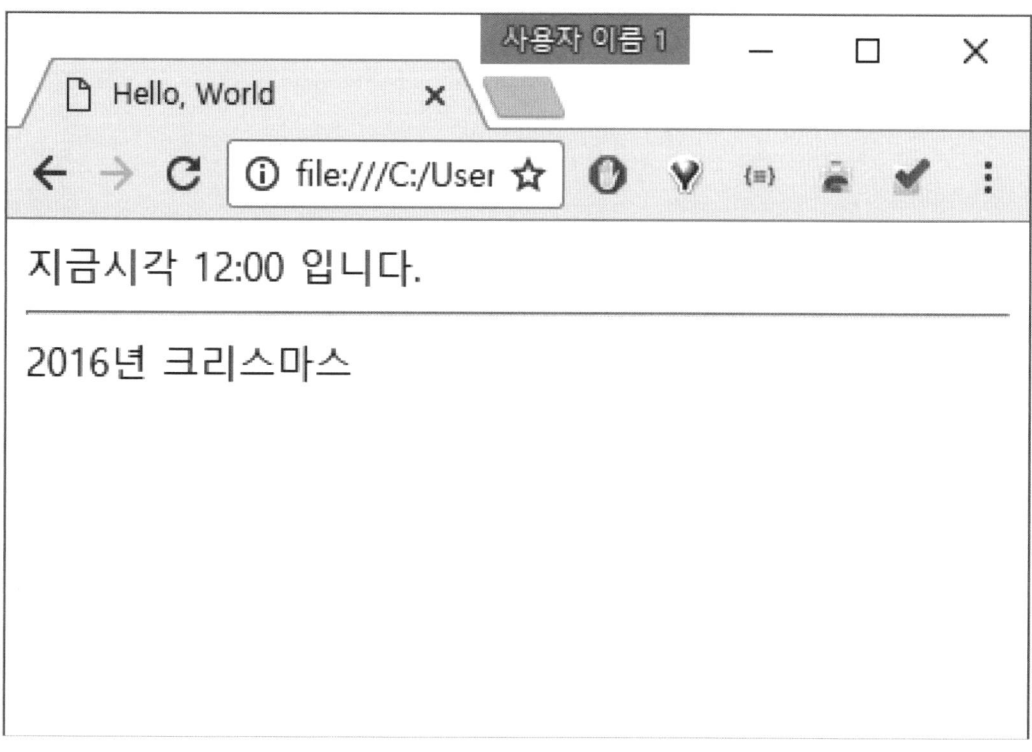

```
지금 시각은 12:00 입니다. <hr />
2016년 크리스마스
```

이렇게 코딩하는 것과 날짜, 시간 표현을 하는 time, datetime 시맨틱 요소를 사용하는 것의 차이를 아는 것도 필요합니다.

```
<!DOCTYPE html>
<html>
    <head>
        <meta charset="UTF-8">
        <title> 과제 </title>
    </head>
    <body>
    지금 시각은 <time>12:00</time> 입니다.
        <hr />
    <time datetime="2016-12-25">2016년 크리스마스</time>
    </body>
</html>
```

이 둘의 차이는 없다면 없다고 할 수 있습니다. 화면상에 보이는 것이 전부인데 왜 굳이 의미를 부여해야 하느냐고 말할 수도 있습니다. 그래도 의미를 부여하는 것이 좋지 않냐고 반문할 수도 있겠지만 설득력이 약합니다. 이 때 사용되는 것이 바로 CSS 입니다.

CSS

CSS는 지금까지 실습해 온 태그 중 하나라고 보시면 됩니다. 바로 〈style〉 입니다. CSS는 세가지 적용 방식이 있습니다. 웹서핑 프로그래밍 공부 방식으로 쉽게 찾을 수 있으니 여기서는 개념만 이해하시면 되겠습니다.

```
〈!DOCTYPE html〉
〈html〉
    〈head〉
        〈meta charset="UTF-8"〉
        〈style〉
time {
  background-color: red;
  color: white;
}[50]
        〈/style〉

        〈title〉 과제 〈/title〉
    〈/head〉
    〈body〉
        지금 시각은 〈time〉12:00〈/time〉 입니다.
```

---

50 intent에 대해서는 논란의 여지가 있지만 사람마다 띄워쓰기를 하는 방식은 다양합니다. 해당 코드는 VIM formatting 을 적용했습니다.

```
        <hr />
        <time datetime="2016-12-25">2016년 크리스마스</time>
    </body>
</html>
```

time 이라는 시맨틱(의미) 요소에 동일한 스타일을 적용할 수 있습니다.
css는 웹페이지를 꾸며주는 역할을 합니다. css를 사용함으로써 웹페이지의 정보와 디자인을 분리시킬 수 있으며 문서 전체의 디자인을 일관성있게 유지보수할 수 있습니다.
css를 사용하는 방법은 inline, style tag, 외부파일 방식이 있습니다.

inline 방식은 엘리먼트(요소)에 스타일을 직접 기술합니다. 그렇기 때문에 코드가 복잡해지고 정보와 디자인을 분리하고자하는 css의 본래의 취지에 부합되지 못합니다.

```
<h1 style = "color:blue"> inline <style>
```

style tag 방식은 head영역의 style태그를 사용하여 기술합니다. 마찬가지로 정보와 디자인을 분리할 수는 없지만 inline방식보다는 간편하게 디자인을 지정할 수 있습니다.

```
<head>
    <style type="text/css">
        h1
        {
            color:blue;
        }
    </style>
</head>
```
source

외부파일 방식은 별도의 파일에 스타일을 지정하여 링크하는 방식입니다. 문법적으로는 style tag 와 동일하며 유지보수가 간편합니다.

```
html
<head>
    <link type="text/css" href="style.css" />
</head>
```

```
style.css
h1
{
    color:blue;
}
```

css문법은 아래와 같습니다.

    selector { property:value; property:value; }
        h1   { color:blue; font-size:15px;}

selector(선택자)는 HTML에서 사용되는 element와 문서에서 지정한 id, class 등이 될 수 있습니다. 클래스 선택자는 다수의 특정 태그에 같은 스타일을 적용하고 싶을 때 사용합니다. 원하는 태그에 다음과 같이 클래스를 지정해주어 적용시킬 수 있으며 클래스 선택자는 클래스 이름 앞에 . 을 붙여 지정합니다

```
HTML
<태그이름 class="클래스 이름"> ... </태그>

CSS
.클래스이름 { property:value; property:value; }
```

id 선택자는 아이디로 설정된 태그에만 원하는 스타일을 지정할 때 사용합니다. 선택자는 #을 붙여 값을 지정합니다.

```
HTML
<태그이름 id="아이디이름"> ... </태그>

CSS
#아이디이름 { property:value; property:value; }
```

HTML5 정적 페이지 마무리

핵심이 중요하므로 그 이상은 스스로 답을 찾아보시길 바랍니다. 책 분량이 늘어난다고 하더라도 인터넷의 웹표준을 정의하는 곳 보다는 더욱 상세하게 기술하기 어렵기 때문입니다. HTML5 정적 페이지 프로그래밍의 ENTRY POINT를 알고 명령어(태그) 사용법을 안 이상 인터넷 서핑이 두렵지 않습니다. 이외의 내용에 대하여 깊게 공부하실 때 주의할 점은 다음과 같습니다.

> 특정 문구나 단어를 강조할 때는 mark 사용합니다. 기존 〈strong〉의 경우 볼드체로만 표현했으나 HTML5에서는 의미적으로도 강조하는 효과가 있다고 생각하시면 됩니다.

이것은 일반적 지식입니다. 그러나 API도 수시로 바뀌듯이 HTML도 바뀌고 있습니다. 개발자가 어느 정도 API를 익히고 난 다음에는 무엇을 만들지가 더 중요하며, 구조적 프로그래밍을 하는 것이 중요하다는 점을 잊지 말아야겠습니다. HTML5 정적 구성 요소에서 또 한가지 중요한 개념은 바로 '폼'입니다. 여러가지 입력 요소들을 하나로 모아놓은 것을 '폼'이라고 합니다. 폼과 keygen을 사용하여 간단한 예제를 만들어 보겠습니다. keygen은 사용자 간의 안전한 데이터 송수신을 위한 암호 키를 생성 개인키는 클라이언트의 저장소에 저장되며 공개키는 서버의 응용 프로그램으로 전송됩니다.

```
<form action="http://localhost/전달할.php" method="post">
<p>암호화 등급 : <keygen name="secutiry" /></p>
</form>
```

폼 안에는 다수의 input이 포함되고 input과 form 은 서버에서 처리되는 데이터를 배치합니다.

폼 밖에서도 사용이 가능합니다. 그러나 가독성을 위해 폼을 쓸 때는 내부에 사용하는 방식으로 처리하는 것이 좋습니다.

```
<form … id="security">
</form>
<keygen … form="security">
```

이제 독자께서 웹서핑 공부법을 통하여 스스로 공부하셨으면 하는 태그를 나열합니다.

```
dirname
autofocus
filedset, legend, label, 정규표현식(^[a-zA-Z0-9]+@[a-zA-Z …)
input + text, password, radio, checkbox, hidden, file, image, submit, reset,
button, tel, search, url, email, placeholder, minlength, required, number, range,
Color
date, month, week, time, datetime, datetime-local
min, max, step, list, pattern
autocomplete="on", datalist, keygen, output
drag, dragend, dragenter, dragleave, dragover, drop
setdata, getdata, setdrawimage, cleardata, effect allow
```

이런 태그를 검색어로 웹서핑 스터디를 하다 보면 실습을 하지 않게 됩니다. 어떻게 사용하는지는 알고 있다는 착각 때문입니다. 물론, 찾을 수 있기 때문에 어떤 의미인지 READING은 가능합니다. 프로그래머는 WRITING 실력이 있어야 합니다. 이 때 [ruby : 글자 상단에 작게 주석을 달 수 있습니다.] 를 보았을 때, rt, rp, rb, rtc 를 READING만 해서 WRITING을 할 수 있을까요?

`<ruby>사용법 <rt>실습해보세요</rt></ruby>`

한번이라도 실습을 해 봐야 WRITING 실력이 생기게 됩니다. 물론, 다음과 같은 태그의 경우 굳이 실습을 해보지 않아도 됩니다.

bdi : by directional isolation 아랍어와 같이 방향이 다른 텍스트에 사용합니다.
wbr : word break. 실제 줄바꿈은 없지만 혹시 화면 크기 때문에 잘리게 된다면 줄바꿈을 해도 된다는 의미(시맨틱) 입니다.

책에 모든 HTML5 태그를 싣고 그런 책을 소지하는 것은 프로그래밍을 한다는 것이 아닙니다. HTML5는 계속해서 진화한다는 것을 알아야 합니다. 이제부터 태그는 따로 설명하지 않아도 될 것 같습니다. 웹 프로그래밍 언어인 HTML5도 고급(사람이 알아 들을 수 있는) 프로그래밍 언어이기 때문입니다.

이런 태그의 경우 매우 빈번하게 쓸 수 있습니다. 이에, 실무에서는 문서를 작성할 때 HTML5로 문서를 작성하시는 분도 늘어나고 있는 추세입니다.

```
<summary>열기 메뉴를 만들 수 있습니다.
<details>
처음에는 닫혀진 상태입니다.
</details>
<details open>
처음부터 열린 상태입니다.
</details>
</summary>
```

추가 공부를 위해서 웹 서핑을 할 때 주의할 점이 있습니다. 기존의 HTML에서 HTML5로 오면서 의미가 바뀐 요소가 있기 때문에 여러개의 블로그에 포스팅된 정보를 참고해서 공부를 해야 합니다.

```
<b> 굵은 오프셋 텍스트 기술용어, 짧은 이용구, 외국어 문장 강조는 없습니다. 강조하려면 <strong> <em>을 써야 합니다.
<i>
<cite> 책, 시, 그림의 제목 표시
<small>
<hr> 문장의 단락 단위를 나타내는 수평선 표시
<address> 실제 우편물 주소
<s> 해당 텍스트가 더 이상 정확하지 않을 때
<a> 널링크 지정 가능
```

하기와 같은 태그를 이용하여 스스로 HTML5 정적 웹페이지를 만들어 봅시다.

JAVASCRIPT

우선, 그간 웹서핑 공부법을 이용하여 잘 따라오신 독자께서는 w3schools 사이트를 한번은 방문하셨으리라 생각됩니다. 기존 HTML5, CSS를 실습하던 http://www.w3schools.com/howto/howto_js_progressbar.asp 의 예제를 먼저 실행해 보겠습니다.

```
<!DOCTYPE html>
<html>
<style>
#myProgress {
  position: relative;
  width: 100%;
  height: 30px;
  background-color: #ddd;
}

#myBar {
  position: absolute;
  width: 1%;
  height: 100%;
  background-color: #4CAF50;
}
</style>
```

```html
<body>

<h1>JavaScript Progress Bar</h1>

<div id="myProgress">
  <div id="myBar"></div>
</div>

<br>
<button onclick="move()">Click Me</button>

<script>
function move() {
  var elem = document.getElementById("myBar");
  var width = 1;
  var id = setInterval(frame, 10);
  function frame() {
    if (width >= 100) {
      clearInterval(id);
    } else {
      width++;
      elem.style.width = width + '%';
    }
  }
}
</script>

</body>
</html>
```

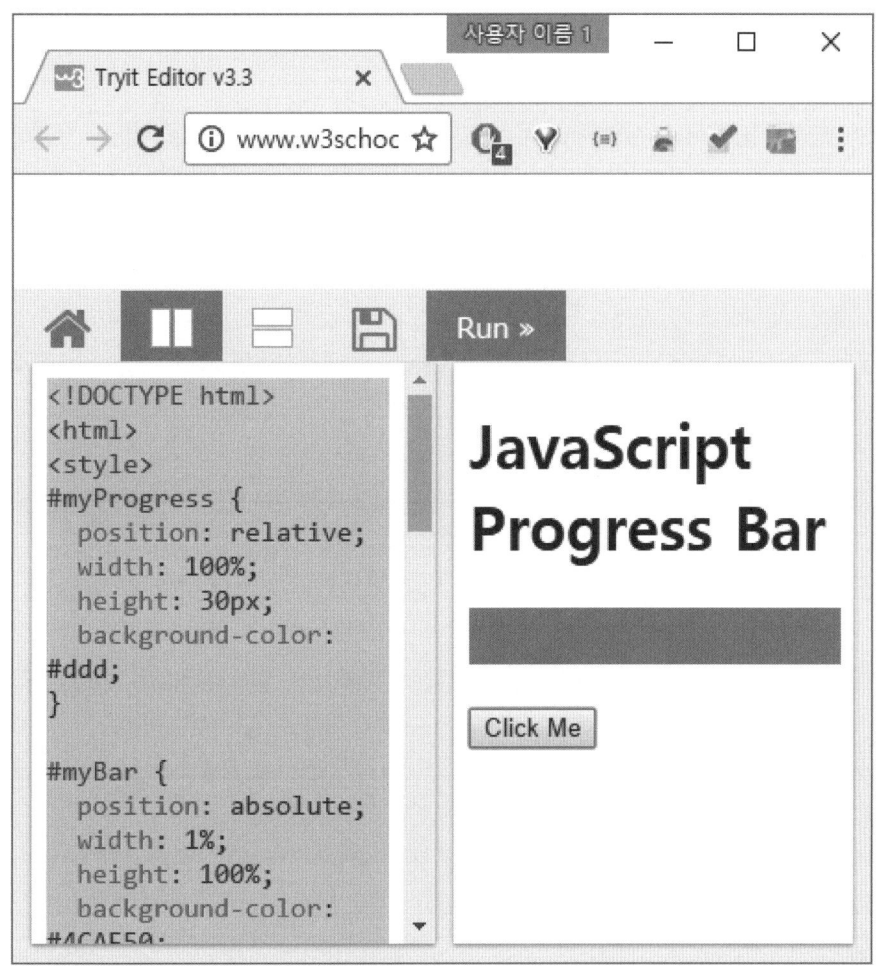

클릭하는 순간 프로그레스바가 실행되는 것을 알 수 있습니다. 〈style /〉이 CSS3 였다면 자바스크립트는 〈script /〉 라고 할 수 있습니다. 프로그레스바는 HTML5에서 자바 스크립트 없이 실행될 수 없는 타입입니다. HTML5 표준을 성실히 구현하는 크롬 브라우저에서 자바 스크립트가 잘 동작합니다. 이런 자바 스크립트를 이용한 서버 프로그래밍 언어가 바로 Node.js 입니다.

　HTML5 웹 페이지를 만들며 자바 스크립트에 익숙해지면 Node.js 를 공부하면 좋겠습니다. 참고로 자바 스크립트라는 용어는 Node.js에도 쓰이지만 앞서 연습해 본 것처럼 Chrome 브라우저에 탑재된 자바스크립트 엔진(V8이라 부릅니다)의 Java Script와는 다릅니다. 물론, 둘 다 자바 스크립트는 맞습니다. 같은 영어라도 미국식 영어, 영국식 영어로 구분하듯이 어떤것인지는 구분할 줄 알아야 겠습니다. 이를 구분하기 위해서는 직접 본인이 Node.js 를 실행해 보아야 감을 잡을 수 있습니다.

Node.js

여기부터는 친절하게 하나씩 실습해 보지는 않고 전체적으로 서버 프로그래밍을 어떻게 하는지 정도에 대해서 알려 드립니다. 이후부터는 이 나침반을 통해 원하는 공부를 하셨으면 합니다. 앞서 우리는 Visual Studio와 JDK 및 Eclipse를 설치해 보았습니다. HTML5가 HTML5 + CSS + JS(Java Script)라고 해도 HTML5 서적에서 Node.js의 Javascript는 잘 다루려하지 않습니다. 왜냐면 Node. js(Java Script)가 들어가는 순간 서버라는 것을 함께 알아야 하기 때문입니다. 물론, 로컬(자신의 컴퓨터)에서도 테스트가 가능합니다. 그러나 서버의 개념은 알아야 하겠습니다. 최근 유명한 공유기인 IPTIME으로 개인 서버를 운영하거나 Google/Amazon Drive, Dropbox 등 클라우드 저장 공간을 쓰는 경우가 많습니다. 이런 서비스를 제공해 주는 것을 바로 '서버'라고 합니다. 서버는 개인용 데스크탑과 똑같은 것으로 운영할 수 있습니다. 그러나 제온 CPU와 같이 서버에 특화된 CPU나 ECC 메모리 같이 에러 체킹이 가능한 메모리, 그리고 SAS 타입의 하드 디스크를 쓰기도 합니다. 서버용 하드 디스크도 SSD로 바뀌는 추세니 결국 데스크탑과 별 다를게 없습니다. 다만 전원 공급부가 매우 안정적이며, UPS를 통해서 정전에 대비, 혹은 로드 밸런싱, 보안을 통하여 서버에 과부하나 크레킹을 당하는 것을 방지하는 등 365일 24시간 가동이 가능한 시스템을 항상 고려합니다. 그렇지 않으면 네이버나 다음, 구글 같은 서비스가 "정기점검"이라는 문구를 표시하고 제대로 동작하지 않을 것입니다. 즉, 서버가 무엇인지 몰랐던 분은 이해를 돕기 위해 서버는 24시간 가동되는 컴퓨터 정도로만 봐도 무방합니다.

  HTML5, CSS가 포함된 정적 페이지를 제공하기 위해서는 아파치 서버나 IIS(마이크로소프트의 윈도우즈 서버가 제공하는 서비스)가 필요합니다. 해당 서버를 설치하는 방법은 따로 설명드리지 않습니다. 여기까지 오신 독자라면 충분히 인터넷을 통하여 설치할 수 있으리라 생각됩니다. 그리고 자바 스크립트를 실행하려면 크롬이 있으면 되지만 노드js를 사용하려면 Node.js 프로그램이 필요합니다. https://nodejs.org/ 사이트를 통하여 설치해 주시기 바랍니다. 쉘 스크립트 프로그래밍을 했던 CMD 창에서 다음과 같이 실행 할 수 있으면 노드js 가 잘 설치된 것입니다.

설치 이후의 Node.js 명령어는 역시 웹서핑 공부법을 통해 공부할 수 있습니다.

이렇게 클라이언트와 서버를 나누어서 프로그래밍하는 것을 실재 웹 프로그래밍이라고 합니다. 웹 프로그래머는 서버 사이드(server side) 프로그래머와 클라이언트(client) 프로그래머로 나누어 집니다. 클라이언트 프로그래밍의 종류는 다양합니다. 기업 요구에 따라 안드로이드, iOS, Windows, MacOS 용 등 다양하게 만들어야 하기에 클라이언트 프로그래머도 세부적으로 나누어지기도 합니다. 서버의 경우에도 서버 프로그래밍 뿐 아니라 서버에 걸리는 트래픽 분산, DB 관리, 보안 및 이원화 때문에 여러 플랫폼을 사용하기도 합니다. Node.js가 아닌 SPRING, TOMCAT, PHP, PYTHON 등 을 사용합니다. 또한 oracle DB, mongo DB, ms/my sql 등을 쓰다가 postreSQL(포스트그레스큐엘), cassandra(카산드라)로 교체하기도 합니다. 즉, 이 분야도 많이 세분화 됩니다. 서버 사이드, 클라이언트 사이드 구분없이, 또 플랫폼이나 주어지는 툴에 대해서 구분없이 개발 할 수 있는 엔지니어를 풀스택 엔지니어(Full Stack Engineer)라고 부릅니다. 풀 스택 엔지니어는 그 어마어마한 공유양으로 한번 인정 받은 후 매일 매일, 또 매 순간순간 마다 다시 평가를 받습니다. 즉, 계속해서 공부하지 않으면 풀 스택 엔지니어는 존재하기 힘듭니다. 다만 세부 사항을 다 모르더라도 전체적으로 돌아가는 것을 알면 중요하고 가치있는 공부만 골라서 할 수 있습니다.

    이를 위해서는 aas(As a Service)를 알아야 합니다. aas는 PaaS, IaaS, SaaS 등을 말합니다. 예전에 CBD(Component Based Development)나 SOA(Service Oriented Architecture)와 같이 큰 모듈 단위로 개발하고 레고 블럭 조립하듯이 해당 블럭을 조립하는 것을 말합니다. 이미 앞서 쉘 프로그래밍을 해 보았기 때문에 웹 서비스를 따로 구현하지 않아도 아파치를 설치하고 sudo httpd start 명령어로 웹 서비스를 실행할 수 있는 것처럼 필요한 부분을 덩어리째 사용하는 것을 말합니다.

    사실 PaaS, IaaS, SaaS, CBD, SOA 모두 API의 일종이라고 볼 수 있습니다. 사용하기 쉽게 추상화 한 것이죠. 최고의 API는 사람 API 입니다. 심지어 프로그래밍을 모르더라도 사람(프로그래머)에게 시키면 만들어 주기 때문입니다. 굳이 어려운 길을 돌아서 만들었을 때 비로소 인정하는 엔지니어 문화가 있습니다. JAVA로 짜는 것보다는 C++로 코딩하는 것이 더 대단하고, 어려운 부분을 만들 수록 대단하다고 인정합니다. JAVA 뿐 아니라 눈에 바로 보이는 웹 프로그래머는 무시하는 문화를 실무에서 자주 보았습니다. 이것은 옳다고 여기는 사람이 단순히 돈만줘서 좋은 서비스를 만든 경영자의 경우 대단하다고 생각하는 엔지니어의 경우도 있습니다. 갑론을박이 가능하겠으나, 가장 중요한 것은 "무엇을" 만드는지 스스로 아는 것이라고 생각합니다.

    이런 말을 하는 이유는 기초부터 말을 해줘야 하는데 Azure 서비스를 이용하면 Oauth(로긴 부분), JSON 파트(데이터 정의) 등 필요없이 서버 사이드에 다음과 같이 간단한 코드만 넣어줘도 데이터 베이스를 컨트롤 할 수 있다는 것을 탐탁치 않아하는 엔지니어가 있기 때문입니다.

```
exports.post = function(request, response) {
    var mssql = request.service.mssql;
    var sql = "DELETE loginmodel WHERE complete = 1; SELECT @@ROWCOUNT as count";
    mssql.query(sql, {
        success: function(results) {
            if(results.length == 1)
                response.send(200, results[0]);
        }
    })
};

exports.get = function(request, response) {
    response.send(statusCodes.OK, { message : 'Connected' });
};
```
source

심지어 Microsoft Azure에서는 모바일 서비스에 따라 Android, iOS, HTML5에 대한 기본 코드도 제공을 해 줍니다. 각 플랫폼에 종속적인 API를 native code라고 합니다. 그러나 어떤 플랫폼도 웹 브라우저는 있습니다. iOS의 사파리, Android의 Chrome, Windows의 Internet Explorer 와 같이 말입니다. 게다가 Opera, FireFox 등 3rd party 브라우저도 HTML5를 지원합니다. 즉, 각 회사가 유일하게 동의한 공통 플랫폼이 바로 HTML5입니다. 이에, webview를 통하여 하이브리드 앱(플랫폼에 종속되지 않는 앱)을 만드는 것이 최근 기조(PhoneGap, 국내 Morpheus 솔루션)입니다. 그러나 아무래도 native app에 비해서 반응성이나 편의성(native API를 쓸 때 나타나는)이 떨어집니다. 더군다나 디자인 가이드도 다릅니다. 또한 native app으로도 통일된 느낌을 줄 수도 있습니다. 유명한 facebook app의 경우, Android와 iOS 디자인이 다르지만(layout이 다릅니다) 사람들은 동일하게 느낍니다.

브라우저에 내장된 자바 스크립트가 아닌 서버 사이드에서 개발할 때 대부분 요청 자료에 대한 DB 컨트롤이 전부입니다.

```
exports.post = function(request, response) {
    var app = require('express')();
    var mssql = request.service.mssql;
    var requid = request.body.requestUid;
```
source

```javascript
        var sql = "SELECT address FROM loginmodel WHERE userid = '" + requid +"';"

    mssql.query(sql,
    {
        success: function(results) {
                response.send(200, results[0]);
        }
    })
};

exports.get = function(request, response) {
    response.send(statusCodes.OK, { message : 'Connected' });
};
```

이처럼 Azure를 통해 편하게 개발할 수도 있고, 따로 서버에 Node.js와 Web Storm을 설치해서 Eclipse에서 자바 개발을 하는 방식으로 개발할 수 도 있습니다. 이 때 WebStorm의 키 배열을 Eclipse로 설정하는 것이 필요합니다. 웹서핑 공부법을 통해 공부하다 Android Studio를 접하고, Android Studio에 익숙한 독자라면 같은 회사에서 나온 툴이므로 굳이 Eclipse 키배열을 선택하지 않아도 됩니다.

웹 스톰의 경우 실행하는 순간 바로 서버가 됩니다. 즉,

```
const server = require('_http_server');
```

에서 서버를 할당하면,

```
exports.createServer = function(requestListener) {
    return new Server(requestListener);
};
```

로 서버 객체를 생성하는 원리입니다. 물론, _http_server 자체가 PaaS, SaaS, IaaS, CBD, SOA 처럼 추상화된 하나의 API 입니다. 명확히 말하면 서버 API로 볼 수 있습니다.

```
var express = require('express');
var router = express.Router();
var mysql = require('mysql');
var crypto = require('crypto');
```

C에서 library를 include 하거나 java에서 jar 클래스 파일을 사용하는 것처럼 Node.js 도 require를 통해 필요한 API를 가져와서 사용할 수 있습니다. Node.js 는 많은 라이브러리를 사용하여 프로그래밍 합니다. express의 route[51]를 이용하여, http://localhost/ 를 호출 했을 때 mysql의 내용을 불러오게 할 수도 있습니다.

```
router.get('/', function (req, res, next) {
    pool.getConnection(function (err, connection) {
        connection.query('SELECT * FROM bbs', function (err, rows) {
            if (err) console.error("err : " + err);
            console.log("rows : " + JSON.stringify(rows));
            res.render('index', {title: 'test', rows: rows});
            connection.release();
        });
    });
});
```

....
51 https://expressjs.com/en/guide/routing.html

http://localhost/hash/ 를 호출했을 때 HASH를 생성해서 받으려면, 다음과 같이 코딩할 수 있습니다.

```
router.get('/hash', function (req, res, next) {
    var shasum = crypto.createHash('sha1');
    shasum.update(Date.now().toString());
    var output = shasum.digest('hex');
    console.log(output);
    res.send(JSON.stringify(output));
});
```

즉, 우리가 홈페이지 주소라고 하는 것을 브라우저에 주소창에 사용했을 때 응답하는 형식입니다. 이것을 HTTP Restful API라고 합니다. REST는 Representational State Transfer 입니다. 그래서 RESTafrians 라고도 하고 REST API라고도 합니다. 지금까지 설명드린 개념으로 간단히 말하자면 웹 API로 생각하시면 되겠습니다. 이러한 주소는 웹 브라우저에만 쓸 수 있는 것이 아닙니다. 해당 API를 쓸 수 있도록 각 프레임웍에서 REST API용 SDK(소프트웨어 개발 킷)을 제공합니다. SDK가 없다면 다음과 같이 구현해도 됩니다. 위에서 작성한 RESTf API인 http://localhost/hash 를 읽고 응답된 HASH로 팝업을 띄워주는 MFC(고전적인 윈도우 프로그래밍용 프레임웍) C++ 코드입니다.

```
CString StrServer = NULL;
CString strHtml = NULL;
StrServer = "http://localhost/hash";
CInternetSession *pSession = new CInternetSession;
pSession->SetOption(INTERNET_OPTION_RECEIVE_TIMEOUT, 5000);
CHttpFile* pFile = (CHttpFile*) pSession->OpenURL((LPCTSTR) StrServer, 1,
    INTERNET_FLAG_RELOAD | INTERNET_FLAG_TRANSFER_BINARY);
DWORD dwStatusCode;
pFile->QueryInfoStatusCode(dwStatusCode);
if (dwStatusCode == HTTP_STATUS_OK) {
    CString strLength = NULL;
    CString strHeaders = NULL;
    pFile->QueryInfo(HTTP_QUERY_CONTENT_LENGTH, strLength);
    pFile->QueryInfo(HTTP_QUERY_RAW_HEADERS_CRLF, strHeaders);
    long lLength = 4096 * 100;
```

```
        byte* pbHtml = new byte[lLength];
        memset(pbHtml, 0, lLength);
        byte sRecived[512];
        int iIndex = 0;
        int num = 0;
        while ((num = pFile->Read(sRecived, 512)) > 0) {
            memcpy(pbHtml + iIndex, sRecived, num);
            iIndex += num;
        }
        pbHtml[iIndex] = NULL;
        //strHtml = (CHAR *) pbHtml;
        my_HASH = (CHAR *) pbHtml;
        AfxMessageBox(cosmetic_HASH);
    }
```

이 단원은 일일이 실습을 싣기 힘들기에 충분히 여기까지 오신 독자께서 읽을만한 소스로 숲을 보여드리려고 했습니다. 결론만 간단히 말하면 추상화 해 놓은 API를 잘 쓰면 서버 및 클라이언트 프로그래밍을 할 수 있는 풀스택 엔지니어가 될 수 있다는 것입니다. 이 때 스스로 던져야할 질문은 결국 "무엇을 만들 것인가."입니다. 무엇을 만들지 스스로 결정이 섰다면 그 때 해야할 공부들은 해당 분야의 "기술 스택"이란 용어를 통해서 스스로 공부할 수 있습니다. 그러나 더욱 더 추천할 수 있는 것은 원하는 것을 이미 만들고 있는 회사에서 실무 경험을 쌓는 것이 더 좋다는 것입니다. 원하는 것을 만들며, 실무 경험도 쌓고, 돈도 벌 수 있는 것이 바로 프로그래머의 장점입니다. 단점인 야근과 특근 등 실무에 대해서는 '부록'에서 다시 다루겠습니다.

웹프로그래밍 환경 구축

JAVA 언어를 위해 JVM/JRE , C/C++언어를 위해 VISUAL STUDIO COMMUNITY를 설치 하였었습니다.

HTML / CSS / JAVASCRIPT 의 실습은 메모장으로 작성한 HTML 파일을 브라우저로 드래그 앤드랍을 통하여 결과를 바로 확인할 수 있습니다.
하지만 웹서비스를 위한 웹프로그래밍 개발환경을 구축하여 실습해 보도록 하겠습니다.

웹서비스를 위해서는 아파치(apache), IIS(window 서버) 등 웹서버(web server)가 필요한데, 가장 대중적이며 오픈소스인 아파치를 이용하도록 하겠습니다.

HTML / CSS / JAVASCRIPT 의 실습만을 위해서는 웹서버만 설치 하여도 무방하나, 웹서버만 설치하는것 보다는 웹서비스 개발을 하기 위한 웹서버/웹프로그래밍 언어/데이터베이스를 한번에 쉽게 설치할 수 있는 오픈소스통합 소프트웨어가 있으므로 우린 이것을 이용하여 설치를 하겠습니다.

보통 WAMP, LAMP라고 부르며 PHP를 사용하여 웹서비스를 개발할때 설치되는 개발환경 입니다.

W : 윈도우 환경을 의미 (L:리눅스, M:맥)
A(APACHE-웹서버) : 브라우저를 사용하는 이용자의 요청(REQUEST)를 받아서 HTML 형태로 브라우저에 응답(RESPONSE) 을 해주는 소프트웨어
M: 회원 정보, 글목록등 웹서비스에 필요한 데이터를 저장하는 데이터베이스 MY-SQL
P: PHP 언어

웹프로그래밍의 분야에 사용되는 대표적인 언어로는 PHP, ASP, JSP, 닷넷 등이 있습니다.
각각의 웹프로그래밍 언어를 사용하기 위해서 설치해야 하는 소프트웨어는 다릅니다.
PHP 는 웹프로그래밍 입문자가 이해하고 쉽고, 개발의 속도가 빨라 중소형 규모의 웹사이트 개발시 사용되는 언어 입니다.

통합 소프트웨어 다운로드 : http://bitnami.com/stacks 로 접속하여 WAMP를 선택 합니다.

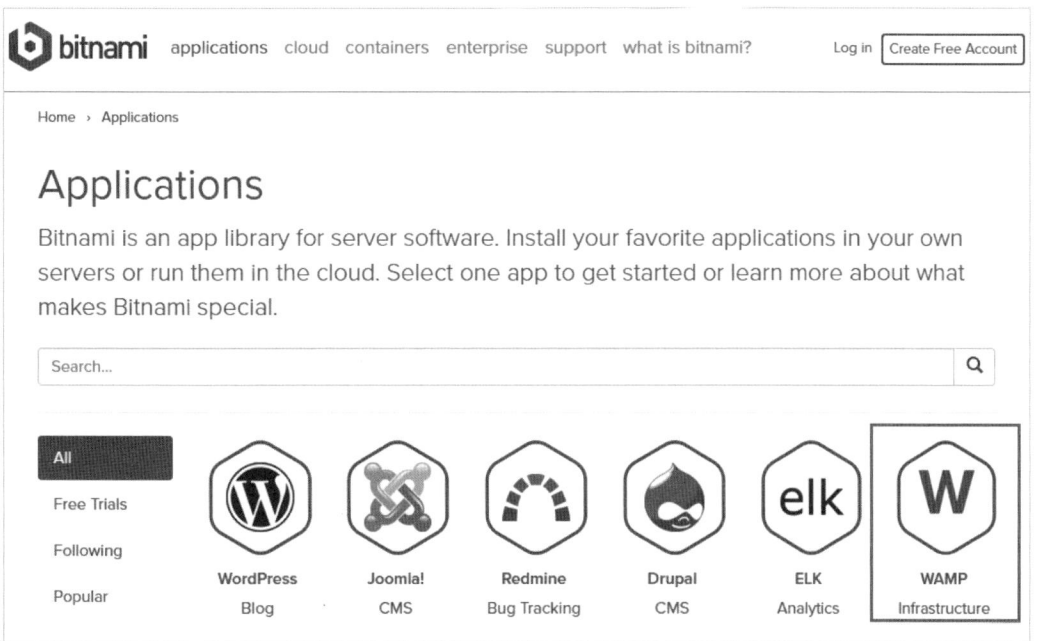

개인 홈페이지/블로그를 운영(CMS)하기 위해 사용되는 인기있는 워드프레스, 드루팔 프로젝트 매니지시스템(PMS)인 레드마인이 필요할 경우 클릭하면 쉽게 설치가 가능 합니다.

DOWNLOAD INSTALLER 를 선택 합니다. 현재 버전은 5.6.28 입니다.

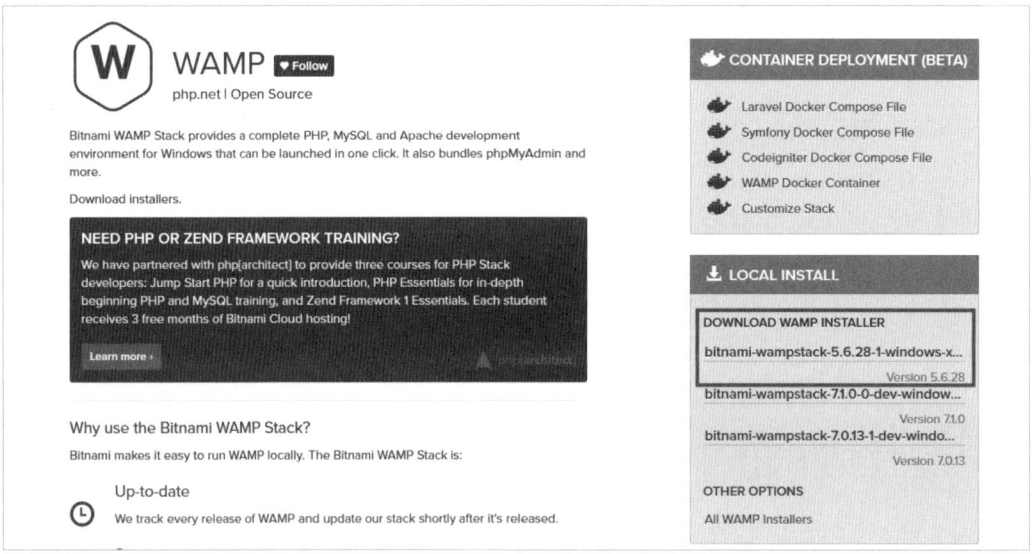

설치를 진행 합니다.

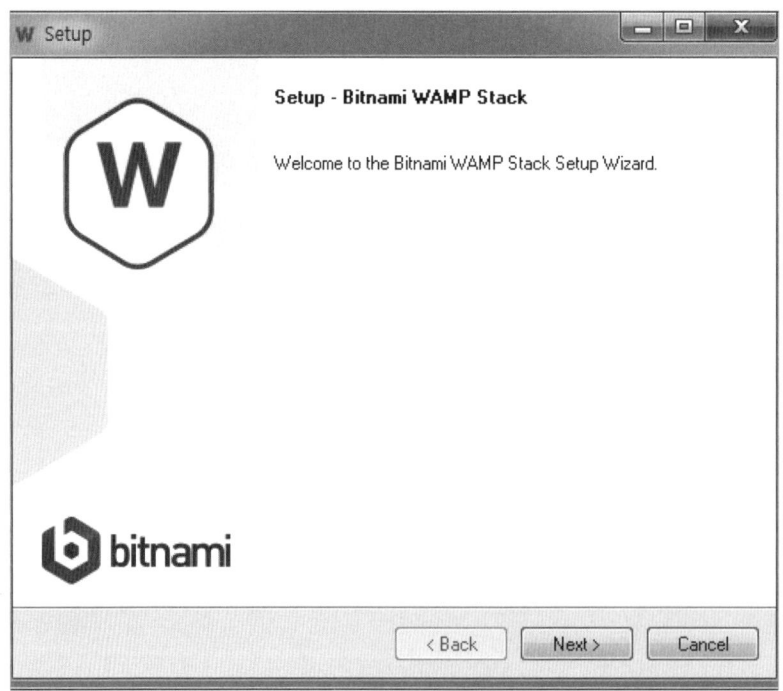

체크박스 목록에는 PHP를 이용한 웹서비스 개발시 개발속도 향상을 위한
프레임워크(뼈대) 설치여부를 선택하는것이므로, PHPMYADMIN을 제외한 나머지는 체크박스를
해제하시면 됩니다.

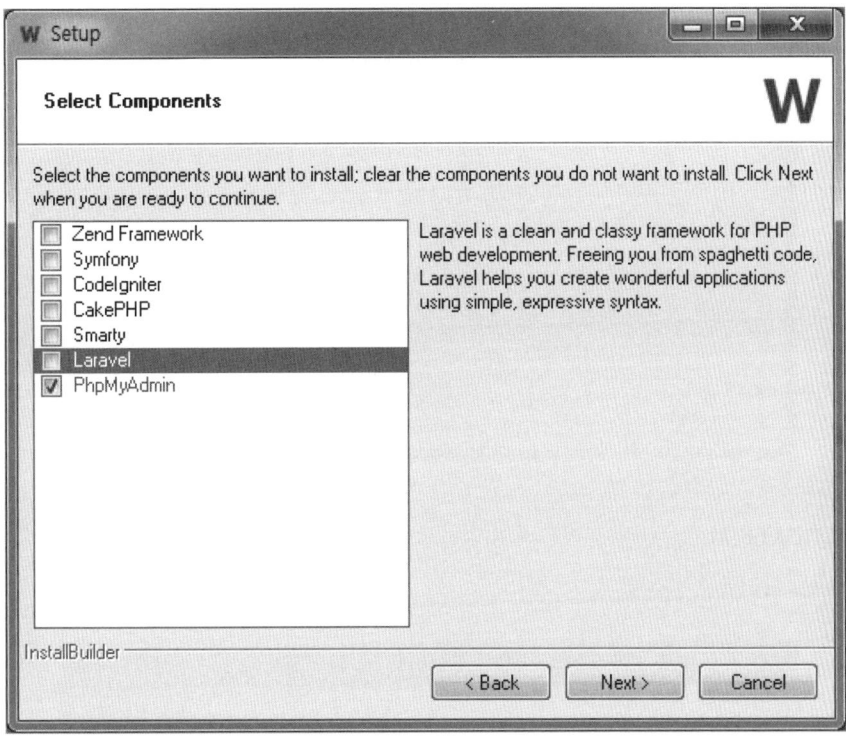

설치 디렉토리를 지정 합니다.

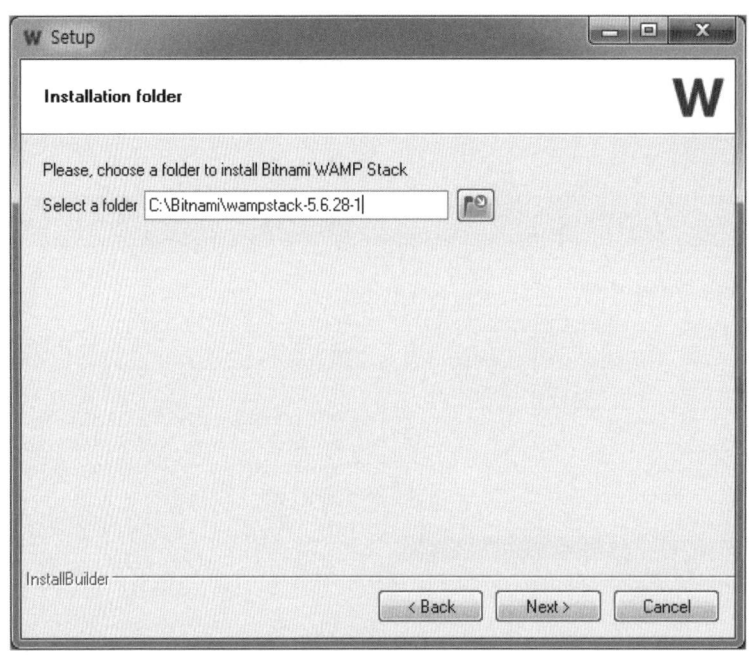

데이터베이스(MYSQL)의 관리자 계정의 비밀번호를 6자이상으로 설정 합니다.
(기본적으로 생성되는 아이디는 root 입니다.)

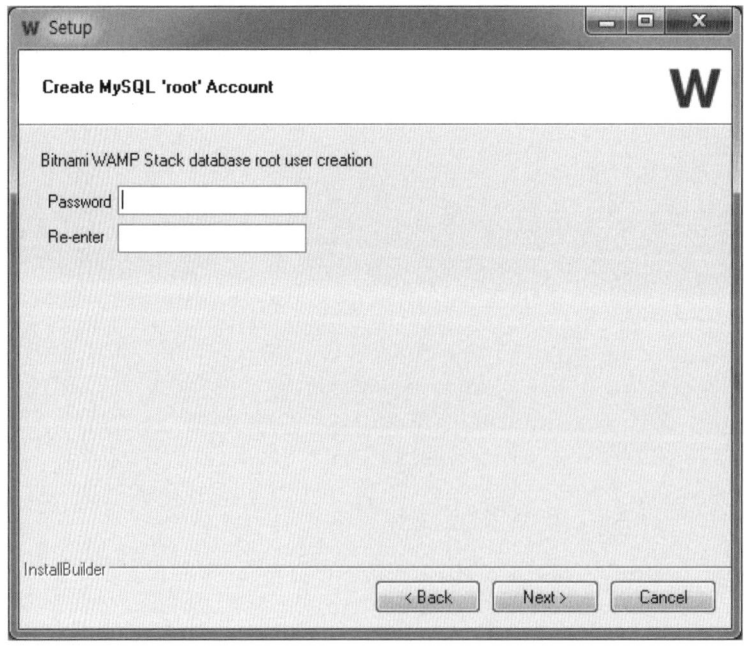

체크박스 해제후 다음을 선택 합니다.

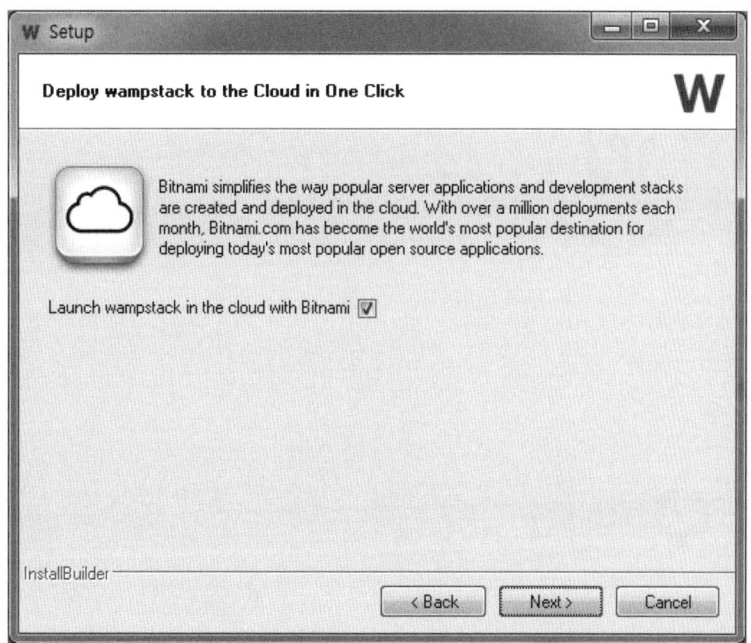

설치를 기다립니다.

설치 완료

설치가 완료되었으면 서버가 정상적으로 작동하는지 확인해 보겠습니다.
여러분이 사용하는 브라우저를 실행하여 주소창에 127.0.0.1을 입력합니다.

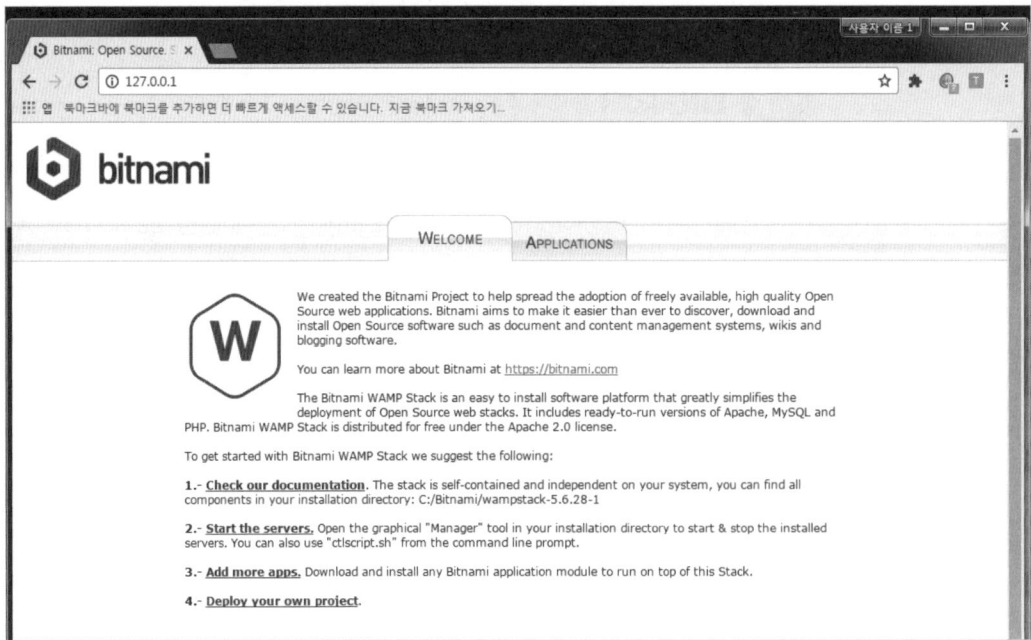

위와 같이 출력된다면 설치가 정상적으로 완료 되었습니다.

DNS

WAPM 환경을 설치한 후 정상적으로 설치 되었는지 확인하기 위해 브라우저에 127.0.0.1 을 입력 하였습니다. 그러면 이 숫자는 무엇일까요?

친구에게 이메일을 보내려고 한다면 친구의 이메일 주소를 , 전화를 하려면 전화번호를 알아야 합니다.

마찬가지로 네트워크에서 상대방의 컴퓨터(서버)와 통신하기 위해서는 IP를 알아야 합니다.

인터넷에 연결 되어있는 모든 서버와 PC, 즉 컴퓨터는 고유의 IP 주소를 가지고 있으며 각각의 컴퓨터를 구분하는데 사용됩니다.

여기서 127.0.0.1 은 내 컴퓨터를 의미 합니다.

브라우저에 127.0.0.1 을 입력했다는 것은 나의 PC에 설치된 웹서버(아파치)에 HTTP 요청을 하는 것입니다.

우리는 이미 아파치 웹서버를 설치 했으니깐요.

즉, 나의 PC 는 클라이언트(요청) 이면서 웹서버(응답) 모두의 역할을 하게 됩니다.

여러분은 인터넷에 접속하기 위해 브라우저를 실행하고 naver.com , daum.net 등 영문으로 된 도메인명을 입력 합니다. 127.0.0.1 과 같은 IP를 입력 하지 않습니다.

DNS 는 DOMAIN NAME SYSTEM 서버로 네임서버라고도 하며, 접속하고자 하는 도메인명을 IP주소로 변환시켜 주는 일을 합니다.

우리가 www.naver.com 을 입력하면 실제 브라우저는 DNS서버를 통하여 얻은 IP주소인 202.179.177.21 로 접속하게 됩니다. 이 IP주소를 입력해도 똑같이 네이버로 접속이 됩니다.

만약 우리가 202.179.177.21을 외우고 있다면 naver.com을 입력하는것보다 더 빠르게 서비스에 접속할수 있습니다. 왜냐면 DNS서버에 IP를 물어볼 필요가 없으니까요.

하지만 인터넷상에는 많은 웹서비스가 있는데 우리가 이용하려는 모든 웹서비스 IP주소를 직접 외우는것은 어려우므로 사람이 쉽게 외울수 있는 도메인이 생성되었으며, 이런 도메인을 IP주소로 변환(이름해석) 해주는 서버가 생겼으며 이를 DNS 서버라고 부릅니다.

DNS서버 사용전에는 hosts 파일을 이용 했으며, hosts파일은 도메인명 과 IP를 매칭시켜 해당 도메인 입력시 매칭되는 IP로 접속하도록 자신의 컴퓨터에 기록하는 파일입니다.

파일 경로는 아래와 같으며

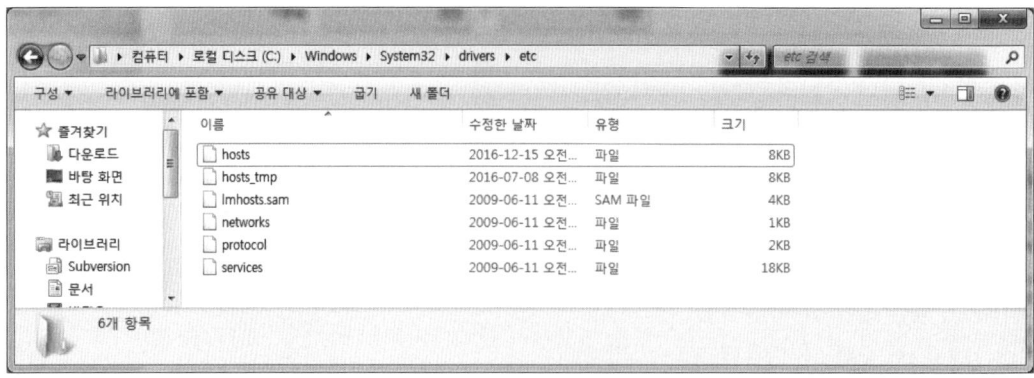

111.XXX.XXX.XXX sorasoft.net
처럼 작성할 경우 sortsoft.net을 입력하면 해당 IP로 요청을 하게 됩니다.

127.0.0.1 naver.com 으로 지정한다면 브라우저에 naver.com을 입력하여도 아파치 설치완료 페이지가 출력 됩니다.

만약, 누군가가 나의 PC hosts 파일을 몰래 변경 해놓았다면 의도치 않은 웹사이트로 이동할 수 있기에 우리가 사용하는 백신(알약, 안랩) 프로그램은 hosts 파일의 변경을 기본적으로 차단 시켜놓습니다.
hosts 파일 변조로 인해 피싱사이트로 연결 될수 있으며, 아래처럼 네이버로 접속하였는데 평소에 보이지 않던 안내글이 노출 됩니다.

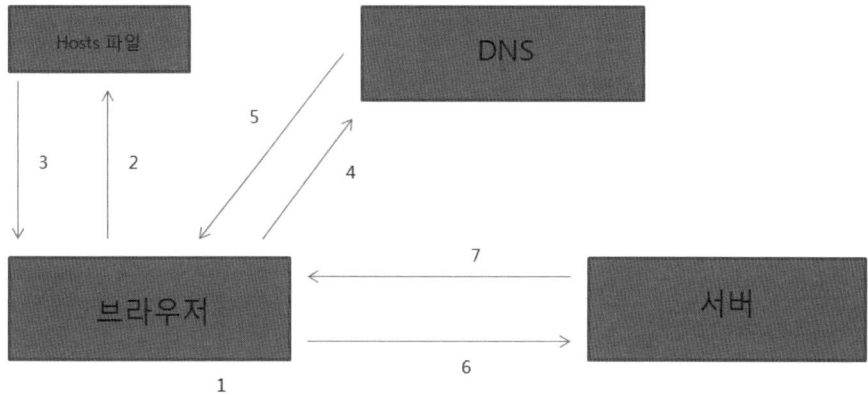

1. 사용자가 브라우저에 도메인(사이트 주소명)을 입력한다.
2. 해당 도메인이 PC내의 Hosts 파일에 IP가 있는지 확인
3. 도메인 정보가 있다면 해당 IP로 서비스 접속 (DNS에 질의과정 생략)
4. 도메인 정보가 없다면 도메인 네임서버(DNS)에 질의 한다.
5. 네임서버는 브라우저에 IP를 알려준다.
6. 브라우저는 응답받은 IP 의 서버로 페이지를 요청한다.
7. 서버는 요청한 페이지를 HTML 형식으로 응답한다.
8. 브라우저는 HTML을 화면에 표시한다.

크롬개발자도구 사용하기.

웹브라우저 크롬(Chrome)을 이용하여 HTML을 변경해 보도록 하겠습니다.

먼저 hello.html 파일을 작성합니다.

```
<!DOCTYPE html>
<html>
  <head>
    <meta charset="UTF-8">
    <title>안녕하세요.</title>
  </head>
  <body>
    <h2>안녕하세요.여러분</h2>
    <p>만나게 되어 반갑습니다.</p>
```

```
        </body>
    </html>
```

변경 해보기 위해 크롬에서 제공하는 크롬개발자도구를 이용할 것이며, 이것은 말 그대로 개발자들의 편의를 위하여 제공되는 개발 도구 입니다.

다양한 기능이 있지만 여기서는 엘리먼트(태그) 추가 및 CSS 변경을 해보도록 하겠습니다.
서버에 있는 소스코드를 고치지 않고 브라우저에서 어떤 결과가 나올지 미리 테스트 해볼수 있기에 아주 유용하게 사용됩니다.

먼저 크롬을 실행시켜 F12 또는 '설정'->'도구 더보기'->'개발자 도구'를 선택 합니다.
그러면 화면과 같이 브라우저가 아래위로 2개의 창으로 나뉘는것을 볼수 있습니다.

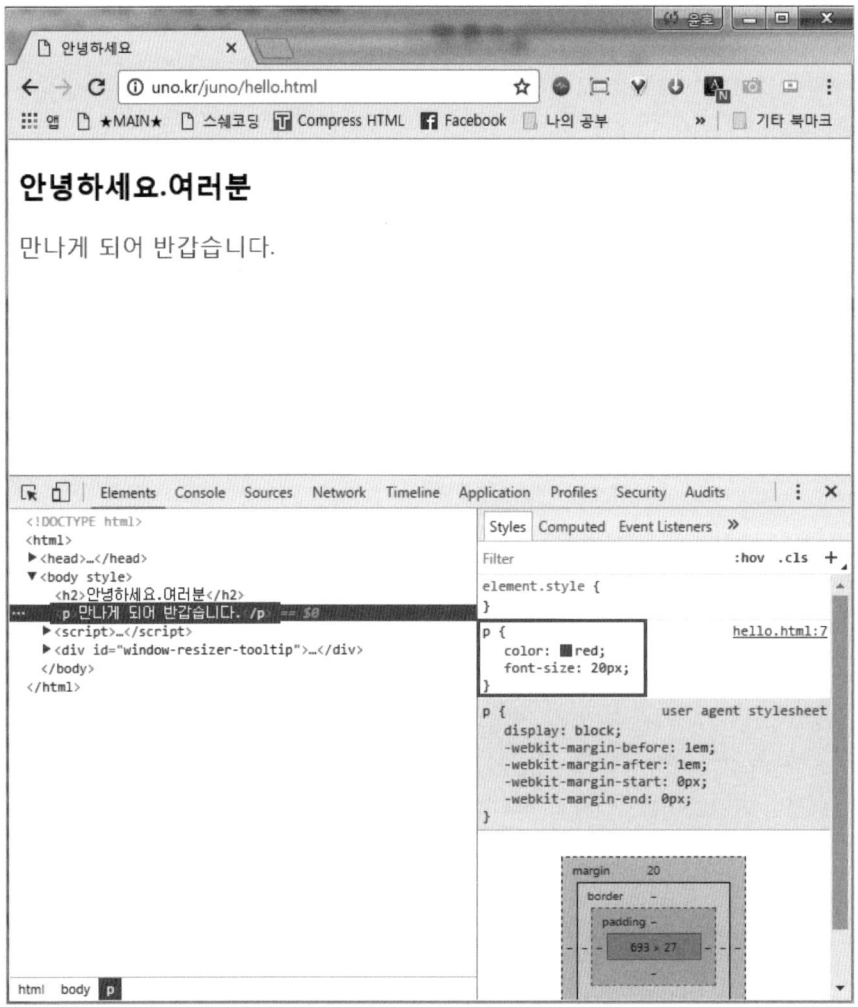

브라우저 좌측아래에는 여러분이 작성한 HTML코드를 볼수 있으며,
▶ 를 누르면 숨겨져 있는 코드를 볼수있도록 펼쳐 집니다.

마우스로 P태그를 선택하게 되면 우측에 해당 태그에 적용되어있는 CSS를 알수 있습니다.
앞서 우리는 메모장에 색상은 빨강, 글자크기는 20px로 하였었습니다.

빨강으로 되어있는 P태그의 글자색상을 파랑으로 바꿔 보겠습니다.
개발자도구의 Elements 탭영역에서 P태그를 선택한 후
화면 오른쪽의 Styles 탭의 element.style 에 아래와 같이 입력합니다.

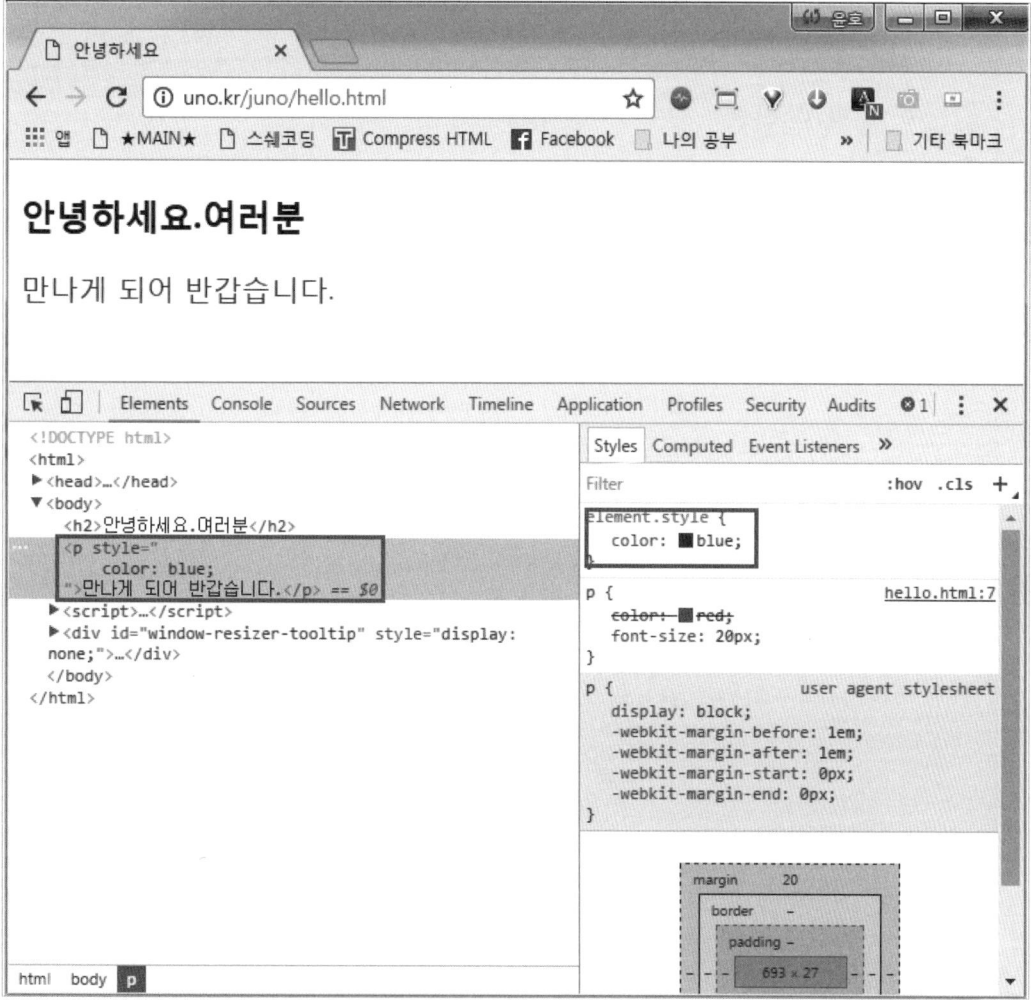

그러면 P태그 색상이 파랑으로 바뀌었습니다.

P태그를 하나더 추가 해보겠습니다.
P태그를 선택한 후 마우스 오른쪽 버튼을 눌러 'Edit As Html'을 선택 합니다.
그리고 추가할 태그를 입력합니다.

<p>크롬 브라우저에서 추가 하였습니다.</p>

P태그는 색상과 글자크기가 CSS에 지정 되어있으므로, 빨강으로 표시 됩니다.

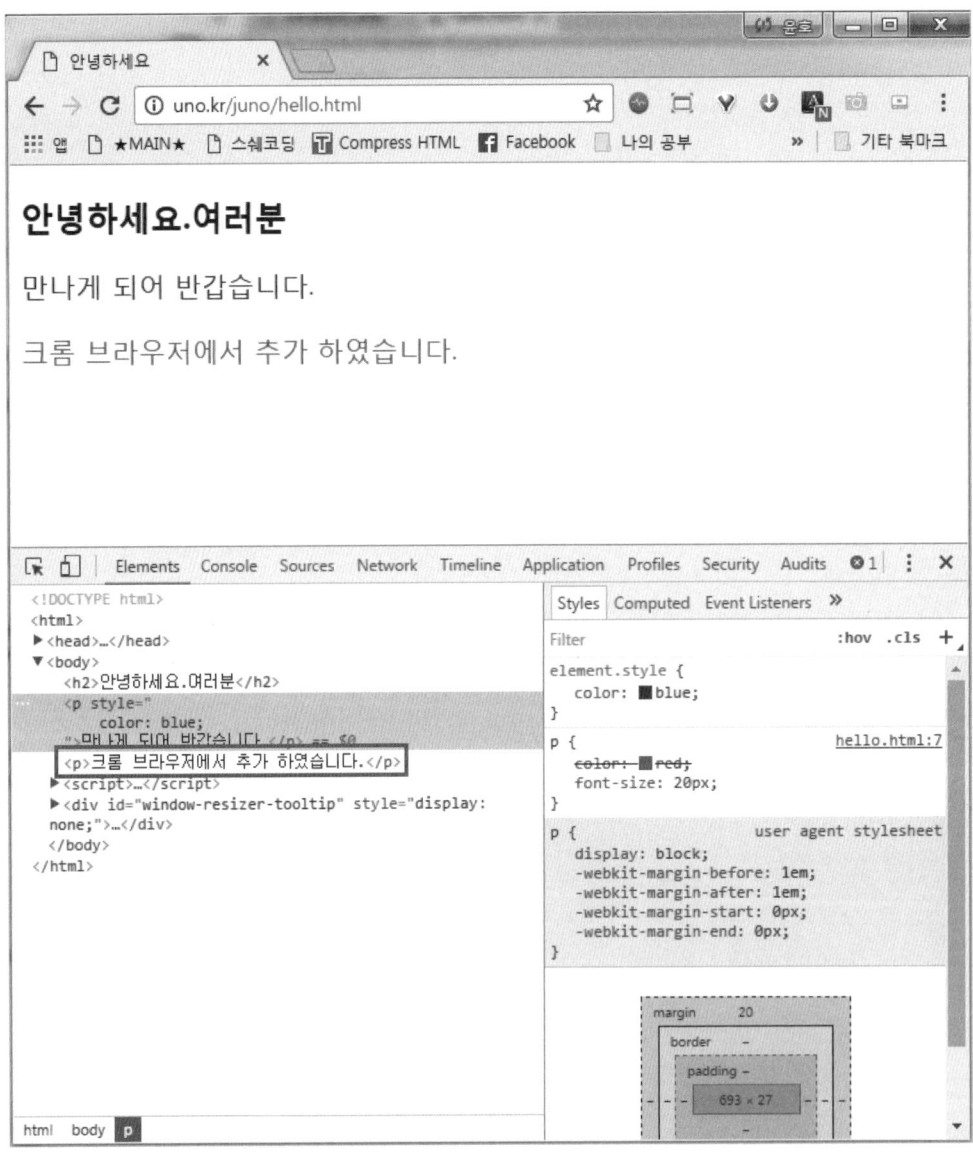

위처럼 소스코드를 수정하지 않고 개발자도구를 이용하여 html css 를 변경할 수 있다는것을 알아보았습니다.

또한 누군가가 개발한 웹사이트를 개발자 도구를 이용하여 html 구성은 어떻게 되어있는지, 특정 태그에는 어떤 스타일이 적용되어 있는지 파악할수도 있습니다.

Chapter 8.

STRAPLINE

개발환경 구축

첫 번째 어셈블리 프로그램

두 번째 어셈블리 프로그램

어셈블리 랭귀지
Assembly Language

앞서 응용 프로그래밍 언어의 "증명"을 위하여 어셈블리언어에 대한 언급을 하였습니다. 이에, 실습을 통하여 어셈블리 언어가 무엇인지 알아보려고 합니다.

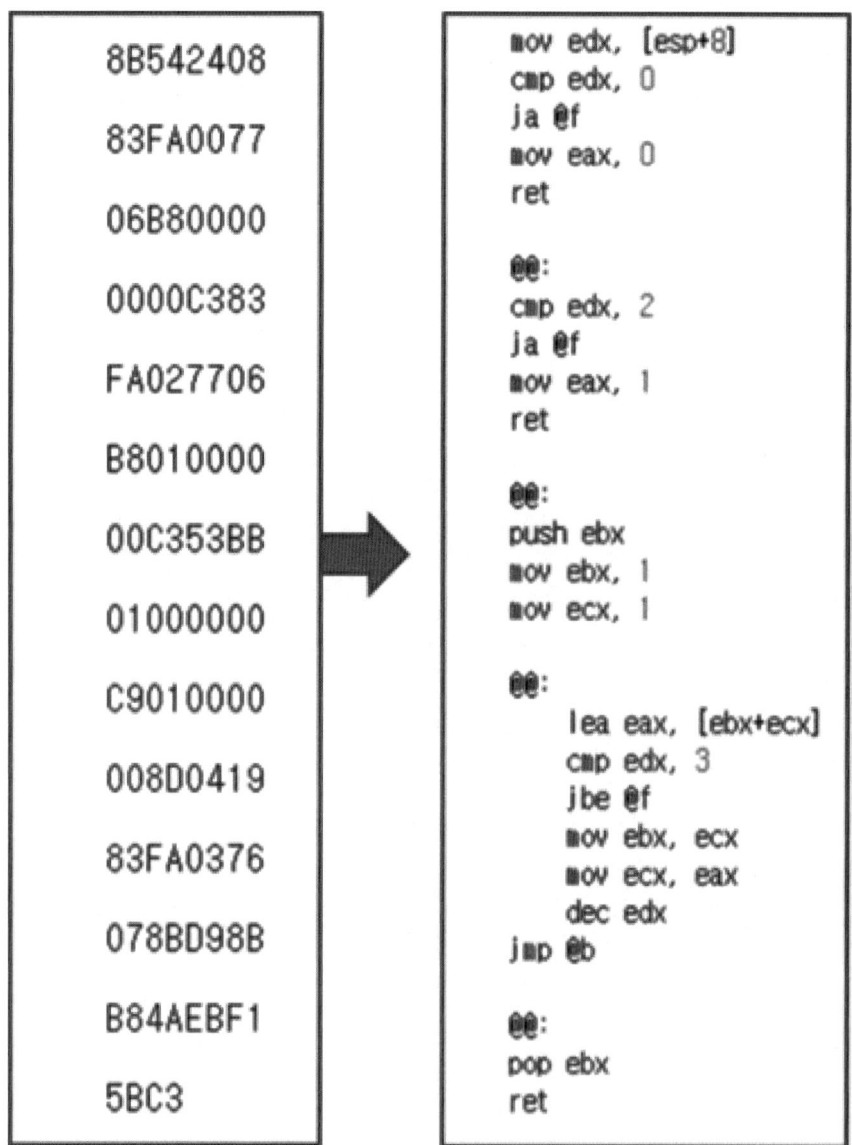

프로세서는 디지털 논리회로라서 0과 1로 이루어진 기계어만을 알아듣습니다. 그런 프로세서에게 프로그래머가 일을 시키려면, 기계어로 번역해서 전달해야 합니다.
위의 그림처럼 0과1로 이루어진 기계어로 간단한 것을 표현하고, 그것을 해석한다는 것은 어려운 일이고, 규모가 커질 수록 거의 불가능한 일에 가까워집니다. 이에 쉽게 알아보고 편집 수 있도록, Instruction SET와 레지스터 주소등을 명령어와 레지스터 이름으로 1:1로 매칭하여, TEXT로 작성하고, 기계어로 번역(Complie)하도록 고안되어진 것이 2세대 언어인 어셈블리어입니다.

1세대인 기계어와 2세대인 어셈블리어를 Low Level Language라고 부르며, 그 이후에 나온 C와 JAVA등의 언어를 High Level Language라고 부릅니다.

```
C = A + B
```

→ A가 할당된 메모리의 값을 레지스터 1로 복사
→ B가 할당된 메모리의 값을 레지스터 2로 복사
→ 레지스터 1과 레지스터 2의 덧셈연산
  (결과는 레지스터3에 저장되기로 정해짐)
→ 레지스터 3의 값을 C가 할당된 메모리에 복사

 기계어와 어셈블리어는 프로세서가 알아듣고 할 수 있는 일을 최소단위로 하나하나 세세하게 나누어 일일이 시키는 언어입니다. 프로세서는 "A = B + C"와 같은 간단한 일을 처리하는 것도 아래의 그림과 같은 과정을 거칩니다.

 이러한 과정을 일일이 작성해야 하는 어셈블리어는 덧셈연산이 레지스터3에 저장된다는 것과 "레지스터1", "레지스터2", "레지스터3"가 무엇인지, 어느 메모리의 번지에 "A","B","C"를 할당할 수 있는지, 프로세서가 할 수 있는 최소단위의 일이 무엇인지 등의 프로세서의 구조와 특성에 대한 지식을 필요로 합니다. 그리고 프로세서의 구조와 특성은 프로세서마다 다르기 때문에 다른 프로세서끼리의 어셈블리어 소스의 호환은 어렵다고 보는 것이 좋습니다.

사실 프로세서를 직접 제어할 일이 많은 디바이스 드라이버나 임베디드, 펌웨어 개발자라고 하여도 극히 어셈블리어를 사용할 일이 드뭅니다. 극한의 속도를 요구하거나, 코드사이즈의 제약이 있을 때, 세밀한 타이밍이 요구될 때에나 부분적으로 어셈블리어를 사용합니다.

그럼에도 불구하고 어셈블리어를 배우는 것은 컴퓨터를 작동시키는 가장 중요한 물리적 개념 및 추상적 개념인 CPU와 MEMORY를 사용하는 법을 가장 직관적으로 배울 수 있기 때문입니다. 컴퓨터 작동 원리를 알아야 왜 C와 JAVA가 이어지는 개념인지 알 수 있습니다. 하지만 어셈블리어는 하드웨어 종속적인 언어입니다. 프로세서라면 흔히들 떠올리는 Intel CPU의 Instruction SET만 설명해도 여러권의 책 분량입니다. 그래서 이 책은 모든 개념을 다루지는 않고 어셈블리를 한번도 접해보지 않은 분이 어셈블리어를 경험하고 Reading 할 수 있는 수준까지 올리는 것을 기준으로 합니다.

개발환경 구축[52]

널리 사용되는 Visual Studio에는 어셈블리가 포함되어 있습니다.

---
52 프로그래밍 기초 서적이나, 어셈블리 언어부터 공부해 보는 시도를 합니다.

그러나 IDE[53] 툴을 사용하지 않고, 이 책의 예제는 Windows 10과 masm32v11r 버전을 기준으로 실습 합니다. GAS(GNU Assembler), YASM(Yasm Modular Assembler), MASM(Microsoft Macro Assembler), NASM(Netwide Assembler), FASM(Flat Assembler) 등 여러 어셈블러가 있으나, 이 중에서도 MASM 코드는 고급 언어에 가까워 가독성이 좋기 때문입니다.

http://www.masm32.com/download.htm 에서 MASM을 받아 설치합니다.

http://www.kipirvine.com/asm/examples/index.htm 에서 Example programs and link library source code for the Seventh Edition을 받아 설치합니다. MASM32 설치 시 one-click으로 설치하면 Quick Editor를 실행시킬 수 있습니다. 혹은 설치된 폴더의 qeditor.exe를 실행시켜 주세요. 전통적인 masm32 폴더명으로 지정하면 되고, x86 어셈블리의 대가이신 KIP

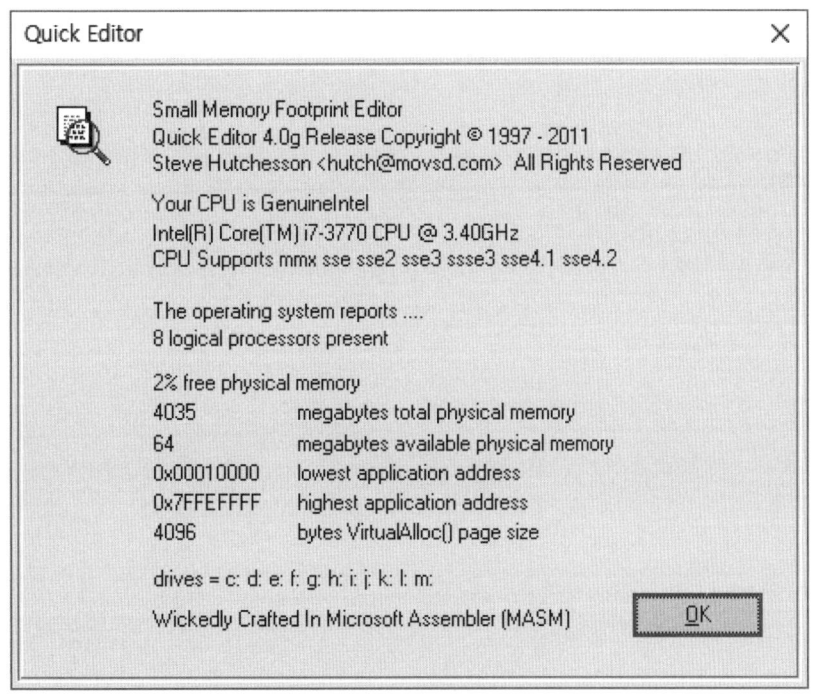

R. IRVINE 의 이름을 기리고자 기본 폴더명도 유지해서 C:\Irvine\ 에 설치합니다.

....
53 IDE(Integrated Development Environment) 효율적으로 소프트웨어를 개발하기 위한 통합개발환경 소프트웨어. ex)Visual Studio, Eclipse, JDE 등

첫 번째 어셈블리 프로그램

IRVINE의 예제를 변형하여 첫번째 프로그램을 짜 보겠습니다.

```
; My first ASM P/G
.386
.model flat,stdcall
option casemap:none

include C:\masm32\include\windows.inc
include C:\masm32\include\kernel32.inc
include C:\masm32\include\user32.inc

includelib C:\Irvine\Kernel32.Lib
includelib C:\Irvine\User32.Lib
includelib C:\Irvine\Irvine32.lib

.stack 4096

.data
captionW      BYTE "Warning",0
warningMsg    BYTE "The current operation may take years "
              BYTE "to complete.",0
```

```
.code
start:
    invoke MessageBox, NULL, ADDR warningMsg,
        addr captionW, MB_OK + MB_ICONEXCLAMATION
    InVoKe ExitProcess, NULL ; C, JAVA 와는 달리 가능한 구문입니다.
end start
```

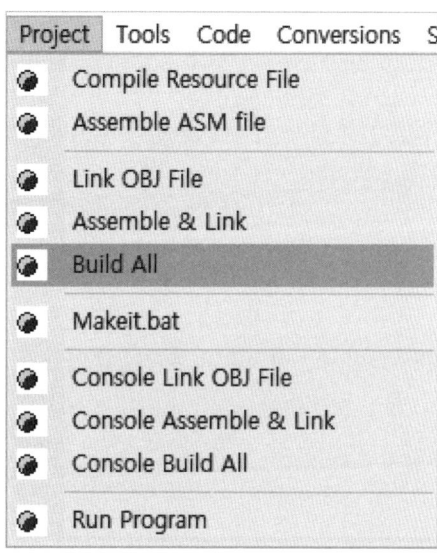

그리고 같은 메뉴에 있는 [Run Program]을 통하여 실행합니다.

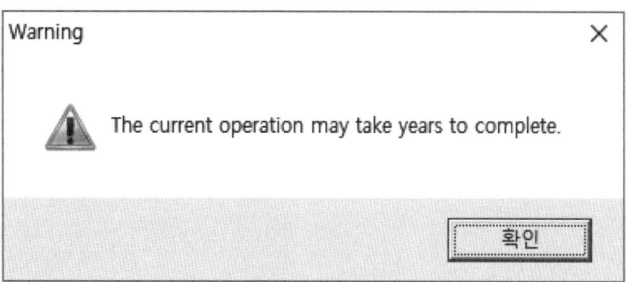

어셈블리 언어라고 하면 복잡한 코드만 떠올릴지도 모르지만, MessageBox의 이름에 걸맞게 메시지 박스가 실행되었습니다. 이제 한줄 한줄 읽어 보겠습니다.

    ; My first ASM P/G

C와 JAVA에서 //로 쓸 수 있는 주석을 ;로 쓸 수 있습니다.

InVoKe ExitProcess, NULL

구문에서도 똑같은 방법을 사용하였습니다. 어셈블리 언어는 명령어의 대소문자 구분을 하지 않습니다. 일반적으로는 대문자로 명령어를 사용합니다만 이는 개발자마다 다릅니다.

invoke 구문 사용법과 예제소스를 보겠습니다.[54]

> INVOKE expression [,arguments]

C에서 사용하는 printf() 함수를 어셈블리 언어로 보면, .data 영역에 파라미터를 정의하고 .code 영역에서 invoke를 사용하여 호출합니다.

INVOKE   printf, ADDR fmtlist, ADDR string_1, data_1, data_2

한 줄에 적을 수 있는 C 문법이 더 편하긴 하지만 어셈블리 언어를 이해하는데 어려움은 없습니다. printf를 사용하기 전에 C에서 헤더 선언을 하듯이 PROTO를 이용하여 prototype을 선언합니다.

```
; Assemble options needed: none

        .MODEL small,c

EXTERNDEF _acrtused:WORD

printf    PROTO arg1:Ptr Byte, printlist: VARARG

        .STACK 100h
        .DATA
fmtlist   BYTE    "%s, %d, %lu", 0Ah,0
string_1  BYTE    "signed byte and unsigned double word", 0
data_1    SBYTE   -2
data_2    DWORD   0FFFFFFFFh

        .CODE
```

---
54 https://support.microsoft.com/ko-kr/kb/73407

```
main       PROC
INVOKE     printf, ADDR fmtlist, ADDR string_1, data_1, data_2
main       ENDP
       ret
       end
```

CASEMAP: ALL

명령어를 사용하면 모두 대문자로 변경한 것과 같은 효과가 생깁니다. 혹은 Quick Editor 메뉴를 이용해서 모두 대문자로 변경해 줄 수도 있습니다.

Selection		Project	Tools	Code	Convers
Left Align					Ctrl+F
Upper Case					**Ctrl+U**
Lower Case					Ctrl+L
Reverse Text					Ctrl+R
Sort Ascending					Ctrl+Shft+A
Sort Descending					Ctrl+Shft+D
More Indent					Sel+PgUp
Less Indent					Sel+PgDn
Micro Indent+					Sel+Right
Micro Indent-					Sel+Left
Selection Bar					Ctrl+T
Select All					Ctrl+A

그러나

option casemap:none

을 이용하여 대/소문자 구분을 하고 있습니다. 이는 윈도우 라이브러리를 사용하기 위해서입니다. Visual Studio 로 MessageBox 를 이용하여 프로그램을 만들 때 대/소문자를 구분합니다. 이와 같이 assembly에서도 해당 library를 이용하기 위하여 대/소문자 구분 명령어를 사용하는 것입니다.

.386

컴파일러가 인식할 명령어 집합을 말합니다. 즉, CPU의 instruction set를 말합니다. instruction set은 함수, 라이브러리, 메소드, 레퍼런스, API 등의 유의어입니다. CPU 안에 만들어져 있는 API입니다. 어셈블리 언어를 위한 API라고 보면 됩니다. 어셈블리 언어는 기계어를 1:1로 번역해 놓은 것입니다. 즉, 어셈블리 언어는 곧 기계어로 보아도 무방합니다. 그래서 기계어 instruction set이 어셈블리 언어에서는 API와 같은의미를 가지는 것입니다.

Processor	Available Modes	Addressable Memory	Segment Size
8086/8088	Real	1 megabyte	16 bits
80186/80188	Real	1 megabyte	16 bits
80286	Real and Protected	16 megabytes	16 bits
80386	Real and Protected	4 gigabytes	16 or 32 bits
80486	Real and Protected	4 gigabytes	16 or 32 bits

프로세서가 변화된다는 것은 일반적으로 클럭 속도나 코어가 늘어나는 것을 말합니다. CPU에 멀티미디어를 위한 명령셋(MMX)이 추가되기도 하고 안정성을 중시하는 서버용 프로세서 군으로 나누어지기도 했습니다. 486SX, 486DX를 말하던 수십년 전 시절부터 지금까지의 가장 큰 변화는 Real 모드에서 Protected 모드로 바뀐 것 일 것입니다. 새로운 기술이 많이 나오긴 했지만 이 부분만큼 큰 변화는 없었습니다. Real 모드에서는 프로세스(혹은 Task)가 하나만 실행이 가능하고 Protected 모드에서는 동시에 하나 이상 실행 가능합니다. 실제로는 프로세스를 하나씩 실행하지만, Context Switching을 통하여 매우 적은 시간에 조금씩 실행하기에 마치 동시에 실행이 되는 것처럼 보입니다. 메모리 디스크립터 테이블을 이용하여 각 프로세스가 메모리를 나누어 쓰는 방식에 대해서 공부하기 시작하면 운영체제의 스케줄러로 깊게 파고 들어가야 합니다.

.486, .586, .586P, .686 등으로 바꾸어도 모두 작동합니다. 우리가 x86이라고 부르는 것도 8086 프로세스 명령어-set(instruction set)을 따르는 것입니다. 하위 버전에서 상위 버전으로 갈 때 호환성이 지켜지지 않으면 이전에 사용하던 명령어를 쓰지 못합니다. 이는 곧 기계어가 다르다는 것을 말하며, 만들었던 프로그램이 상위로 가면 전혀 실행하지 못하게 됩니다. 그래서 64비트 프로세서에도 여전히 32비트 명령어 SET이 들어 있습니다. 186, 286, 386, … xx86 으로 불리던 프로세스는 586부터 펜티엄이라고 불렀습니다. 미디어 사용이 많아지자 특별히 API을 따로 만든 것이 MMX입니다. 그 이후에서는 i5, i7, 제온, AMD는 불도저 등 여러 이름의 프로세서

가 나왔습니다. 그러나 깊은 내부의 명령어 set 은 대동소이 합니다. 만약 그 명령어가 서로 다르다면 우리가 사용하는 Windows가 AMD에 작동하더라도 Intel에서는 작동하지 않거나, 혹은 그 반대일 수도 있습니다. 이럴 때는 기계어를 바꾸어 주어야 합니다. 그 일을 컴파일러가 합니다. 모바일에서 많이 쓰는 ARM 칩의 경우 그렇습니다. ARM용 윈도우는 x86용 윈도우와 다릅니다. 이렇게 다르게 컴파일 해주는 컴파일러는 가리켜 "크로스 컴파일러"라고 합니다. 컴파일러도 프로그램의 일종이기 때문에 ARM용 컴파일러는 ARM instruction set으로 구성되고 x86용 컴파일러는 x86용 instruction set으로 구성됩니다. 즉, 어셈블리 언어의 API는 CPU마다 다르다고 보면 됩니다. 따라서 하위 호환성을 갖는 명령어는 기본적으로 배워두고 프로세서마다 다른 API는 그 때 그 때 찾아서 프로그래밍하면 됩니다.

.model flat,stdcall

flat은 메모리 모델을 뜻합니다. Win32에서는 flat 외 다른 선택지가 없습니다. stdcall은 함수 호출 규약의 일종입니다. calling convensions(호출규약)은 프로세서마다 다릅니다. x86의 경우 cdecl, syscall, stdcall, fastcall 등이 있습니다. C에서 printf("%d %d", a, b); 라고 했다면 우측에서 좌측으로(b, a 순서) 값이 스택에 저장 됩니다.

include, includelib는 #include, import를 아는 독자들께 더 설명하면 실례일 것 같습니다. 참고로 아래 세 가지는 include C:₩masm32₩include₩masm32rt.inc로 통합할 수 있습니다.

```
include C:₩masm32₩include₩windows.inc
include C:₩masm32₩include₩kernel32.inc
include C:₩masm32₩include₩user32.inc
```

함수 호출 부분을 보도록 합시다.

```
captionW     BYTE "Warning",0
warningMsg   BYTE "The current operation may take years "
             BYTE "to complete.",0
```

어셈블리 언어의 경우 윈도우 함수를 호출할 때 .data 파트(초기화된 데이터를 넣는 곳)를 통해 속성을 세팅하고 .code 파트에서 호출합니다. 객체지향에서 말하는 속성/행동의 개념과 흡사합니다. 이는 C++에서 클래스에 미리 public: 으로 선언하고 외부에서 'classname::함수명'으로 호출하는 것과는 전혀 다릅니다.
섹션은 꼭 지켜야 할 규칙입니다. 그래서 어셈블리가 더 쉬울수도 있습니다. 자유도가 떨어질 수록 단순 암기가 필요합니다. 기계어가 CPU 제약 사항의 영향을 받듯이 엄격하게 지켜져야 할 규칙입니다. C에서 const, 혹은 JAVA의 final이 변경될 수 없는 값을 말하듯, .CONST 섹션에는 상수 선언을 하듯 .DATA 영역과 .CODE 영역은 명확히 나누어 코딩하는 것입니다.

```
.data
captionW        BYTE "Warning",0
warningMsg      BYTE "The current operation may take years "
                BYTE "to complete.",0

.code
start:
    invoke MessageBox, NULL, ADDR warningMsg,
        addr captionW, MB_OK + MB_ICONEXCLAMATION
    InVoKe ExitProcess, NULL ; 가능합니다.
```

이 코드를 윈도우즈 방식으로 단순히 나누어졌다고 이해할 수도 있겠지만, CPU의 레지스터의 종류를 알 필요가 있습니다. 이를 위해 두 번째 예제로 넘어가겠습니다.

두 번째 어셈블리 프로그램

우선, 프로그래밍의 재미를 위하여 간단히 메시지 박스를 띄워보겠습니다.

```
; My first ASM P/G
.386
.model flat,stdcall
option casemap:none

include C:\masm32\include\masm32rt.inc

includelib C:\Irvine\Kernel32.Lib
includelib C:\Irvine\User32.Lib
includelib C:\Irvine\Irvine32.lib

.stack 4096

.data
buf db 64 dup (0)
pbuf dd buf

warningMsg    BYTE "The current operation may take years "
              BYTE "to complete.",0
```

```
        captionW        BYTE "Warning",0

    .code
    start:
        mov eax,1980
        add eax,0518
        mov pbuf, ustr$(eax)

        invoke MessageBox, NULL, pbuf,
        addr captionW, MB_OK + MB_ICONEXCLAMATION
        invoke ExitProcess, NULL
    end start
```

buf db 64 dup (0)

32비트 시스템에서 DB는 Define Byte로 1Byte , DW는 Define Word로 2Byte, DD는 Define Double word 4Byte입니다. dup는 duplication의 약자로 0을 반복한다는 의미입니다. buf라는 변수에 64 byte를 선언하고 0으로 초기화했다고 보시면 됩니다.

pbuf dd buf

pbuf는 buf를 가리키는 4byte 변수 입니다. C프로그래머는 포인터 변수, JAVA프로그래머는 인스턴스 변수로 이해하시면 됩니다.

mov pbuf, ustr$(eax)

ustr$는 eax 레지스터의 값을 string형으로 형변환 해줍니다. 함수 원형은 다음과 같습니다. C:₩masm32₩macros₩macros.asm에 정의되어 있습니다. __UNICODE__로 정의되어 있으면 crt__itow를 이용합니다. 특별히 선언이 되어있지 않은 경우 crt__itoa를 이용하여 아스키 코드로 변환합니다.

```
        ustr$ MACRO number
            LOCAL buffer
            .data?
                buffer TCHAR 40 dup (?)
```

```
        align 4
    .code
    IFNDEF __UNICODE__
      invoke crt__itoa,number,ADDR buffer,10
    ELSE
      invoke crt__itow,number,ADDR buffer,10
    ENDIF
    EXITM <eax>
  ENDM
```

해당 함수(API, Instruction, Reference, 메소드)는 C:₩masm32₩include₩msvcrt.inc 에 정의 되어 있습니다.

```
externdef _imp___itow:PTR c_msvcrt
crt__itow equ <_imp___itow>
```

이는 윈도우의 소스 폐쇄 정책에 따라 다음과 같이 찾을 수 있습니다. Visual Studio 외 기본 폴더는 C 드라이브에 위치하고 있다고 가정하겠습니다.

C:₩Windows₩WinSxS₩x86_microsoft.vc90.crt_1fc8b3b9a1e18e3b_9.0.21022.8_none_bcb86ed6ac711f91>"C:₩Program Files (x86)₩Microsoft Visual Studio 14.0₩VC₩bin₩"dumpbin /exports msvcr90.dll | findstr itoa

```
614  265 0002641C _itoa
615  266 00026646 _itoa_s
```

C:₩Windows₩WinSxS₩x86_microsoft.vc90.crt_1fc8b3b9a1e18e3b_9.0.21022.8_none_bcb86ed6ac711f91>"C:₩Program Files (x86)₩Microsoft Visual Studio 14.0₩VC₩bin₩"dumpbin /exports msvcr90.dll | findstr itow

```
616  267 00026874 _itow
617  268 00026AC7 _itow_s
```

Chapter 9.

STRAPLINE

싱글톤 패턴

플라이급 패턴

빌더패턴

콜백패턴

디자인 패턴
Design Patterns

이전 챕터에서 프로그래밍에는 많은 분야가 있고 결국 '전기' 단계까지 공부하기에는 시간이 부족하다는 것을 알았습니다. 게다가 '전기 전문가'만 되어도 '프로그래머'보다 연봉이 높아지는 기이 현상도 있기에 현실적으로 어느 것이 더 낫다고 표현하기 힘듭니다. 그럴 때 디자인 패턴을 공부해 보는 것을 추천합니다. 디자인 패턴에 가장 권위있는 책은 5명의 갱(작가들이지만 '갱'이라고 재미있게 표현한)이 쓴, GOF 디자인 패턴입니다. 많은 디자인 패턴이 Android에 구현되어 있어서 Android 프로그래밍을 한다면 자연스레 익혀 지기도 합니다. 어느 정도 프로그래밍 실력이 늘고나면 API를 써서 하는 프로그래밍 보다 좀 더 구조적 프로그래밍을 하고 싶다고 이야기를 합니다. "등잔 밑이 어둡다"는 말과 같이 Android Programmer의 경우 이미 구조적 프로그래밍을 하고 있었습니다. API 역시 구조적 프로그래밍 방법으로 이뤄졌고, Android의 경우 많은 디자인 패턴이 구현되어 있습니다. 이 장에서는 웹서핑 공부법을 통해 퀄리티 있는 자료를 찾기 위한 내공을 쌓을 목적으로 몇가지 디자인 패턴을 알아보겠습니다.

싱글톤 패턴

이름 그대로 단독 객체를 말합니다. 메모리에 생성되는 객체가 단 하나라는 뜻입니다.

```java
class Ring {

    private volatile static Ring onlyRing; // 싱글톤 인스턴스의 핵심입니다.

    private Ring() {
        System.out.println("Ring(): Only Sauron can make.");
    }
    public static Ring makeRing(String s) {
        if(s.equals("Sauron") && onlyRing == null) {
                        synchronized(Ring.class) {
                                if(onlyRing == null) onlyRing = new Ring();
                        }
                }
        return onlyRing;
    }

    public void access() {
        System.out.println("My Lord!");
    }
}
```

```
    }

    public class LordOfTheRing {
        public static void main(String[] args) {
            Ring gollum = new Ring(); // 에러가 발생합니다.
            Ring sauron = Ring.makeRing("Sauron");
            sauron.access();
        }
    }
```

골룸이 객체를 생성해 보려고 하지만 private 접근자로 생성하지 못합니다.
static의 경우 new를 하지 않아도 바로 메모리에 생성 됩니다. 원자성을 보장하기 위해 volatile 키워드를 씁니다. synchronized 로 크리티컬 섹션을 만들어 여러 Thread가 접근하려고 할 때 하나만 안전 영역에 들어가도록 합니다. 안전 영역에 들어가서도 한번 더 원자성 체크를 합니다. 프로그램의 동작 시간과 운영체제의 Context Switching 시간, 또 그것이 JVM의 동시성에 끼치는 영향을 모두 예측할 수 있다면 중복되는 코드를 적지 않아도 되겠습니다. github[55] 의 우수한 엔지니어는 이러한 사실과 관계된 Latency에 관하여 써 놓았습니다.

....
55 https://gist.github.com/jboner/2841832

Latency Comparison Numbers

L1 cache reference	0.5 ns
Branch mispredict	5 ns
L2 cache reference	7 ns
Mutex lock/unlock	25 ns
Main memory reference	100 ns
Compress 1K bytes with Zippy	3,000 ns
Send 1K bytes over 1 Gbps network	10,000 ns
Read 4K randomly from SSD*	150,000 ns
Read 1 MB sequentially from memory	250,000 ns
Round trip within same datacenter	500,000 ns
Read 1 MB sequentially from SSD*	1,000,000 ns
Disk seek	10,000,000 ns
Read 1 MB sequentially from disk	20,000,000 ns
Send packet CA->Netherlands->CA	150,000,000 ns

Notes

-----

1 ns = 10^{-9} seconds
1 us = 10^{-6} seconds = 1,000 ns
1 ms = 10^{-3} seconds = 1,000 us = 1,000,000 ns

그러나 이런 Latency도 CPU 혹은 MPU, 기타 궁합이 맞는 하드웨어(메인보드와 같은 회로기판)에 따라 상이할 것입니다. 자신이 특정 플랫폼의 응용프로그래머이기를 자처한 사람들이 많은 책을 내고 프로그래밍에 관한 일련의 정의를 합니다. 이에 일년 이상만 배운 프로그래머라면 누구나 가르칠 수 있습니다. 아쉬운 것은 아는 범위를 넓혀갈수록 정의했던 모든 것은 깨어집니다. 이에, 어떤 주제로 이야기를 할 것인지 명확하게 하는 것이 필요합니다. 여기서는 모든 프로그래밍 언어가 대동소이 하다는 것을 지속적으로 말하고 있습니다.

싱글톤 패턴은 클래스가 오직 하나의 인스턴스만 생성한다는 것을 보장합니다. 클레스간의 값 전달은 멤버변수에 접근하는 메소드를 이용하거나 콜백 함수를 이용하는 것이 일반적입니다. 그러나 Global configuration 과 같은 경우 싱글톤 함수로 지정해서 객체간의 대화를 원활히 하고 프로그램 종료시에는 객체 직렬화를 이용하여 저장하는 방법을 사용합니다.

플라이급 패턴

flyweight pattern은 싱글톤, 싱글턴에 비해 빈번히 이야기하는 패턴은 아니지만 매우 중요한 패턴입니다. 플라이급, 웰터급, 헤비급처럼 권투선수의 무게를 뜻하는 용어로 '플라이급' 패턴으로 이야기 하면 이해 하기가 매우 쉽습니다. 컴퓨터에 있어 가볍다는 것은 메모리를 적게 사용하는 것입니다. 불필요한 객체를 지속해서 생성하지 않고 한번만 생성하는 것이 flyweight pattern 의 핵심입니다. 어떻게 보면 싱글톤 패턴도 플라이급 패턴의 일종이라고 할 수 있습니다. 그래서 플라이급 패턴은 하나의 공유할 큰 객체가 아닌 작은 객체들을 말합니다. 다음은 플라이급 패턴의 JAVA 소스[56] 입니다.

```java
import java.util.List;
import java.util.Map;
import java.util.Vector;
import java.util.concurrent.ConcurrentHashMap;

// Instances of CoffeeFlavour will be the Flyweights
class CoffeeFlavour {
  private final String name;

  CoffeeFlavour(String newFlavor) {
    this.name = newFlavor;
```

---

56 https://en.wikipedia.org/wiki/Flyweight_pattern

```java
  }
  @Override
  public String toString() {
    return name;
  }
}

// Menu acts as a factory and cache for CoffeeFlavour flyweight objects
class Menu {
  private Map<String, CoffeeFlavour> flavours = new ConcurrentHashMap<String, CoffeeFlavour>();

  CoffeeFlavour lookup(String flavorName) {
    if (!flavours.containsKey(flavorName))
      flavours.put(flavorName, new CoffeeFlavour(flavorName));
    return flavours.get(flavorName);
  }

  int totalCoffeeFlavoursMade() {
    return flavours.size();
  }
}

class Order {
  private final int tableNumber;
  private final CoffeeFlavour flavour;

  Order(int tableNumber, CoffeeFlavour flavor) {
    this.tableNumber = tableNumber;
    this.flavour = flavor;
  }

  void serve() {
    System.out.println("Serving " + flavour + " to table " + tableNumber);
  }
}
```

}

```java
public class CoffeeShop {
  private final List<Order> orders = new Vector<Order>();
  private final Menu menu = new Menu();

  void takeOrder(String flavourName, int table) {
    CoffeeFlavour flavour = menu.lookup(flavourName);
    Order order = new Order(table, flavour);
    orders.add(order);
  }

  void service() {
    for (Order order : orders)
      order.serve();
  }

  String report() {
    return "\ntotal CoffeeFlavour objects made: "
        + menu.totalCoffeeFlavoursMade();
  }

  public static void main(String[] args) {
    CoffeeShop shop = new CoffeeShop();

    shop.takeOrder("Cappuccino", 2);
    shop.takeOrder("Frappe", 1);
    shop.takeOrder("Espresso", 1);
    shop.takeOrder("Frappe", 897);
    shop.takeOrder("Cappuccino", 97);
    shop.takeOrder("Frappe", 3);
    shop.takeOrder("Espresso", 3);
    shop.takeOrder("Cappuccino", 3);
    shop.takeOrder("Espresso", 96);
    shop.takeOrder("Frappe", 552);
```

```
    shop.takeOrder("Cappuccino", 121);
    shop.takeOrder("Espresso", 121);

    shop.service();
    System.out.println(shop.report());
  }
}
```

핵심소스는 다음과 같습니다.

```
    CoffeeFlavour lookup(String flavorName) {
      if (!flavours.containsKey(flavorName))
        flavours.put(flavorName, new CoffeeFlavour(flavorName));
      return flavours.get(flavorName);
    }
```

해당 키로 검색해서 만들어져 있다면 ConcurrentHashMap에서 찾아서 반환합니다. 생성되어 있지 않다면 생성해서 해시맵에 넣어줍니다. 해시맵을 사용하는 시간, 공간(메모리)적 비용이 들지만 여러개의 객체를 여러번 생성하는 것보다는 나은 성능을 보이기에 공유하는 것입니다.

빌더패턴

빌더패턴은 객체 생선시 멤버변수 세팅을 편하게 하기 위해서 만들어진 패턴입니다.

```
public class Human {
    private final String mName;
    private final Face mFace;
    private final Integer mAge;
    private final Integer mHeight;
    private final String mAddress;
}
```

와 같은 객체가 있다고 가정합니다. 캡슐화 원칙에 따라 private으로 처리된 멤버는 public 메소드를 이용해서 바꿔야 합니다. 이에 setter/getter를 추가로 생성하게 됩니다.

```
final Human h = new Human();
h.setName("하준호");
h.setAge(36);
h.setHeight( ...
```

한 사람마다 계속해서 같은 setter를 호출해 주어야 합니다. 이런 불편함을 덜고자 Builder pattern이 나오게 되었습니다.

```java
public class Human {
    public static class Builder {
        private String mName = "이름없음";
        private Integer mAge = 19;
        private Integer mHeight = 160;
        private String mAddress = "대한민국";

        public Builder name(final String pName) {
            this.mName = pName;
            return this;
        }

        public Builder age(final Integer pAge) {
            this.mAge = pAge;
            return this;
        }

        public Builder height(final Integer pHeight) {
            this.mHeight = pHeight;
            return this;
        }

        public Human build() {
            return new Human(mName, mAge, mHeight, mAddress);
        }
    }

    private final String mName;
    private final Integer mAge;
    private final Integer mHeight;
    private final String mAddress;

    private Human(final String pName, final Integer pAge,
        final Integer pHeight, final String pAddress) {
        this.mName = pName;
```

```
            this.mAge = pAge;
            this.mHeight = pHeight;
            this.mAddress = pAddress;
        }

        public static void main(String args[]) {
            Human.Builder hb = new Human.Builder();
            Human h = hb.name("이소라").age(34).height(150).build();

            System.out.println("주소 " + h.mAddress + "   이름 " + h.mName + "("
                    + h.mAge + ")");
        }
    }
```

핵심은 setter를 줄이는 것이라 print 할 때 쓸 getter는 아예 만들지 않았습니다. main을 보면 hb라는 빌더를 생성해서 h라는 객체 멤버를 짧은 코드로 초기 세팅하였습니다. build 인자에 넣지 않는 부분은 디폴트 값을 가지게 됩니다. build class가 static 인 이유는 Human Class의 내부 클래스 이기 때문입니다. Human 은 new 하기 전에는 메모리에 생성되지 않습니다. 보통은 Human 클래스를 new하여 메모리에 생성해야 내부 클래스를 쓸 수 있기 때문입니다. 내부 클래스에 static 키워드가 있으면 부모 클래스를 객체로 만들기 전에 사용할 수 있습니다. 단, 바로 쓸 수 있는 메소드와는 달리 new로 생성해야 합니다.

콜백패턴

사실 콜백패턴으로 이름 지어진 패턴은 없습니다. 패턴이라는 것은 문제를 해결하기 위해 자주 쓰는 코딩 스타일을 말합니다. 콜백은 무수히 사용하므로 콜백 패턴으로 명명하는 것이 옳다고 생각하였습니다. 콜백패턴은 스트레터지 패턴과 템플릿 메소드 패턴의 기본 골격입니다. C에서 콜백은 포인터로 구현합니다. 함수포인터를 이용하여 쓰고자하는 function을 변경하는 것이 스트레터지 패턴입니다. 파라미터에 함수포인터를 넘겨주는 것이 바로 콜백이며, 넘겨진 하위 모듈에서 구체적 구현을 하는 것이 바로 템플릿 메소드 패턴입니다. 이를 꿰뚫는 개념이 바로 콜백 패턴입니다. 필자가 5년간 멘토링을 하던 시절 포인터와 콜백의 개념만 이해시키면 혼자서 디자인패턴을 독학할 수 있었습니다. 그러나 전공자라도 콜백을 이해하는데는 평균 일주일이 소요되었습니다. 이에 두루뭉실한 개념을 완벽히 이해했던 멘티[57]의 글을 먼저 소개합니다. 이해하는데 도움이 될거라 생각됩니다.

콜백은 'A가 B를 호출하여 B가 작업을 수행하다 어떤 시점에서 다시 B는 A를 호출, 그 때 A가 정해놓은 작업을 수행'하는 것.

아래의 코드는 MainActivity에서 Callee 클래스의 객체를 생성 후, doWork()를 수행합니다. Callee의 doWork()내부에서 또다시 Callee2의 객체를 선언하고 Callee2의 doWork()를 수행합니다.

각 doWork()메소드 안에서는 자신을 호출한 메소드로 callback을 보내주도록 되어있습니다. 메

---

57 KT의 김경민씨, https://brunch.co.kr/magazine/student

소드 작업을 수행하고 콜백을 수행하는 것을 간단한 Log를 찍어 확인해 볼 것입니다. 이 때, Callback은 아래와 같이 Interface로 미리 만들어 놓아 Callback 내용을 부르는 메소드 안에서 구현하도록 강제하였습니다.

```java
public interface Callback {
    void callback();          // Callback 인터페이스 내의 속이 없는 껍데기 함수
}

public class MainActivity extends Activity {

    @Override
    protected void onCreate(Bundle savedInstanceState) {
        super.onCreate(savedInstanceState);
        setContentView(R.layout.activity_main);

        Log.i("kkm", "MainActivity Log");     // Activity 생성 후 가장 먼저 찍힐 Log
        Callee callee = new Callee();          // Callee 객체 생성
        callee.doWork(mCallback);              // Callee 내의 doWork를 호출
    }

    Callback mCallback = new Callback() {      // 인터페이스로 정의한 Callback의 내부를
                                               // 익명객체로 구현.
        @Override                              // callee(위에서 설명한 B)가 호출할 콜백 구현은
                                               // MainActivity(A)에서 합니다.
        public void callback() {
            Log.i("kkm", "callback1");
        }
    };
}


public class Callee {
    public void Callee() {}
    public void doWork(Callback mCallback) {
```

```
            Log.i("kkm", "Callee doWork() Log");    // 두번 째로 찍힐 Log
            mCallback.callback();              // 이 시점에서 MainActivity가 지정한 callback
호출. 세 번째 "callback1" Log가 찍히겠지요?

            Callee2 callee2 = new Callee2();   // Callee2 클래스 객체 하나 만들고
            callee2.doWork(mCallback2);        // callee2 안의 doWork()수행. 마찬가지로 Callee를
                                               참조할 수 있도록 Callee에서 구현한 Callback
                                               인스턴스 변수 mCallback2를 넘겨줍니다.
        }
        Callback mCallback2 = new Callback() {
            @Override
            public void callback() {
                Log.i("kkm", "callback2");     // 다섯번 째로 직힐 callback2 Log.
            }
        };
    }

    public class Callee2 {
        public Callee2() {}
        public void doWork(Callback mCallback) {   // callee로부터 doWork가 호출되면 수행됩니다.
            Log.i("kkm", "Callee2 doWork() Log");  // 네 번째 Log를 찍고
            mCallback.callback();                   // Callee에서 지정한 callback함수 호출합니다.
        }
    }
```

실행. logcat에서 다음과 같이 Log가 찍힌 것을 볼 수 있었습니다.
kkm: ManiActivity Log
kkm: Callee doWork() Log
kkm: callback1
kkm: Callee2 doWork() Log
kkm: callback2

아래의 그림은 Log찍히는 순서를 나타낸 것.

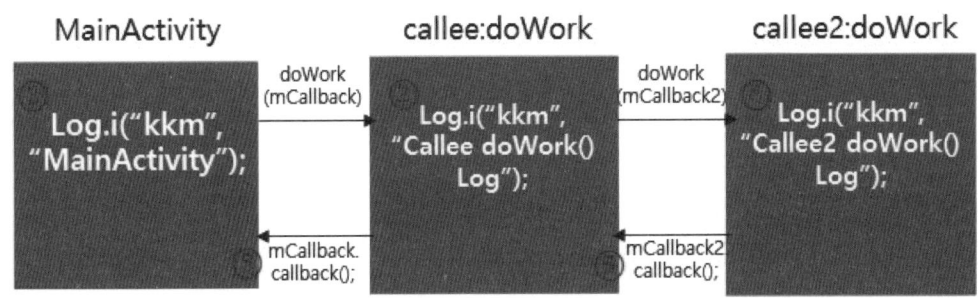

다시한번 정리를 하면, 콜백은 function이 자신의 일부를 넘기는 행위. 즉, A가 B를 호출하는데 B가 A의 일부분을 실행시켜 달라는 말입니다.
B가 A가 지정해 놓은 '일부분'을 수행하기 위해 A를 참조해야 하는 데 그 수단으로 위에서 처럼 클래스 자신의 인스턴스 변수를 넘긴 것이고, 호출한 메소드가 자신의 인스턴스 변수를 이용하여 자신의 메소드를 호출할 수 있게 하는 것입니다.

포인터와 함수포인터의 개념을 알고 Android의 기초 언어인 JAVA 역시 포인터의 언어라는 것을 아는 상태에서의 콜백은 단 한줄로 설명할 수 있습니다.

콜백은 호출 함수의 파라미터에 함수 포인터를 넣는 것.

파라미터로 전달된 포인터는 메모리상에 존재하며 언제든 사용 가능합니다. 모듈간의 원활한 호출을 위해 만들어졌습니다.

패턴 언어 구현은 모두 JAVA 언어로 이루어졌습니다.
여러 언어를 다루다 보니 경험상 추상화가 가장 잘된 언어를 질문받는다면 바로 JAVA입니다.
어셈블리어는 CPU의 특성을 계속 고려해야 하다보니 프로그래밍에 자유롭지 못합니다. C도 마찬가지 입니다. C++의 경우 헤더(*.h, *.hpp)와 본체(cpp, cxx)를 분리해야 하다보니 리팩토링에 자유롭지 못합니다.
　그 말은 하나의 소스를 여러 디자인패턴으로 바꾸는데 무리가 있다는 것입니다. 게다가 Android 라는 거대한 시장이 관리해준 Framework 에서 자바 디자인 패턴을 많이 구현해 놓았기에 퀄리티있는 소스를 웹서핑 공부법으로 찾기 좋았습니다. 이에, 디자인 패턴은 꼭 JAVA, 혹은 JAVA와 너무도 흡사한 C#으로 공부하시길 권장드립니다.

C#은 JAVA와 배우 흡사한 언어입니다. JAVA를 잘하는 소프트웨어 엔지니어는 C# 역시 금세 익힙니다. 컴포넌트 프로그래밍을 하는 최초의 언어라는 개념은 JAVA의 "클래스"와 전혀 다르지 않으며 컴포넌트의 개념 역시 "클래스"의 개념으로 묶을 수 있습니다. "컴포넌트"와 "클래스"는 추상화된 API에 지나지 않고, 컴포넌트가 클래스보다 상위 개념이긴 하지만 두 단어를 혼용해서 써도 크게 무리는 없다고 생각하면, 두 언어는 거의 완벽하게 연결됩니다. Android 휴대폰의 좋은 점을 iPhone 이 차용하고, 그 반대의 경우도 있어서 두 종류의 폰은 완벽히 다른 플랫폼이지만 비슷하게 작동하는 것처럼 보입니다. 두 개의 상이한 언어도 마찬가지입니다. 어셈블리어 레벨에서 보면 세상에 같은 언어란 단 한가지도 없어서 모두 다르고 공부도 다르게 해야 한다고 주장하는 것이 맞겠습니다. 그러나 해당 방식으로 생각 하다보면 정작 중요한 생산성이 매우 떨어지는 경험을 하였습니다.

Chapter 10.

STRAPLINE

기존 모듈 담당자보다 더 잘 알 수는 없습니다.

C Self-Tests

JAVA Self-Tests

C/C++과 JAVA 이해하기

프로그래밍 UP(業)
Programming UP

키보드의 배열을 모르시는 분이 프로그래밍을 배울 때 가장 힘들어하시는 부분은 키보드 자판이 힘든 부분보다 용어입니다. 더블 클릭이 뭔지 모르는데 가르쳐 주는 사람은 더블 클릭을 하라고 합니다. 그러나 가르치는 사람도 말을 몰랐던 시절이 있듯이, 어려워하는 용어 역시 설명이 잘못되었을 수도 있습니다. 이 때에는 [Chapter 1]에서 소개드렸던 웹서핑 공부법을 이용하여 개인 능력을 향상시키면 됩니다. 책에서 설명하던 내용을 여러가지 관점에서 보고 있기 때문에 자신이 이해하기 쉬운 설명을 찾아서 이해도를 높이는 것이 좋습니다. 그렇게 3개월 정도가 흐르면 이제 컴퓨터 초보도 프로그래밍을 알게 되고, 이제 해당 분야에 지속적으로 일하고 싶을 수도 있습니다. 이에, 이 챕터부터는 프로그래밍을 업으로 할 수 있도록 나침반을 제공해 드리려고 합니다.

기존 모듈 담당자보다 더 잘 알 수는 없습니다.

기업에서 일하려고 할 때 가장 쉬운 방법은 기업이 개발하려는 프로그램이나 모듈을 가장 잘 알고 있으면 됩니다. 그러나 일반적인 상황과는 다르게 모든 히스토리(개발할 때 직면했던 문제점, 잘 된다고 알려져 있지만 실제로 불가능한 구현 等)를 새로운 멤버가 알 수는 없습니다. 기술의 발전은 매우 빠릅니다. 그래서 기존 히스토리를 모르더라도 완전히 새롭게 구현해야 할 때가 필요합니다. 그것이 불가능한 분야 역시 있습니다. 그래서 COBOL을 이용하는 기업도 여전히 존재합니다. 더군다나 COBOL 개발자는 연봉도 높습니다.

인공지능 분야 용어 中 환경반사적 에이전트와 목표기반 에이전트가 있습니다. 환경반사적 에이전트의 경우 단순 환경 반사 에이전트로 불립니다. 이는 환경의 변화를 감지하고 그에 맞는 행동을 하는 에이전트를 말합니다. 목표기반 에이전트는 환경 반사 에이전트와 유사합니다. 역시, 환경 변화에 맞게 행동해야하는 룰이 있습니다. 그러나 다른 점이 있습니다. 조건과 행위의 규칙에 따라 환경에 대응하지만 특정 목표 역시 반영하여 환경 인식에 따른 행동 결정을 합니다. 최초의 프로그래밍 언어를 콜라보한 책을 집필하게 된 이유는 언어의 단순 설명에 그칠 것이 아니라, 목표를 분명히 하여, 궁극적으로 개발자의 통찰력을 향상시키는데 도움을 주기 위함입니다. 시장 상황에 따라, 또는 특정 오픈 소스가 핫(HOT)한 트렌드라는 것에 편승하는 개발 문화를 지난 수십년간 보아왔습니다. 개발자는 환경 반사 에이전트와 같이 맹목적으로 기술트렌드를 따라가야 했습니다. 여러 프로젝트에 참여했었던 오랜 동료 개발자들은 프로그래밍 언어가 무엇이든 개발을 위한 도구로 여깁니다. 그러나 하나의 기술 스택만 했던 개발자에 비해 초기 개발 속도가 느린 것은 사실입니다. 특정 문제를 해결하기 위해 정보를 수집하고 학습하는 기간이 추가되기 때문입니다. 기업 입장에서는 멀티 랭귀지 개발자를 쓰는 것이 비용이 낮습니다. 자연스레 개발자가 짊어져야할 책임의 무게는 갈수록 늘어납니다. 그에 따르는 스트레스도 상당합니다. 이에, 3개월 동안 열심히 웹서핑 공부법을 통해 공부했거나, 이미 어느 정도 지식이 있어서 프로그래밍이 무엇인지 감을 잡으신 분들을 위해 OLPP(Object Linked Programming Paradigm)를 새롭게 정의하고 각 언어의 뿌리에 대해 탐구해 보려고 합니다.

이에 대한 증명은 코드 분석으로 합니다. 실질적 탐구로는 프로그래밍 언어에서 대표격인 C/C++과 JAVA 언어간의 공통점을 발견하려고 합니다. 절차지향 언어, 객차지향 언어로 나누어져 있다는 이론에 반론의 제기해 봅니다. 오랜 실무경험으로 얻은 귀납적 지식과 함께 하드웨어 지식 또한 버무려서 두 언어를 이어주는 개념을 소개합니다. 새로운 이론 개념을 소개하고 또, 풍부한 소스를 바탕으로 협업 개발자의 스트레스를 줄일 수 있도록 노력하였습니다. 각자 경험한 바는 다르지만, 우리의 경험에서 오는 통찰이 프로그래밍 세계를 심플하고 재미있게 만들었으면 합니다. 그 전에 자신의 수준을 직접 점검해 보도록 합시다. 네이게이션에 목적지를 입력한다고 해도 자신의 위치를 잡지 못하면 길을 찾아 주지 못합니다. 이 책은 초/중급 프로그래머를 대상으로 쓰여졌습니다. 문제와 함께 자신이 알고 있는 C 기본 개념, 기초 문법을 짚어 보시기 바랍니다. Self-Tests가 쉬워 보이는 독자라면 이 단원 전체를 건너뛰어도 무방합니다. JAVA는 대중적 언어이므로 이미 접해 본 독자가 있을 수 있습니다. JAVA Self-Tests도 자신의 위치를 알기 위해 한번 풀어 보셨으면 합니다. 해답은 직접 타이핑해서 알아내셨으면 합니다.

C Self-Tests

컴파일러는 Visual Studio 2015 기준 입니다. 결과값을 묻는 질문은 Compile Error 혹은 Runtime Error가 답인 경우도 있습니다. Visual Studio 2015의 경우 StdAfx.h 를 제외 하려면 다음과 같이 옵션을 변경해 주어야 합니다.

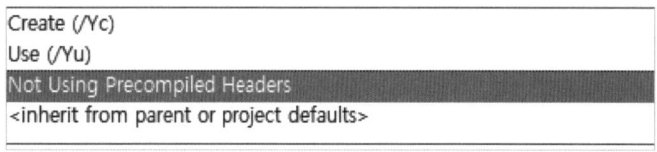

이 옵션은 **Project Property Pages**에서 찾을 수 있습니다.

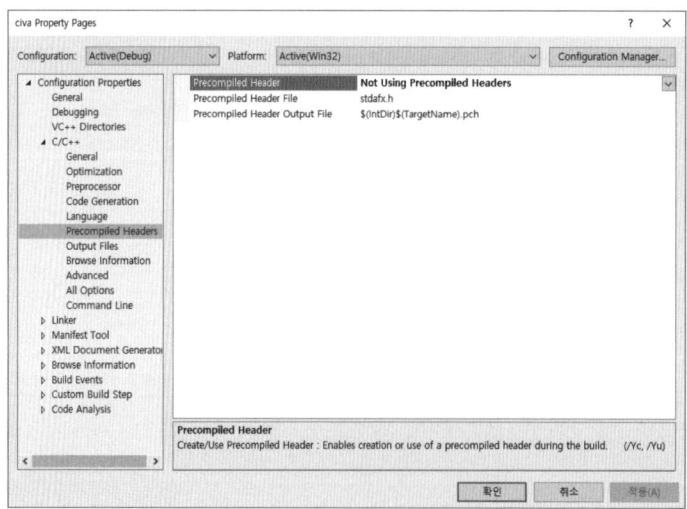

Test

○⋯⋯ 1. 다음은 실행 가능한 코드 입니까?

```
#include <stdio.h>

int main()
{
    printf("Hello World\n");
    extern int s;
    printf("%d\n", s);
    return 0;
}

int s = 88;
```

○⋯⋯ 2. 다음은 포인터 입니까? 배열 입니까?

```
int (*s)[8];
```

○⋯⋯ 3. 다음 두 코드의 차이점은 무엇 입니까?

```
int *s();
void (*s)();
```

4. 결과값은 무엇 입니까?

```c
#include <stdio.h>

int main()
{
    float s = 3.141592;
    float *o;
    o = &s;
    printf("%f\n", *o);
    printf("%f", o[0]);
    return 0;
}
```

5. 결과값은 무엇 입니까?

```c
#include<stdio.h>

int main()
{
    int s = 8;
    const int *o;
    o = &s;
    *o = 88;
    printf("%d", s);
    return 0;
}
```

Test

○ 6. 결과값은 무엇 입니까?

```c
#include <stdio.h>

int main() {

    int s = 3;
    int o = 4;

    printf("%d", s^o);

    return 0;
}
```


○ 7. 결과값은 무엇 입니까?

```c
#include <stdio.h>
#include <stdlib.h>

int main()
{
    int *p = (int*)malloc(88 * sizeof(int));
    printf("%d ", sizeof(p));

    return 0;
}
```

8. 다음에서 typedef 제외, 코드를 재 작성 하십시요.

```c
typedef struct _Customer {
    char name[8];
    int id;
} Customer;

#include <stdio.h>
#include <string.h>

int main() {
    Customer s, o;

    strcpy_s(s.name, "Soul");
    s.id = 8888;

    strcpy_s(o.name, "Sora");
    o.id = 3333;

    printf("name : %s %s\n", s.name, o.name);
    printf("id : %d %d", s.id, o.id);

    return 0;
}
```

9. 결과값은 무엇 입니까?

```c
#include<stdio.h>

void main()
{
    int i = 0;
    printf("%d ", i++);
    main();
}
```

○......... 10. 결과값은 무엇 입니까?

```
#include<stdio.h>

union {
    char s[3];
    int o;
} _union;

struct {
    char r[3];
    int a;
} _struct;

int main() {
    printf("%d %d\n", sizeof _union.s, sizeof _struct.r);
    printf("%d %d\n", sizeof _union.o, sizeof _struct.a);
    printf("%d %d", sizeof _union, sizeof _struct);
}
```

(immutable)데이터형, 연산자, 배열, 포인터, typedef, struct, union 메모리 확보 등 다양한 문제입니다. C 관련 수업 한 학기를 들었거나, 학원에서 C 강의를 한 달 이상 수강했더라도 잊어버릴 수 있습니다. 책을 쓴 작가들도 시간이 흐른 뒤에는 자신이 썼던 내용을 잊어버리는 경우가 있습니다. 계속해서 공부를 해야 합니다. 특히 포인터의 개념에 대해서는 알아야 합니다.

JAVA Self-Tests

JDK 1.8 기준 입니다. Objective-C와 같은 언어는 C 기반임에도 함수 호출 문법이 ()에서 []로 달라지므로 이질감을 느낍니다. 이에 반해 JAVA의 경우 함수 호출 문법이 ()로 비슷하여 JAVA를 전혀 모르는 C 프로그래머도 친숙함을 느낄 수 있습니다.

```
function(param); //C
obj->method(param); //C++
obj.method(param); //JAVA
[obj method:param]; //Objective-C
```

JAVA를 모르는 분은 문제를 통하여 코드 구조를 한번 보셨으면 합니다.
이미 JAVA를 공부했던 분은 복습의 의미로 생각해 주셨으면 합니다.

Test

○ 1. 결과값은 무엇인가요?

```java
package javatest;

public class ForLoop {
    static boolean print(char c) {
        System.out.print(c+" ");
        return true;
    }
    public static void main(String[] argv) {
        int i = 0;
        for (print('1'); print('2') && (i < 2); print('3')) {
            i++;
            print('4');
        }
    }
}
```

○ 2. 에러 없이 컴파일이 될까요?

```java
package javatest;

public class SClass {
    public static void main(String args[]) {
        class InnerClass {
            public int s = 3;
        }
        Object o = (Object) new InnerClass();
        InnerClass innerC = (InnerClass) o;
        System.out.println("i = " + innerC.s);
    }
}
```

3. 다음 1, 2 중 에러를 일으키는 것은?

```
package javatest;

class A {
    protected int method(int a, int b) { return 0; }
}

class B extends A {
    public int method(int a, float b) { return 0; } // 1
    private int method(int a, int b) { return 0; } // 2
}
```

4. 생성된 객체가 가비지 컬렉팅이 되는 시점은 언제인가요?

```
package javatest;

class GCMoment {
    private Object d;

    void start() {
        d = new Object(); //생성된 객체
        this.function(d);
    }

    void function(Object obj) {
        obj = null;
        obj = new Object();
    }
}
```

5. byte 형의 범위는 무엇인가요? 양수(또는 음수)의 범위가 더 많은 이유는 무엇인가요?

○┄┄┄┄ 6. 다음 중 인터페이스에서 쓸 수 있는 구문은? 안되는 구문의 이유는?

      public static short stop = 88;
      protected short stop = 88;
      transient short stop = 88;
      final void mymethod(short s);

○┄┄┄┄ 7. 다음 중 틀린 메소드 선언은? 그 이유는?

      protected abstract void futures();
      static final void futures(){}
      synchronized public final void futures() {}
      private native void futures();

○┄┄┄┄ 8. while 이 있는데 굳이 do while 을 사용하는 이유는?

○┄┄┄┄ 9. 다음 실행 결과는?

```java
public class A
{
    public static void main(String[] args)
    {
        int x = 0;
        assert (x > 0) ? "assertion failed" : "assertion passed" ;
        System.out.println("finished");
    }
}
```

○┄┄┄┄ 10. assertion 을 활성화 하는 JVM 옵션은 무엇인가요?

C와 JAVA 문제의 정답 직접 자신이 짤 코드에 있으며 해설은 모두 인터넷상에 존재하고 있습니다. 그리고 compile error가 정답일 수도, runtime error가 정답일 수도, 답이 없을 수도 있습니다. 중요한 것은 자신이 정말 알고 있는지 아닌지 체크를 해서 자신의 위치를 알아야 한다는 것입니다. "정답"이라는 것은 코드를 실행한 결과와 자신이 이해한 내용 그대로입니다. 김치찌개를 끓이는 방법은 다양하고 자신이 끓인 김치찌개를 다른 사람이 좋아한다면 그것이 정답입니다. 프로그램이 실행되면 바로 정답인 것입니다. 그러면, 프로그래밍은 단지 돌아가면 끝인가요? 아닙니다. 이 문제에 대해서 C/C++, JAVA를 보며, 알아보겠습니다.

C/C++과 JAVA 이해하기

위키피디아, 스택오버플로우와 같이 거대한 지식의 산이 있습니다. 객체지향도 잘 설명하고 있고, 프로그래밍의 본질에 대해서도 매우 다채로운 시각으로 설명합니다. 그러나 사람이 알아듣기 쉽도록 만들어진 고급 프로그래밍 언어를 두고 여러 설명을 하는 것은 개발자를 더욱 혼돈에 빠뜨립니다. 어떤 사실과 주장에 "증거"가 중요하듯이 프로그래밍 언어를 이해하는데 가장 중요한 것은 바로 "증거"인 "소스"입니다. 소스를 들여다보면, 객체지향언어라는 공통점을 가지고 있는 씨뿔뿔과 자바의 공통점을 찾기는 어렵지 않습니다. 각 언어가 가진 철학을 존중해서인지, 누군가는 꼭 탐구해 봐야할 부분에 대해서 "불을 지르는" 도전을 하기가 어려웠던 것인지 명쾌하게 이야기 해 주는 사람이 없었습니다. 이에, 여러 프로그래밍 언어를 배우며 공통적인 잣대를 대는 것이 과연 옳은 일인지 고민해야만 했습니다. 아쉬운 것은 산통속에 결실이 있는 것과는 다르게 폴리글랏 프로그래머에게 큰 스트레스로 다가왔습니다. 이에 절차지향 언어라는 C 와 또, 객체 지향 언어라는 C++, JAVA의 공통점을 하나하나 짚어 보겠습니다. 서로 다른 프로그래밍 언어의 공통점을 알고 소통하는 방법을 알아 봅시다.

Null Pointer Exception

C는 포인터를 가지고 있습니다. 포인터 값에 null 이 배정되고, null 포인터로 발생하는 문제 상황을 null pointer exception 이라고 합니다. null pointer exception 은 null pointer error 라고도 말을 합니다. 에러는 런타임(프로그램 실행 타임)에 발생하는 것으로 재부팅 외에는 고칠 방법이 없습니다. Exception은 컴파일 타임에 발생하는 Check Exception과 런타임에 발생하는 Unchecked Exception이 있습니다. ERROR는 모두 Unchecked Exception 입니다.

```
#include <stdio.h>

void main() {
    int *s = NULL;
    *s = 8;
}
```

이는 다음과 같이 Null Pointer Exception을 일으킵니다.

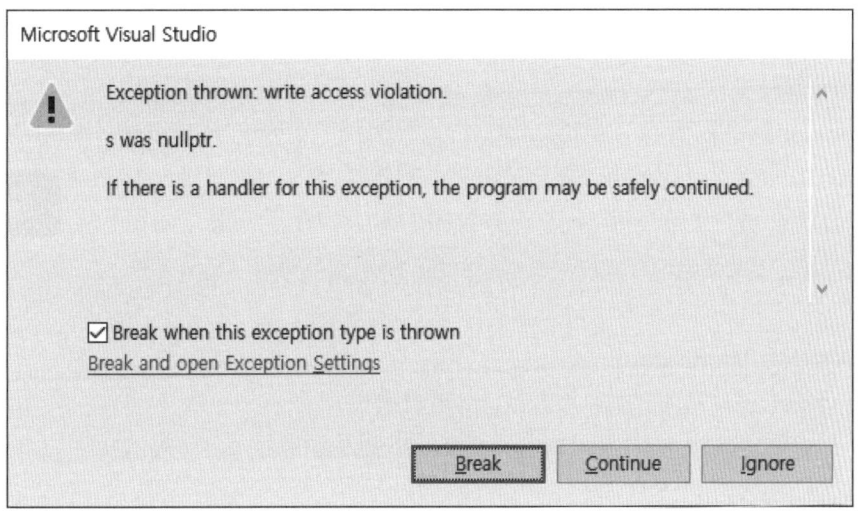

아주 오래전 개발되었던 "씨앗" 언어 이후에는 한글로 된 소스를 찾아보기 어려웠습니다. JAVA의 창시자인 James Gosling 의 저서 [The Java Language Specification] Chapter 3. Lexical Structure에 전세계 언어를 지원하는 UTF-16 이야기가 나옵니다. 이에 한글로 클래스 명을 작성하였습니다. 변수, 메소드 역시 한글 사용이 가능합니다.

```
package javatest;

public class 널포인터익셉션 {
    public static void main(String[] args) {
        Object s = null;
        System.out.println(s.getClass());
    }
}
```

이 프로그램을 실행시킨 결과는 다음과 같습니다.

> Exception in thread "main" java.lang.NullPointerException
>   at javatest.널포인터익셉션.main(널포인터익셉션.java:6)

java.lang.NullPointerException 이라고 되어 있습니다. 포인터가 없는 언어인데 왜 Null Pointer 라는 표현을 쓸까요?

자바 언어(Java Virtual Machine) 소스 코드 中 JavaExceptions.c 파일을 보면

> ```
> jthrowable
> createThrowableFromJVMTIErrorCode(JNIEnv * jnienv, jvmtiError errorCode) {
>     const char * throwableClassName = NULL;
>     const char * message            = NULL;
>     jstring messageString           = NULL;
>
>     switch ( errorCode ) {
>       case JVMTI_ERROR_NULL_POINTER:
>             throwableClassName = "java/lang/NullPointerException";
>             break;
> ```
> source

errorCode가 JVMTI_ERROR_NULL_POINTER 일 때 NullPointerException 메시지를 출력합니다.

C에서 NULL은 0 입니다. JAVA에서는 무엇일까요?

> NULL_CHECK(e, JVMTI_ERROR_NULL_POINTER);

NULL_CHECK를 0인지 아닌지로 판별하고 있습니다. 역시 마찬가지로 0 입니다.

> #define NULL_CHECK0(e) if ((e) == 0) return 0
> #define NULL_CHECK(e) if ((e) == 0) return

언어적 철학으로는 NULL(C11), null(JAVA), nil(Objective-C), nullptr(Visual C/C++) 등 다양하게 표현하고 있지만 실상은 모두 0 입니다. 개념 분리를 위해 각 언어들이 노력하지만 단순히

'없다'는 표현이 맞고, 0과 1의 컴퓨터 세계에서는 0으로 이해하는 것이 다양한 프로그래밍 언어를 이해하는 첫 걸음 입니다. JAVA 역시 C/C++로 짜여져 있습니다. C++ 창시자 비얀 스트라스트럽이 가장 먼저 만든 프로그램은 C++ 코드를 C로 만들어 주는 번역기 였습니다. 이미 근본적으로 C, C++, JAVA는 같은 언어일 수 밖에 없습니다. 우리는 프로그래밍 언어들을 꿰뚫는 개념을 보는 방법을 알아야 합니다. 개발자의 사고를 근본적으로 규정하고 있는 인식 체계에 변화를 주어 단순하게 만들 필요가 있습니다. 코드를 조금 더 살펴보고 뒤에서 OLPP(Objective Linked Paradigm)에 대해 이야기합니다.

Class와 Struct

JAVA와 C++의 클래스 모습은 어떨까요?

```
class MyClass extends FatherClass
```

```
class MyClass : FatherClass
```

고급 프로그래밍 언어를 사용할 때는 설명보다 코드로 이해하는 것이 더 쉽습니다.
생선자의 모습은 어떨까요?

```
public MyClass (string name) : FatherClass(name) {}
```

```
public PrimitiveElement(String name)
{
    super(name);
}
```

C++과 JAVA의 코딩 스타일[58] 매우 흡사합니다. C/C++ 프로그래머는 이미 class 와 struct의 공통점을 알고 있습니다. struct 의 경우 public 접근 제한, class의 경우 private 접근 제한을 가진다는 것 외엔 동일합니다.

```
#include <stdio.h>
#include <string.h>
```

source

---

58   C++ 과 더불어 C#은 거의 JAVA와 같습니다.

```
struct Cpluscplus {
    int age;
    char name[16];
};

void main() {
    Cpluscplus cppStruct;
    cppStruct.age = 33;
    strcpy_s(cppStruct.name, "이소라");
    printf("%s(%d)", cppStruct.name, cppStruct.age);
}
```

struct를 class로 고친다면 다음과 같이 고칠 수 있습니다.

```
#include <stdio.h>
#include <string.h>

class Cpluscplus {
public:
    int age;
    char name[16];
};

void main() {
    Cpluscplus cppStruct;
    cppStruct.age = 33;
    strcpy_s(cppStruct.name, "이소라");
    printf("%s(%d)", cppStruct.name, cppStruct.age);
}
```

자바의 경우 다음과 같습니다.

```
package civa;

public class 자바클래스 {
```

```
        int age;
        String name;

        public static void main(String[] args) {
            자바클래스 o = new 자바클래스();
            o.age = 33;
            o.name = "이소라";
            System.out.println(o.name+"("+o.age+")");
        }
    }
```

age 와 name은 C, C++, JAVA에서 동일하게 멤버 변수로 불립니다.

class 안에 들어 있는 method는 어떤 개념으로 이해를 해야 할까요? setter/getter 가 들어가는 경우 struct와의 공통점을 어떻게 이해를 해야 할까요?

```
    package civa;
    public class 자바클래스 {
        int age;
        private String name;

        public void setName(String name) {
            this.name = name;
        }

        public String getName() {
            return this.name;
        }

        //타 클래스에서 만들어진 main 으로 간주
        public static void main(String[] args) {
            자바클래스 o = new 자바클래스();
            o.age = 33;
            o.setName("이소라");
            System.out.println(o.getName()+"("+o.age+")");
```

```
    }
}
```

method가 어떻게 이해되는지 보려면 JVM(Java Virtual Machine) 코드를 봐야 합니다. vmStructs.hpp 에는 VMStructEntry가 다음과 같이 struct 로 정의 되어 있습니다.

```
typedef struct {
  const char* typeName;
  const char* fieldName;
  const char* typeString;
  int32_t isStatic;
  uint64_t offset;
  void* address;
} VMStructEntry;
```

VMtypeEntry 는

```
typedef struct {
  const char* typeName; // Type name (example: "Method")
  const char* superclassName;
  int32_t isOopType;
  int32_t isIntegerType;
  int32_t isUnsigned;
  uint64_t size;
} VMTypeEntry;
```

Method 는 VMTypeEntry의 const char* typeName의 한 종류 입니다.

```
// A Method* represents a Java method
class Method : public Metadata {
//openjdk₩hotspot₩agent₩src₩share₩classes₩sun₩jvm₩hotspot₩oops₩Method.java

abstract public class Metadata extends VMObject {
  static {
```

```
    VM.registerVMInitializedObserver(new Observer() {
        public void update(Observable o, Object data) {
          initialize(VM.getVM().getTypeDataBase());
        }

    });
}
```

모든 버추얼 머신 런타임 오브젝트는 VMObject 입니다.

```
package sun.jvm.hotspot.runtime;

import sun.jvm.hotspot.debugger.*;
import sun.jvm.hotspot.types.*;

/** This is a base class for all VM runtime objects which wrap
    Addresses. The rationale is that without this in place, every
    class would have to implement equals() and hashCode() with
    boilerplate code, a practice which is inherently error-prone. */

public class VMObject {
  protected Address addr;

  /** All of the objects have this as their constructor's signature
      anyway */
  public VMObject(Address addr) {
    this.addr = addr;
  }

  public String toString() {
    return getClass().getName() + "@" + addr;
```

```
    }

    public boolean equals(Object arg) {
      if (arg == null) {
        return false;
      }

      if (!getClass().equals(arg.getClass())) {
        return false;
      }

      VMObject obj = (VMObject) arg;
      if (!addr.equals(obj.addr)) {
        return false;
      }

      return true;
    }

    public int hashCode() {
      return addr.hashCode();
    }

    public Address getAddress() {
      return addr;
    }
  }
```

객체를 정의하는 여러가지 행위(메소드)가 있지만, base object의 속성은 단 한가지 입니다. 바로 Address

프로그래밍은 "CPU와 메모리의 장난" 이듯이 결국, 오브젝트의 본질은 메모리 매핑입니다. 메모리를 건드릴 수 있는 언어는 C/C++이 대표적입니다.

```
    //
    // C/C++-related routines
    //
    public long        getCIntegerAt      (long offset, long numBytes, boolean isUnsigned)
      throws UnmappedAddressException, UnalignedAddressException;
    /** This returns null if the address at the given offset is NULL. */
    public Address     getAddressAt        (long offset) throws
UnmappedAddressException, UnalignedAddressException;
    /** Returns the decoded address at the given offset */
    public Address     getCompOopAddressAt (long offset) throws
UnmappedAddressException, UnalignedAddressException;
    public Address     getCompKlassAddressAt (long offset) throws
UnmappedAddressException, UnalignedAddressException;
```

여기서 눈여겨 볼 것은 마이크로소프트의 컴파일러도 C/C++로 통일했듯이, JVM에서도 결국 C와 C++을 합쳐서 C/C++로 정의합니다. C 표준을 정하는 개발자가 껄끄러워하겠지만, 더 이상 C는 C++과 다르다며 화낼 일이 아닙니다. 한가지 확실한 것은 직접 메모리를 컨트롤 할 수 있는 것은 기계어 뿐입니다. 이에, 기계어와 1:1 매핑한 어셈블리어와 이를 추상적으로 구현하면서도 메모리를 컨트롤 한다는 본질은 잊지 않은 C 언어가 모든 언어의 어머니라고 해도 과언이 아닙니다. Address 에서 가장 중요한 것은 다음 두 개의 행동(function, method, prosedure)입니다.

```
    /** This returns null if the address at the given offset is NULL. */
    public Address     getAddressAt        (long offset) throws
UnmappedAddressException, UnalignedAddressException;

    /** Sets an Address at the specified location. */
    public void setAddressAt(long offset, Address value);
```

메소드의 주소를 얻는데도 쓰이고,
hotspot₩agent₩src₩share₩classes₩sun₩jvm₩hotspot₩utilities₩MethodArray.java

```
public Method at(int i) {
  return (Method) Metadata.instantiateWrapperFor(getAddressAt(i));
}
```

타입 매칭을 검사할 때도 쓰입니다.
hotspot₩agent₩src₩share₩classes₩sun₩jvm₩hotspot₩runtime₩InstanceConstructor.java

```
Address vtblPtr = addr.getAddressAt(0);
```

오브젝트의 핸들을 얻는 다는 것은 메모리 주소를 얻는 것과 같습니다. 이미 Ptr처럼 포인터를 뜻했습니다. 특정 오브젝트 인스턴스의 메모리 주소를 반환하는 포인터가 바로 인스턴스 변수 입니다. 즉, 자바에서 말하는 인스턴스 변수와 포인터 변수는 같은 의미입니다.

```
package sun.jvm.hotspot.debugger.cdbg;

public interface PointerType extends Type {
  public Type getTargetType();
}
```

아예 포인터 타입이 있기도 합니다.

```
    // Package-private routine to speed up ObjectHeap.newOop
    static Klass getKlassForOopHandle(OopHandle handle) {
      if (handle == null) {
        return null;
      }
      if (VM.getVM().isCompressedKlassPointersEnabled()) {
return (Klass)Metadata.instantiateWrapperFor(
                    handle.getCompKlassAddressAt(compressedKlass.getOffset()));
      } else {
return (Klass)Metadata.instantiateWrapperFor(
                    handle.getAddressAt(klass.getOffset()));
      }
    }
```

klass, class 모두 포인터(메모리 주소를 핸들링 할 수있는 변수)로 이루어졌습니다.
klass는 일반 클래스에서 .getclass()로 얻을 수 있는 포인터입니다.

포인터 타입은 다음과 같이 쓰입니다.

```
    // Compound types
    private:
    llvm::PointerType*  _itableOffsetEntry_type;
    llvm::PointerType*  _jniEnv_type;
    llvm::PointerType*  _jniHandleBlock_type;
    llvm::PointerType*  _Metadata_type;
    llvm::PointerType*  _klass_type;
    llvm::PointerType*  _Method_type;
    llvm::PointerType*  _oop_type;
    llvm::PointerType*  _thread_type;
    llvm::PointerType*  _zeroStack_type;
```

Objective-C에서 접해볼 수 있었던 LLVM[59] 을 JVM에서도 만날 수 있습니다. 그리고 Android에서 접할 수 있었던 JNI도 볼 수 있습니다. 지금까지 소스 서핑을 함녀서 C/C++과 자바는 본래부터 이어져 있었다는 것을 알 수 있습니다. 결론만 짧게 말씀드리면 LLVM은 GCC에서 나왔고, 그래서 C/C++, Objective-C, JAVA, Swift는 모두 이어져 있는 언어라도 보면 됩니다. CommandProcessor.java, HotSpotTypeDataBase.java, Runtime1.java, ciMethodData.java, BasicPointerType.java 등 객체를 address 참조 방식으로 다룹니다. 결국, 프로그래밍은 CPU와 메모리의 장난입니다.

자바 클래스는 C++ 클래스

JAVA의 Method 는 C++의 class 입니다. C++의 class는 struct 와 접근 제한의 차이를 제외하고는 같습니다. C++의 struct와 C의 struct는 function을 내부에 넣을 수 있느냐 없느냐의 차이입니다. 그러면, 객체를 조작하는 비선실세는 과연 누구일까요?
바로 C++ 객체 선언과 정의인 javaClasses.hpp, javaClasses.cpp 입니다.

```
    // Interface for manipulating the basic Java classes.
    //
    // All dependencies on layout of actual Java classes should be kept here.
    // If the layout of any of the classes above changes the offsets must be adjusted.
```

---
59 ttps://ko.wikipedia.org/wiki/LLVM

기본적으로 자바 클래스를 다루기 위한 인터페이스(규격, 명세서)입니다. 모든 언어가 그렇지만 가장 기본이 되는 Primitive Type은 메모리에 바로 생성이 됩니다. 자바에서 메모리에 존재키 위한 키워드는 primitive type, new, static 이 전부 입니다. C의 경우 malloc, calloc 等이겠고, C++의 경우는 C에서 출발했으므로 malloc 포함, new와 static 입니다. 이 모든 클래스의 기본 C++ class 역시 static으로 정의 됩니다. 왜냐면 메모리에 "존재"해야 하기 때문입니다.

```cpp
private:
  static int value_offset;
  static int offset_offset;
  static int count_offset;
  static int hash_offset;

  static bool initialized;

  static Handle basic_create(int length, TRAPS);

  static void set_value( oop string, typeArrayOop buffer) {
    assert(initialized, "Must be initialized");
    string->obj_field_put(value_offset, (oop)buffer);
  }
  static void set_offset(oop string, int offset) {
    assert(initialized, "Must be initialized");
    if (offset_offset > 0) {
      string->int_field_put(offset_offset, offset);
    }
  }
  static void set_count( oop string, int count) {
    assert(initialized, "Must be initialized");
    if (count_offset > 0) {
      string->int_field_put(count_offset, count);
    }
  }

public:
  static void compute_offsets();
```

```
    // Instance creation
    static Handle create_from_unicode(jchar* unicode, int len, TRAPS);
    static oop    create_oop_from_unicode(jchar* unicode, int len, TRAPS);
    static Handle create_from_str(const char* utf8_str, TRAPS);
    static oop    create_oop_from_str(const char* utf8_str, TRAPS);
    static Handle create_from_symbol(Symbol* symbol, TRAPS);
    static Handle create_from_platform_dependent_str(const char* str, TRAPS);
    static Handle char_converter(Handle java_string, jchar from_char, jchar to_char, TRAPS);

    static bool has_offset_field()  {
      assert(initialized, "Must be initialized");
      return (offset_offset > 0);
    }
    .
    .
    .
(중략)
```

자바 버추얼 머신의 모든 클래스는 메모리 할당 방식에 따라 다음과 같이 세가지 나눌 수 있습니다.

◆ malloc과 free로 관리되는 C-heap Object
◆ 내장된 객체인 Value Object
◆ 이름 공간으로 사용되는 All Static

세가지 오브젝트 모두 **C++** 메모리 할당 명령어인 **new**와 **delete**를 가지고 있습니다.

```
class CHeapObj {
 public:
  void* operator new(size_t size) throw();
  void  operator delete(void* p);
  void* new_array(size_t size);
};
```

```
class ValueObj {
 public:
  void* operator new(size_t size) throw();
  void operator delete(void* p);
};
```

```
class AllStatic {
 public:
  void* operator new(size_t size) throw();
  void operator delete(void* p);
};
```

CHeapObj 는 다음과 같이 익숙한 GCC 메모리 관리법에 의해 관리 됩니다.

```
void Afree(void *ptr, size_t size) {
  if (((char*)ptr) + size == _hwm) _hwm = (char*)ptr;
}

void *Acalloc( size_t items, size_t x );
void *Arealloc( void *old_ptr, size_t old_size, size_t new_size );
```

```
void *Arena::Acalloc( size_t items, size_t x ) {
  size_t z = items*x;     // Total size needed
  void *ptr = Amalloc(z); // Get space
  memset( ptr, 0, z );    // Zap space
  return ptr;             // Return space
}
```

```
void* Amalloc(size_t x) {
#ifdef _LP64
  x = (x + (8-1)) & ((unsigned)(-8));
#else
  x = (x + (4-1)) & ((unsigned)(-4));
#endif
  if ( _hwm + x > _max) {
```

```cpp
      return grow(x);
    } else {
      char *old = _hwm;
      _hwm += x;
      return old;
    }
  }
```

```cpp
  // Grow a new Chunk
  void* Arena::grow(size_t x, AllocFailType alloc_failmode) {
    // Get minimal required size.  Either real big, or even bigger for giant objs
    size_t len = MAX2(x, (size_t) Chunk::size);

    Chunk *k = _chunk;           // Get filled-up chunk address
    _chunk = new (alloc_failmode, len) Chunk(len);

    if (_chunk == NULL) {
      return NULL;
    }
    if (k) k->set_next(_chunk);  // Append new chunk to end of linked list
    else _first = _chunk;
    _hwm  = _chunk->bottom();    // Save the cached hwm, max
    _max  = _chunk->top();
    set_size_in_bytes(size_in_bytes() + len);
    void* result = _hwm;
    _hwm += x;
    return result;
  }
```

`source`

Glibc의 chunk(덩어리) 관리기법은 인터넷에서 쉽게 찾을 수 있을 정도로 자료가 다양합니다. 청크 관리 기법은 성능 저하를 무시한 완벽한 나누기와 복구를 빼고는 메모리 단편화가 조금씩 생길 수 밖에 없습니다. 메모리 단편화 관련 많은 연구와 논문이 있으나 서버를 주기적으로 "재부팅"하는 이유는 이러한 메모리 관리 기법의 문제점 때문입니다. 운영체제 위에 프레임웍이 올라가고 그 위에 서비스가 올라가고 해당 서비스 위에서 응용 프로그램이 도는 等 API 위에 API가 올라가는 구조에서는 통일된 메모리 기법을 가지기가 꽤 힘이 듭니다. 응용 프로그램만 해도 메모리 관리를 잘못해서 메모리 누수가 발생하는데 여러번 중첩된 API 환경에서는 오죽할까요? 메트로 폴리탄과 같이 거대하고 복잡한 소프트웨어 속에서 항상 최소한의 메모리를 사용하는 공간복잡도를 늘 고려해야 하는 것이 프로그래머의 숙명입니다.

 자바의 Method 타입을 정의하는 VMTypeEntry의 자료형은 struct 입니다. class 내부에 class가 있으면 내부 class 라고 합니다. 메모리에서 보여지는 자료 구조의 모습은 struct 안에 class가 있는 것과 같은 구조 입니다. 즉, struct의 내부 class 라고 할 수 있습니다. 자전거 조향 장치로 자전거 핸들을 꽂아도 되겠지만 자동차 핸들을 개조해서 꽂아도 됩니다. 그 때는 자전거 핸들로 불러야 할지 자동차 핸들로 불러야 할지 망설여 집니다. 언쟁을 한다면 끊임없는 설전이 오갈 것입니다. 끝에는 용어의 논쟁은 중요하지 않게 됩니다. NullPointer Exception에서 null pointer를 0으로 정의 했듯이, Method를 정의한다면 C와 동일하게 function(함수)로 정의할 수 있습니다. 비록 JVM code에서는 C++의 class 형태지만 말이죠. 코드로 봤을 때는 자바 메소드 = C++의 클래스지만 단순한 소스 분석으로 정의해버리면 안됩니다. 뒤에서 설명할 OLPP 패러다임이라는 안경으로 세상을 봐야 합니다.

인스턴스 변수와 포인터

자바에는 포인터가 없다고 했으나 NullPointerException이 있다는 것을 확인했습니다. 그리고 자바에는 포인터가 없지만 자바의 본체(JVM)는 포인터가 있는 C/C++로 짜여져 있습니다. 자바에서 인스턴스 변수라 불리는 것은 결국 포인터와 동일합니다. JAVA Class에서는 인스턴스 변수에 포인터 연산자인 *(애스터릭스, 백설표 설탕)이 붙지 않지만, C++ Class에서는 객체를 생성할 때 *를 붙입니다. 자바에서는 메소드를 사용할 때 . 을 쓰지만, C++에서는 –> 를 사용합니다. 단지, 문법의 차이입니다. 우리가 생각하는 가장 명확한 방법은 *를 쓰는 것이겠습니다. 그러나 일상에서 자주 쓰는 생활용어 조차 버카(버스카드), 엘베(엘리베이터) 等으로 줄여 쓰는데, 굳이 * 와 –> 처럼 복잡하게 쓸 필요성이 있을까 갑론을박이 있을 수 있습니다. C++에서 말하는 참조형 역시 포인터의 일종입니다. 참조형을 쓰면 &나 *를 쓰지 않아도 되겠습니다. 새롭게 나오는 언어는 갈수록 단순해져서 편리성이 높아지지만 결국 본질(기본 원리)를 잊어버리기 때문에 우리는 *를 되도록이면 항상 상기하는 습관을 가져야겠습니다. new와 static, malloc을 이용해서 메모리에 객체를 만들고 그 객체를 가리키는 것이 바로 인스턴스 변수 즉, 포인터 변수임을 알아야겠습니다. C++과 JAVA 모두 객체 생성은 new와 같습니다. 생성된 객체를 가리키는 것을 자바에서는 인스턴스 변수라 부르고, C++에서는 포인터라고 합니다. 객체의 행동을 함수로 말했듯, 이를 합하여 "포인터"로 하겠습니다. 포인터 객체, 객체 포인터 等 다양한 용어를 사용하기에 혼돈을 방지하기 위해서 "포인터"로 통일해서 말하는 것도 좋습니다.
자바에서는 객체를 생성하고 .(dot)을 통하여 함수를 이용할 수 있습니다.

```
CosmeticService cs = new CosmeticService();
cs.RequestRESTfulTEST();
```

C++에서는 ->(arrow)를 통하여 함수를 사용할 수 있습니다.

```
CosmeticService *cs = new CosmeticService();
cs->RequestRESTfulTEST();
```

데이터 타입 비교

우선 Visual Studio 2015 기준 데이터 타입[60]을 살펴 보겠습니다.

형식 이름	바이트	기타 이름	값의 범위
int	4	signed	-2,147,483,648 ~ 2,147,483,647
unsigned int	4	unsiged	0 ~ 4,294,967,295
__int8	1	char	-128 ~ 127
unsigned __int8	1	unsigned char	0 ~ 255
__int16	2	short, short int 및 signed short int	-32,768 ~ 32,767
unsigned __int16	2	unsigned short, unsigned short int	0 ~ 65,535
__int32	4	signed, signed int 및 int	-2,147,483,648 ~ 2,147,483,647
unsigned __int32	4	unsigned, unsigned int	0 ~ 4,294,967,295
__int64	8	long long, signed long long	-9,223,372,036,854,775,808 ~ 9,223,372,036,854,775,807
unsigned __int64	8	unsigned long long	0 ~ 18,446,744,073,709,551,615

....
60 https://msdn.microsoft.com/ko-kr/library/s3f49ktz.aspx

bool	1	없음	false 또는 true	
char	1	없음	-128~127(기본값) /J를 사용하여 컴파일된 경우 0~255	
signed char	1	없음	-128 ~ 127	
unsigned char	1	없음	0 ~ 255	
short	2	short int, signed short int	-32,768 ~ 32,767	
unsigned short	2	unsigned short int	0 ~ 65,535	
long	4	long int, signed long int	-2,147,483,648 ~ 2,147,483,647	
unsigned long	4	unsigned long int	0 ~ 4,294,967,295	
long long	8	없음(그러나 __int64 와 동일)	-9,223,372,036,854,775,808 ~ 9,223,372,036,854,775,807	
unsigned long long	8	없음(그러나 unsigned __int64와 동일)	0 ~ 18,446,744,073,709,551,615	
enum	varies	없음		
float	4	없음	3.4E+/-38(7개의 자릿수)	
double	8	없음	1.7E+/-308(15개의 자릿수)	
long double	double과 동일	없음	double과 동일	
wchar_t	2	__wchar_t	0 ~ 65,535	

이런 데이터 타입도 Assembly Language 에서 보면 좀 더 단순화 할 수 있습니다.

가령 JAVA 프로그래머가 C++ 프로그래밍하며 겪게 될 큰 난관인 문자셋 대해서 이야기하며 어셈블리 코드를 보도록 하겠습니다. 어셈블리 코드로 보는 이유는 Assembly Language가 증명의 언어이기 때문입니다. 프로그래밍에서 증명이라는 것은 한 단계 낮은 레이어에서 생각을 해서 연결해줘야 하기 때문입니다.

프로그래밍 스킬의 추상화 단계는 다음과 같습니다.

Algorithm

Data Structure

High-Level Language

Assembly Language

Operating System

Instruction Set

Logic Gate

전기

그래서 알고리즘이 중요하다고 합니다. 그러나 알고리즘은 문제 풀이의 한 방법일 뿐입니다. 게다가 알고리즘 상위에는 Design Pattern Layer가 하나 더 있습니다. 그리고 또 상위에는 CBD, SOA, XaaS가 있습니다. 퀵소트를 단번에 짤 수 있다고 해도 하이퍼 퀵 소트도 있으며, 이미 소트가 잘 구현된 STL에 기여하기는 힘듭니다. 그래서 실무 필드에서는 신입을 제외하고는 서비스를 최대한 빨리 안정적으로 만들 수 있는 개발자를 채용합니다. 추상화 단계를 알고 있으면 최상위 레이어를 잘 쓸 수록 서비스는 안정적이고 빠른 구축이 가능합니다. 그러나 하위 단계를 알수록 세부 컨트롤을 할 수 있습니다. 기업의 팀장이라면 각 분야에 모든 레이어를 경험하는 것이 필요합니다. 전기 학원을 다니며 임베디드 로봇을 만들고 개인 운영체제와 컴파일러 개발, 리버싱/포렌식에서 네트워크 및 파일 크래킹 기법을 알아보며, 데이터 구조와 알고리즘은 더 나은 것이 없는지 끊임없이 논문을 읽어야 합니다.

C와 JAVA는 High Level Language입니다. 하위 개념으로 이 둘을 연결시킬 수 있습니다. 또한 어셈블리어를 배우는 것은 컴퓨터를 작동시키는 가장 중요한 물리적 개념 및 추상적 개념인 CPU와 MEMORY를 배우는 것과 같습니다. 컴퓨터 작동 원리를 알면 대부분의 프로그래밍 언어가 모두 이어지는 개념인지 알 수 있습니다.

캐릭터 셋(문자 인코딩) 고려한 _T() 의 사용

문자 인코딩이 맞지 않으면 다음과 같은 일이 발생합니다.

자바의 경우 소스에 인코딩을 고려하지 않더라도 오류가 나지 않지만 레거시 코드를 수정하는 일이 많은 C/C++의 경우 _T("") 혹은 L""를 알아야 합니다. 이를 위해서 문자셋에 대해서 조금 알아봅시다.

국내에서 가장 사용하는 Windows 한글판의 경우 JAVA와 C++의 캐릭터 셋은 Windows default인 Windows 949를 따릅니다. Windows 932는 일본어, Windows 1253은 그리스어 등 각 나라별로 문자셋이 따로 존재합니다. Windows 949와 EUC-KR은 뷁, 떫 등 자주 쓰지 않는 단어를 제외하고는 거의 같기 때문에 종종 같은 Character Set으로 취급됩니다. 그 외[61]에도 KS C 5601-1992(조합형), Unified Hangul Code, KS C 5601-1987(완성형) 等 한글을 위한 코드셋(코

....

61 https://support.microsoft.com/en-us/kb/170557

드페이지)만 해도 여럿이 있습니다. DOS를 사용하던 시절에는 한글을 위한 유틸리티도 있었고,

```
chcp 949
chcp 437
```

와 같이 코드셋 변경 명령어를 사용하기도 했었습니다. 물론, cmd 창을 열고 사용 가능하지만 유니코드의 등장으로 각 나라별 캐릭터셋을 일일이 알 필요는 없게 되었습니다. 웹 프로그래밍이나 소켓 프로그래밍, 혹은 파일을 다루는 等의 개발을 하다보면 문자셋을 안다는 것이 정말 중요하다는 것을 알게 됩니다. 그러나 이런 중요성을 알기 전에는 C/C++ 이 오래된 언어인 만큼, 과거 문자셋도 함께 고려해서 프로그래밍 해야 한다는 것은 번거로움으로 다가 옵니다.

```
import java.nio.charset.Charset;

System.out.println(Charset.defaultCharset());
```

자바에서 상기 코드를 이용하여 문자셋을 보면, x-windows-949 를 사용하고 있습니다. 즉, JVM default 는 설치된 윈도우의 환경을 그대로 따라간다는 것을 알 수 있습니다.

역사가 깊은 C++은 기본적으로 ANSI를 사용하는 것으로 알고 있습니다. 그러면 유니코드라는 것은 도대체 어떻게 적용이 되는 것일까요? 우선, IDE 내부에서 편집하고는 소스의 텍스트 인코딩은 Windows 기본 설정과 같습니다. 컴파일러 설정은 다릅니다. 다음과 같이 바꾸어 줄 수 있습니다.

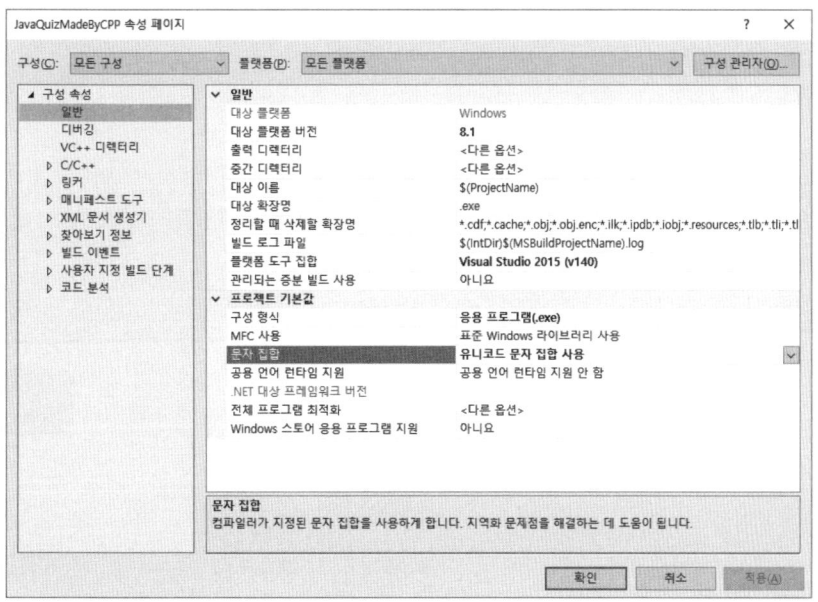

Visual C/C++에서는 MBCS, 혹은 유니코드 둘 중 하나입니다.

```
설정 안 함
유니코드 문자 집합 사용
멀티바이트 문자 집합 사용
<부모 또는 프로젝트 기본값에서 상속>
```

```
Not Set
Use Unicode Character Set
Use Multi-Byte Character Set
```

프로젝트별로 설정을 해 줄 수 있으나 환경 설정 파일을 수정하면 전역 설정도 가능합니다.

Visual Studio 2008 SP1의 경우 C:\Program Files (x86)\Microsoft Visual Studio 9.0\VC\VCWizards\AppWiz\Generic\Application\scripts\1033\default.js에서

```
var config = proj.Object.Configurations("Debug");
    config.CharacterSet = charSetUNICODE;
```

```
config = proj.Object.Configurations.Item("Release");
    config.CharacterSet = charSetUNICODE;
```

유니코드로 설정된 것을 알 수 있습니다.

Visual Studio 2015의 경우 C:\Program Files (x86)\Microsoft Visual Studio 14.0\VC\VCWizards\AppWiz\Generic\Application\scripts\1042\default.js에서 유니코드로 설정되어 있는 것을 찾을 수 있습니다.

```
if (config.ConfigurationName === "Debug") {

        config.CharacterSet = charSetUNICODE;


    .
    .
```

source

```
} else if (config.ConfigurationName === "Release") {

        config.CharacterSet = charSetUNICODE;
```

그러나 이런 설정이 어떻게 동작하는지 보려면 어셈블리 코드를 보아야 합니다. 디스 어셈블리 하기 前 Visual Studio C++ 환경에서 유니코드를 알아보겠습니다. Visual Studio의 경우 옵션은 두가지 밖에 없었습니다. 유니코드가 아닌 문자셋 즉, 오래된(엔틱한) 문자셋을 일반적으로 멀티바이트 문자셋(Multi Byte Character Set)으로 부릅니다. MBCS는 DBCS(Double Byte Character Set)라고도 합니다. 유니코드는 UTF, UCS 방식이 있지만 일반적으로 UTF 방식을 말합니다. UTF-8, UTF-16, UTF-32는 표현 비트수와 늘어나는 양을 말합니다. UTF-8의 경우 8, 16, 24, 32비트로 확장되고, UTF-16의 경우 16, 32, 48로 확장됩니다. 바이트를 저장하는 방법이 Little Endian, Big Endian이 있듯이 유니코드 역시 두 방식이 있고 UTF-8 little endian, UTF-8 big endian, … 처럼 UTF-8, 16, 32 방식이 각각 2개씩 더 있으므로 유니코드의 UTF 표현 방식은 총 6가지입니다. 둘은 완전히 같은 의미입니다. 왜냐면, double byte(2바이트)보다 큰 문자 집합이 지원되지 않기 때문입니다. 즉, Visual Studio 의 컴파일러와 링커[62]가 지원하는 유니코드는 UTF-8과 UTF-16 입니다.

C/C++ 컴파일 타임에는 이제 유니코드가 거의 표준이 되었습니다. 이에, 문자 표현은 wchar_t 로 처리된다고 보면 됩니다. _TCHAR, _TSCHAR, _TUCHAR, _TXCHAR 모두 wchar_t 타입입니다. 이에, C/C++에서는 문자열을 표현할 때 다음과 같이 L""혹은 _T("") 함수를 사용하여 wchar_t 타입으로 변경해 줍니다.

```
L"c:\\temp\\temp.zip"
_T("c:\\temp\\temp.zip")
```

tchar.h 에 정의되어 있으며 _TEXT 와 같은 함수를 가리킵니다.

```
#define _T(x)        __T(x)
#define _TEXT(x)     __T(x)
```

__T(x)는 다음과 같이 변경됩니다.

```
L ## x
```

---

[62] https://msdn.microsoft.com/ko-kr/library/xwy0e8f2.aspx

wchar_t 은 무엇인지 알기 위해 어셈블리 코드로 보겠습니다.

```
char s;
s = 'A'

mov        byte ptr [s],41h
```

char 의 경우 1 byte 의 크기를 가집니다.

```
wchar_t s;
s = 'A'

eax,41h
mov        word ptr [s],ax
```

wchar_t의 경우 word 즉 2byte를 가집니다.

이제 '가'에 대한 유니코드[63](AC00)를 찾아 보겠습니다.

....

63 https://unicode-table.com/en/#meitei-language 참조

```
    wchar_t s;
    s = '가';
mov     eax,0B0A1h
mov     word ptr [s],ax
```

컴파일러 옵션을 멀티바이트 → 유니코드로 바꾼다 하더라도 결과는 동일합니다.
이 때 L을 붙여보면 제대로 된 유니코드가 나오는 것을 알 수 있습니다.

```
    wchar_t s;
    s = L'가';

mov     eax,0AC00h
mov     word ptr [s],ax
```

char로 지정시에는 제대로 된 값이 저장되지 않습니다.

```
    char s;
    s = L'가';


mov     byte ptr [s],0
```

이처럼, 컴파일러 옵션과는 별개로 유니코드를 표현할 수 있는 자료형(wchar_t)과 L, 혹은 L을 define한 _T() 패밀리를 잘 이용하는 것이 중요하다고 할 수 있습니다. 이와 더불어 CStringA는 char 타입, CStringW는 wchar_t 타입이라고 할 수 있습니다. 컴퓨터의 메모리가 보는 입장에서 생각하면 자료형은 단순히 몇 byte 단위인지가 중요한 것입니다. 이에, 수많은 컴파일러가 각각 정의한 자료형의 개념이 비로소 하나의 개념으로 통합됩니다. 하나의 것(객체)이 됩니다. OLPP는 이처럼 이해하기 쉽도록 하위 Layer의 지식을 이용하여 증명하고, 단순화 하여 이해하는 것이 중요합니다.

함수[64] 비교

함수는 연산, 행동, 펑션(function), 메소드(method)와 같이 객체의 행동을 정의해서 상태(속성, 멤버변수, 필드)에 변화를 주거나 아니면 그 자체로 특정 기능을 수행하는 단위를 말합니다.

---

64 수학에서 출발한 프로그래밍이기에 가장 원론적인 단어를 사용하였습니다.

JAVA CLASS의 경우를 보겠습니다.

```
import java.net.URL;

public class CosmeticService {
    private String g_sCosmeticHASH;

    public CosmeticService() {}

    void RequestRESTfulTEST() { }
    boolean RequestPost(URL url, String strSendMsg,    String strOutMsg) {
        return false;
    }
//getter, setter...
}
```

객체의 상태와 메소드를 선언하고 바로 구현할 수 있습니다.

C++코드의 경우 JAVA와 똑같이 한 파일에 선언할 수 있지만 일반적으로 파일을 헤더(*.h[65])와 소스[66](*.cpp)로 나누어야 합니다.

```
//헤더파일

#include <iostream>
#include <afxinet.h>

using namespace std;

class CosmeticService
{
private:
```

---

[65] 템플릿을 사용한 경우 hpp를 붙입니다. hxx, cxx 등 논란의 여지는 있으나 실무에서는, -xx보다는 -pp로 거의 통일 되었다고 보시면 됩니다. cxx의 경우 C++ 컴파일러를 가르키는 것으로 알아두어도 무방합니다.

[66] "소스"라는 용어는 함수(메소드) 본체를 말할수도 있고 헤더를 포함해서 부를 수 있는 이중의미가 됩니다. 실무에서는 source(소스)라 하면 헤더를 포함한 실행 파일을 만들 수 있는 헤더포함 소스 말하고, cpp라 하면 함수 본체로 의미를 통일했으면 합니다.

```
            CString g_sCosmeticHASH;
    public:

        CosmeticService(void);
        void RequestRESTfulTEST(void);
        BOOL RequestPost(LPCTSTR lpUrl, CString strSendMsg, CString &strOutMsg);
        ~CosmeticService(void);
    };

    //본체
    #include "StdAfx.h"
    #include "CosmeticService.h"

    void CosmeticService::RequestRESTfulTEST(void) { }
    BOOL CosmeticService::RequestPost(LPCTSTR lpUrl, CString strSendMsg,
            CString &strOutMsg) {}
```

객체는 상태와 행동 두 가지 밖에 없기 때문에 두 언어가 거의 동일합니다. 자바의 경우 표현 방법이 간단하고 또 한 파일에 적으니 refactoring에도 편리합니다. C++의 경우 자바보다 간결하지는 않으나 책에서 목차가 있는 것과 같이 헤더가 따로 있습니다. 선언(Declaration)과 정의(Definition)가 명확히 분리되어 새롭게 추가되는 사항에 대해서 조금 더 명확히 알 수 있습니다. 물론, JAVA의 경우 형상 관리툴의 commit message를 통해 알 수 있고 outline 기능으로 선언 부만 모아 볼 수 있습니다.

Class Style

JAVA와 C++의 클래스 모습은 어떨까요?

```
class MyClass extends FatherClass
```

```
class MyClass : FatherClass
```

고급 프로그래밍 언어를 사용할 때는 설명보다 코드로 이해하는 것이 더 쉽습니다.
생성자의 모습은 어떨까요?

```
public MyClass (string name) : FatherClass(name) {}
```

```
public PrimitiveElement(String name)
{
    super(name);
}
```

이처럼 매우 흡사합니다. 하지만 다르다고 이야기 할 수 있습니다. 세세하게 파고 들어가면, 두 프로그래밍 언어는 너무도 다르다고 할 수 있습니다. 프로그래밍 언어만 다른가요? 해당 언어를 편리하게 쓰게 해주는 IDE 조차 다릅니다. C++은 Visual Studio 가 대표적이긴 하지만 Dev C++, Eclipse, 혹은 VIM이나 메모장을 이용해도 됩니다. 컴파일러의 경우 VC 컴파일러 外 GCC, Intel C Compiler도 있습니다. 간단한 기능인 TODO LIST만 해도 다릅니다.

자바에서는 TODO를 관리하기 편리합니다.

```
//TODO:정적 분석 필요
public class CarParkingMain {
```

Eclipse 에는 TODO를 위한 창도 있습니다.

	!	Description	R
		TODO:메모리 사용량 조사	B
		TODO:성능 개선 필요	L
		TODO:성능 개선 필요	S
		TODO:정적 분석 필요	C

그러나 C++에는 더욱 강력한 TODO LIST가 있습니다.

```
#define macroSTR(x)    #x
#define NOTICE(desc) message(__FILE__ "(" macroSTR(__LINE__) "): [NOTICE] " #desc)
#pragma NOTICE(INPUT_VALUE의 Range의 조건 설정.)
```

바로 컴파일 時(Time)에 보게 되는 메시지 형식[67]입니다.

> 1)Algorithm2.cpp
> 1)\Source\Algorithm2.cpp(323): [NOTICE] 성능 개선 필요
> 1)\Source\Algorithm2.cpp(381): [NOTICE] 64bit 코드로 변환 필요
> 1)\Source\Algorithm2.cpp(444): [NOTICE] INPUT_VALUE의 Range의 조건 설정.

물론, 주로 쓰는 C++ 컴파일러인 Visual Studio 에도 작업목록창(Ctrl+W, T)도 있습니다. 하나의 warning도 용납하지 않는 개발자라면 TODO LIST는 기능 개선에 씁니다. 컴파일 타입 message는 미처 안정화하지 못한 부분에, 향후 꼭 봐야 할 내용을 적습니다.

세세한 부분에 들어가서 이야기를 하면 TODO LIST 하나만으로도 긴 설명이 가능합니다. #ifdef는 어떤가요? JAVA에는 있지도 않습니다. JAVA의 경우 헤더의 중복을 고려하지 않아도 되지만, C의 경우 헤더가 중복되는 것은 곧 컴파일 에러로 나타납니다. 이는 사실 한 곳에서 헤더를 관리하거나 그룹 단위로 묶게 되며, 또 설계를 제대로 할 수 있게 도와줍니다. 유지보수시나 추가 개발시 유지 보수는 떨어지지만 분명 좀 더 나은 코드를 생산할 수 있게 해줍니다. 그러나 프레임웍이라고 부를 만큼 커지고 같이 개발하는 동료가 많아지면 불편해 질 수 밖에 없습니다. 초기 개발에는 C 스타일의 헤더 중복 검출 코드인

> #ifdef _MYHEADER_
> #define _MYHEADER_
> #endif

을 사용하지 말아야 겠지만, 일정 수준 이상의 프로그램이 되면 쓸 수 밖에 없게 됩니다. 이 때는, 세줄로 쓰지 말고 한줄로 간단히

> #pragma once

로 사용해야 합니다. 이것이 바로 C++ Style 입니다. 이 코드가 헤더의 앞 부분에 있다면 이제 일정 수준 이상 크기의 프로그램이 되었다는 의미입니다. helloWorld에 쓰지는 않겠지만 작은 프로그램에서는 지양해야겠습니다.

이처럼 세세하게 들어가면 공부할거리가 무궁무진하고 또 "재미" 요소 때문에 한번 빠지면 여러 책을 섭렵합니다. 또, 웹서핑 공부법으로 추가로 공부하면 되겠습니다. 그러나 앞서 여러 분야를 살펴보았듯이 프로그래밍의 깊이를 조금 더 파서 퀄리티있는 검색이 되도록 해야겠습니다.

---

67 철학없는 개발자가 개발하는 모바일 앱 처럼, 그 순간의 대박을 노리고 업데이트를 하지 않거나 앱을 내려버리는 행위를 하지 않는 꼼꼼한 개발자라면, 매우 유용한 C++ 기능입니다.

JVM 코드를 더 보고 싶다면?

웹서핑 공부법으로도 리눅스 문서를 찾을 수 있습니다. Linux 의 일부분만 설명하더라도 책 한 권이 나옵니다. C/C++과 자바가 다르지 않다는 명제를 설명하기 위해서는 충분히 소스를 들여다 보았다고 하지만 추가적으로 확인하고 싶은 분이 있다면, JVM[68]과 JNI[69]를 보아야 합니다. 기본 골자는 짚었고, Android 에서 JNI는 이미 많이 다루고 서적도 많으니, JVM 자료를 익힌 후 방대한 JVM 소스를 서핑하면 되겠습니다. 한가지 확실한 것은 잘못된 의견이라도 내려는 용기가 필요하다는 것입니다. 필자(개인 경험이라 '우리'를 쓰지 않았습니다) SEAndroid 를 담당하며 코어를 담당하고, 히스토리를 알고 있기에 다르게 아는 분이 탐탁치 않았습니다.

그러나 안드로이드 응용 프로그램 개발자가 안드로이드 프레임웍을 개발자보다 결국 앱을 더 잘만들게 되듯이, 끊임없이 다가가다보면 결국 본질에 다가갈 수 있었습니다. 방대한 소스 분석을 처음 시작하려는 분을 위해 오픈소스 분석을 위해 어떻게 해야 할지 알아보겠습니다. 결론만 말하면 구조를 알고 string 검색이 전부 입니다. 운영체제, 데이터구조, 알고리즘을 알고 나서는 텍스트 에디터로 소스를 보는 것이 전부인 것과 같습니다. 다음 챕터에서 말할 OLPP로 모든 것을 객체(상태-데이터구조, 행동-알고리즘)으로 봅니다. 어려운 프레임웍도 API라는 한가지 용어로 모두 통일 시켜서 봅니다. 결국 양자 컴퓨터 전의 프로그래밍은 CPU와 메모리에서 벗어날 수 없습니다.

그럼, 추가적인 오픈소스 분석 방법을 알아보겠습니다. 우선, 소스를 준비 합니다. JVM(Java Virtual Machine)을 예로 들겠습니다. 분석하려면 우선 소스가 있어야 합니다. 많은 분들이 웹을 이용해서 소스를 보지만 되도록이면 Full Source를 가져와서 직접 분석하는 것이 좋습니다. 경험 上 오픈소스의 경우 버전이 다르면 다른 프로그램이라고 생각하는 것이 좋습니다.

....

[68] http://docs.oracle.com/javase/8/docs/technotes/guides/vm/index.html
[69] http://docs.oracle.com/javase/8/docs/technotes/guides/jni/index.html

http://download.java.net/openjdk/jdk8/   openjdk-8-src-b132-03_mar_2014 버전

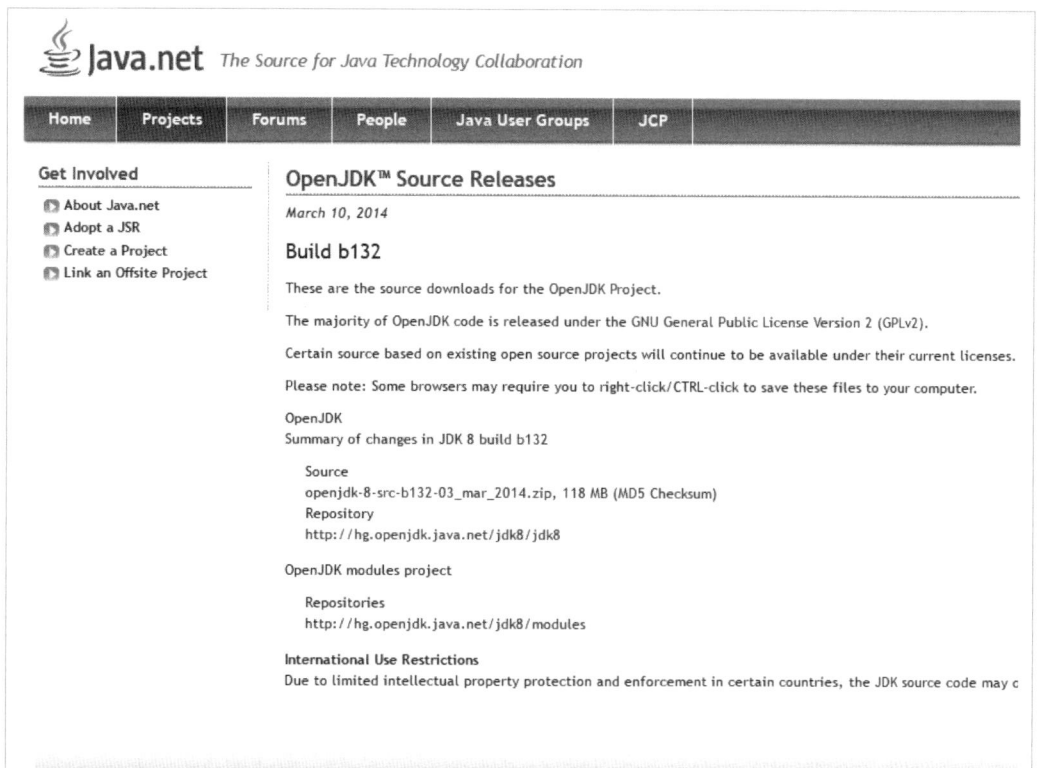

그리고 소스 분석툴을 준비 합니다. grep, vim + ctags, sourceInsight 等 여러 툴이 있겠지만 추천드리는 툴은 powerGrep입니다. 자바 플랫폼에서는 유명한 JetBrain 社 의 제품 라인이 유명합니다. 자바를 기반으로 하는 Android Studio도 JetBrain 社 제품입니다. 그러나 아무리 강력한 툴도 익숙한 툴에 비할 바 안됩니다. Eclipse가 편하다면 Eclipse를 쓰는 것이 좋습니다. 다만 고성능 컴퓨터가 아니면 자주 멈출 수 있습니다. Jenkins를 분석할 때도 다음과 같이 powerGrep을 이용하였습니다. 툴 가격은 10만원대 입니다.

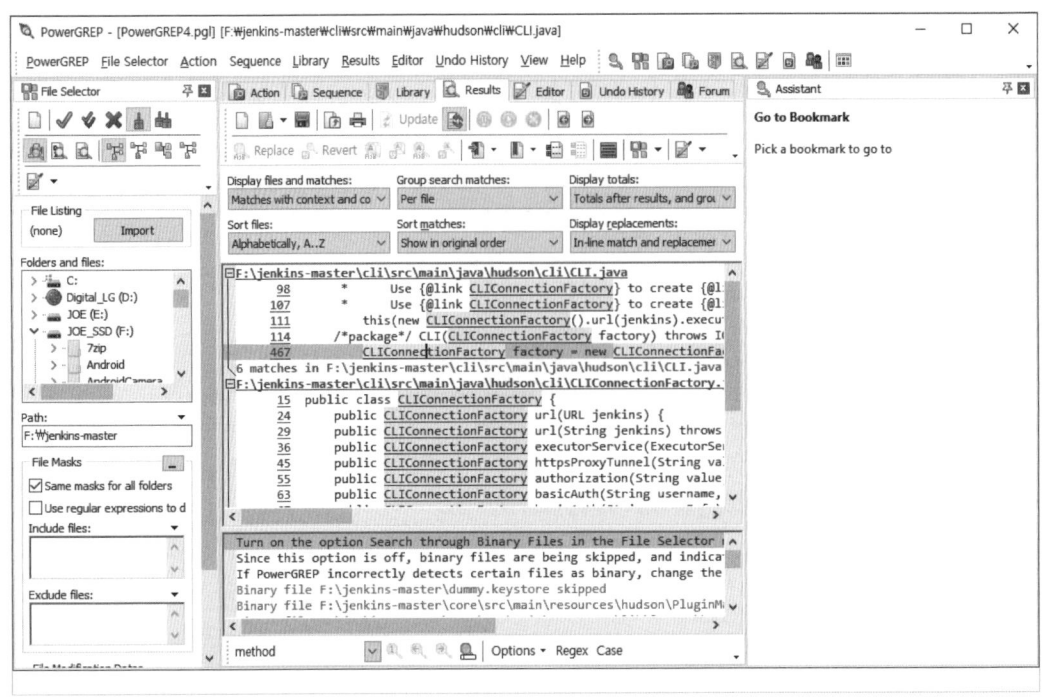

powerGrep은 JVM 뿐 아니라 모든 소스 분석에 이용하고 있습니다. 리눅스에서는 locate 와 "grep -Risn" 명령어를 이용하여 분석합니다. 시간이 충분하다면 samba, NFS(Network File System)을 이용하여 이기종 시스템을 윈도우에 연결 후 윈도우에서 분석을 합니다. MacOS 역시 그렇습니다. 왜냐면 윈도우즈 시스템이 유일하게 모니터를 3~4대 이상 연결하고, 또 우수한 상용 유틸리티를 이용할 수 있기 때문입니다. Windows powershell, powerGrep, EditPad, beyondCompare 와 3대 이상의 모니터, 제도 3000 샤프와 스프링 노트, 가끔 사인펜과 큰 그림을 그릴 수 있는 전지가 있어야 합니다. 오픈 소스 분석에서 가장 큰 적은 스트레스 입니다. 같은 길을 가는 동료가 있다면 이런 툴들도 필요 없겠지만 대부분은 혼자 보내야 하는 시간이 많습니다. 스트레스를 줄이려면 자신이 좋아하는 툴을 이용하시길 권장합니다. Linux 애용자라면 bash shell이 제공하는 강력한 명령어와 grep, 오픈 소스들을 이용하시면 됩니다. 저 역시 오랜기간 리눅스 툴을 이용하다가 커다란 모니터 여러대의 필요성으로 윈도우로 옮겨 왔습니다. 파일 개수를 세어 분석 dead line을 정합니다. Windows powershell 을 이용한다면 tree /f > openjdk.txt 을 통하여 확장된 폴더와 파일들을 뽑아낼 수 있습니다. 굳이 정규식을 쓰지 않더라도 라인수만 보았을 때 파일과 폴더 개수를 짐작합니다.

OpenJDK의 경우 38000 여 라인이 나오니 1분에 한 개씩 분석하고 하루 8시간 작업한다고 해도 78일이 나옵니다. 보통은 뿌리 소스를 캐는데 1시간이 걸리고 나머지는 그 뿌리와 함께 뻗어 나가는 개념이기에 이 정도로 잡으면 됩니다. 블로그 포스팅을 통하여 기본 구조를 미리 접한 사람의 삽질기를 읽을 수 있다면 소스 분석은 더 쉬워집니다. 지난 경험상 더 도움되지 않는 경우가 많았습니다. "프로그래머는 코드로 말한다."는 명언은 괜스래 나온 말이 아닐 것 입니다. 78일이면 2달이 넘는 시간 입니다. 2달 안에 하기로 마음을 먹습니다. 파일 하나씩 10분을 잡는다고 하면 2년이 넘는 시간으로 바뀌어 버립니다. 이에 분석 dead line을 정합니다. 과감하게 버릴 것은 버리기 위해서 시간을 먼저 FIX 합니다. 2달만에 무조건 완벽 분석하겠다고 다짐 합니다. BUILD를 해 봅니다. 소스 분석에서 가장 중요한 것은 Entry Point를 찾는 일입니다. Entry Point를 찾을 때 가장 좋은 방법은 Source Build를 해 보는 것 입니다. 대부분의 오픈소스는 다양한 리눅스 패키지 안에서 빌드 됩니다. 분석은 Windows 플랫폼에서 하겠지만 굳이 어려운 플랫폼을 선택하지 말고 빌드가 쉽고 정보를 구하기 위한 OS에서 필드를 해 봅니다. 우리가 알아야 할 것은 빌드 과정에서 발생하는 정보들 입니다. 어떤 것이 본체고 어떤 것이 라이브러리 인지 파악해야 합니다. 소스를 가져오고 빌드를 하는 과정에서 나오는 log 만으로도 충분히 정보를 얻을 수 있습니다.

```
# Repositories:  ./corba ./hotspot ./jaxp ./jaxws ./jdk ./langtools ./nashorn
     ./corba:    cd ./corba && hg pull -u
           .:    cd . && hg pull -u
      ./jaxp:    cd ./jaxp && hg pull -u
   ./hotspot:    cd ./hotspot && hg pull -u
     ./jaxws:    cd ./jaxws && hg pull -u
       ./jdk:    cd ./jdk && hg pull -u
  ./langtools:   cd ./langtools && hg pull -u
    ./nashorn:   cd ./nashorn && hg pull -u
```

Android의 경우 AndroidManifest.xml, C, C++, JAVA의 경우 main 함수를 찾고 Spring의 경우 web.xml 을 찾아야 합니다. 각 플랫폼이 제공하는 Entry Point는 널리 알려져 있습니다. Ant, maven, gradle을 쓰는 경우도 많습니다. 규모가 있다고 판단되는 프레임워크의 경우 Makefile이 대부분 프로젝트의 Entry Point 입니다. 빌드 편의를 위하여 가끔 .sh 파일 내부에 들어 있기도 합니다. Makefile 이라는 이름을 가진 파일을 찾아서 내부를 봅니다.

```
$(info (Component is any of langtools, corba, jaxp, jaxws, hotspot, jdk, nashorn,
images, overlay-images, docs or test))
```

openJDK의 경우 모듈이 위와 같이 나뉘어져 있다는 것을 알 수 있습니다. 폴더를 보면 모듈 구조와 폴더구조가 같은 것도 확인 할 수 있습니다. 이런 경우 매우 편리 합니다. 굳이 분석을 안 해도 되는 모듈을 걸러내면 폴더 뭉치에 담긴 소스들이 통째로 분석을 안해도 되는 소스가 됩니다. 각 폴더에는 README가 있습니다. README.txt, READ.ME, README.MD, Makefile, build.xml 等 plain text를 모두 읽고 추론하여 분석해야 합니다.

common 폴더의 경우 README가 없습니다.

corba

> README:
> This file should be located at the top of the corba Mercurial repository.
>
> See http://openjdk.java.net/ for more information about the OpenJDK.
>
> See ../README-builds.html for complete details on build machine requirements.
>
> Simple Build Instructions:
>
>   cd make && gnumake
>
> The files that will be imported into the jdk build will be in the "dist" directory.

hotspot 폴더의 경우도 같습니다.
Nashorn 의 README의 경우 다음과 같이 주요 정보가 있습니다.

> Nashorn is a runtime environment for programs written in ECMAScript 5.1 that runs on top of JVM.

jaxp의 경우 README는 부실하나 build.xml 파일이 존재합니다.

```
<description>
Ant build script for the ${ant.project.name} part of the jdk.

Input Properties: (see build.properties for the ant defaults)
   bootstrap.dir    - dir with lib/javac.jar, added to javac bootclasspath
   javac.debug      - true or false for debug classfiles
   javac.target     - classfile version target
   javac.source     - source version


Run 'make help' for help using the Makefile.
</description>
```

JAXP는 Java API for XML Processing 의 약자와 같이 알려져있는 정보들로 마치 탐정이 된 것처럼 분석해 봅니다. 가장 좋은 것은 큰 회사에서 프레임웍을 담당해 보거나 APP이 돌아 갈 수 있는 간단한 Framework 을 만들어 보는 것입니다.

Chapter 11.

STRAPLINE

CBD 개발 방법론

SOA 개발 방법론

개발 방법론, 패러다임의 본질

코드로 이해하기

CPU와 메모리를 넘어선 개발 이론
development theory

앞선 내용을 한마디로 일축하면, 모든 프로그래밍을 [CPU와 메모리의 장난] 으로 규정하고 있습니다. 이미 JAVA 메소드가 C++ 클래스임을 확인했으나 C++ 과 JAVA의 메소드, 멤버함수가 사실상 같다는 것을 말하려면, 개발 방법론을 이야기하지 않을 수 없습니다. CPU와 메모리의 장난에 더하여 툴 지향 개발 방법론에 대해서 이야기를 해 보려고 합니다. 우선, 기존 개발 방법론에 대해서 알아보겠습니다.

CBD 개발 방법론

객체 지향 개발 방법론은 기초 서적에서 이미 많이 다루고 있으므로, OO 다음의 "CBD개발 방법론"에 대해서 알아봅시다. CBD가 나오기 前 배포용 Object 시스템[70]이 있었습니다. CORBA, RMI, DCOM 이 대표적입니다. CBD만큼 유명하지도 않고 해당 개념에 포함되므로 를 객체지향 개발 방법론 다음의 진보된 개념으로 봅니다. CBD(Component Based Development) 의 Component는 기존 OO에서 Object를 패키징 한 개념입니다.

OOP(Objective Oriented Programming)는 객체 지향 개발 방법론으로 불립니다. 그래서 절차지향 프로그래밍 또한 "절차지향 개발 방법론"이라고 할 수 있습니다. 절차지향에서 객체지향으로 넘어간 이유는 "패키징"에 있습니다. 기존의 data(속성, 프로퍼티, 상태, 멤버변수,…)와 행동(멤버함수, 펑션, 메소드, …)을 묶어 하나의 클래스로 표현했습니다. 이것이 new나 malloc, static 等을 만나 메모리에 올라가면 우리는 "객체"로 불렀습니다. 컴포넌트는 실체가 없는 설계도인 클래스와 메모리에 만들어진 객체와는 달리 객체가 모여 있으면 통합하여 컴포넌트란 용어로 지칭합니다. 패키징을 한 이유는 "재사용" 입니다. CBD 뿐 아니라 SOA, PaaS, IaaS, DBaaS 等 많은 개발 방법론이 나오는 이유도 "재사용" 성을 위해서 입니다. 논문 검색 사이트[71]에서 컴포넌트 기반 개발을 찾아보면, 다음과 같이 많은 자료가 있습니다.

....
70 https://en.wikipedia.org/wiki/Distributed_object
71 http://www.dbpia.co.kr/

CBD를 이해하고 사용하는 것은 모두 똑같지 않습니다.

단, 한가지 명확한 사실이 있다면, 컴포넌트는 "소프트웨어의 단위"라는 것입니다. 소프트웨어를 어떤 단위로 끊고 패키징 할 것인가가 바로 개발 방법론의 핵심입니다. 서비스 단위로 보는 것을 서비스 지향, 컴포넌트 단위로 패키징 하는 것을 컴포넌트 지향, 오브젝트 단위로 생각하는 것은 OO라고 합니다. 어떤 단위로 보느냐, 패키징 하느냐, 생각하느냐가 개발 방법론의 핵심인 것입니다.

사용자와 인터렉션

___

Service 단위

___

Componet 단위

___

Ojbect 단위

___

Prosecure 단위

서비스까지는 개념적이지만 서비스 위에 사용자와의 인터렉션을 생각해 보면 보다 현실적으로 다가 옵니다.

2008년 즈음에는 개발자들 사이에서는 "개발 방법론의 붐(BOOM)"이라고 할만큼 개발 방법론에 대해서 이야기하던 시절이 있었습니다. "재사용"이라는 단어는 만드는 것 뿐 아니라 수정과 확장, 유지보수에 있어서도 필수적인 개념이었기 때문입니다. 그러나 이런 이론으로 실무에 적용해보니 "재사용"에 한계가 있었습니다. 비지니스 로직이나 유지보수 뿐 아니라 자사의 소스를 CBD로 개발하여 적용하더라도 빠른 기술 발전 때문에 "재사용"과는 거리가 멀어질 수 밖에 없었습니다.

다만 이런 [생각의 방식]이 CBD 이론을 정립하게 도와 주었고, 이렇게 정립된 이론으로 구현된 TOOL을 널리 사용하게 되었습니다. 익히 들어오던 CORBA, EJB, XML 모두 CBD 개발 방법론에 의해 만들어졌습니다. 기존 OO와 CBD의 가장 큰 차이점은 Run time(실행시간)에 결정 됩니다. 즉, 클래스와 객체처럼 메모리에 존재하느냐 마느냐는 CBD에 오면 "존재하는 것"으로 통일 지어 집니다.

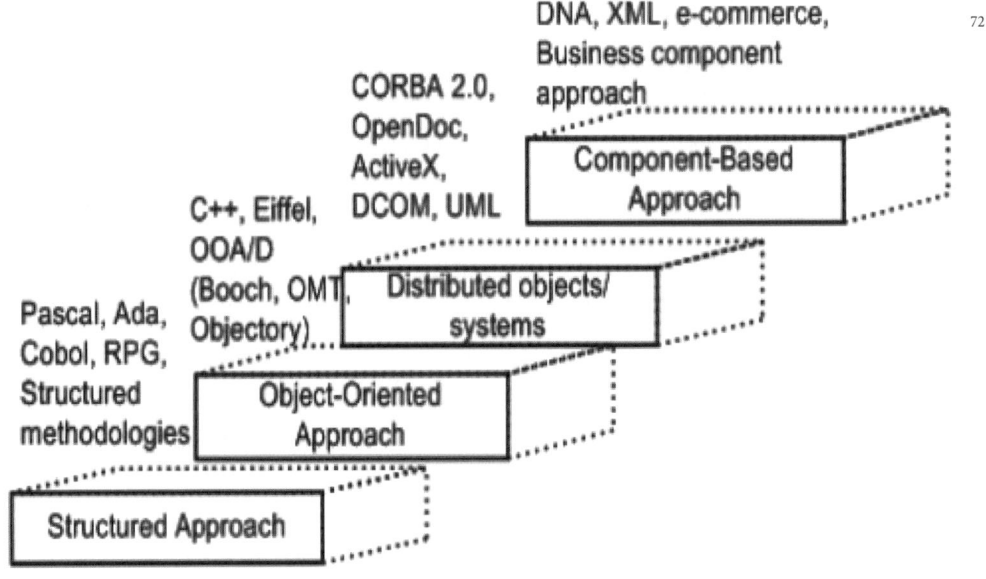

그래서 따로 클래스와 객체처럼 메모리상의 존재를 규정 짓는 부분이 없습니다.

CBD는 실행 중인 객체의 패키지인 것입니다. 객체의 패키지도 객체로 부를 수 있습니다. 다만 이 때 부르는 객체는 기존 class에서 만들어진 객체보다 조금은 덩치 큰 개념으로 이해하면 됩니다. OOD의 경우 실행 전 개발 단계에서 적용됩니다. 그래서 개발자의 역량이 중요합니다. CBD의 경우 이미 개발된 객체가 제공되므로 서로간의 인터페이스가 더 중요합니다.

---

72 International Journal of Recent Technology and Engineering (IJRTE)ISSN: 2277-3878,Volume-2, Issue-1, March 2013

사실, 이것도 말 장난입니다.
작은 객체던 큰 객체던 객체끼리 통신하는데에는 사실 인터페이스 라는 것이 매우 중요하기 때문입니다. 우리가 함수의 파라미터를 신중히 정하고 또 서버/클라이언트 모델에서는 신중히 프로토콜을 선정하는 것 모두 인터페이스를 중시한다고 할 수 있습니다.

SOA 개발 방법론

OO와 CBD가 다르다면 둘을 설계할 때 완전히 다른 툴을 써야 겠지만, Use Case/Class/Sequence/Componet diagram 을 동일하게 사용합니다. CBD와 SOA도 크게 다르지 않습니다. CBD와 SOA의 교집합을 찾는 것은 의미가 없습니다. SOA가 무엇인지 알면 됩니다.

- 서비스 지향 개발 방법론, 즉, 서비스를 말합니다. 하나의 서비스는 택배 서비스와 같이 개발 요구사항을 단번에 충족하는 큰 서비스 일 수 있습니다.

- 택배 서비스가 결재 서비스, 배송 안내 서비스, 고객 지원 서비스 等 여러 서비스로 나누어 질 수 있듯이 나누어질 수 있습니다. 단, 서비스간의 의존성은 매우 약해야 합니다. 하나의 서비스가 무너질 때 다른 서비스도 함께 무너진다면 의존성이 강한 것입니다.

- 서비스간의 소통이 가능해야 합니다. 즉, 개방된 인터페이스가 존재해야 합니다. 전화를 받지 않는 콜센터는 상상할 수 없습니다.

- 서비스는 해당 로직이 캡슐화 되어야 합니다. 내부가 어떻게 돌아가는지 알 수 없습니다. 택배 기사가 몇명인지 물류 시스템은 무엇인지 모르지만 해당 서비스를 썼을 때 택배가 잘 전달되기만 하면 됩니다.

- 실행 환경에 독립적이어야 합니다. 전화로도 택배 신청이 가능하고, 모바일, 데스크탑 환경 구분없이 인터넷으로 신청이 가능해야합니다.

- 서비스는 또 다른 서비스에 활용될 수 있어야 합니다. ARS 서비스는 택배 시스템 뿐 아니라 은행, 회사, 심지어 불법 도박 사이트 회원 모집에도 폭넓게 이용될 수 있습니다.

- 최소 단위의 정보만 저장해야 합니다. 배송에 필요한 정보만 택배회사가 가지고 있어야 하지. 우리가 좋아하는 음식 정보, 사생활 정보가 담겨서는 안되겠습니다.

- 이처럼 사용자가 인지할 만한 서비스 단위여야 합니다.

Service Oriented Design Paradigm[73], 서비스 지향 개발 방법론은 user interaction의 바로 전단계 layer인 만큼, 현실 세계에서 이해하기 쉬운 특징을 가지고 있습니다. 그러나 CBD, SOA 단계에서 더 나누어도 되고 SOA 이후 개발 방법론을 더 개발해도 괜찮습니다. 그러나 개발자가 CBD와 SOA에의 서로다른 이해도를 보이고 10년 이상 실무에서 실패했다고 여겨질 만큼 개발자 사이의 인터렉션이 없다면, 이제 본질을 탐구할 때가 되었습니다.

---

73 https://en.wikipedia.org/wiki/Service-orientation

개발 방법론, 패러다임의 본질

절차지향, 객체지향 프로그래밍?

프로그래밍 패러다임[74]에는 많은 종류가 있습니다.

- 구조적 프로그래밍과 비구조적 프로그래밍
- 명령형 프로그래밍과 선언형 프로그래밍
- 메시지 전달 프로그래밍과 명령형 프로그래밍
- 절차적 프로그래밍과 함수형 프로그래밍
- 값수준 프로그래밍과 함수수준 프로그래밍
- 흐름처리 프로그래밍과 이벤트처리 프로그래밍
- 스칼라 프로그래밍과 배열 프로그래밍
- 객체지향 프로그래밍중 클래스기반 프로그래밍과 프로토타입기반 프로그래밍
- 제한형 프로그래밍과 논리형 프로그래밍
- OLE에서의 컴포넌트지향 프로그래밍
- 애스펙트제이의 애스펙트지향 프로그래밍
- 매스매티카의 규칙기반 프로그래밍
- 마이크로소프트 폭스프로의 테이블지향 프로그래밍
- 유닉스 명령줄의 파이프라인 프로그래밍
- 객체기반 프로그래밍

....
74 위키피디아 한글페이지, 2016년 8월 23일자 편집 기준 프로그래밍 패러다임

- 탈객체 프로그래밍
- 주체지향 프로그래밍
- 반사적 프로그래밍
- 스프레드시트의 자료흐름 프로그래밍
- 정책기반 프로그래밍
- 어노테이티브 프로그래밍 – http://www.flare.org (영문자료)
- 특성지향 프로그래밍 (어노테이티브 프로그래밍과 같은 것일지도 모른다) (XDoclet 클래스에 의해 전처리되는 자바 5의 annotation; C#에서의 특성(Attributes))
- 개념지향 프로그래밍 (메인 프로그램 생성에 개념을 사용하는 것에 기반되어 있다)

C, JAVA, PYTHON 等 많은 프로그래밍 언어들도 패러다임의 영향을 받습니다. 보통 하나의 패러다임을 구현한 프로그래밍 언어이기 보다는 다양한 패러다임을 함께 수용하는 Multi-Paradigm 형태를 취합니다. 이 중 오늘날 가장 많이 말하는 프로그래밍 패러다임은 절차지향과 객체지향입니다. C++, C#, JAVA, PYTHON, SWIFT, Object-C 等 많은 언어가 객체지향 프로그래밍 언어라고 하며, 절차 지향 패러다임의 대표적 언어로는 C를 말합니다.

오늘날 대부분의 프로그래밍 언어는 객체지향 언어라고 보면 됩니다. Multi-Paradigm 트렌드에 맞게 함수형 프로그래밍 개념이 속속 들어가고 있습니다. 이 부분은 [조금 어려운 이야기]에서 간단히 설명해 보려고 합니다. 그 전에 무엇이 객체지향인지에 대해서 확실히 알아 보고자 합니다. 그리고 이것을 토대로 프로그래밍 패러다임의 본질을 꿰뚫어 보고자 합니다. 앞서 설명한 [CPU와 메모리의 장난], 그리고 [추상화]와 라이브러리, 레퍼런스, XaaS, 프레임웍을 단순하게 설명하는 [API]가 바로 본질을 설명하기 위해 필요한 진리입니다.

코드로 이해하기

개발 방법론으로 과연 이기종의 시스템을 모두 고려하고 효율적으로 설계할 수 있을까요? Android와 iOS는 운영체제만 다른 것이 아니라 프로그래밍 언어, 사용 방식도 모두 다릅니다. 사용자의 손에서 원하는 곳으로 연락하도록 도와주고 원하는 앱을 실행하도록 하는 목적은 같으나 모든 것이 다릅니다. 이런 경우 정책은 같으나 메커니즘이 다르다고 합니다. 이론적으로 확립된 개발 방법론을 넘나들기는 매우 힘듭니다. 그래서 "실제적"이고 "실무적"인 프로그래밍을 하는 것이 유행처럼 되어 버렸습니다. 화이트 박스 검증(코드를 직접 확인하는 테스트)으로 모든 코드를 이해하고 이기종간의 연결시 문제점을 예상하며, S/W뿐 아니라 H/W까지 모두 예측 가능하다면 좋겠지만 불가능합니다. 그래서 최종 테스트는 블랙박스 테스팅(사용자가 직접 사용해서 결함을 찾는 검증)을 합니다. 코드로 이해하며 이론을 섭렵하는 방식이 필요합니다. 코드로 접근할 때 비로소 모든 이론이 이해되기 시작합니다. 코드로 이기종간의 연계성을 공부하기 가장 좋은 툴은 NDK입니다. Open Source와 NDK의 맛보기를 조금 해 보고 웹서핑 공부법으로 깊이 들어갈 토대를 만들어 봅시다.

Open Source

과거에는 오픈소스 저장소로 sourceforge나 freshmeat을 많이 이용했습니다.
최근에는 bitbucket 혹은 github으로 거의 통일되는 추세이며 그 중 github은 가장 많이 쓰는 저장소로, sourcetree는 가장 많이 쓰는 툴로 이용되고 있습니다.

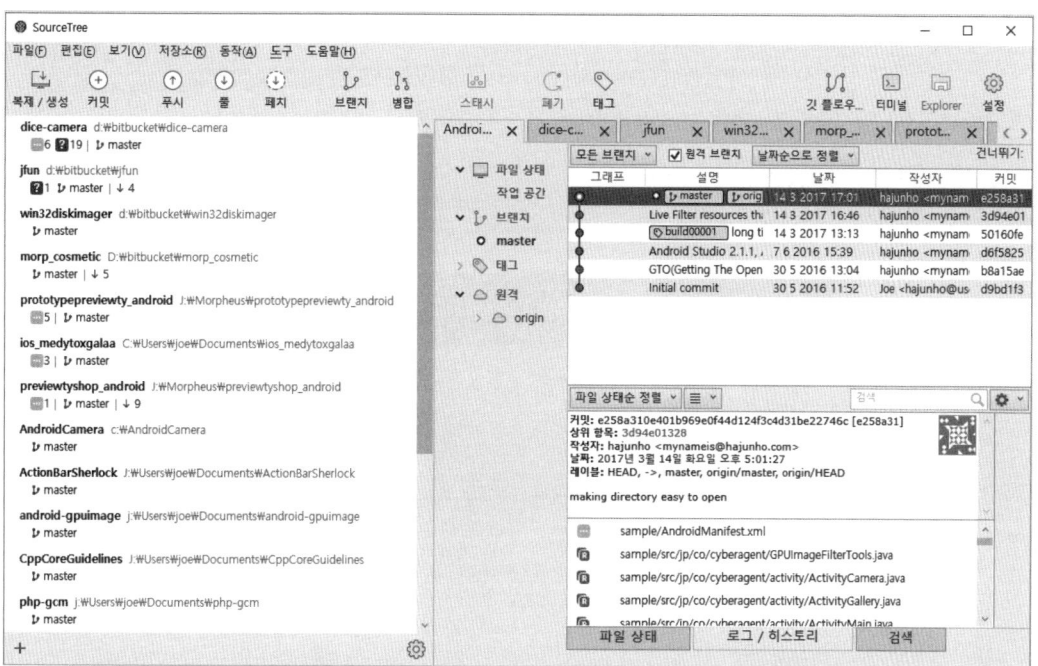

협업을 위해 CVS, SVN, GIT, TFS를 사용하기도 하지만, 혼자서 만들면 오랜 기간이 소모되는 모듈의 경우 오픈소스를 이용했을 때 많은 이점이 있습니다. 실제 프로젝트를 진행하다 보면 낮은 품질에 실망할 때도 있지만, 빠른 소스 리딩과 구조를 파악하여 결합하는 방법을 안다면 굳이 새로 만들 필요 없이 훌륭한 모듈이 됩니다. 이것도 알고리즘에 함께 포함시켜 생각의 폭을 넓혀야겠습니다. 대부분의 상품화 프로그래밍은 작은 모듈 하나에 집착하는 것보다 사용자의 요구에 맞게 끔 빠르게 구현하는 능력이 우선시 됩니다. 그 반대의 경우와 깊은 공부를 위해서는 학교로 다시 돌아가거나 학계와 연계하여 개발되는 것이 관례입니다.

NDK

NDK는 JAVA 가 기본 프로그래밍 언어인 Android에서 C/C++ 및 어셈블리어를 사용할 수 있게 끔 한 툴입니다. 실제 컴파일은 Clang[75]과 LLVM[76]을 이용 합니다. JAVA 알고리즘과 관련된 책을 보며 아무리 완벽하게 알고리즘을 짠다고 하더라도 JAVA 언어가 가진 성능의 한계에 종속됩니다. 이럴 때는 C/C++로 같은 기능을 하는 코드를 짜는 것이 더 빠를 수 밖에 없습니다. Android가 오픈되어 있듯이 NDK 툴 및 자료도 제작한 회사에 모두 공개되어 있습니다. NDK의 근간이 되는 기술은 JAVA의 JNI(Java Native Interface) 기술입니다. JAVA를 만든 회사는 Sun microsystems이며, SUN社는 Oracle社에 인수되었습니다. 저작권 문제로 Oracle에 소송을 당

---

[75] https://clang.llvm.org/
[76] http://www.llvm.org/

한 Google社이 OPENJDK로 바꾸었지만 근본이 되는 자료는 여전히 Oracle社에서 찾을 수 있습니다. [웹서핑 공부법]을 실전할 때 site:oracle.com 을 꼭 이용하시기 바랍니다.

언어간 소통은 앞으로 배울 단원을 진행하고 난 이후에는 대동소이 해 보일 것입니다. 키워드는 많이 다릅니다. 다음과 같이 오라클에 비교해 놓은 Primitive type 자료형만 해도 void를 제외하고는 키워드가 같은 것이 없습니다.

Java Type	Native Type	Description
boolean	jboolean	unsigned 8 bits
byte	jbyte	signed 8 bits
char	jchar	unsigned 16 bits
short	jshort	signed 16 bits
int	jint	signed 32 bits
long	jlong	signed 64 bits
float	jfloat	32 bits
double	jdouble	64 bits
void	void	N/A

[77]

NDK보다 중요한 것은 C/C++ 프로그래밍과 그 산출물인 바이너리(PE 파일 포맷 또는 ELF 포맷)을 어떻게 연결해서 사용하는지에 대한 내용입니다. 모두 기계어니 어셈블리어로는 모두 이을 수 있겠습니다. 어떤 코드던 원하는 위치에 적재하고 해당 위치로 점프하면 그만입니다. 하드웨어 스타트업 코드도 동일하게 메모리 적재 후 점프 과정을 거칩니다. 세부 내용을 깊게 들어가지 않아도 NDK를 이용하면, 프레임웍이 알아서 C/C++과 JAVA을 쓸 수 있게 해 주므로 웹서핑 공부법으로도 충분히 이기종간의 LINK를 알 수 있습니다. 그러나 수많은 버전업으로 cygwin 혹은 리눅스에서 컴파일하여 수동으로 넣어주는 과정도 자동화 되었습니다. 낯선 환경의 두려움을 없애기 위하여 우선 쉬운 따라하기를 통하여 NDK를 배워 보도록 합시다.

우선, NDK설치는 웹서핑 공부법을 이용하여 설치합니다. Android₩sdk₩ndk-bundle₩build 에 ndk-build 가 보이면 설치가 잘 되었습니다. PATH 설정을 마치면, 다음과 같이 Android Studio에서 프롬프트 창을 열어 봅니다. ndk-build 명령어가 수행되면 ndk-build의 설치가 제대로 된 것입니다. 이 후 다음과 같이 Include C++ support 를 체크하여 새로운 프로젝트를 만듭니다.

---

[77] http://docs.oracle.com/javase/7/docs/technotes/guides/jni/spec/jniTOC.html

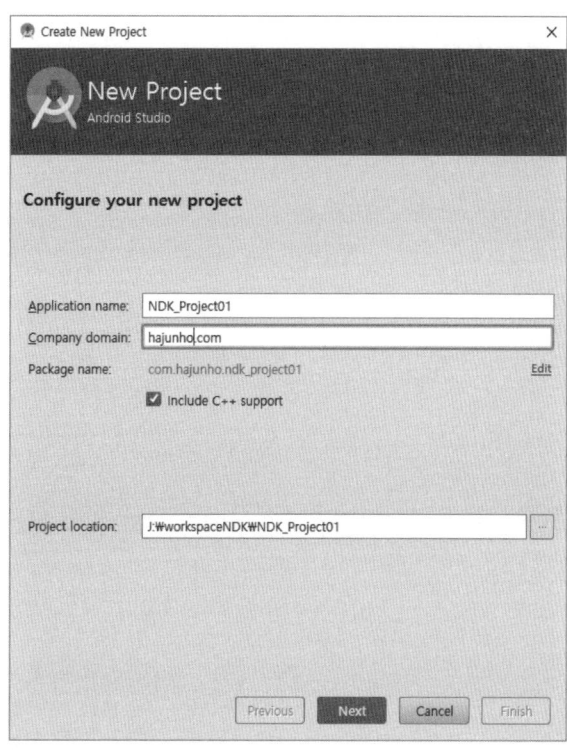

Hello, World!를 편하게 인쇄하고자 액티비티를 만들고 시작합니다.

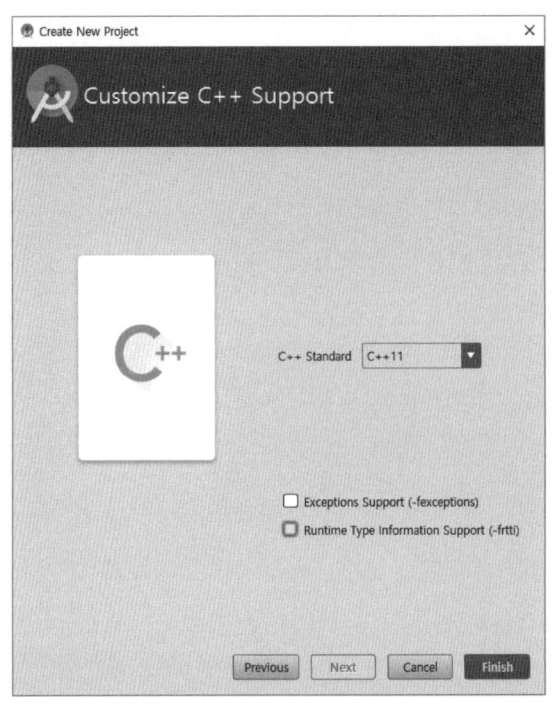

C++11 으로 선택 합니다.

Finish 후에 RUN을 하면 바로 Hello from C++을 볼 수 있습니다.

실습 끝입니다. 매우 쉽지요? 갈수록 편해지는 개발 환경이 불만이기도 하지만, 산출물을 보기 위해 오래도록 인내하며 받는 스트레스를 확실히 줄일 수 있습니다. 그러나 세부 컨트롤을 위해서 내용이 조금 더 살펴보겠습니다. 만약, 컴파일이 되지 않는다면 구글 공식 사이트를 참고[78]하여 CMAKE[79]와 LLDB를 설치 합니다. Android￦sdk￦ndk-bundle￦toolchains￦llvm￦prebuilt￦windows-x86_64￦bin 에서 clang도 제대로 설치되어 있는지 확인 합니다. 빌드 로그를 확인하면 크로스 컴파일 툴체인 cmake를 이용하여 빌드하는 것을 확인할 수 있습니다.

```
:app:externalNativeBuildDebug
Build native-lib mips64
[1/2] Building CXX object CMakeFiles/native-lib.dir/src/main/cpp/native-lib.cpp.o
[2/2] Linking CXX shared library ..￦..￦..￦..￦build￦intermediates￦cmake￦debug￦obj￦mips64￦libnative-lib.so
Build native-lib mips
[1/2] Building CXX o
bject CMakeFiles/native-lib.dir/src/main/cpp/native-lib.cpp.o
[2/2] Linking CXX shared library ..￦..￦..￦..￦build￦intermediates￦cmake￦debug￦obj￦mips￦libnative-lib.so
Build native-lib x86_64
[1/2] Building CXX object CMakeFiles/native-lib.dir/src/main/cpp/native-lib.cpp.o
[2/2] Linking CXX shared library ..￦..￦..￦..￦build￦inte
rmediates￦cmake￦debug￦obj￦x86_64￦libnative-lib.so
Build native-lib x86
[1/2] Building CXX obje
ct CMakeFiles/native-lib.dir/src/main/cpp/native-lib.cpp.o
[2/2] Linking CXX shared library ..￦..￦..￦..￦build￦intermediates￦cmake￦debug￦obj￦x86￦libnative-lib.so
Build native-lib arm64-v8a
[1/2] Building CXX object CMakeFiles/native-li
b.dir/src/main/cpp/native-lib.cpp.o
[2/2] Linking CXX shared
 library ..￦..￦..￦..￦build￦intermediates￦cmake￦debug￦obj￦arm64-v8a￦libnative-lib.so
```

---

78 https://developer.android.com/studio/projects/add-native-code.html#new-project
79 http://llvm.org/docs/CMake.html

```
Build native-lib armeabi-v7a
[1/2] Building CXX object CMakeFiles/native-lib.dir/src/main/cpp/native-lib.cpp.o
[2/2] Linking CXX shared library
  ..\..\..\..\build\intermediates\cmake\debug\obj\armeabi-v7a\libnative-lib.so
Build native-lib armeabi
[1/2] Building CXX object CMakeFiles/native-lib.dir/src/main/cpp/native-lib.cpp.o
[2/2] Linking CXX shared library ..\..\..\..\build\intermediates\cmake\debug\obj\armeabi\libnative-lib.so
:app:mergeDebugJniLibFolders
:app:transformNativeLibsWithMergeJniLibsForDebug
:app:transformNativeLibsAndResourcesWithJavaResourcesVerifierForDebug
:app:transformClassesWithInstantRunForDebug
:app:transformClassesEnhancedWithInstantReloadDexForDebug
```

NDK에 대한 공부는 구글 공식 사이트(https://developer.android.com/ndk)와 NDK 예제를 참고 바랍니다. CyberAgent의 GPU-Image를 copy 한 Android Camera(https://github.com/hajunho/AndroidCamera[80]) 를 기준, 내용을 보도록 하겠습니다. 해당 프로젝트는 gpuimage-library.so 파일을 이용합니다. 리눅스 시스템에서는 흔히 볼 수 있는 library 파일인 .so 파일이지만 dll만 보던 윈도우 유저는 생소할 수도 있겠습니다. 라이브러리 사용법은 간단합니다. 다음과 같이 library를 로딩 합니다.

```java
package jp.co.cyberagent.android.gpuimage;

public class GPUImageNativeLibrary {
    static {
        System.loadLibrary("gpuimage-library");
    }

    public static native void YUVtoRBGA(byte[] yuv, int width, int height, int[] out);
```

---

80 CyberAgent社 의 Patrick Boos가 해당 프로젝트 메인 개발자였습니다. 이를 활용하여 구현한 dicecamera(Android Market)에 좋은 평을 해 주었었습니다. 한동안 해당 소스도 공개되었었으나, 현재는 비공개 및 업데이트 하지 않은지 오래 되었으니 해당 소스로 공부하셨으면 합니다.

```
    public static native void YUVtoARBG(byte[] yuv, int width, int height, int[] out);
}
```

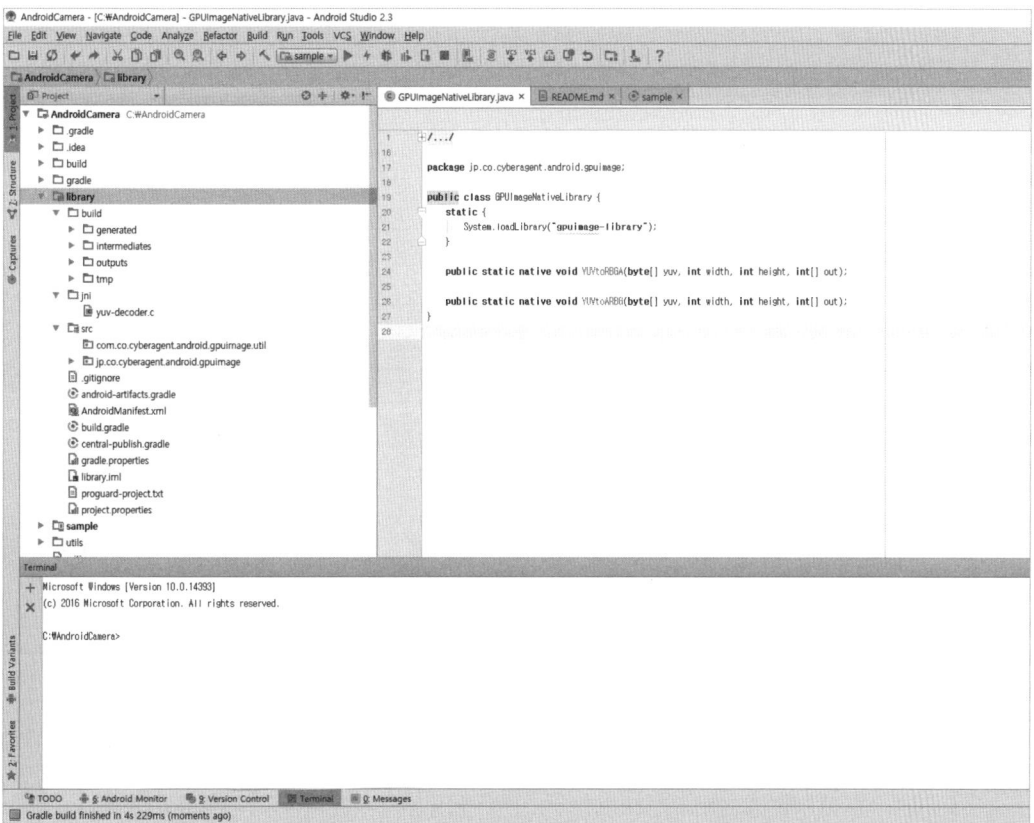

so 파일 빌드 방법을 알기 위해 Android.mk를 이용하여 빌드하겠습니다. GCC의 전통적인 make description은 Makefile 입니다. 안드로이드에서는 Android.mk가 jni를 위한 make 파일 이었습니다. 리눅스에 친숙한 사용자에게는 기존 Makefile과 사용법이 똑같기에 친숙함을 위해 한번 빌드해 보겠습니다. 이 방식은 cmake를 이용하는 것으로 바뀌었기 때문에 Android.mk에서 CMakeLists.txt 로 바뀌었습니다.

JNI 폴더(cd jni 이용)에서 다음과 같이 Android.mk 파일을 만듭니다. 해당 mk 파일은 C:₩AndroidCamera₩library₩build₩intermediates₩ndk₩release에 있으나 해당 폴더에서 만들어 봅니다.

```
LOCAL_PATH := $(call my-dir)
include $(CLEAR_VARS)

LOCAL_MODULE := gpuimage-library
```

```
LOCAL_LDFLAGS := -Wl,--build-id
LOCAL_LDLIBS := \
    -llog \
LOCAL_SRC_FILES := \
    C:\AndroidCamera\library\jni\yuv-decoder.c \

LOCAL_C_INCLUDES += C:\AndroidCamera\library\jni
LOCAL_C_INCLUDES += C:\AndroidCamera\library\src\release\jni
include $(BUILD_SHARED_LIBRARY)
```

ndk-build를 수행하면 다음과 같이 프로세서 별 so 파일이 생성됩니다.

```
C:\AndroidCamera\library\jni>ndk-build
[arm64-v8a] Compile        : gpuimage-library <= yuv-decoder.c
[arm64-v8a] SharedLibrary  : libgpuimage-library.so
[arm64-v8a] Install        : libgpuimage-library.so => libs/arm64-v8a/libgpuimage-library.so
[x86_64] Compile           : gpuimage-library <= yuv-decoder.c
[x86_64] SharedLibrary     : libgpuimage-library.so
[x86_64] Install           : libgpuimage-library.so => libs/x86_64/libgpuimage-library.so
[mips64] Compile           : gpuimage-library <= yuv-decoder.c
[mips64] SharedLibrary     : libgpuimage-library.so
[mips64] Install           : libgpuimage-library.so => libs/mips64/libgpuimage-library.so
[armeabi-v7a] Compile thumb : gpuimage-library <= yuv-decoder.c
[armeabi-v7a] SharedLibrary : libgpuimage-library.so
[armeabi-v7a] Install       : libgpuimage-library.so => libs/armeabi-v7a/libgpuimage-library.so
[armeabi] Compile thumb    : gpuimage-library <= yuv-decoder.c
[armeabi] SharedLibrary    : libgpuimage-library.so
[armeabi] Install          : libgpuimage-library.so => libs/armeabi/libgpuimage-library.so
[x86] Compile              : gpuimage-library <= yuv-decoder.c
[x86] SharedLibrary        : libgpuimage-library.so
```

```
[x86] Install        : libgpuimage-library.so => libs/x86/libgpuimage-library.so
[mips] Compile       : gpuimage-library <= yuv-decoder.c
[mips] SharedLibrary : libgpuimage-library.so
[mips] Install       : libgpuimage-library.so => libs/mips/libgpuimage-library.so
```

이 .so 파일은 APK 내부에 그대로 적용 됩니다. 확인을 위해서는 Android Studio의 Analyze APK 를 이용할 수 있습니다. APK 내부에 SO 파일이 내장되는 것을 알 수 있습니다.

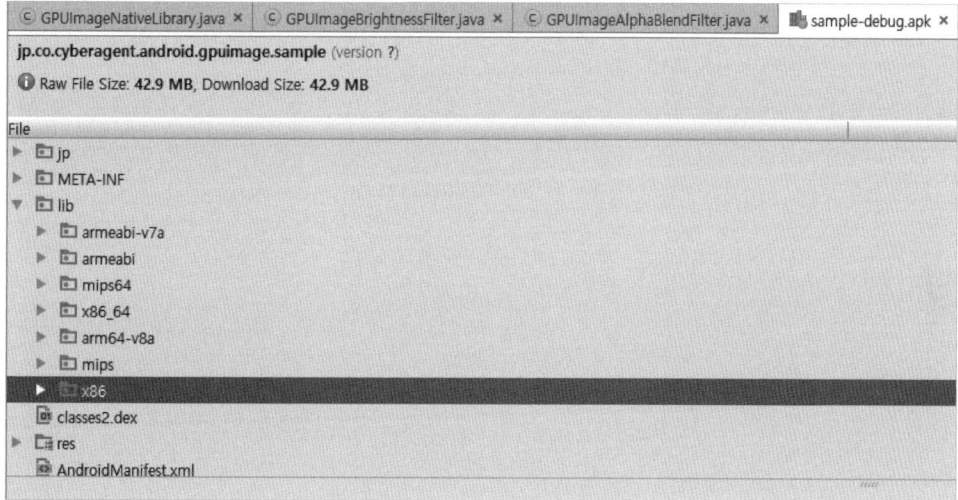

.so(Shared Object) 파일은 .a 파일과 더불어 라이브러리 파일로 불립니다. Windows의 dll, obj 파일과 같습니다. C/C++와 JAVA, Linux 프로그래밍을 함께 익히고 나면 NDK를 프로그래밍을 하는데 큰 문제가 없습니다. 알고리즘 테스트에서는 언어 구분이 없지만 제품에서 똑같은 알고리즘도 속도에 따라 품질 차이는 매우 큽니다. C/C++로 속도 향상을 할 수 있는 부분이라면 다양한 프로그래밍 언어로 개발해야 합니다.

이상 간단히 NDK 관련해서 알아보았습니다. 첫번째 예제를 확장해서 사용해 보면 Android. mk, Application.mk를 수정하거나 standalone으로 빌드 할 때 보다 매우 편한 것을 알 수 있습니다. class 파일에서 헤더를 뽑아 만드는 예전 방식이 아니기 때문입니다.

```
public native String AFunctionYouWantToMake();
```

만들고자하는 함수의 이름을 native api를 추가하고 AutoFix 기능(Alt+Enter)를 사용하면 Android Studio에서 CPP파일에 자동으로 함수 원형을 만들어 줍니다. 빌드 역시 gradle에 포함되어 있으므로 분리해서 빌드할 필요가 없어졌습니다. 그러나 큰 프로젝트를 진행하다보면 결국 Ant, maven, Makefile과 gradle에 대해서 친숙해질 필요성을 느낍니다. 최근 기조는 모두

gradle로 가고 있으니 따로 공부를 한다면 Makefile, gradle, cmake 빌드 문법을 한번 쯤 익혀둘 것을 추천합니다.

　모바일 프로그래밍은 앞 서 이야기한 객체지향 알고리즘과도 이어지는 내용입니다. 모바일 프로그래밍 관련 자료가 전무하던 시절에는 Android Programmer, iOS Programmer가 나뉘어져 있었습니다. 한분야에서만 전문가가 되더라도 충분하지만 지금은 Android/iOS 프로그래밍 둘 다 할줄 알아야 됩니다. 개발자 몸값은 물가와 비슷해서 올라가기만 하고 잘 내려가지 않습니다. 트러블 슈팅에 관한 자료가 많아지고 관련 자료를 찾기가 더욱 더 쉬워졌습니다. 모바일 개발자 연봉이 높아진 지금은 양쪽을 할 줄 알아야 합니다. iOS 프로그래밍도 함께 다루면 좋겠지만 모바일 프로그래밍은 책 없이 공부하는 개발자가 많은 만큼 공부하기 편해졌습니다.

Android 와 iOS 프로그래밍에 관한 실무 이야기.

1. 양쪽 다 프로그래밍 가능한 프로그래머가 매우 많습니다. 그만큼 비슷한 개념이 많다는 뜻입니다. [프로그래밍은 메모리와 CPU의 장난]입니다.

2. Android 는 $25의 비용으로 평생 개발자지만 애플의 경우 매년 $99를 지불해야 합니다. 기업의 경우 $299 를 지불해야 Android 의 APK와 같이 단일 실행 가능한 실행 파일(.IPA)을 만들 수 있습니다.

3. Android의 경우 MAC과 Windows, Linux에서 모두 개발이 가능하지만 iOS의 경우 MAC에서만 개발 가능합니다. 크래킹된 버전이 있지만 정식 지원이 아닙니다.

4. Android의 경우 JAVA를 쓰며, iOS의 경우 Objective-C와 Swift가 기본 언어 입니다.

5. 웹으로 커버가 가능한 기능의 경우 대부분 하이브리드 방식을 이용하여 개발합니다. 하나의 소스로 양쪽 플랫폼에 모두 적용 가능합니다. 국내에는 유라클의 Morpheus 제품이 있습니다. 아파치 재단의 cordova를 많이 이용합니다. 마이크로소프트의 xamarin도 있습니다.

6. 3D 프로젝트는 엔진을 제외한 하이브리드 앱을 만들려면 Unity 혹은 Unreal Engine을 이용하여 개발할 수 있습니다.

7. 많은 개발자들이 세부 컨트롤을 이유로 각각 개발을 합니다. 잦은 업데이트로 라이벌 관계 회사의 플랫폼이 어떤 노선을 탈지 모르기 때문입니다. 이에, 웹으로 충분히 사용자 요구사항을 충족할 수 있는 경우만, 하이브리드 앱으로 개발합니다.

8. iOS의 Objective-C는 gcc 기반의 컴파일러로 기초 구문의 차이만 있을 뿐 대부분의 개념은 동일합니다.

Chapter 12.

STRAPLINE

첫 번째 이야기

두 번째 이야기

세 번째 이야기

OLPP 툴 적합성 조사

실무적 OLPP 개발자가 되기 위한 필수 프로토콜

맺음말

오브젝트 링크
프로그래밍 패러다임
Object Linked
Programming Paradigm

OLPP를 이야기 하기 前 추상화와 API에 대해 한번 더 짚고 넘어가겠습니다. 앞 챕터에서 나온 설명이 반복[81]될 수도 있습니다.

추상화, API

프로그래머는 자연의 법칙을 토대로 추상화 한 결과인 API로 프로그램을 만듭니다. 추상화는 抽象化, 뽑을 추, 꼴 또는 모양 상, 되게 할 화.입니다. 어떤 것에서 뽑아내는 방법을 말합니다.

"그림 화(畵)" 한자어를 쓰는 추상화(抽象畵)입니다. 추상화가 잘되었습니다. 누가 봐도 고양이지요. 특징을 잘 뽑아내었습니다. 사실적 표현 양식과는 다르게 작가의 눈에 비친 내면 모습까지도 표현해 냈습니다.

---
81 이미 했던 설명이라 따로 분리를 해 보니 이해하기 힘든(강의하기 힘든) 내용이 되어서 주요 내용은 중복 설명이 있습니다.

발전설비, 전기 설비, 집으로 오기까지 변압 과정들, 전등과의 배선에 대해서 전체를 모르더라도 스위치를 ON 하면 불을 켜고 OFF 하면 불을 끈다는 것을 알고 있습니다.
첫 번째 추상화와 두 번째 스위치. 모두 추상화 과정을 거쳐서 나온 결과물입니다.

추상화의 결과물을 API라고 합니다.

객체지향

이것을 말하기 위해서는 우선 객체지향이란 단어가 나오면 안 됩니다.
객체를 지향하는 거야.
블라블라 이 객체는 어쩌고저쩌고 그래서 객체 지향이라는 거야.
설명을 요구했는데 모르는 단어가 다시 나오게 된다면 그것은 정의라고 볼 수 없습니다. 우선 객체와 지향을 나누어 보고 '지향'을 먼저 보도록 합시다.

다음(daum) 한국어 사전을 보면,

1. 어떤 목표에 뜻이 향함
2. [철학] 의식(意識)의 기본 구조로서, 의식이 어떤 대상을 향하고 있음
3. 또는 그 향하는 의지

'객체' 는

객체는 한자어 이다. 客(손님 객), 體(몸 체)입니다.
객체를 한국말로 제대로 표현한 사전은 없습니다.
그래서 새롭게 정의를 하자면,

것

입니다. 영어로는 thing이 됩니다. 보통 물건을 가리킬 때도 쓰지만 사람을 지칭할 때도 쓰입니다.
그래서 세상의 모든 것이 객체가 될 수 있다고 많은 프로그래머들이 말하는 것입니다.
세상의 모든 것이 객체가 아니라. '것' 이기 때문이 이미 세상의 모든 것입니다.

사람을 class로 만드는 것이 가능합니다. 눈, 코, 입 뿐 아니라 척추도 class로 만들 수 있습니다. 척추를 구성하는 경추, 요추, 천추, 미추, 흉추도 class로 만들 수 있습니다. 경추를 구성하는 7개의 뼈 역시 다시 class로 만들 수 있습니다. 객체지향 프로그래밍 언어를 사용하면 만들고 싶은 객체이름 을 적어주고 그 안에 필요한 것들을 넣어 주기만 하면 됩니다. 모든 것은 class로 표현 가능합니다.
  이처럼 모든 '것'은 class로 표현 가능합니다. 그러면 이것이 프로그래밍 용어의 객체인가요? 아닙니다. 객체는 존재해야 합니다. class는 존재하지 않습니다. 컴퓨터에서 '존재' 라는 것은 "메모리에 있다." 는 뜻입니다. 자바를 예로 든다면 메모리에 있기 위한 방법, 즉 '존재'하기 위한 방법은 3가지 방법이 있습니다.

1. 프리미티브 타입
2. new
3. static

1번의 경우 객체와는 무관[82]합니다. 2번 3번 방법만이 메모리에 존재하기 위한 방법입니다.
물론, 다른 방법[83]도 있습니다. java 의 main 문에 static 이 들어가는 이유는 main 문을 실행하려면 '존재' 해야 하기 때문입니다. '존재'하기 위해서는 메모리에 있어야 합니다. 메모리에 있기 위한 키워드가 static 이기 때문입니다. class의 경우 '존재' 하지 않습니다. new 클래스명(); 했을 때 비로소 존재하게 됩니다.

new 를 했을 때 class 는 비로소 존재하게 (메모리에 있게) 됩니다. 객체는 스스로 존재하지만 우

---

[82] 일반적으로 프리미티브 타입을 객체라고 하지 않기 때문입니다.
[83] C++로 해당 API를 만들어서 NDK로 연결하거나, 프레임웍(JVM)을 고쳐서 만들면 됩니다.

리는 그것을 쓰지 못 합니다. 내가 존재하지만 [내 이름]을 모르면 나에게 영향력을 행사하지 못하는 것과 같습니다. [내 이름] 에 해당하는 것이 바로 자바에서는 인스턴스 변수입니다. C에서는 포인터라 부릅니다. 자바에서 new와 static이 존재할 수 있게 하는 API라면, C에서는 메모리 확보를 위한 malloc, calloc 등이[84] 자바의 new에 비견되는 것입니다. [내 이름] 이었던 자바의 인스턴스 변수는 C에서 포인터에 비견됩니다.

    패러다임은 생각하는 방식 자체를 일컫습니다. 어떤 프로그래밍 언어를 사용하던지 컴퓨터를 구입할 때와는 무관합니다. 오로지 CPU와 메모리를 고려합니다. 이것은 모든 프로그래밍 언어는 결국 CPU와 메모리를 사용하는 컴퓨터 위에서 실행되는 것을 뜻합니다. 양자 컴퓨터를 제외한 모든 프로래밍 언어는 이런 CPU와 메모리 구조에서 실행됩니다. 만들어낸 결과물 역시 CPU와 메모리에서 실행됩니다. 프로그래밍은 결국 CPU와 메모리를 가지고 노는 재미있는 놀이로 볼 수 있습니다. 많은 프로그래밍 패러다임이 있지만 정말 이해하기 쉽고 재미있는 프로그래밍 패러다임은 없었습니다.이해하기 어려운 이유는 적어도 하나의 언어에 정통해야 프로그래밍 패러다임을 논할 수 있다고 생각하기 때문입니다. 재미가 없었던 이유는 잘하지 못해서입니다. 잘하지 못하는 이유는 기억하지 못하는 데에 기인합니다. 기억하지 못하는 이유는 시도해보고 반복해보아야 하는데 수많은, 또 난잡한 컴퓨터 용어가 기억을 방해합니다. 심지어 CBD, SOA를 몰라도 알고리즘 문제 풀이만 할 줄 알면, 신입 개발자로 기업에 취직하는 것이 어렵지 않습니다. 또, 개발자로 살아가는데 전혀 지장이 없을 정도입니다. 프로그래머가 아닌 이상 쓸 일도 없습니다. 이에, 실생활에서도 쓸 수 있는 프로그래밍 패러다임이 필요합니다. OLPP는 실생활에서 온 개념인 OO에 단지 LINK만을 고려하므로, 실생활에 적용할 수 있습니다. 실생활에의 적용을 목적으로 나온 프로그래밍 패러다임은 없습니다. Object Linked Programming Paradigm의 특징은 다음과 같이 딱 3가지입니다.

    1. 기존 프로그래밍 언어의 패러다임이 컴퓨터 안에서 그쳤다면 OLPP는 생각하는 방식 자체를 일컫습니다.
    2. OO의 개념인 것(상태, 행동)에서 목표가 추가되며, 상시적으로 다른 객체와의 연관을 고려합니다.
    3. 주요 질문은 다음 세 가지입니다. 1목표(Object, 목적)는 무엇인지 2 객체(Object)는 무엇인지 {상태(데이터 구조), 행동(알고리즘)}은 무엇인지, 3 다른 객체와의 관련성(Link)입니다.

목적(Object), 객체(Object), 관계(Link)를 생각하는 방식이 바로 OLPP(Object Linked Programming Paradigm)입니다. Object는 단어 뜻 그대로 객체와 목적을 의미하며, Link 역시 단어가 의미하는 그대로입니다. 실생활에 적용한다는 것은 공학적 지식과 인문적 지식이 둘 다 요구되는 일입니다. 이론을 설명하기 전에 OLPP를 적용한 예를 들어보겠습니다.

---

[84] 절차지향 프로그래밍 언어인 C로도 충분히 객체지향을 구현할 수 있습니다.

첫 번째 이야기

현재 상태와 원하는 목표 상태를 프로그래밍 방식으로 표현하는 것이 중요합니다. 가령 상대방이 화난 상태를 1, 화가 나지 않은 상태를 0이라고 할 수 있습니다. 1의 성태를 0의 상태로 바꾸기 위한 알고리즘은 다음과 같습니다.

1. 왜 화났는지 문제를 파악합니다.
2. 논리로 풀 수 있는 문제인지 감정으로 풀어야 하는 문제인지 구분합니다.
3. 논리로 풀 수 있다면 빠진 정보들을 이야기 해서 조목조목 논리를 들어 이해시킵니다.
4. 감정적으로 풀어야 하는 경우라면 충분한 시간을 들여 여러 방식으로 대화를 하고자 시도합니다.
5. 0의 상태인지 확인하고 해당 제스쳐가 아니라면 다시 처음부터 반복합니다.

감정은 우리가 단어로 모두 표현하기 어려울 정도로 다양합니다. 다양한 감정 중 "기쁨"만 하더라도 다양합니다. 올림픽 금메달을 따서 감격스럽거나 놀이를 해서 즐겁거나 상대방에 호의에 감사하는 마음이 드는 등 많은 경우가 있습니다. 앞서 배운 추상화를 활용하여 문제를 단순화해야 합니다. double형을 int로 변경할 때 잃는 값이 있듯, 추상화 과정에서 놓치는 정보는 없을 수 없습니다. 이런 연유에 실생활의 문제는 매우 풀기 어렵다고 합니다. 추상화가 어렵기 때문입니다. 또 추상화 과정에서 고려해야 하는데 빠뜨리는 정보가 있기 때문입니다. 그리고 동일한 문제에 대하여 절차가 명확히 정해지지 않고 매번 변해야하는 절차라면 알고리즘이라고 생각할 수 없습니다. 알고리즘이 정해지기까지 수많은 시행착오를 거치게 됩니다.

두 번째 이야기

수학과 프로그래밍

OLPP가 실생활로 확장되는 IT 패러다임의 특징을 갖는다면, 수학을 간과해서는 안됩니다. 우선, 수학과 프로그래밍이 밀접하게 관련되어 있다는 것을 살펴 보겠습니다. 코드 예시로는 C & JAVA 코드를 예로 들었습니다.

변수

변수(變數)의 변은 한자어로 ' 변할 변(變)' 자입니다. 변수는 수학에서 **x, y, z** 와 같이 어떤 관계나 변화의 의해서 변할 수 있는 값을 말합니다. 프로그래밍에서의 변수도 동일한 의미 입니다.

C에서의 변수 선언 및 값 대입

    int i = 8;

JAVA에서의 변수 선언 및 값 대입

    int i = 8;

코드 조차 동일 합니다. 변수는 OLPP에서 Object 에 포함됩니다. 명확히 말하면 Object의 상태 입니다. main()도 하나의 객체입니다. 그래서 절차 지향에 Object가 있습니다. 하나의 main 문이 객체라면 각 변수들은 상태이며, 함수는 행동입니다.

함수

함수의 함(函)은 나무로 짠 궤를 뜻합니다. 상자에 넣고 덮개를 덮는 것을 말합니다. 상자에 들어가는 값은 변수입니다. 수학에서 y=f(x) 로 표현하듯이 변수의 값에 따라서 함수의 값도 변화 합니다. 프로그래밍에서도 같은 의미로 쓰입니다. 다만 y=x+1; 과 같이 단순히 변수를 이용하기도 하지만 수학에서 말하는 의미를 좀 더 확장해서 쓰기도 합니다. 의미가 확장된 함수를 C에서는 똑같이 함수라고 합니다. 영어로는 function으로 말합니다. JAVA에서는 메소드(method)라 부릅니다. 변수의 값에 따라 바뀌던 함수는 파라미터의 값에 따라 바뀝니다. 똑같은 의미의 다른 말로 표현해 본다면,

    함수 혹은 메소드는 파라미터에 따라 리턴값이 달라집니다.

로 말할 수 있습니다. OLPP에서 함수는 Object를 말합니다. Object에서도 행동을 말합니다. OLPP는 OO의 개념에서 조금 발전된 형태일 뿐입니다.

바코드

실생활의 문제해결을 위해 수치화하는 모든 것은 수학이라고 할 수 있습니다. 또한 수치화된 수학식은 모두 프로그래밍 언어라는 툴을 이용하여 프로그램을 만들 수 있습니다. 실생활의 객체(것)을 숫자로 나타낸 것 중 가장 대표적인 것이 바코드입니다. 바코드, MaxiCode, PDF417, Datamatrix, QR코드, Codablock F, Aztec Code를 총칭하여 바코드라고 하겠습니다. 바코드는 숫자를 나타내는 그림이라고 할 수 있습니다. 각 숫자는 국가식별코드, 제조업체코드, 상품코드, 검증코드로 이루어집니다. 홀수 자리 숫자의 합과 짝수번째 자리의 합에 3을 곱하여 검증코드와 더했을 때 10의 배수가 되는 것이 바로 검증코드입니다. 이처럼 실생활 상품을 나타내는 것도 수학으로 이루어져 있습니다. 이러한 수학을 프로그래밍 언어라는 툴로 표현해 보겠습니다. 검증코드의 10의 배수인지 알아보는 파트를 구현한다면 C, JAVA 구분없이 다음과 같이 표현 가능합니다.

```
check = sum % 10;
if(check == 0) return 1;
```

함께 프로그래밍을 할 때에는 조금 번거롭더라도 이해하기 쉽게 적어주는 것이 좋습니다. JAVA로 구현 할 때는 return true로 표현해도 됩니다 C로 구현할 때는 #define TRUE 1 로 정의하여 리턴하면 JAVA와 같습니다. 이처럼 어떤 것을 객체화하고 그것을 구현하는 도구로 프로그래밍 언어를 이해합니다. OLPP로 생각하고 각 프로그래밍 언어, 개발 방법론 등이 OLPP의 어디에 대응

되는지 알아야 합니다.

그 외

집합, 원소, 소수, 정수, 양수, 음수, 부등호, 괄호, 좌표, 행렬, 지수, 로그, 그래프 등 수학에서 쓰는 용어가 프로그래밍 공부할 때도 동일하게 나오게 됩니다. 프로그래밍 영역에서 쓰이는 용어는 대부분 수학에서 말하는 용어와 비교하여 뜻이 대동소이합니다. 이런 사실은 최초의 프로그래머인 '에이다 러브레이스'의 직업이 '수학자'라는 역사를 안다면 크게 이상할 것 없습니다. 수학은 프로그래밍의 시초입니다. 그리고 OLPP를 사용할 때 보다 정량화 할 수 있게 해주는 도구입니다. 모든 프로그래밍 언어는 수학을 기반으로 하고 있습니다. 프로그래밍에 있어 수학이 뿌리라면 모든 프로그래밍 언어는 같은 부모에게서 상속받은 객체라고 말할 수 있습니다. 수학에서 비롯된 프로그래밍 언어는 사실 대동소이하다고 할 수 있습니다. CBD나 SOA에서는 객체지향에서 C#과 JAVA를 드는 것처럼 특정 프로그래밍 언어를 지칭하지는 않습니다. OLPP 역시 그렇습니다. 그리고 한 걸음 더 나아가서 객체 지향이 아닌 언어(C언어)까지 객체지향 개념으로 생각하고 프로그래밍 할 수 있도록 해줍니다. 사실 이것은 이미 리눅스 커널 프로그래밍이나 OS의 스케줄러를 구현할 때 구현이 된 내용입니다. 어떤 감정은 표현하기 힘들듯이 단지 그것을 지칭할 단어(용어)가 없었을 뿐입니다.

세 번째 이야기

세번째 이야기는 데이터 구조와 알고리즘 이야기를 먼저 해야 합니다. 데이터구조는 알고리즘에 포함된 개념입니다. 알고리즘은 문제풀이의 방법 중 하나입니다. 문제풀이의 방법에는 경험적 방법, 시행착오, 통찰, 알고리즘이 있습니다. 문제라는 것은 많은 사람이 현재 상태보다 더 보다 나은 상태로 변화될 수 있는, 또 변화되어야 한다고 인식한 것을 말합니다. 문제풀이는 직관적으로 단순하게 풀 수 없어 도입되는 일련의 과정입니다. 경험적 방법은 일전에 같거나 비슷한 상황에 있었을 때 풀이해 본 방법을 그대로 적용해 보는 것을 말합니다. 시행착오는 여러 방법을 시도해서 최적의 방법을 찾아내는 것을 말합니다. 통찰은 기존의 방법이 아닌 문제에 대한 새로운 인식을 적용하여 단번에 문제를 해결하는 것입니다. 알고리즘은 특정 문제를 해결하는 일련의 절차를 말합니다. 데이터 구조 역시 해당 절차에 필요한 부분이므로 알고리즘의 일부입니다. 단, 그 중요성과 방대함으로 항상 따로 이야기됩니다.

하나의 언어에 정통하면 다른 언어를 배우기 쉽습니다. 그러나 막상 다른 언어를 접해보면 어렵습니다. 도움이 되고자 이 책이 나온 이유도 있겠지만 책보다 더 빠른 방법은 잘하는 사람의 옆에서 배우는 것입니다. IT 분야에서 잘하는 사람을 구분하기는 쉽지 않습니다. 기업에서 사람을 뽑는 것도 쉬운 일이 아닙니다. 그래서 기업에서 온라인 코딩 테스트를 실시합니다. 보통 온라인 코딩 테스트는 룰이 없다고 생각하지만 정답에 가깝도록 정해진 코딩룰이 있습니다. 1950년 앨런 튜링이 'Computing Machinery and Intelligence'에서 주장한 튜링 테스트는 인공지능을 평가하기 위한 방법입니다. 상대방이 누군지 모르는 상태에서 대화를 해서 컴퓨터를 사람이라고 인식할 정도라면 꽤 괜찮은 시스템이라는 평가 방법입니다. 이와 같이 온라인 코딩 테스트도 정해진 답이 있고 그 답에 가까운 코드를 쓰는 사람이 더 나은 개발자라고 생각하는 것입니다. 코드양이 많아질수록 이러한 평가는 더더욱 어려워집니다. 예쁜 코, 아름다운 입술, 큰 눈 등 세상에서 가장 아름다운 얼굴 부분을 모아 미녀를 만든다고 해도 아름답지 않습니다. 중요한 것은 전체를 보는 능력이기 때문입니다. 전체를 보는 능력은 성공한 프로젝트로 밖에 평가할 수 없기에 기초 평가를 하는 것입니다. 실무 프로그래머에게 프로그래밍에서 가장 기초가 되는 것을 묻는다면 대부분이 데이터 구조와 알고리즘을 말합니다. 특정 영역의 지식을 말하는 '도메인 지식'과 '운영체제'도 자주 나오는 대답입니다. 그러나 이 둘도 '데이터 구조와 '알고리즘'의 집합체입니다. 데이터 구조 혹은 자료[85] 구조라고 하는 것은 Data Structure에서 나온 것이기 때문에 DS로 표현하겠습니다. 알고리즘(Algorithm)은 ALGO라는 약자로 표현합니다. 앞으로는 ALGO로 표현하겠습니다.

DS와 ALGO가 프로그래밍에서 중요한 이유는 프로그래밍의 언어는 모두 수학의 데이터 구조와 알고리즘에서 차용하여 구현하였기 때문입니다. DS와 ALGO를 알고 또 이들을 구현하는 방향성을 나타내는 OLPP프로그래밍 패러다임을 공부하면 비로소 모든 언어가 동일하게 보입니다. 데이터 구조는 객체의 상태를 효율적으로 나타내기 위해 만들어졌고, 알고리즘은 객체의 행동을 효율적으로 만드는 방식을 나타내는 것입니다.

실생활에 적용

은행에서 번호표를 받고 차례를 기다리거나 버스를 타는 등 먼저 도착한 사람이 대기열에서 먼저 나오는 자료구조가 Queue 구조입니다. 머리속 생각도 자료구조를 적용할 수 있습니다. 공부를 하고 밥을 먹고 TV를 볼 예정이었다고 가정 해봅니다. 갑자기 가족이 다쳐서 많이 아프다는 정보가 머릿속에 들어오면 가장 먼저 행해야 할 일은 병원에 가는 일입니다. 가장 늦게 대기열에 들어왔지만 가장 먼저 나가게 됩니다. 큐와 스택 구조가 혼용되는 경우도 있습니다. 일반 진료실과 응급실은 각각 큐 구조로 운영됩니다. 그러나 병원 입장에서 진료 순서로 따져보면 늦게 도착한 응급 환자가 일반 진료 환자보다 늦게 도착하더라도 먼저 대기열에서 빠져 나가게 됩니다.

자료구조를 적용할 곳은 무수히 많이 있습니다. 진찰 받으러간 병원 직원들이 나타나있는 조직도는 트리 구조 이며, 병원 내 각 부서로 전화하려면 대표번호를 이용하면 됩니다. index 가 들어가는 자료구조는 해시맵 등(배열, 튜플도 가능)으로 표현이 가능합니다. OLPP에서 가장 중요한 자료구조는 그래프입니다.

OLPP에서 사실 Link가 가장 중요한 개념입니다. 택배 서비스를 만들었는데 고객과 전혀 LINK

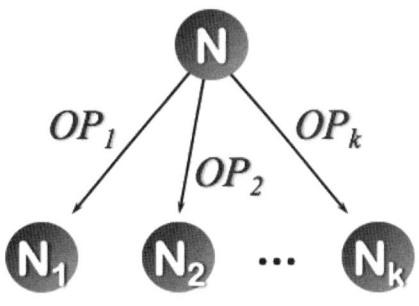

---

85 IT 분야에서는 일반적으로 우리 주변에 존재하는 모든 것(객체)을 디지털화 한 것을 말합니다.

가 없다면 서비스로의 가치가 없기 때문입니다. 이에 객체보다, 객체의 목적보다 LINK가 더 중요합니다. 객체간 화살표나 실선으로 표시되는 간선이 바로 link입니다. OLPP에서 중요한 링크는 둘 이상 객체간의 관계를 말합니다. 그래프 역시 둘 이상의 객체 사이에서의 관계를 나타내는 자료 구조를 말합니다. 트리는 그래프의 하위 개념입니다. 트리는 연결 리스트로 구성되므로 Linked List, Tree 역시 그래프의 하위 개념이라고 할 수 있습니다. 배열안에 저장된 자료를 다룰 때에도 RDBMS에서 데이터 간의 관계를 정할 때에도 모두 그래프의 개념으로 정한다고 할 수 있습니다. 사실 그래프는 객체간의 Link를 사람에게 알기 쉽게 표현한 자료 구조의 일종입니다. 기본적으로 노드(객체, 정점, Vertex[86])와 그 사이를 이어주는 간선인 실선(undirected graph) 또는 화살표(directed graph)로 표현합니다. 개념을 확장하면 둘 이상 객체에 대한 관계를 알기 쉽게 표현한 것을 그래프 자료 구조라고 할 수 있습니다. 사람도 둘 이상 있다면 각각의 객체입니다. 둘의 관계 역시 그래프로 표현합니다. 지인 목록을 만든다면 아는 사람은 간선으로 이어주고 모르는 사람은 간선으로 이어주지 않으면 됩니다.

ALGO(Algorithm)의 종류

알고리즘의 약자는 ALGO[87] 입니다. ALGO는 이름 그대로 알고 있으면 좋습니다. 알고리즘 문제를 푸는 것은 시행착오를 줄이고 경험적 지식을 쌓게하며 통찰력도 길러줍니다. 이렇게 길러진 문제풀이 능력은 개인 실력 향상만을 위한 시험용 문제 풀이에 그치지 않고, 인류를 위한 good program을 만드는데 기여할 능력을 가지게 해 줍니다. 알고리즘에서 더 나아가면 디자인 패턴, 그리고 더 나아가면 알고리즘과 디자인 패턴을 따로 구현하지 않고 합쳐서 하나의 알고리즘으로 나타내겠습니다. 그 본질은 OLPP에서 단지 객체의 행동을 나타내는데 지나지 않습니다. 그래서 해당 객체를 나타내는 상태 정보가 어디에 들어가서 객체를 정의할 것인지 잘 구분해야 합니다. 눈이 사람 객체에 붙어 있어야지 구현하다보니 다리 객체에 넣는 상태가 되어 버리는 안된다는 뜻입니다.

피보나치 수의 구현(Implementation)

피보나치 수의 구현으로 정수열에서 수식을 뽑아내고 이를 코드로 구현한 형태를 보도록 하겠습니다. 수학식을 보기 전에 다양한 언어로 구현(코딩)된 피보나치 알고리즘[88]을 눈으로 익혀 보시기 바랍니다.

---

86 Tree를 구성하는 Node와 동의어입니다.
87 http://www.abbreviations.com/
88 http://excode.io

C/C++

```cpp
#include <iostream>
using namespace std;
int fibonacci(int number) {
        if (number <= 1) { return number;
        } else { return fibonacci(number - 1) + fibonacci(number - 2);
        }
}
int main() {
  int fib_number = fibonacci(8);
  cout << "The 8th Fibonacci number is: " << fib_number << endl;
  return 0;
}
```

JAVA

```java
public class Fibonacci {
        public static void main(String[] args) {
                int fibNumber = fibonacci(8);
                System.out.println("The 8th Fibonacci number is: " + fibNumber);
        }
        public static int fibonacci(int number) {
                if (number <= 1) {
                        return number;
                } else {
                        return fibonacci(number - 1) + fibonacci(number - 2);
                }
        }
}
```

JAVA SCRIPT

```javascript
function fibonacci(number) {
        if (number <= 1) {
```

```javascript
            return number;
      } else {
            return fibonacci(number - 1) + fibonacci(number - 2);
      }
}
var fibNumber = fibonacci(8);
console.log("The 8th Fibonacci number is: " + fibNumber);
```

SWIFT

```swift
func fibonacci(number: Int) -> (Int) {
   if number <= 1 {
      return number
   } else {
      return fibonacci(number - 1) + fibonacci(number - 2)
   }
}
var fibNumber = fibonacci(8)
println("The 8th Fibonacci number is: \(fibNumber)")
```

RUBY

```ruby
#!/usr/bin/env ruby
def fibonacci(number)
   if number <= 1
      return number
   else
      return fibonacci(number - 1) + fibonacci(number - 2)
   end
end
fib_number = fibonacci(8)
puts "The 8th Fibonacci number is: #{fib_number}"
```

PYTHON

```python
def fibonacci(number):
    if number <= 1:
        return number
    else:
        return fibonacci(number - 1) + fibonacci(number - 2)
if __name__ == "__main__":
    fib_number = fibonacci(8)
    print 'The 8th Fibonacci number is:', fib_number
```

완전히 달라 보이지는 않을 것입니다. 영어를 공부한 적이 있다면 프로그램을 모른다 해도 코드 리딩은 가능합니다. 이에, 대부분의 코드가 비슷하게 보일 것입니다.

이 코드는 다음과 같은 수학식에서 나왔습니다.

0, 1, 1, 2, 3, 5, 8, 13, 21, 34, 55, 89, 144, 233, 377, 610, 987, 1597, 2584, 4181, 6765, 10946, 17711, 28657, 46368, 75025, 121393, 196418, 317811, 514229, 832040, 1346269, 2178309, 3524578, 5702887, 9227465, 14930352, 24157817, 39088169[89]

이에 피보나치 수학식은 다음과 같습니다.
Fibonacci numbers: $F(n) = F(n-1) + F(n-2)$ with $F(0) = 0$ and $F(1) = 1$.

각 언어의 구현에서 보았던 코드와 수학식이 크게 다르지 않습니다.이처럼 각 프로그래밍 언어별로 배우는 알고리즘이 가장 중요한 것은 아닙니다. 초급 개발자에게는 기초이기에 중요하다고 할 수 있습니다. 중/고급으로 가면 중요한 것이 달라집니다. 수학에서 해당 수식을 뽑아내는 능력. 그리고 수식을 자신이 Writing할 수 있는 언어로 표현해 낼 수 있는 것입니다. 더 나아가면 실생활 현상을 수학식으로 표현하고 또 코드로 풀어나가는 능력이 개발자에게 필요하다고 할 수 있겠습니다. OLPP는 프로그래밍을 핵심을 이런 시각으로 보는 패러다임입니다. 인식이 달라지면 기존의 알고 있는 것도 재배치되며, 새롭게 배우는 것을 보는 시각도 달라집니다.

개발자들끼리 공부와 소통을 위하여 서로가 잘하는 언어에 대해서 이야기 하는 것은 좋습니다. 실무에서는 서로가 사용하는 프로그래밍 언어를 존중해서 말하기 보다는 서로의 프로그래밍 언

---

[89] oeisf.org 에서 정수열을 찾을 수 있습니다. 정수열에서 수학식을 뽑아내는 연습을 많이 하시기 바랍니다.

어를 헐뜯는 경우가 많았습니다. 또 자신의 언어가 최고라고 합니다. 공부하는 입장에서 자존심은 좋은 촉매가 될 수 있으나 한가지는 꼭 알아야 합니다. 무엇을 만드는지가 가장 중요합니다. OLPP에서 Object는 객체와 목적을 말한다고 했습니다. 해당 객체가 존재할 이유는 LINK가 가장 중요합니다. 목적을 논할 정도의 개발자라면, LINK를 말할 수 있습니다. OLPP는 문제 풀이에서 알고리즘보다 중요한 통찰력을 기르는데 필요한 패러다임입니다.

Big O 표현법에서 쓰는 LOG 의 이해

o는 small O, O는 big O 입니다. 보통은 대문자 보다 조금 더 크게 써서 알고리즘을 평가 합니다. 빅오 외에도 빅 오메가, 빅 세타도 있습니다. 빅오가 가장 많이 쓰이는 이유는 최악의 상황일 때를 고려하기 때문입니다. 이론적 정의와 달리 정렬된 자료에서 쓰이는 퀵소트는 최악의 상황에서 $O(n^2)$이나 $O(nLogN)$으로 표현합니다. 로그는 Logarithm의 약자입니다. 라가리즘(나가리)으로 재미있게 읽어 봅니다. Log24=2 는 2^2=4 와 같은 의미 입니다. 2의 제곱은 4라는 뜻입니다. ^ 기호는 컴퓨터에서 캐럿이라 불립니다. 수학식에서는 루프(지붕)나 햇(모자)으로 불립니다. 수학식에서는 단위벡터나 추정값을 뜻합니다. 컴퓨터에서는 위첨자 입력이 어려워서 제곱을 표현할 때 쓰입니다. 컨트롤키의 약자이기도 합니다.

나가리즘은 알고리즘의 복잡도를 평가할 때 씁니다. 한번의 반복 실행으로 풀 수 있다면 for 문의 횟수. 즉, 자료개수인 N번만 돌면 됩니다. for 문이 2개가 되면 $O(n^2)$이 됩니다. for 문이 세개면 $O(n^3)$ 입니다. for 문을 여러번 중첩한다고 무조건 제곱 단위로 올라가는 것은 아닙니다. 담나 대체로 제곱수로 올라가기에 그렇게 표기를 합니다. log를 결정짓는 알고리즘은 보통 Recursion 을 이용해서 문제를 나눌 때 많이 발생합니다. Log 표를 보며 Log를 외울 필요는 없습니다. 아래 그래프처럼 "N 개만은 자료가 늘어갈 때 LogN은 조금씩 늘어나는 구나"라고 생각하면 됩니다.

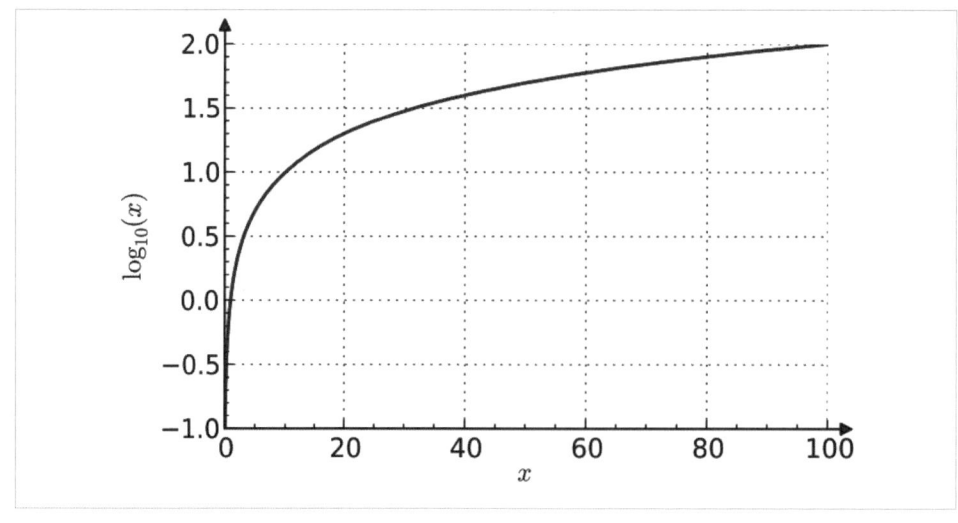

O(nLogN)는 당연히 N보다는 크지만 N^2보다는 조금씩 늘어나겠구나 하고 생각하면 됩니다. 본디 2개로 나누어 계산할 때는 Log2N이 옳은 표현입니다. 64번 계산할 것을 반쪽으로 나누어 32, 16, 8, 4, 2, 1 로 계산했다면 Log264 = 6 이기 때문입니다. 밑이 10인 자연 로그를 쓰는 이유는 큰 의미가 없습니다. 지수 밑에 10일수도 있고 6일수도 2일수도 있지만 핵심은 로그 그래프를 따라서 서서히 증가한다는 뜻이죠.

실무에서는 다양한 상황에 있습니다. for문을 여러번 충분하더라도 핵심값만 찾으면 빨리 return 하는 경우 심각한 시공간 복잡도를 가지는 알고리즘이 아닙니다. 모듈의 사용 빈도수가 커질 때 문제가 되는 경우가 있습니다. 그러나 설계의 철학에 '문제축소'를 항상 생각한다면 100% 정확하지 않은 빅오 표현은 큰 의미가 없습니다. 물론, 사람 생명과 관련된 하드리얼타임 시스템에서는 판이하게 다릅니다. OLPP에서는 이 Log가 객체의 행동을 구현한 알고리즘(함수, 메소드, 프로시저, 컴포넌트, 서비스)의 성능을 표현하는 단위로 이해하면 됩니다. 배웠던 모든 개념을 OLPP 패러다임에서 단순화하여 생각하면 됩니다.

실생활과 알고리즘 용어

OLPP를 실생활에 적용하기 위해서 조금 더 알아보겠습니다. 프로그래밍과 실생활의 큰 차이점은 바로 '문제의 인식' 입니다. 실생활에서는 문제가 있어도 그것을 발견하기가 쉽지 않습니다. 프로그래밍은 어떤 프로그램을 만들기 위해 앞에 놓여진 문제들을 해결하는 과정입니다. 이미 알고 있는 알고리즘 용어의 개념을 실생활에서의 개념과 혼용해서 설명해 보겠습니다.

상태 : 상태라 함은 문제 풀이 과정 중 특정 시간 문제 모습 그대로를 말합니다. 일상 생활에서도 '상태'라는 표현을 종종 사용합니다. "상태가 나쁘다.", "상태가 호전되었다." 는 등의 표현을 사용합니다. 특정한 대상 및 환경의 현재 모습 그대로를 말합니다.

상태묘사 : 문제의 상태를 적절한 컴퓨터 자료로 표현한 것을 말합니다. 상태묘사는 **OLPP**의 가장 기본이 되는 개념입니다. 배열, 연결 리스트, 벡터 등 모든 자료형을 이용하여 실생활의 모습을 표현할 수 있어야 합니다.

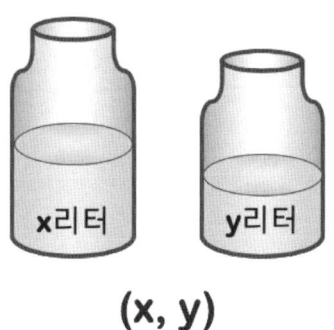

수학에서 말하는 순서쌍으로 병에 담긴 물의 양을 표현하였습니다. 프로그래밍 세계에서는 튜플이라고 합니다. **int x, y;** 변수를 정하여 자료형을 구성해도 되고 배열로 선언해도 됩니다. 문제를 해결해야하는 방식에 따라 자료구조는 달라질 수 있습니다. 다만, 적절한 자료 구조를 선택하여 현실 세계를 묘사하는 것이 바로 '상태묘사'입니다. 상태묘사를 하면 현재 상태를 더 단순하게 표현할 수 있습니다.

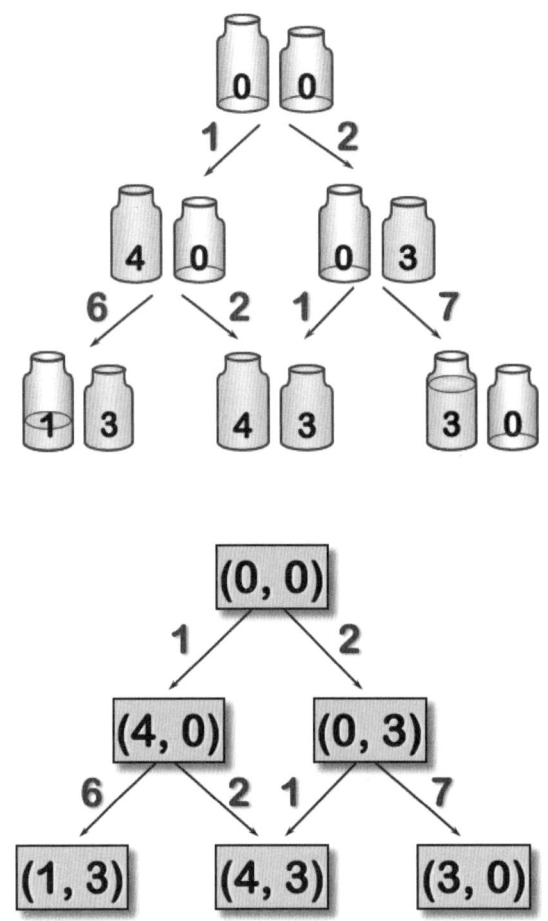

현실 세계를 OLPP적으로 생각할 때 중요한 것은 상태 묘사입니다.
이 때 필요한 것이 바로 다양한 자료구조를 아는 것입니다.

문제 풀이 : 문제를 풀거나 해결한다고 하면 현재의 상태에서 목표의 상태로 바꾸는 것을 말합니다. 현재의 상태를 '초기상태'라고도 합니다. '초기상태'를 '목표상태'로 바꾸기 위해 사용하는 것을 '연산자'라고 말합니다. 문제 풀이는 연산자를 사용하여 초기상태를 목표상태로 바꾸는 것이라고 할 수 있습니다. 일상 생활에서 라면을 끓일 때 면과 스프, 물로 나뉘어진 상태를 '초기상태', 포장을 뜯어 모두 합해서 끓이는 과정을 '연산자', 그렇게 끓인 라면을 '목표상태'로 표현 할 수 있습니다. 면과 스프, 물, 끓인 라면 모두 하나하나의 객체입니다. 그러므로 상태는 객체의 현재 모습이라고 말할 수도 있습니다. 문제풀이는 객체를 목표한 객체로 바꾸는 것을 말할 수도 있겠습니다.

Monkey and Banana Problem[90] : 원숭이와 바나나 문제는 AI에서 유명한 문제로 상태표사를 어떻게 하는지 보여주는 좋은 예입니다.

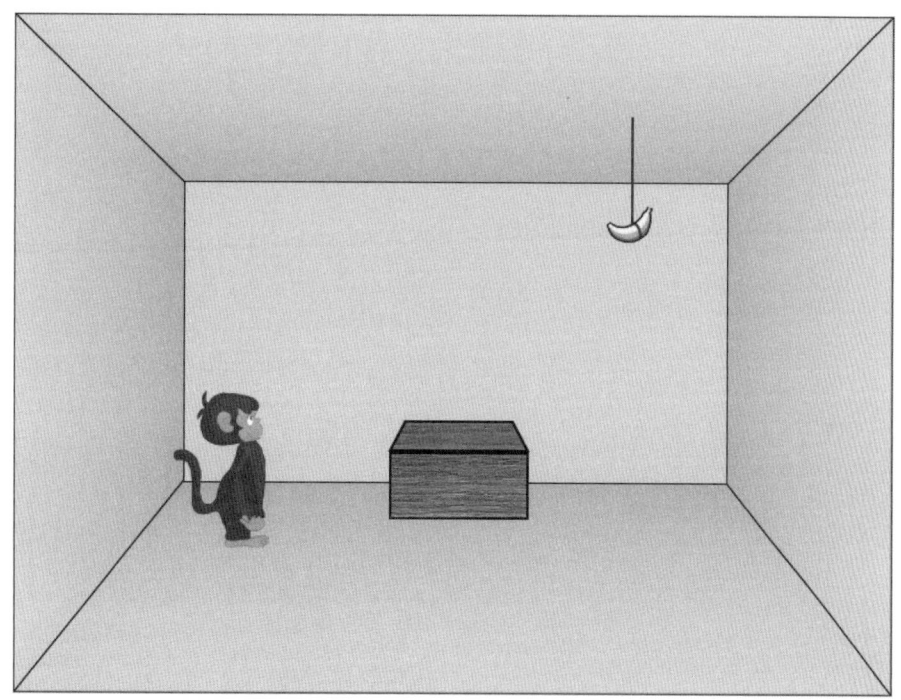

원숭이의 좌표를 w, 원숭이가 상자위에 있는지의 여부를 x, 상자의 좌표를 y, 원숭이가 바나나를 가졌는지 여부를 z라고 하면, 상태는 (w, x, y, z)로 단순화하여 표현할 수 있습니다. 초기상태는 원숭이의 좌표가 a라는 특정 지점에 있다고 하면(a, x,y, z)로 표현 가능합니다. 자연스레 상자에는 있지 않기 때문에 (a, 0, y, z)[91] 로 표현합니다. 상자에 b라는 위치에 있다고 하면 (a, 0, b, z)로 표현 가능합니다. 또 바나나를 가지지 못한 상태이므로 초기상태는 (a, 0, b, 0)로 표현할 수 있습니다.

....
90 https://en.wikipedia.org/wiki/Monkey_and_banana_problem
91 프로그래밍 필드에서 0은 false, 1은 true를 뜻합니다.

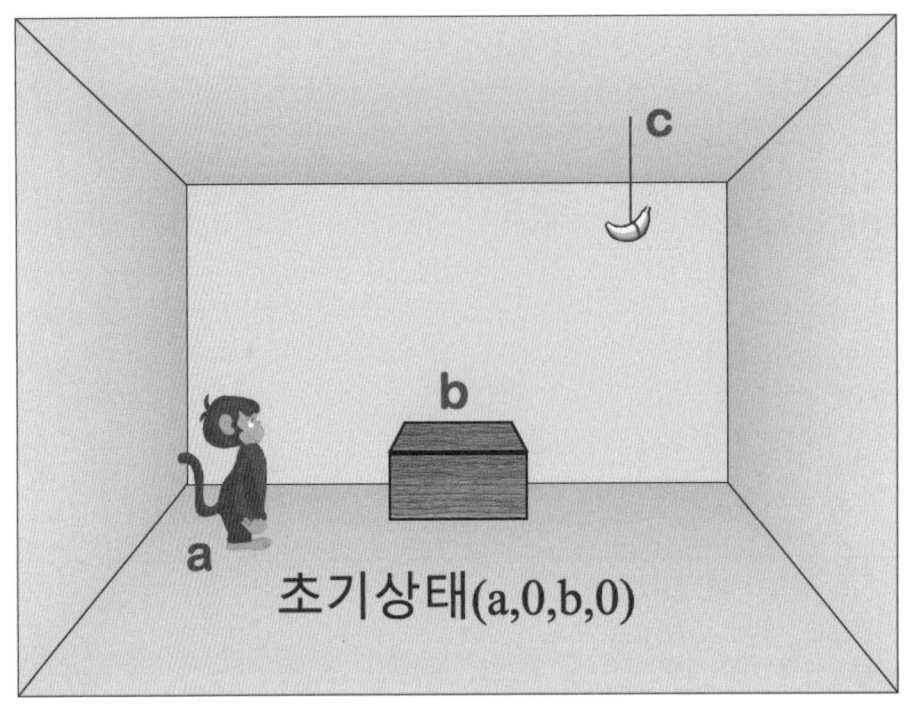

목표상태를 다음과 같이 임의대로 정해 보겠습니다.

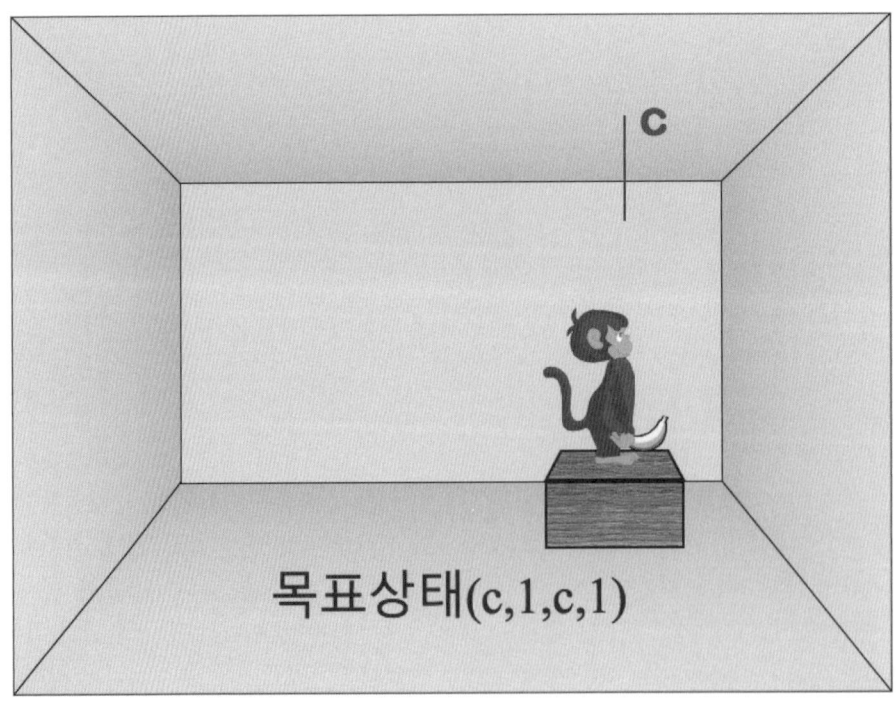

연산자는 초기 상태에서 목표상태로 만들어 주는 것을 말합니다. OLPP에서 객체의 상태를 변

화시키는 것을 함수, 메소드, 프로시져라고 했다면 그 기초는 바로 연산자입니다. DS(Data Structure)에서 Primitive Type이 가장 기초인 것과 같습니다.그래프 탐색

그래프는 자료구조에서 소개했습니다. 자료 구조가 알고리즘에 포함되는 개념이므로 알고리즘의 영역이기도 합니다. 문제풀이에서 말하는 시행착오와 경험적 방법으로 구해진 정답을 정형화된 알고리즘으로 공부할 수 있는 가장 좋은 기초 분야가 바로 그래프 알고리즘 분야입니다. 이러한 알고리즘을 많이 알고 있으면 개발자 통찰력이 향상됩니다.

간단히 말해서 그래프 알고리즘을 많이 공부하면 문제 풀이를 할 수 있는 통찰력을 얻게 되는 것입니다. 알고리즘은 문제 풀이를 위해 정형화된 과정이니 당연히 유사한 문제를 풀 때 도움이 됩니다. 그래프는 차트와 같이 둘 이상의 객체(것)를 한눈에 알기 쉽게 표현해 주는 표(또는 그림)입니다. 그래프 탐색에 들어가기 전 용어를 점검해 보겠습니다.

노드 : 노드는 객체입니다. 즉, 모든 것을 말합니다. 지하철 역이 될 수도 있고 등산할 때 등반가가 서 있는 한 지점이 될 수도 있습니다. 사람 사이에 물건을 전달한다고 하면 사람이 노드가 될 수도 있습니다. 상태가 노드가 될 수도 있습니다. 수학에서 하나의 벤다이어그램과 동일합니다. 동그라미(혹은 네모)로 모든 것을 추상화하여 표현합니다.

주인공 : 노드를 추가 설명하기 위해 정의한 개념입니다. 주인공은 그래프에서는 존재하지 않습니다. 대신 '상태'가 존재합니다. 사람 사이에 전달해야 하는 물건이 있고, 그 물건을 가장 효과적으로 전달해야 하는 것이 목표라고 가정 합니다. 이를 그래프로 나타낼 때 물건을 '노드'로 할 수 없습니다. 이 때 물건이 주인공이며 주인공은 실제 존재하지 않습니다. '상태'를 이용한다면 현재 전달 과정에 있는 노드의 순서로 표현이 가능합니다. 물건을 **A**라는 사람에서부터 **B, C**를 거쳐 **D**에게 전달하고자 한다면, 현재 물건에 **C**에 있는 경우 '경로는 **A-B-C** 이다' 의 상태로 표현이 가능합니다.

지하철 노선에서 그래프 표현 방법: 지하철 역의 구간을 알아보는 어플리케이션에서 보이는 지하철 노선도가 그래프입니다. 해당 지하철 노선을 지나는 주인공인 나 자신입니다. 해당 프로그램이 자신의 위치를 표현하는 방법은 **3G**를 이용하여 기지국간 삼각법으로 계산하거나 **Wi-Fi** 로 수신한 현재 휴대폰의 위치정보(위도, 경도)를 이용하여 현재 역을 추정할 수 있습니다. 즉, 지하철 노선에서 처음 위치와 목표 위치를 찾는 그래프 알고리즘과는 다릅니다. 처음 위치에서 목표한 역을 찾을 때, 혹은 현재 위치에서 도착역을 찾을 때 쓰이는 것이 그래프 알고리즘입니다. 이 때도 주인공은 없습니다. 현재 위치의 기차역은 노드가 되고 경로를 찾아가는 특정 시간의 노드 조합이 '상태'입니다.

'주인공'이 없다는 것은 그래프 알고리즘에서 현재 상태를 이해하는데 중요한 보조 개념입니다.

문제 세분화 :. 실무에서 자주 쓰는 WBS(Work Breakdown Sheet) 처럼 일련의 문제를 작게 나누는 것을 말합니다. 원숭이와 바나나 문제에서 상태묘사를 하나의 노드로 만들면 다음과 같습니다. 중간 노드는 연산자에 의해서 조금씩 변화하는 노트의 상태를 말합니다. u, v, b는 세분화된 좌표를 말합니다. 수원역에서 강남역을 가려면 순간이동을 하지 않는 이상 중간의 역들을 거쳐야 하는 것과 같습니다.

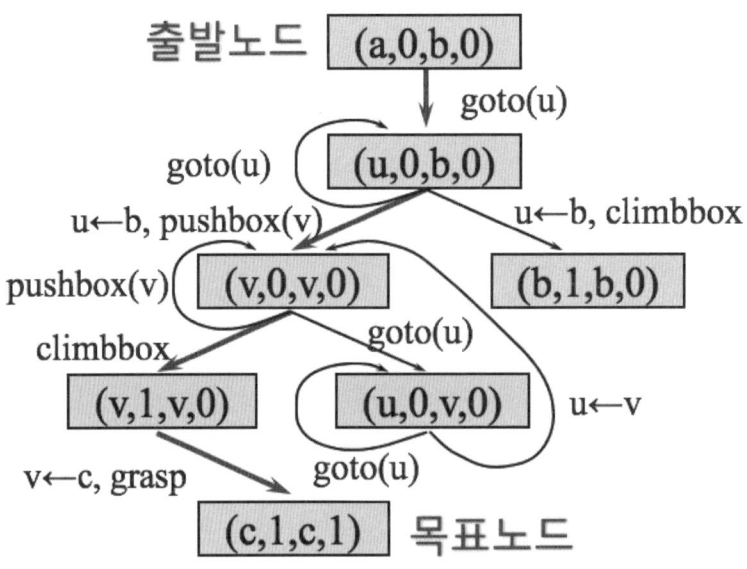

실생활의 문제들도 상태묘사로 단순하게 추상화하고 문제 축소를 통하여 세부적으로 나눈다면 해결할 수 있는 문제가 매우 많습니다. 다만 비용을 고려해야 합니다. 그 중 가장 큰 부분을 차지하는 것이 바로 시간입니다. 실생활에서는 일반적으로 돈이 있으면 다 해결된다고 합니다. 가만히 생각해 보면 돈이라는 것도 시간을 구입하는 것입니다. 내가 못하는 분야에 전문가를 영입하여 그 시간을 구입하므로써 풀고자 하는 문제 풀이의 시간을 단축하는 것입니다. 살아있는 시간 내에 해결해야할 문제인 경우 아무리 돈을 써도 시간을 줄이지 못하는 경우도 있습니다. 컴퓨터는 일반적으로 특정 문제의 고속 풀이를 위해 만들어졌습니다. 이에 알고리즘을 평가하는 항목 중에 시간 복잡도, 공간 복잡도라는 용어가 있습니다. 고속 풀이를 하지 못한다면 컴퓨터가 제 역할을 못하는 것입니다. 또한 한정된 메모리나 디스크 공간을 이용하기 때문에 공간 복잡도를 고려합니다. 일반적으로 메모리 사용량을 말합니다. 실생활 문제에서는 시간을 고려하면 다른 모든 것을 고려하는 것과 같습니다. 시간을 줄이기 위해 통찰, 경험적 방법을 이용하거나 정형화된 풀이방법인 알고리즘을 이용하는 것입니다.

이정도 용어를 알면 실생활의 많은 것들을 노드로 표현할 수 있습니다. 또한 목표노드를 정하고 문제 축소를 이용하여 세부적인 과정으로 문제를 분해할 수 있습니다. 그 과정을 그림으로 나타내는 것 중 가장 효과적인 것이 바로 그래프입니다.

그래프의 일종으로 트리라는 것이 있습니다. 그래프를 바로 이해하는 것이 '목표상태'라고 하면 트리를 먼저 살펴보는 것이 '문제축소'입니다. 트리는 실생활에 너무 많이 쓰여 직관적으로 바로 이해할 수 있습니다.

일반적으로 볼 수 있는 트리(나무)와 모양이 같습니다.

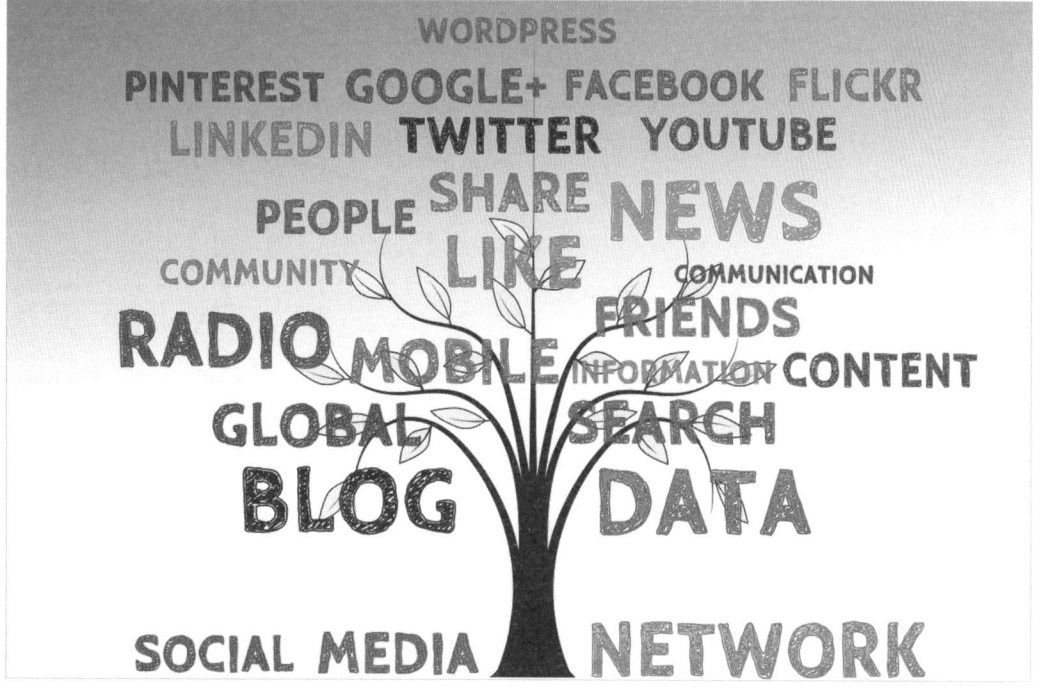

단순화하여 표현할 수 있습니다.

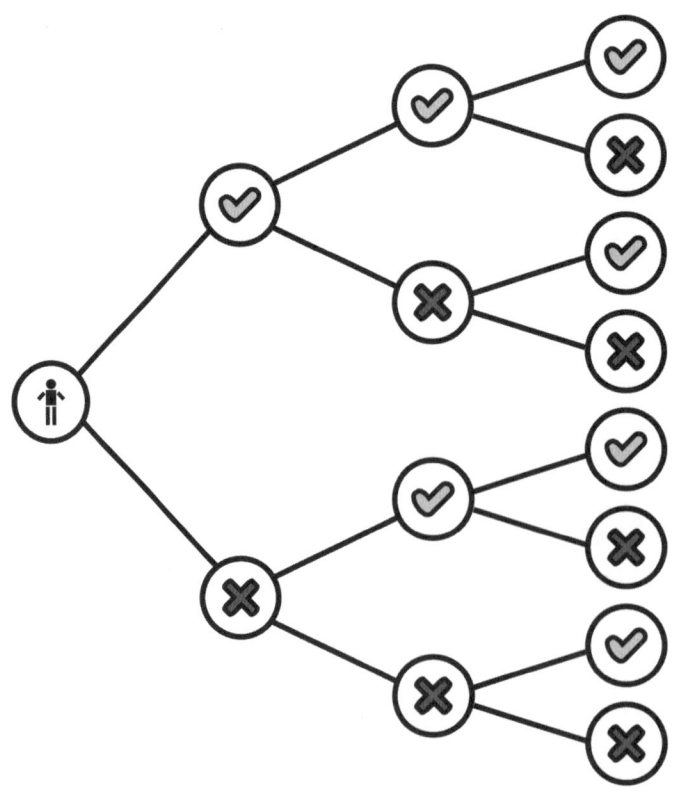

그래프와 같이 동그라미가 '노드'이며 노드를 관계를 표현해 주는 선이 간선입니다. 화살표가 없는 간선 형태의 경우의 그래프를 undirected graph라고 합니다. tree도 graph에 포함되므로 이 예시는 undirected graph 입니다. 간선이 화살표인 경우 directed graph라고 합니다.

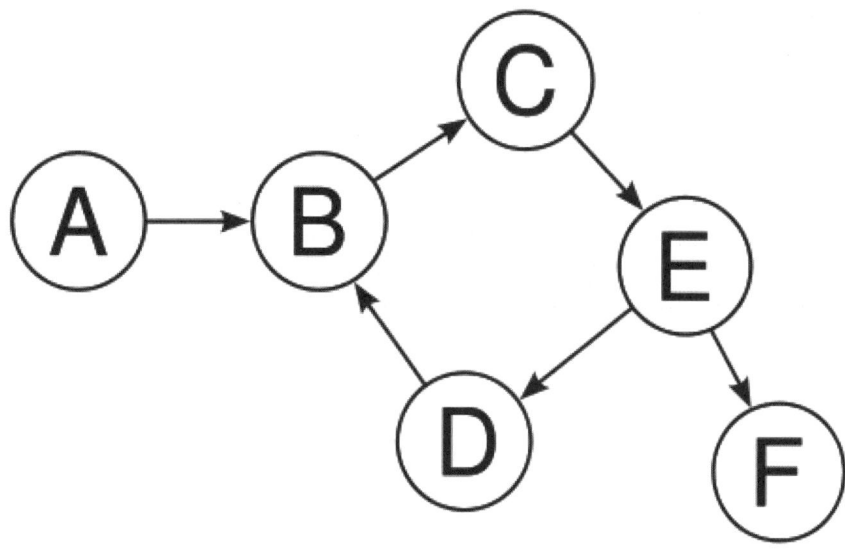

배우에게 배우라는 직업을 선택한 이유를 물었는데 다른 사람을 인생을 잠시나마 살아볼 수 있기 때문이라고 하였습니다. 인생은 정답이 없다고들 합니다.

 그러나 여러 인생을 살아보면 정답을 찾을 수 있을지도 모른다는 생각을 해 봅니다. 문제 풀이 방법 중에 가장 많이 쓰는 문제 풀이 방법은 모든 경우를 살펴보는 것입니다. IT 분야에서는 흔히 '삽질'이라고 표현합니다. 그러나 선행개발에서는 '삽질'이 가장 효과적인 방법입니다. 아무런 경험과 백데이터가 없는 과학실험에서도 가장 좋은 방법은 가설(목표상태)를 세우고 계속된 실험(삽질)을 해 보는 것과 같습니다. 그래프 또는 트리 탐색으로 문제 풀이를 할 때에도 '삽질'의 방법이 있습니다. 이를 '맹목적 탐색'이라고 합니다. 맹목적 탐색의 반대말은 '경험적 탐색'입니다. 경험이 없으면 맹목적이라는 말이 다소 격해 보여서 '삽질 탐색'으로 했으면 좋겠다는 생각이 있습니다. 영어 표현은 blind search 로 꽤 괜찮은 표현입니다. blind search는 임의 경로 탐색과 최적경로 탐색으로 나누어 집니다. 말로 설명하면 어려워서 그래프를 그리는 것인데, 표도 그렇습니다. 표로 간단히 표현하면 다음과 같습니다.

목적 정보사용	임의 경로 탐색	최적 경로 탐색
맹목적 탐색	깊이 우선 넓이 우선	균일비용
경험적 탐색	언덕 오르기 최적 우선	A*알고리즘

여기까지 기초 이야기를 하면서 OLPP에 대한 언급을 하지 않았습니다. 그러나 어떤 파트를 공부하시는 것인지 명확히 구분하시리라 믿습니다. 객체를 공부하고 또 객체의 상태를 나타내는 방법(자료구조), 객체의 행동을 효율적으로 나타내는 방법(알고리즘)을 보았습니다. 또 그것은 수학처럼 기초과학과 연관되어 있습니다. 사실 이 모든 것도 사람(Object) 간의 소통(LINK)를 위한 **것일 뿐입니다.**

C, JAVA, C++ 어떤 프로그래밍 언어로 프로그램을 만들어도 기계어로 번역되어 실행되거나 버추얼 머신에서 실행이 됩니다. 한글로 '밥을 먹자'고 이야기를 하든 영어로 'Let's grab a bite'를 말하든 하는 행동은 밥을 먹으러 가는 것입니다. 밥 먹으러 가면 그만인 것을 서로의 언어가 우수하다고 논쟁을 벌이는 것은 불필요한 일입니다. 좀 더 깊은 이야기를 해 보면, 하나의 언어에서 Clean Code라고 하는 것들도 Let's go for lunch, Let's eat 보다는 EAT 이라고 하는 것이 더 좋다고 하는 것과 별반 다를바 없습니다. 컴파일러 옵션을 모두 이해하고 짠 소스가 어떻게 기계어로 바뀌며, 바뀐 기계어가 운영체제의 context switching에서 어떤 우선순위를 가지고 task 전환시 딜레이는 어떤지 등을 모두 안다면 클린코드를 말해도 됩니다. 어떤 환경에서는 for 문을 쓰는 것보다 같은 함수를 여러번 적는 것이 더 빠를수도 있습니다. 컴파일러 최적화나 번역된 기계어가 CPU fetch pipeline에서 좀 더 득되는 부분이 있다면 가능한 이야기겠습니다.

수학과 밀접하게 이어져 있는 ALGO(Algorithm, 알고리즘)는 수학의 다양한 분야 만큼 종류가 많을 수 밖에 없습니다. 또한 모든 수학식을 코드로 적용하기는 힘드므로 자주쓰는 알고리즘의 카테고리가 있습니다. 알고리즘 온라인 테스트 관련 사이트는 무수히 많습니다. 그 중 가장 유명한 TOPCODER의 Problem Archive 에서는 다음과 같이 카테고리를

Simple math, Math, Advanced math, Sorting, Simple Search/Iteration, Search, String Parsing, String Manipulation, Dynamic Programming, Brute Force, Encryption/Compression, Geometry, Graph Theory, Greedy, Recursion, Simulation

이 카테고리를 위키피디아를 참조하면 더욱 구체적으로 만들 수 있습니다. 알고리즘 뿐 아니라 컴퓨터 프로그램이 모두 수학에서 나오기 때문입니다. 과학고, 서울대, 해외 유학, 수학 올림피아드에서 1등을 휩쓸었던 우수한 엔지니어도 모든 알고리즘 분야를 모릅니다. 단, 고도로 단련된 수학적 사고 방식으로 필요할 때 빠르게 공부하여 금방 구현해 내는 능력이 있습니다. 모든 수학 분야를 공부하는 것도 비 전공자에게는 어려운 문제입니다. 이에, 알고리즘 대회를 위한 수학만 정리하기도 합니다. 알고리즘 관련하여 수많은 책이 있습니다. 비전공자가 개발 분야에서 일하고 싶다면, 그 중 "Algorithm in a nutshell" 한 권을 추천드립니다. 저자인 George T. Heineman 교수는 무인도에 가져갈 책으로는 알고리즘 책의 최고봉인 The ART of computer programming 책을 꼽았습니다. 해당 책은 총 4권으로 구성됩니다. 게다가 증명으로 유명한 책도 소개하고 있습니다. 해당 책들을 다 읽고 코드로 구현해 본다면 좋겠지만 하이네만 교수는 개발자가 바쁘다는 것을 인지하고 핵심만 꼽아서 실재 코드로 모두 구현하고 정리해 놓았습니다. 이에 알고리즘에 관심있는 분에게 적극 추천 드립니다. 알고리즘 책의 트리로 표현한다면 root node에 해당합니다.

알고리즘이란 어떤 문제를 해결하기 위해 명확히 정의된 규칙과 절차의 모임입니다. 컴퓨터 프로그램은 이런 알고리즘들의 집합이라고 말할 수 있습니다.
알고리즘은 교육용과 상업용 2개의 카테고리로 나누어 집니다.
교육용 알고리즘은 Online judge 사이트(topcoder 等)에서 정형화된 문제를 푸는 것입니다.
다음과 같은 순서로 코드를 완성합니다.

> 문제의 발견 → 문제의 정의 → 수식으로 변환 → 코드로 변환

문제는 알고리즘 사이트에 있고, 정의도 알고리즘 사이트에 있습니다. 수식은 공개되어 있어서 외우고 해당 코드로 만드는 법도 외우면 됩니다. 교육용 알고리즘은 엘리베이터 사고를 해결하지 못 합니다.
상업용 알고리즘은 상품을 만드는 것이 대표적인 예입니다. 다음의 과정을 거치게 됩니다.

> 목표 설정 → 정보수집 → 대안 설정 → 수식으로 변환 → 코드로 구현
> → 성능 테스트 → 최적안 선정

여러 대안이 있을 수 있고, 교육용에서 하는 것처럼 시/공간 복잡도를 평가할 수도 있겠지만 고려할 사항은 매우 많습니다. 이는 TRIZ와 비슷합니다. TRIZ는 Teoriya(이론) Resheniya(해결책) Izobretatelskikh(발명의) Zatach(작업의) 약자입니다. TRIZ는 구 소련 겐리히 알츠슐러(Genrich Altshuller)에 의해 제창 된 문제 해결을 위한 체계적 방법론으로 명백, 개선, 혁신, 발명, 발견 과정에서 고려해야 할 해법 수는 10가지에서 1,000,000(백만)가지로 늘어난다고 되어 있습니다. 1:1 예시를 하기 힘들지만, 휴대폰 커널, 프레임웍과 응용 소프트웨어를 개발하는 경우를

생각해 보겠습니다. 모든 프로그램 단계의 초기 버그와 업데이트하면서 생기는 소프트웨어 결함을 모두 누적하면 100만개에 육박하는 것이 사실입니다. 또한 이런 문제를 모두 해결해서 잘 만든다 하여도 선점형 운영체제가 아닌 경우 문제가 될 수 있습니다. RTOS를 쓴다고 해도 Cortex-R과 같이 해당 운영체제를 지원하는 프로세서를 선택해야 문제를 일으키지 않을 수도 있습니다. 이처럼 상업용 알고리즘을 만들기위해 고려해야 할 가지수는 무궁무진합니다. 교육용 알고리즘에서 WhiteBox 검증(소스코드로 검증하는 것)이 유행하지만 상업용 알고리즘에는 비용 문제로 적용하기 힘듭니다. 이에, 완성된 제품을 사용자가 테스트하면서 버그(소프트웨어결함) 찾는 BlackBox 검증이 주(主)를 이룹니다.

실생활과 연관되는 OLPP

이처럼 수학과 IT 분야의 모든 것을 실생활과 연관하는 것이 바로 OLPP(Object Linked Programming Paradigm) 입니다. 실세계를 정량화, 수치화 한다고 간주합니다. 만약 해당 객체를 만들 때 프로그래밍적으로는 현실에 존재하지 않는 개념을 설계 해야 한다고 해도 결국 현실과 이어집니다. 현실에 존재하지 않도록 추상화된 객체라고 해도 해당 객체의 목적을 따라 LINK를 따라가면 결국 현실 세계와 연결되기 때문입니다. 단, 이 때 주의할 점이 있습니다. 예를 들어 균일비용 탐색의 경우 $g(n_i) = g(n) + C(n, n_i)$, $i = 1, 2, \cdots, m$

　　이 때, $g(n)$: 초기노드에서 노드 n까지의 경로비용

　　$C(n, n_i)$: 노드 n에서 노드 n_i로 이동하는데 소비되는 비용

로 나타낼 수 있는데 이는 충분히 실생활에 적용한 후에 수식으로 정리해야 하는 원칙이 있습니다. 수식은 정말 간단합니다. 언덕오르기가 $h(n)$ 이면 A* $f(n) = g(n) + h(n)$으로 간단히 나타낼 수가 있습니다. 그러나 수식을 뽑아내는 것은 수학 분야에서의 활용 방법입니다. 수학은 OLPP에서 생각할 생각거리를 만들어주는 기능과 역할을 성실히 수행합니다. 실세계의 문제를 푸는 것에 집중하기 위해서는 실생활에 적용해보고 적용되지 않는 수식은 과감히 제외하는 것이 필요합니다. 내과 의사가 외과 수술을 공부해서 할 수는 있겠지만 전문성을 가지는 것과 동일한 목표입니다. 수학의 분야도 무궁무진한데 OLPP에서 모든 것을 다룰 필요는 없겠습니다. 다만 모든 것을 다루더라도 생각하는 방식이 바뀌지는 않습니다. 이러한 단순한 생각 방식에서 정리가 제대로 안되거나 스트레스가 올리는 만무합니다. OLPP가 대중화되면, 향 후 천재의 시각에서 수학식과 실상활의 관계를 한눈에 볼 수 있는 표로 정리를 해 주겠습니다. 현재는 TRIZ라는 방법이 OLPP를 정리해 놓은 것과 가장 유사합니다. TRIZ를 모두 컴퓨터 코드로 구현한다면 OLPP도 보다 완전해 질 것이라 생각됩니다. 이러한 생각 방식이 조금 더 힘을 받을 수 있을 것이라 생각됩니다.

OLPP 툴 적합성 조사

개발자는 수많은 툴을 이용합니다. Intelli J의 강력함과 저변화 속에 자신만의 철학으로 Eclipse만 고집하던 안드로이드 개발자도 구글이 Adnroid Studio만 공식 지원하겠다고 하면 결국 Jet Brain 社의 툴로 바꿀 수 밖에 없습니다. 이맥스를 신봉하는 개발자도 여러 환경에서 빠른 개발을 하다보면 대부분 잘 포팅되어 있는 VIM을 쓸 수 밖에 없습니다. 바뀐 환경에서 기존 사용하던 툴의 테마를 적용하고 여러 플러그인으로 치장해 보지만 스트레스로 다가옵니다. 이 때, 고정된 생각 방식인 OLPP를 생각한다면 툴은 그저 툴[92]에 불과하지 않습니다.

필수 기능

1. Declaration, Definition 으로 찾아가는 기능
2. 모든 참조를 찾아주는 기능
3. 모든 솔루션 혹은 프로젝트에서 text를 검색하는 기능
4. 디버깅 기능(break point, step into/over, watch window 等)
5. 형상 관리 기능(cvs, svn, git 等)
6. 제대로된 기본 컴파일러(에러 메시지 출력으로 구분 가능)

일반적으로 grep 툴을 이용하여 의미있는 string을 소스에서 전체 검색하는 것이 소스 분석의 출발점입니다. OLPP를 알고 운영체제, 프레임웍, 프로토콜 等에 적용해서 생각해 보았다면, 3번

---

[92] 툴을 폄하하는 것은 아닙니다. 세세하게 더 생각해보면, 툴을 잘 써야하지만, 툴을 잘 쓴다고 프로그래머는 아닙니다. 포토샵을 잘한다고 화가는 아니듯이 말입니다. 또한, 목수는 연장 탓을 안 한다고 합니다. 그러나 스트라디바리우스, 과르네리, 스타인웨인앤드선스 等 한 가지 툴만 고집하는 음악가들이 있습니다. 양쪽의 주장이 대립됩니다. 이럴 때는 OLPP에서 객체의 목적을 생각해야 합니다. 정말 중요한 것은 "해당 툴로 무엇을 만드는가" 에 있습니다.

기능만으로 충분합니다. json, xml,여러 프로젝트와 combined 되는 소스 等의 이유로 1, 2번이 완벽하게 구현하기 힘들기 때문에 3번은 기본적으로 들어가야 합니다. 매우 아쉬운 점은 Source Insight, Ultra Editor, Eclipse, VIM 等 매우 유명한 에디터도 모든 기능에서 우위에 있지는 않 습니다. 특히나 grep 기능의 경우 리눅스의 grep이나, 윈도우의 WinGrep, powerGrep 툴보다 빠르거나 강력하지 못합니다. 자기 기준에서 타협할 수 있는 성능의 툴을 선택하는 것이 좋습니 다. 모든 소스를 자신이 만든 것이라면 4, 5번 外 필수 기능은 아닙니다. 6번의 경우 ; 를 빠뜨렸 을 뿐[93]인데 다른 에러를 출력하는 경우가 있습니다. 이런 종류의 에러는 프로그래밍 개발 中 흔 히 발견할 수 있습니다. 컴파일과 링크 타임에서 발견되는 장황한 에러 메시지 보다는 알기 쉬운 메시지가 좋습니다.

> error LNK2001: unresolved external symbol "public: void __thiscall 'ErrorServic e::headerGenerator(class ATL::CStringT〈wchar_t,class StrTraitMFC_DLL〈wchar_ t,class ATL::ChTraitsCRT〈wchar_t〉 〉 〉,class CHttpFile *)" (?headerGenerator@'Erro rService@@QAEXV?$CStringT@_WV?$StrTraitMFC_DLL@_WV?$ChTraitsCRT@_ W@ATL@@@@@ATL@@PAVCHttpFile@@@Z)

이런 중급 개발자에게 링크 에러를 핸들링 하는 것이 어렵지는 않습니다. 링크 단계에서 발생했 으니 컴파일 타임에 선언된 함수(객체의 행동, 메소드, 프로시저 等)에 대한 본체가 없으니 라이 브러리를 뒤져 보던지 잘못된 부분을 찾아야 합니다. 그러나 좀 더 간단하고 직관적이도록 하면 좋습니다.

> error C2664: 'ErrorService::headerGenerator' : cannot convert parameter 1 from 'const char [5]' to 'CString'

이는 디버깅 정보의 유/무에 따라 어쩔 수 없는 부분이긴 합니다. 또한 하드웨어 수준에서 프로그 래밍하는 임베디드 프로그래머에게는 텍스트 형태의 에러 메시지가 나온다는 것 조차 매우 감사 해야할 기능입니다. 그러나 신규 개발자의 진입 장벽을 낮추는 부분에는 끊임없이 욕심을 부려야 합니다. 그렇게 편해진 개발 속에서 조금 더 추상적인 고민(디자인 패턴, 서비스 설계 等)을 할 수 있습니다. 개발 시간을 단축시켜 더 중요한 부분에 신경 쓸 시간을 벌 수 있기 때문입니다. 물론, 갑론을박이 있을 수 있습니다. 그런 논제는 결국, "컴파일러와 링커의 몫이 아니라 개발자의 몫입 니다."로 귀결됩니다. 한편으로는 아무리 완벽하게 코드를 짰다고 해도 규모가 있는 프레임웍 프로 젝트에서 정적 분석툴을 가동시켜 보면 수천개의 버그가 나옵니다. 잠재적인 resource leak 같이

....
93 실제로는 매우 큰 문제입니다. 링크나 런타임에도 많은 에러와 직면하는데 문법을 체크하는 컴파일 타임에서 발생하는 에러 메시지에 문제가 있다는 것은 심각합니다. 버전업이 되어도 고쳐지지 않는다면, IDE는 유지하더라도 컴파일러는 바꾸어야 합니다.

결론적으로 시스템을 붕괴시킬 수 있는 코드도 나옵니다. 이런 상황은 우리의 휴대폰에서도 쉽게 볼 수 있습니다. 앱의 API에 제약사항을 두어 수억명이 사용하는 휴대폰 소프트웨어도 하드웨어 문제 외 문제로 한번씩 고생한 경험이 있습니다. 이 문제는 사실 제약과 편의 사이에서 나타나는 문제로 부록에서 한번 더 설명합니다.

부가 기능

    1.객체지향의 상속 관계를 계층화해서 나타내는 기능
    2.리팩토링 기능(Rename, Extract Interface/Method/Superclass, getter/setter생성 等)
    3.역 어셈블리어 기능
    4.난독화 기능
    5.설계 기능

이미 앞선 프로그래밍 언어를 웹서핑 공부법으로 공부하면서 경험했을거라 생각되어 추가적 설명은 하지 않고 결론만 말하겠습니다. 완전한 툴은 없습니다. Borland의 투게더의 경우 UML로 그렸을 때 코드까지 뽑아주었지만 해당 툴을 사용하였거나 이름을 아는 개발자는 거의 없습니다. Eclipse의 OMONDO를 이용해 설계부터 하고 프로그래밍을 하였으나 정 반대의 방식인 TDD가 살아 남으며, JUnit이 Eclipse의 기본 툴이 되었습니다. 그러나 Eclipse가 Android 기본 툴에서 Google 社의 공식지원이 끊겨서 개발자는 Android Studio 란 툴로 바꿔야 했습니다. 완벽한 툴은 없기에 여러 툴을 이용합니다. 만약 완벽한 툴이 있다고 해도 무용지물이 될 수 있습니다. 오실로스코프나 TRACE32 혹은 DSTREAM을 써야하는 필드에서는 말입니다.

실무적 OLPP 개발자가 되기 위한 필수 프로토콜

프로토콜, 메시지 等 은 모두 LINK로 지칭하겠습니다. LINK의 종류는 무수히 많습니다. 또 만들어 내는 것도 그리 어렵지 않습니다. 종이컵 2개와 실로 연결한 장난감 전화기 역시 LINK입니다. 해당 LINK는 종이컵이라는 객체와 실이라는 LINK로 다시 나눌 수 있습니다. 이에, 가장 기본적인 HTTP, FTP도 필수적인 LINK 이며 꼭 필요한 지식입니다. 아마 HTTP나 FTP를 확실히 아는 분은 매우 드물것이라 생각됩니다. 최종 목적지까지 가려면 펌웨어 프로그래밍까지 해야 겠으나 책의 범위를 벗어나기에 다음을 기약해야 겠습니다.

HTTP

HTTP는 의심의 여지없이 중요한 프로토콜입니다. 대부분의 운영체제(Windows, MacOS, Android 等)에서 웹 브라우저를 바로 쓸 수 있는 WebView를 제공합니다. 이에 각 플랫폼을 잇거나 컴포넌트 서비스를 이어주는 프로토콜로 REST API가 나왔습니다. REST API는 REST[94](REpresentational State Transfer)라는 설계 방식(Architectural Style)의 구현입니다. REST 설계는 HTTP, FTP, Gopher, NNTP 및 gateway가 각 플랫폼의 브라우저와 소통(LINK)할 수 있도록 통합적인 프로토콜(LINK)을 설계합니다.
각기 다른 플랫폼을 통합하는 모든 프로토콜은 제약 사항을 가집니다.
이에 REST 설계는 다음 4가지의 제약 사항이 있습니다.

---

94 http://www.ics.uci.edu/~fielding/pubs/dissertation/top.htm

1. Identification of resources
2. Manipulation of resources through representations
3. Self descriptive messages
4. Hypermedia as the engine of application state.

이를 구현한 RESTful API 로 설명해보면,

1. http://localhost/Desktop/Document/myfile.hwp
2. 자원이 식별 가능해야 합니다.(http://localhost/Desktop/Document/myfile)
3. .hwp 처럼 구별 가능해야 합니다. 이는 MIME 형식과 같습니다.
   - 소스인 .asm, .c, .cpp는 text/plain 형식입니다.
   - 오디오 파일인 .mp3는 audio/mpeg 형식입니다.
   - 비디오 파일인 .mp4는 video/mp4 형식입니다.
   - 이런 확장자들은 다른 표시(representations)를 할 수 있습니다. class 는 application/x-java-applet 으로 할 수 있지만 application/x-zip.compressed로 지정할수도 있습니다. 그러나 일반적으로 통용되는 형식을 사용하는 것이 서로의 약속을 지키는 일입니다. 혼자서 서버와 클라이언트를 만든다면 Content-Type: application/xml 으로 하지 않고 Content-Type: application/mytype으로 구현하고 서버 프로그램에서도 적절한 처리를 해 주면 됩니다.
4. 이 제약 사항을 구현한 스프링[95]에서는 rel과 href를 포함한 links를 말하고 있습니다. 또한 GET, POST, PUT, DELETE 를 말합니다. 간단히 설명하면, 추가적인 정보를 더 넣어서 구체화 하는 것입니다.

웹 프로그래머가 아니라도 개발자라면 모두 알고 있는 아파치의 공동 설립자며, REST를 창시한 Roy Thomas Fielding 박사 논문[96]을 보면, REST는 분산 하이퍼 미디어를 위한 설계 방식입니다.

> The modern Web is one instance of a REST-style architecture. Although Web-based applications can include access to other styles of interaction, the central focus of its protocol and performance concerns is distributed hypermedia. REST elaborates only those portions of the architecture that are considered essential for Internet-scale distributed hypermedia interaction. Areas for improvement of the Web architecture can be seen where existing protocols fail to express all of the potential semantics for component interaction, and

---
95 http://spring.io/understanding/HATEOAS
96 http://www.ics.uci.edu/~fielding/pubs/dissertation/top.htm

> where the details of syntax can be replaced with more efficient forms without changing the architecture capabilities. Likewise, proposed extensions can be compared to REST to see if they fit within the architecture; if not, it is more efficient to redirect that functionality to a system running in parallel with a more applicable architectural style.

HTTP 의 표준 문서 RFC(Request for Comments)[97]에서는 Authentication, Caching, Range Requests, Conditional Requests, Semantics and Content, Message Syntax and Routing 으로 카테고리를 나누어 정의하고 있습니다. REST는 HTTP와 URI에 추가된 개념으로 볼 수 있습니다.

> Finally, I describe the lessons learned from applying REST to the design of the Hypertext Transfer Protocol and Uniform Resource Identifier standards, and from their subsequent deployment in Web client and server software

인터넷 표준을 정하는 일을 하며 HTTP와 URI 표준에 정통한 Principal Scientist 이기에 REST를 만들었습니다. 결국 따져보면 OLPP에서 LINK에 지나지 않습니다. 필요한 정보를 DB에서 빼거나 원하는 동영상을 플레이 하는 등의 클라이언트/서버를 만든다면 소켓 통신으로도 충분합니다. OLPP에서 말하는 목적인, "어떤 것을 만들 것인가?"에 초점을 맞추어야 합니다. REST를 이용하는 것이 이를 구현한 많은 라이브러리를 사용하여 빠른 개발이 가능할지 생각할 수 있습니다. 디자인 원칙을 지킨다는 것은 호환성, 범용성을 가지기 위해 수많은 제약 사항을 지킨다는 것과 마찬가지입니다. 이후 보여드릴 RESTful 코드가 편하긴 하지만, 개발에 대한 자유로운 설계 욕구를 제한 시키지 않으려면 OLPP에 맞추어 생각해야 합니다.

CRUD, PGPD

데이터 베이스는 저장 용도로 쓰는 파일의 확장된 형태입니다. 운영체제 위에서 돌아가는 DB는 결국 파일시스템의 메커니즘에 종속되기 때문입니다. 그러나 동시성 문제를 해결하며, 대용량 트렌젝션 처리, Thread safe한 원자성 보장 등 많은 기술을 구현하고 있습니다. 이런 DB의 인터페이스를 가장 잘 표현해 주는 용어로 CRUE가 있습니다. 이런 Create, Read, Update, Delete 와 대응되는 것은 RESTful 에서 PGPD가 있습니다. POST, GET, PUT, DELETE 입니다. 4단계지로 간단하지만 더 단순화하면 OLPP의 LINK와 대응되는 개념입니다. 해당 객체가 파일이던 DB던, HTTP Service 가 만든 Listening 객체던 해당 객체와 연결하는 LINK일 뿐입니다.

---

[97] 논평(comment)를 요청한 문서로 변화될 수 있지만 사실상 표준 문서로 보면 됩니다.

FTP

FTP는 아주 오랜 시간 동안 검증된 객체, 컴포넌트, 또한 서비스 간의 필수적 LINK 입니다. 충분한 서버/회선 능력이 된다면, 객체를 이어주는 LINK 中 가장 빠르다고 할 수 있습니다.

Your goal	Actions you take	효과
Begin an FTP session.	Create a CInternetSession object.	Initializes WinInet and connects to server.
Connect to an FTP server.	Use CInternetSession::GetFtpConnection.	Returns a CFtpConnection object.
Change to a new FTP directory on the server.	Use CFtpConnection::SetCurrentDirectory.	Changes the directory you are currently connected to on the server.
Find the first file in the FTP directory.	Use CFtpFileFind::FindFile.	Finds the first file. Returns FALSE if no files are found.
Find the next file in the FTP directory.	Use CFtpFileFind::FindNextFile.	Finds the next file. Returns FALSE if the file is not found.
Open the file found by FindFile or FindNextFile for reading or writing.	Use CFtpConnection::OpenFile, using the file name returned by FindFile or FindNextFile.	Opens the file on the server for reading or writing. Returns a CInternetFile object.
Read from or write to the file.	Use CInternetFile::Read or CInternetFile::Write.	Reads or writes the specified number of bytes, using a buffer you supply.
예외 처리	Use the CInternetException class.	Handles all common Internet exception types.
End the FTP session.	Dispose of the CInternetSession object.	Automatically cleans up open file handles and connections.

FTP에 대해서 알아보았습니다. 프로토콜(객체)가 무엇인지 알면 API(사전)에서 찾아 다 쓰면 됩니다. 실무에서는 동작가 필요합니다. 원리를 알면 최신 프로그램이 아닌 레거시 시스템(오래되었지만 중요한, 직업을 구할 수 있는)에서도 충분히 동작시킬 수 있습니다. 이에 9년된 툴인 Visual Studio 2008 에서 테스트 코드로 살펴 보겠습니다. 최신 툴에서는 웹서핑 공부법으로 충분히 소

스를 찾을 수 있습니다. Microsoft Foundation Class 는 아직도 여전히 실무에서 사용되고 있는 UI Component 입니다. MFC에서 FTP를 이용하는 API는 다음과 같습니다. FtpSession을 만들지 않아도 되지만 콜백을 만들기 위해 CInternetSession을 오버라이드(override, over write 둘다 실질적 의미上맞는 표현) 합니다.

FtpSession.h

```
#pragma once

#include <afxinet.h>

typedef struct{
    HWND        hWindow;      // Window handle
    int         nStatusList;  // Identifier of the list box control to hold the callbacks
    HINTERNET   hResource;    // HINTERNET handle created by InternetOpenUrl
    char        szMemo[512];  // String to store status memo
} REQUEST_CONTEXT;

class FtpSession : public CInternetSession
{
public:
    FtpSession(void);
    ~FtpSession(void);
    void OnStatusCallback(DWORD dwContext, DWORD dwInternetStatus, LPVOID lpvStatusInformation, DWORD dwStatusInformationLength);
};
```

FtpSession.cpp

```
#include "StdAfx.h"
#include "FtpSession.h"

FtpSession::FtpSession(void)
{
    EnableStatusCallback(TRUE);
```

```
}

FtpSession::~FtpSession(void)
{
}

void FtpSession::OnStatusCallback(DWORD dwContext, DWORD dwInternetStatus,
    LPVOID lpvStatusInformation, DWORD dwStatusInformationLength)
{
}
```

이렇게 정의된 FTP session을 이용하면 파일 전송 부분을 제외하고 FTP connection 관련 callback을 받을 수 있습니다.

```
#include "FtpSession.h"
.
.
.
FtpSession session;
CFtpConnection *pConnection = NULL;
session.EnableStatusCallback(TRUE);
    try {
        pConnection = session.GetFtpConnection(_T("127.0.0.1"),
            _T("ftptest"), _T("ftppassword"), (INTERNET_PORT) 21, TRUE);

        if (pConnection) {
            AfxMessageBox(_T("Connected!"));
        } else {
            AfxMessageBox(_T("Error"));
            pConnection = NULL;
            return;
        } catch(CInternetException *e) {
//Exception 처리
        }
```

HTTP와 FTP의 기본을 알아서 OLPP의 LINK를 이해하면 모든 이기종 Object를 연결할 수 있습니다. 여러 프로토콜을 배우면 결국 TCP/IP로 넘어가게 되고, 그것을 구현하는 응용 프로그램에서 시스템 콜, 커널, 네트워크 장비, 펌웨어, 칩, 전기분야의 공부로 내려가게 됩니다. 모든 분야를 알기에는 물리적 시간이 분명 부족 하지만, 그 분야들에 대해서 인지하는 것은 필요합니다. "몰입"을 통한 진정한 공부의 재미를 경험하려면 무엇이 있는지를 알아야 하기 때문입니다.

맺음말

책을 집필하면서 들었던 피드백 중에 가장 좋았던 것은 "반말로 쓰지 말라"는 것이었습니다. 한번 가르쳐 주는 사람의 흔적을 따라가다보면, 그 사이 가르쳐 주던 사람은 성장합니다. 그래서 반말로 쓰는 저자의 경우 계속 반말 글이 쓰여지는 것 같고 또, 일종의 계급 같은 것이 생기는 것 같습니다. 재야에는 정말 수많은 고수들이 있습니다. 아마 실무로 오게되면 자신이 얼마나 잘하는지도 모른체, 개발하는 고수들을 심심찮게 만나실 수 있을 것입니다.

사람의 기억은 한계가 있어서 다작을 하는 작가의 경우 자신의 책 내용을 기억하지 못하는 모습도 봅니다. 얼마나 몰입하여 공부하느냐에 따라 기억이 더 오래 남을 수 있습니다. 때로는 1년의 공부가 IT 실무에서 3년 이상의 공부 효율을 가지기도 합니다. 기술 변화도 빠르기 때문에 늦게 합류 할수록 기술적으로나 경제적으로 득을 보는 현상도 있습니다.

3년전 프로그래밍을 가르쳐 주었던 멘티는 진학과 취업 사이에서 고민했었습니다. 결국 공부를 더 하는 쪽으로 결정했습니다. 정보의 폐쇄로 실무와 학교와의 괴리도 많이 생깁니다. 그런 괴리를 알고 실무자에게 많이 배우고자 했던 그 멘티는 많이 성장하여 석사 학위도 취득하고, 대기업에 취직을 앞두었습니다. 이에, 다른 사람들의 멘토로서 강연을 부탁한 적이 있었습니다. 필자도 머신러닝 관련 강의를 들으며 어려운 분야의 공부를 쉽게 이해할 수 있었습니다. 이 책(나침반)을 접하는 독자께서도 빠른 성장으로 자신이 겪은 어려움들을 담아 다른 사람에게 도움이 될 수 있도록, 좋은 출판사를 만나 글을 다듬고 출판을 하셨으면 합니다. 또 시중에는 보다 쉽게 설명하고 독자를 존중하는 책이 많아졌으면 하는 바램입니다. 그리고 그런 책들이 학교에서 많이 활용되어 외부에서 2, 3 개월에 수백만원씩 하는 값비싼 강의료를 내지 않고 보다 많은 한국인들이 IT 공부를 할 수 있는 "학교"가 되었으면 합니다.

supplement

STRAPLINE

잘하는 사람과 잘 가르치는 사람

인식과 인정 그리고 목표

현실적으로 대학생에게 도움이 되었던 조언

프로그래머, 개발자는 스트레스가 많은 직업

사람은 최고의 API

못다한 이야기

작가들의 인사

작가들의 생각

아낀 돈을 투자하여 책을 구입하신 분들이 수백만원하는 실무 코스를 밟은 사람들과 경쟁하기는 힘들것이라 생각하실지도 모르겠습니다. 한 권의 책으로 모든 것을 배우기는 힘듭니다. 어떤 방향으로 공부를 해 나가야 할지 방향을 잡을 수는 있습니다. 이에, 이 책의 저자들이 솔직하고 허심탄회하게 모든 것을 풀어 놓는 부록을 마련하였습니다. 효과적인 전달을 위해 책 본문의 어조와는 다소 다를 수 있으니 널리 양해 부탁드립니다.

중고등학생의 사교육이 비싸다고 하지만 컴퓨터 분야만큼 비싸지는 않을 것입니다. 3~4일의 강의에 백만원에 육박하는 돈을 받고 또 그것이 당연하다고 생각하는 filed가 바로 IT 분야입니다. 오픈 소스를 통해 배웠다고 해도 열심히 최신 기술을 삽질(?)하며 익힌 사람에게 그 정보는 비싼 것이 당연하다고 생각하기 때문입니다. 강사 본인이 대표가 아닌 이상, 기업에서는 해당 기술이 CORE(핵심)이기 때문에 제대로된 정보는 거의 없고 실무랑 동떨어진 이야기도 많습니다. 필자가 학생이던 시절, 단돈이라고 말하는 몇만원도 부담스러울 때가 있었습니다.

88세까지 프로그래머를 하려면?

88세까지 프로그래머를 할 수 있을까 생각해 봅니다. 수많은 프로그래머가 관리직으로 넘어가고 급변하는 사회에 적응하려면 소위 잘나가는 프로그래머 역시 많은 고민을 합니다. 실무에서 고령의 프로그래머를 만나봤지만 80세 이상은 아니었습니다.(70세 프로그래머와는 같이 일해봤지만 외국분이셨습니다) 우리나라에 아직 80세 이상의 프로그래머가 없는 이유는 한국의 프로그래밍 역사가 그리 깊지도 않고, 다들 젊을 때 일을 시작해서서 그렇습니다. 저 포함 그분들은 이미 오래전부터 프로그래머의 시대가 왔다고 생각하실 수도 있겠지만,
한국 국민이면, 이름만 들어도 알 정도로 유명한 사람도 '프로그래머'를 몰랐습니다.
스티브 잡스도 5년 후 미래를 모른다고 했는데 어떻게 모든 것을 알 수 있을까요? 다만 경험에서 나오는 전략을 소개하고 이것이 독자 여러분께서 세우는 계획에 조금이라도 도움이 되고자 합니다.

1. 88세까지 건강하게 사는 게 우선입니다.

2. 시력 보호를 해야 합니다. 밝은 사무실에서도 스탠드 사용은 필수! 처음 반대하는 사람들도 몇 년 지난 후 밝은 곳에서 일하는 효과에 적극 동의했습니다.

3. 라이센스 비용을 내지 않고 시스템을 구축할 수 있는 플랫폼과 DB를 한 번쯤은 경험해 두어야합니다. 혼자 사업하더라도 내부용 TOOL 구축은 무자본으로 시작할 수 있어야합니다. 우분투[98]랑 PostgreSQL 로 개발을 한 번쯤은 해보면 좋을 것 같습니다. NoSQL 데이터베이스인 카산드라 경우에도 CQL을 통하여 기존 SQL 명령어 타입으로 쓸 수 있게 해 주었습니다. 윈도우즈를 쓰던 사람들도 MacOS에 접근하기 어렵지 않고, iPhone 사용자도 Android Phone 사용에 큰 무리가 없습니다. 이것은 C++ 을 창시할 때 비얀 스트라스트럽이 C 개발자를 고려한 것과 같습니다. 이제 무료툴이 상업용 툴을 뛰어 넘는 경우도 많습니다.

4. 툴을 잘 써야합니다. 툴을 잘 쓴다고 프로그래머는 아닙니다. 목수는 연장 탓을 안 한다고 합니다. 그러나 스트라디바리우스, 과르네리, 스타인웨인앤드선스 等 한 가지 툴만 고집하는 음악가들이 있습니다. [생활의 달인]에서 나오는 수많은 고수들도 연장 탓을 하지는 않겠지만 하나의 툴을 사용합니다. VIM, Visual Studio, Android Studio, XCODE, PhotoShop 정도면 괜찮겠습니다. 포토샵의 경우 라이센스 비용 때문에 글 쓰기 전 GIMP 최신 버전을 받아 설치를 해 봤는데... 아직 오픈소스가 갈길은 먼 것 같습니다. 재미로 하는 개발이야 어떤 툴을 써도 괜찮겠으나, 돈을 받고 일정을 맞춰야하는 실무에서는 다음과 같이 생각해야 합니다. 십수 년간 큰 발전이 없다면 돈이 들더라도 상업용 버전을 쓰는게 맞습

....
98 리눅스 운영체제의 패키지(배포판 종류) 중 하나.

니다. 대학에서 연구를 하거나 상품화와는 거리가 먼 곳에 있는 개발자들이 사용하며 오픈 소스를 발전시켜야 합니다. 물론, 청춘을 멍들이며 사용할 수는 있겠으나 시간이 흘러 생각해보면 사색할 시간이 부족했다는 것을 후회할 수도 있습니다. 추가로 툴을 더 배운다면 언리얼 엔진, 마야 같은 3D 툴입니다. 3D 시장은 모바일 시장의 폭발적 성장 때문에 잠시 주춤했습니다. 모바일 기기의 성능도 올라갔고, 이제 모바일 시장도 증강현실(AR), 가상현실(VR)에 비전을 보고 있습니다.

5. 프로그래머는 프로그램 개발용 언어 구분을 하지 말아야 합니다. 전문가가 되기 위해서는 물론, 하나만 하는 것도 중요하겠지만 그런 시각과는 다른 말입니다. 툴을 잘 사용해야 하겠지만, 개발자에게 툴은 툴일 뿐입니다. 포토샵 잘한다고 피카소같은 화가라고 부르진 않는 것과 같습니다. Dean Wampler 박사의 폴리글랏 프로그래밍(Polyglot Programming)에 따르면, 여러 언어로 프로그래밍을 해야 하는 PPP(polyglot and poly-paradigm programming)는 이제 새로운 개념이 아닐 뿐더러 관련 이론이 나온지도 수십 년이 넘었습니다. PC를 사용하는 초창기 시절부터 여러 운영체제가 나오면서 C, C++, 어셈블리, 스크립트 언어들은 항상 함께 운영체제 소스를 구성해 왔습니다. 이미 오래전부터 프로그래머는 여러 프로그래밍 언어를 다루어야 했습니다. 폴리글랏 프로그래밍과 하나의 언어에 정통한 것에 대한 고민은 오래전부터 실무 프로그래머에게 숙제가 되어 왔습니다. 영어를 하더라도 생활 영어가 아닌 TED에서 유창하게 발표할 만한 영어를 해야 하는데, 시장 상황에 따라 주력 언어를 바꾸다 보니 native도 잡캐/망캐(잡스러운 캐릭터, 망한 캐릭터)가 되는 현상이 발생합니다. 영어를 하다가 중국이 대세니 중국어를 배우는 것과 같습니다. 프로그래밍 언어도 마찬가지입니다. 시장 상황이 바뀔 때마다 개발자는 새로운 언어를 배웁니다. Objective-C 프로그래머가 Swift를 배워야 하는 것도 같은 맥락입니다. 새로운 언어를 배워야 할 때 프로그래머는 항상 스트레스를 받습니다. 이에, 자료구조와 알고리즘을 이야기 했고, 프로그래밍 언어들을 꿰뚫는 CPU와 메모리 이야기, 임베디드 보드에서 웹 프로그래밍까지 폭넓게 훑어보고 실습도 해 보았습니다.

6. 정치, 종교, 특정 회사, 학교, 지인 이야기는 자제할 필요가 있습니다. 스타트업, 대중소 기업 등 여러 필드에 있어보니 실력 이전에 백그라운드로 불이익을 주는 분이 생각보다 많이 있습니다. 띠동갑이 넘는 어린 친구들도 학연을 강조하고 어필하는 것에 꽤 많이 놀랐습니다. 세대 차이라고 할 수도 있겠지만 재야의 숨은 프로그래머들도 이제 교육도 해야 한다는 의무감을 전파할 필요가 있습니다. 교육하시는 많은 분들이 실무 경험 없는 분도 많이 있기 때문입니다. 그러나 불이익을 감수하면서도 단단하게 단련된 자신의 철학을 거리낌없이 이야기 하는 길도 나쁘지는 않습니다. 많은 사람들의 비난을 받겠지만 더 좋은 사람들을 만날 수 있는 기회를 가질 수 있습니다.

7. 코딩을 사랑해야 합니다. 나이가 드니 자연스레 사람을 관리하는 일을 하게 되었습니다. 체력이 넘치는 젊은이는 아니고 직급도 있어, 개발직을 수행한다고 해도 관리를 전혀 안 할 수는 없겠습니다. 그러나 점점 식어가는 코딩 열정을 꺼뜨리지는 말아야겠습니다. 가끔 같은 코드가 지겹기도 하지만. 폰트, 테마도 바꾸고 키보드, 모니터 등 환경 변화도 주어가면서 열심히 읽고 개발해야겠다는 생각을 합니다.

8. 외국어를 계속 배워야겠습니다. 영어는 기본입니다. 개발에서 필수적 능력은 READING 하는 능력입니다. WRITING이나 SPEAKING이 안되더라도 READING은 꼭 해야 방대한 자료를 찾을 수 있습니다. 자신의 생각과 같은 사람의 문제 풀이 방법 또한 볼 수 있습니다. 중국어도 배워야 합니다. 가까운 나라고 영어를 쓰기 싫어하니 중국어는 따로 배워야겠습니다. 외국어 능력이 되면 일본어, 중국어, 영어, 프랑스어 等 많이 배워두면 해당 나라의 개발자들과 의사소통의 기회가 많겠습니다.

9. 마지막으로 가장 어려운 일입니다. 일과 사생활의 경계를 잘 지켜야합니다. 나이가 들어 개발자였던 삶을 후회하지 않도록 말입니다. 여행도 다니고, 가족과 시간이 많이 보내고, 사색도 많이 하고 시도 많이 읽는 等 폭넓게 생활해야 합니다.

범인이 9가지를 조화롭게 다 지키려면 잠을 줄이는 방법, 선택과 집중의 방법, 패러렐 하게 생각하고 행동하는 방법 등 여러 가지 시간 관리 기법을 써야겠습니다. 한 번 프로그래머의 길에 접어드셨다면 오래도록 오래도록 프로그래머, 개발자, 엔지니어로 남아 계시길 바랍니다. 대한민국 프로그래머로 남아 계시길 바랍니다.

본인에게 주는 개발자 점수

개발자들이 이구동성으로 말하는 프로그래밍의 주요 과목 3가지는 운영체제, 데이터 구조(자료구조), 알고리즘입니다. 알고리즘은 문제를 해결하는 과정을 뜻하는 것으로, 사실상 프로그래밍과 동의어라고 할 수 있습니다. 이 알고리즘 안에 자료구조가 포함됩니다. 운영체제도 하나의 프로그램입니다. 방대한 크기의 프로그램인 운영체제 구조를 안다는 것은 프로그램 설계에 큰 도움이 됩니다. 작은 프로그램이 큰 프로그램이 될수록 운영체제의 많은 기술을 차용해서 쓰는 것이 더 편리하기 때문입니다. 결국, 세 과목은 모두 프로그래밍과 연관되어 있기에 중요한 것입니다.

제품을 생산할 때는 도메인(특정 영역) 지식이 필요합니다. 윈도우에서 개발을 하는 우수한 개발자도 리눅스라는 다른 운영체제 환경에서 개발을 하기 위해서는 적응 기간이 필요 합니다. 마찬가지로 자료구조와 알고리즘에 우수한 실력을 내는 사람도 제품 개발에서는 본인이 가진 실력(퍼포먼스)을 제대로 발휘하지 못하는 경우도 많습니다. 이는 학문과 실무에 차이가 있기 때문입니다. 그 차이를 줄이는 역할을 하는 엔지니어가 되기 위해서는 자신을 평가하는 기준이 필요합니다. 이에 몇가지 기준을 짚어 보고 자기 자신을 평가해 봅시다. 항목마다 0~100 점으로 스스로에게 점수를 주면 됩니다.

자료구조와 알고리즘

자료구조와 알고리즘은 계속 공부해 깊이 파헤치다 보면 수학과 연결됩니다. 기존의 인정받은 논문보다 더 나은 알고리즘을 만들기 위해서는 공부가 필요하고, 결국 현업에서 학교로 돌아가는 일도 생깁니다. 프로그래머 수준에서 알아야 할 알고리즘은 정렬, 보안 알고리즘, tree, graph, 최단거리 等이 있습니다. 각 프로젝트에서 필요한 Optimal Algorithms을 스스로 만들어 보거나, ACM-ICPC, code jam, top coder, javaone coding challenge 等 대회를 준비하는 것도 좋습니다.

코딩능력

현실 세계의 문제를 자료구조와 알고리즘 지식을 동원하여 상태묘사 하는 것이 중요하지만, 기초 코딩 능력은 개발자에게 더 중요합니다. 늑대소년도 머릿속에 모든 것을 알고 있겠지만 언어로 표현하지 못하기에 같이 생활하기는 힘든 것처럼, 자료구조와 알고리즘을 많이 안다고 해도 프로그래밍 언어를 모르면 같이 일하기가 힘듭니다. C, C++, C#, JAVA, Node.js, PYTHON 等 자신에게 맞는 프로그래밍 언어를 선택하고, 특정 언어의 기본 문법을 충분히 숙지하고 있는 지가 능력 측정의 관건입니다. 본인이 점수를 매기기 힘들다면 OCJP, MCP 등 프로그래밍 기초 문법을 테스트하는 자격증을 찾아 도전하는 것이 필요합니다. 중/고급 프로그래머라면 어셈블리는 필수라고 생각됩니다. 요리사가 굳이 농사를 지어 농부의 노고를 알 필요는 없겠습니다. 그러나 요리사도 현미, 햅쌀, 좁쌀 등 재료를 잘 알고 있습니다. 로우 레벨 개발자가 만들어 놓은 판 위에 다양한 기법을 적용하기 전, CPU를 이해하고 저레벨 세계를 아는 것은 프로그래밍 실력 향상에 도움이 안될 수 없습니다.

디자인 패턴

영어 회화에는 자주 등장하는 몇 가지 패턴이 있습니다. 이처럼 프로그래밍 코드에도 자주 쓰이는 패턴이 있습니다. 수많은 패턴을 모두 익힐 필요는 없지만 기본적으로 MVC, Singleton, Facade, Factory, Observer, Composite, Decorator, Adapter, Flyweight, Strategy, Builder 패턴을 알아두면 좋습니다. 영어로 치면 have + pp와 같은 문법과 같이 자주 쓰는 코드들의 패턴들입니다.

성실성

기업의 평가 항목 중 '인성 평가'에 해당하는 능력입니다. 학창 시절 개근상을 탄 기록이나, 대학교에서 수강한 수업에 빠짐없이 참석한 경우입니다. 1인 기업에서는 필요 없는 항목 일 수도 있으나 2인 이상의 집단에서는 소통을 원활히 해주는 수단이 됩니다. 소통에는 논리와 감정이 섞여 있기 마련입니다. 아무리 실력이 좋아도 미운털이 박히면 원활한 소통은 이루어지지 않습니다. 대체로 많은 사람들이 성실성을 긍정적으로 받아들입니다. 이는 성실한 사람을 '믿고 소통할 수 있는 사람'으로 인식하게 만들어줍니다.

책임감

자신이 생각한 사명, 주어진 임무, 또는 업무를 받았을 때 마무리하는 능력을 말합니다. 마무리도 되지 않은 상태에서 다른 사람에게 토스하거나 인수인계를 제대로 하지 않는 경우에는 낮은 점수를 주어야 합니다.

친화력

주변 사람에게 먼저 다가가려고 노력하는 유형의 사람이 있습니다. 그러나, 아무리 멋진 프로그램도 실행을 하지 않으면 소용이 없습니다. 아무리 멋진 알고리즘으로 무장 된 프로그램도 Entry Point가 없다면 실행을 시킬 수 없습니다. 친화력은 프로그램의 Entry Point와 같습니다. 친화력을 가진 사람이 소통의 물꼬를 트는 것입니다.

협동심

프로그래밍 세계에서는 대표적으로 버그를 찾았을 때 서로의 협동심을 확인할 수 있습니다. 자신의 업무 시간이 아니라는 이유로 남에게 뒷일을 맡긴다거나, 중요한 업데이트를 해야 하는데 매번 개인의 사생활만 챙긴다면 협동심에서 좋은 점수를 받을 수 없습니다.

쉘 스크립트 작성 능력

프로그래머는 프로그래밍 언어란 툴을 이용하여 프로그램을 만드는 사람입니다. 운영체제와 프레임웍을 이론적으로 공부하는 것보다 shell script를 이용하여 운영체제의 큼직한 기능들을 쓸 줄 알고 또, 숲을 먼저 보고 세부 형체를 알아가는 과정이 필요합니다. 이론적으로 공부하는 것이 코끼리를 문자로 설명하는 것이라면 쉘 스크립트는 코끼리 사진을 보는 것과 같습니다. 고급 프로그래머라면 해당 프레임웍의 Specification Document만 봐도 수준을 알 수 있습니다. 소위 말해, 스펙만 보면 설계서가 머리에 떠오르는 원리입니다.

배려심

상대방을 우선적으로 생각하는 마음입니다. 회사에서 일을 하는 동안, 작은 배려가 사랑으로 발전하여 사내 커플이 되는 경우를 많이 보았습니다. 배려가 사랑으로 이어질 수 있는 이유는 그 바탕에 '희생' 이 깔려있기 때문입니다. 중요한 프로젝트와 결혼 준비가 겹쳐 한창 바쁠 때, 결혼에 집중하라며 물심양면으로 도와주었던 동료가 있습니다. 프로젝트도 성공했고 무사히 결혼도 할 수 있었습니다. 일이 너무 바빠 결혼할 기회를 수 년 간 놓쳤었기에 꼭 하고 싶었던 결혼이었습니다. 동료의 배려가 두 마리 토끼를 잡을 수 있게 해주었습니다.

포트폴리오

포트폴리오가 필요한 이유로는 여러 가지가 있습니다. 사업을 한다면 같이 일할 사람을 뽑을 때, 입사나 이직을 원한다면 자신의 스펙을 이야기할 때 포트폴리오가 필요합니다. 학위, 자격증, 대회 수상, 특허 등 쓸 수 있는 내용도 다양하겠지만, 프로그래머가 되고 싶을 때 가장 적절한 포트폴리오는 당연히 '프로그램' 입니다. 페이스북이나 구글 Apps, dropbox, youtube, netflix 등의 메인 개발자라면 훌륭한 포트폴리오를 갖춘 셈입니다. 만든 제품이 상용화 수준까진 아니라면 평가자의 입장에서 보는 항목이 세분화 됩니다. 창의성, 팀워크, 구현 난이도, 적절한 설계인지의 여부, 제작비용 및 상업적 가치, 윤리성 및 환경, 시장성 등, 평가 주체의 성격에 따라 항목과 기준이 상이합니다. 기업의 입장에서는 사업성과 기술성이 가장 대표적인 항목이 되는 것입니다.

각 항목을 100점으로 둔다면 1000점이 만점 입니다. 스스로가 평가해 보고 부족한 부분에 와신상담하여 점수를 올리면 됩니다. 창업, 진학, 입사 시 필요한 공통 항목으로 보셔도 좋습니다. 사견을 드리면 프로그래머에게 가장 중요한 점은 배려심 입니다. 팀 구성원에서 가장 뛰어났던 개발자들은 항상 배려심이 뛰어났습니다. 그리고 대부분 프로그래머가 아닌 다른 길을 선택했습니다. 마케팅, 영업, 본사 staff 등 프로그래머의 길을 걷지 않았습니다. 개인의 것만 챙기는 것이 아니라 팀 전체를 생각하는 사람이 소수만 있더라도 팀은 항상 성공합니다. 경험상 말씀드린 평가 기준대로 제대로 평가된 경우는 없었습니다. 이 기준은 스스로에게 하는 평가입니다. 단, 회사 대표와 같이 코딩하거나 경영 일선에서 일하는 직책의 사람들과 일할 때, 바로 긍적적 효과가 나타나는 주요 평가 기준입니다.

잘하는 사람과 잘 가르치는 사람

어떤 일이던, 잘하는 사람과 잘 가르치는 사람은 나누어져 있습니다. 잘 가르치는 능력은 잘하는 능력보다 알아보기 힘듭니다. 잘하는 능력은 학위, 대회 수상, 혼자서 만든 프로그램을 통해서 구분할 수 있지만 잘 가르치는 능력은 제자가 얼만큼 성공하였지, 얼마나 쉽게 설명하는지가 척도이기 때문입니다. 전자의 경우 매우 오랜 시간이 걸리며, 후자의 경우 비교할 대상이 필요합니다. 전자의 경우, 사사받은 사람이 한명에게 배우는 것도 아니고 급변하는 IT 분야에 딱 한가지 Career Path를 설정할 수 있는 것이 아닙니다. 게임에 비교해 보면 명확한 직업이 있고 LEVEL 이 있으나 현실은 다릅니다. 후자의 경우 똑같은 C++ 책이 있다면 비교 대상이 되겠습니다. 그러나 모두 설명하는 방식이 다르기에 명확한 비교도 힘듭니다.

    이런 이유에 이 책의 집필에 임할 때 고민했던 것은 독자가 궁금해 하는 내용을 실으면 되겠다는 것이었습니다. 그래서 다른 작가님들과 협업하는 것도 매우 즐거웠습니다. 베타리딩 계획 또한 매우 마음에 들었습니다. 제 머릿속에 있는 생각이 틀릴수도 있다는 것을 받아들이고, 또 베타리딩을 통해 내용을 수정하고 결국, 독자께서 궁금한 내용을 말하면 될 것이기 때문입니다. 그러나 많은 책을 읽어봐도 이런 고민을 하는 흔적을 보기가 참 힘들었습니다. 대부분은 자신이 잘하는 것을 말하고자 하는 책으로 보였습니다. 물론, 그런 책 역시 독자에게 도움이 되겠지만, 이 책은 독자의 구분을 명확히 해서 다르다고 보시면 됩니다. 작가의 말 어투를 빌어 설명을 드리면 이 책은 명확히 대학생을 위한 책입니다. 유명 면도기 회사는 이미 면도기를 쓰고 있는 사람에게 광고하지 않습니다. 면도기를 사용할 학생들이 있는 학교 앞에서 광고를 합니다. 왜냐면 이미 굳어져버린 사람의 생각을 바꾸는 것은 쉽지 않기 때문입니다. 이에, 선택권이 있고 막연하게 주입하는 교육보다 자신이 선택하는 공부를 하고 싶어하는 대학생에게 IT 분야 이야기를 해 주고, 그런 IT 가 사실은 모두 이어져 있다는 것을 말하려고 했습니다. 자료구조, 알고리즘, 그리고 이것을 컴퓨터에 적용할 수 있게 해 주고자 했습니다. 수학 정석 문제를 풀기 위해 정수론을 깊이 알 필요는 없습니다. 복면가왕에 나갈 때 일정 수준 이상의 노래 실력이면 괜찮지. 파바로티를 능가하는 오페라 실력이 필요한 것은 아니기 때문입니다. 그렇다고 코더를 양성하는 과정은 아닙니다. 아키텍트의 경우에도 탄탄한 실무 경험이 없으면 서비스도 제대로 하지 못하는 설계를 할 것이기 때문입니다. 그리고 이제 중소기업에서 하나의 팀을 담당하게 하는 사람도 실무 경험이 없으면 뽑지 않으려고 합니다. 해외 유학, 명문대 명함, 화려한 이름 보다 실무 경험과 꾸준히 아키텍트가 되기 위해 공부한 흔적을 더 중요시 합니다. 현실적인 이야기를 곁들여보겠습니다. 중소기업에서 대기업 이상의 연봉을 받는 사람도 많습니다. 중소기업 사장님은 대기업 임원보다 경제적으로 더 나은 환경을 가지고 있는 경우가 많습니다. 그리고 5명 이상의 회사를 만든 사람들이 결코 평범하지는 않습니다. 결국 회사 매출 향상과 유지 보수에 들어가는 비용을 최소화 하기에 엔지니어를 선택할 안목은 있다는 말입니다.

인식과 인정 그리고 목표

10년 가까이 된 이야기이지만 미국에서는 유명 대학교에서 MBA를 딴 사람들이 휴대폰 테스트 엔지니어를 하고 있었습니다. 왜 MBA 따고 이 일을 하느냐는 질문에 MBA 학위가 무슨 소용이냐고 했습니다. 당시에는 휴대폰 테스트를 하기 때문에 필요없구나 라고 했습니다. 그러나 뒷날 이 말을 이해하게 되었습니다. 한국에서 미국 MBA 코스를 밟는 지인이 다녀오면 자신의 부모님이 소유하신 회사에서 일하려고 한다고 했습니다. 어차피 MBA 학위 소지자는 많기 때문에 큰 메리트를 없지만, 부모님 회사에서 보다 높은 위치에 있기 위해서는 필요하다고 했습니다.

공부를 좋아해서 학위가 따라온 사람도 있겠지만 아마 극소수라고 생각됩니다. 대부분은 다른 사람의 인식을 지배하기 위해서 필요하다고 생각됩니다. 다른 사람보다 보다 높은 위치에 있을 때 거기에 대한 '이유'를 제공하는 것입니다. IT 분야는 그렇지 않습니다. 설사 그런 PLAY를 하는 사람이 있다고 해도 속으로 인정하지 않습니다. 그래서 다른 분야보다 더욱 수평적 관계가 많습니다. 특정 기업이 수평적 관계를 만드는 것이 아니라 그럴 수 밖에 없기 때문입니다. 재미있는 비교해 보면, 세계적인 명성을 가진 피부과 전문의를 내과 전문의가 있는 부서에 팀장으로 앉혀놓고 다른 사람들이 잘 따르리라 생각하는 것입니다. 그러나 이런 인식과 인정 체계에서도 모든 사람이 하나의 목표가 있고, 그 목표를 위해 가장 빠르게 달릴 사람이라면 인식을 통제할 수 있습니다. 다만, 해당 목표가 매우 도덕적이고, 현실적이고, 실현하기 쉽지 않지만 도전해 볼 가치가 있을 경우입니다.

현실적으로 대학생에게 도움이 되었던 조언

대기업, 중소기업, 스타트업 또는 창업. 학업을 계속 하지 않는 경우 보통은 창업을 하거나 입사를 하는 것이 보통의 경우입니다. 창업 경험도 하나의 스펙으로 취급되어 대기업에서 창업 경험이 있는 사람을 위한 전형도 있었습니다. 또한 스타트업 쪽에서는 학생들이 취업 점수 취득용으로 겉보기 창업을 하고 정부 지원금을 타서 좋지 않은 목소리를 낸 적도 있습니다. 이 뿐 아닙니다. 대기업을 가면 톱니바퀴처럼 정해진 것만 해야 하고 전문성이 떨어진다고 하여 아예 대기업을 보지 않는 학생이 있는 반면, 대기업이 아니면 입사 생각도 없는 학생도 있습니다.

업계에서 가장 많이 통용되는 용어로 "케바케"가 있습니다. Case by Case 로 그 때 그 때 상황에 따라 다르다는 것입니다. 어떤 이에게는 스타트업이나 중소기업 연봉이 절대 대기업보다 작지 않은 경우도 있습니다. 또한 대기업에서 기존 기술은 거의 사용치 않고 새로운 것을 설계하고 개발하는 선행 개발만 담당하는 경우도 있습니다. 대기업의 경우도 사업부마다 다르고 또 팀마다, 부서마다, 자신이 개발해야 하는 모듈의 담당 선배에 따라 달라지기도 합니다. 어차피 케바케이니 도움줄게 없다는 것이 결론이기에 십수년이 넘는 사회 생활 차이에도 대학생 개발자와 함께 술잔 기울이는 것 밖에 해줄 수 없었던 적이 많습니다. 판단은 결국 본인이 하는 것이고 한 사람의 조언만 요청하는 경우도 드물기에 도움이 된 몇가지 케이스를 말씀드리겠습니다.

1. 학점과 영어 점수는 좋고, 일하는 여자친구가 있고, 대기업을 원하는 4학년생이 대기업 시험에서 모두 떨어진 경우가 있었습니다. 여자 친구와 미래도 보고 있기에 본인은 대기업에 가기 원하고, 여자 친구는 전해 들었지만 크게 개의치 않는다고 합니다. 그러나 남자의 자존심도 있기에 고민을 많이 하고 있는 상황이었습니다. 이 때 대학원을 권했고, 많은 고민 끝에 결국 대학원에 진학하여 공부를 더 하게 되었습니다. 대학원 생활 뒤에 대기업에 가게 되었습니다. 여자 친구와도 여전히 잘 지내고 있었고, 1년 쯤 뒤 결혼을 생각한다고 하였었습니

다. 여자 친구와 양가 부모님, 주변 사람들의 시선 모두 자신의 생각과 다르겠지만, 본인이 내린 결론은 대학원 졸업 후 말하는 것은 "시간 벌기"라는 것이었습니다. 국내 명문 대학원을 나오더라도 필드에서 믿을 것은 자신이 닦은 실력밖에 없다는 것입니다.

2. 프로그래밍만 열심히 했던 군필 지방대생과 군대 문제로 여러가지 생각이 많았던 명문대생의 경우도 수년 뒤 많이 달라진 결과를 낳았습니다. 프로그래밍만 열심히 하던 학생은 대기업에 들어가게 되었고, 명문대생의 경우 결국 대학원으로 진학하게 되었습니다. 이름있는 기업에 병특을 노리던 명문대생은 프로그래밍 보다 다양한 분야를 하고 자료 구조와 알고리즘만 공부하던 학생이었습니다. 또한, 중소기업의 경우 학교 이름이 있기 때문에 병특은 쉽게 할 수 있다고 의기양양하던 친구였습니다. 중소기업 사장님의 경우 보통 길을 걸으신 분들은 아니기 때문에 쉽게 생각하면 잘 안 될 것이라 주의를 주었었는데 본인이 생각하는 방식만 고집하다가 병특은 하지 못하고 대학원으로 진학하였습니다. 남은 시간은 본인이 얼마나 전문성을 키우느냐에 따라 달라지겠지만 군 문제가 해결되지 않으면 본인이 생각하는 성공과는 거리가 멀 것으로 보입니다. 이 후 해줄수 있는 이야기는 프로그래밍을 좋아한다면 모든 시간이 의미있게 된다는 말 뿐이었습니다.

3. 집안이 모두 대기업을 다니는 가풍이 있어 대기업을 간절히 원하던 여학생이 있었습니다. 학점, 자격증, 영어 점수 및 인턴 경력을 모두 갖추고도 일년 넘는 시간동안 계속 미끄러져 힘들어 하던 학생이 있었습니다. 그러나 그 기간동안 프로그래밍 학원을 다니며 쉬지 않았고, 다니던 프로그래밍 학원에서 유명 강사분께 혼이 났었습니다. 자기 실력을 계속 닦을 생각은 하지 않고 무조건 대기업만 바란다는 것이었습니다. 그러나 프로그래밍에서의 재미도 자신이 원하는 것을 만들 때 생기는 것이고, 대기업이던 중소기업이던 타이틀이 중요하지 않다면 그저 본인이 원하는 것을 하도록 독려하는 것이 필요하다고 생각했습니다. 어느 기업에 가더라도 실력이 없으면 본인이 겪을 생활이 달라진다는 것으로 위로를 해 주었고, 결국 IT 대기업에 입사 성공을 하였습니다. 물론, 중소기업에 입사를 하는 것도 입사 성공이라고 합니다. 다만 대기업은 선택하기가 힘들지만 중소기업의 경우 자신이 원하는 분야에 관련된 회사에 입사를 하는 것이 필요하다고 생각됩니다.

4. 대학생이 대기업을 선호하는 이유는 간단합니다. 연봉 차이 입니다. 매년 연봉이 다르긴 하나 현대의 경우 6000만원. 삼성의 경우 연봉 4050 + 보너스 50% 하면 6000이 초봉입니다. 중소기업 평균 초봉을 볼 때 2016년 기준, 3500으로 말할 수 있겠습니다. 연봉 실수령액을 참고하면 260, 420 만원으로 딱 2배 차이가 납니다. 2년 늦게 입사하더라도 4년 뒤면 버는 돈은 같아집니다. 그러나 매년 올려주는 연봉과 자녀들의 학자금 등 굵직한 복지, 회사 안정성을 생각해서 대기업을 가려고 합니다. 야근, 특근비 지원 부분도 있습니다. 대기업을 생각하는 학생에게는 금전적 부분을 가장 먼저 말하게 됩니다. 물론, 대기업도 케바케입니다.

대학생 병특이 1억 연봉인 경우도 있고, 보너스를 7000만원 이상 주는 중소, 중견기업도 있습니다.

5. 중소기업의 경우 야근, 특근비가 없기 때문에 상대적으로 적은 업무 스트레스를 받습니다. 대기업의 경우 실력없는 사람이 부서장으로 있을 때 할 수 있는 것은 물리적 시간을 많이 보내는 것 외엔 없습니다. 그리고 야근비, 특근비가 있기 때문에 자연스럽게 일을 시켜도 당당한 분위기가 됩니다. 복지의 경우 대기업의 경우 자사 제품을 저렴하게 구입할 수 있지만 중소기업의 경우 이런 것에 구애받지 않고 자유롭게 선택할 수 있습니다. 자녀 학자금을 받으려면 졸업 후 바로 입사하여 말년 부장까지 근무하지 않는 한 받기가 매우 힘듭니다. 또한 학자금을 받는 사람들이 퇴직 1순위 입니다. 예전의 경우 대기업에서 나오면 중소기업에서 제 2의 생활을 시작할 수 있었지만, 엔지니어의 경우 그런 경우가 많이 사라지고 있습니다. 대기업 엔지니어의 경우 관리직으로 빠지는 비율이 매우 높기 때문입니다. 실력있는 엔지니어의 경우 고과(평가)를 잘 받아서 선택권이 있는데 대기업 엔지니어의 삶의 질이 평균적으로 그리 높지는 않기 때문입니다. 그래서 대기업 근무에도 많은 변화를 주고 있습니다. 다만, IT 대기업 자체가 국제적 경쟁력이 점점 떨어져서 내부에 근무하는 사람들도 예전처럼 안정을 생각하기는 힘듭니다. 스타트업이나 중소기업의 경우 사람을 중시하는 대표를 만난다면, 나이가 들었을 때 자신이 일군 회사에서 보람과 안정을 느끼며 퇴직할 가능성도 있습니다. 또한 이익을 나누는 경영진과 함께 대기업에서는 받을 수 없는 큰 돈을 받을 기회도 종종 있기도 합니다.

6. 재미 있는 여러가지 이야기를 해 보겠습니다. 생각이 잘 바뀌지 않는 대학교 4학년 학생들의 생각을 많이 바꾸었던 현실적인 이야기입니다. 연봉 1억을 받는 사람이 한달 월급 650 만원 중 50만원만 쓰고, 600 만원을 저금 한다고 했을 때 세금 제외, 1년에 7200만원을 저금 할 수 있습니다. 서울 중심가에 저렴한 아파트를 구한다고 했을 때 10억 정도를 예상합니다. 14년이면 서울에서 내놓으라 하는 동네에 살 수도 있고, 3년을 더 모으면 벤츠 S 클래스를 탈 수도 있겠습니다. 물론, 연봉도 오르겠지만 집값도 오르고 차값 및 물가도 오릅니다. 중간에 결혼해서 아이가 생기거나 지인에게 나가는 돈 등 많은 것을 떠올려보면 계획대로 되기가 힘들다는 것을 알게 됩니다. 그 외에도 몸이 아프다거나 사기같은 범죄 등 많은 변수가 있습니다. 그래서 서울 중심가에 사는 지인에게 부자라서 말하면 대체적으로 이런 말을 합니다. 물론, 좋긴 하지만 이 집을 팔고 다른 곳에 가서 차익을 얻는 거면 좋겠지만 지금 여기서 삶의 테두리를 바꿀 생각이 없는데 무슨 소용이냐고 합니다. 없는 것보다는 있는 것이 좋고 시간이 많이 흐른 뒤에는 그런 집이 경제적으로 큰 역할을 할지 모르지만 가진다 하더라도 인생이 크게 판이하게 바뀌지는 않는다는 것입니다. 차라리 빌딩을 여러 채 가지고 있는 사람을 만나면, 사람끼리 학교로 등급을 나누고, 사는 곳과 가진 것들로 등급을 나누는 것에 대해서 당당하게 표현하지 않았습니다. 물론, 졸부도 많습니다만 사람의 욕심으로 얻은 경제

적 이득이라면 명예도 바랍니다. 그것을 깨달을 정도로 부자가 되었을 때 자신이 해 온 행동들이 제 발목을 잡는 다는 것을 알았을 때 후회를 하는 경우도 봅니다. 명문 대학 교수님은 주변에 사업으로 크게 성공한 친구들의 도전했던 시간을 부러워하고, 사업으로 성공한 사람은 소홀히 했던 가족들에 후회를 하기도 합니다. 한국에서는 드문 이야기이지만 미국에서는 4조를 기부하고 소소하게 살아가는 사업가도 있습니다. 높은 산을 오르고 나면 모두 평지에 있습니다. 결국 큰 산은 자신의 마음속에만 있는 것입니다. 이 모든 것은 죽음이 가르쳐 주는 진실입니다. 돈의 액수가 자신의 수명을 결정하지는 않듯이, 평균적으로 잘 살겠지 해도 자신있게 말할 수 없듯이 모든 것은 자신의 원하는 무엇을 하느냐에 따라 다릅니다. 원하는 것을 하지 않고, 잘못된 것을 알면서도 남들이 생각하는 성공을 위해 일한담녀 분명 스트레스는 따르고 죽음의 위험도는 더 올라가게 됩니다. 매 순간을 즐겨야 하고, 코딩이 재미없으면 프로그래머, 개발자를 그만두는 것이 많습니다.

프로그래머, 개발자는 스트레스가 많은 직업

몸을 많이 움직이지 않고 대부분의 시간을 모니터를 보며 지내며 하나라도 놓치는 부분이 있다면 제대로 실행되지 않거나 실행되더라도 끊임없는 버그와 싸워야 하는 숙명의 개발자는 스트레스가 많은 직업임이 분명합니다. 이런 상황에서 계속적인 도전 의식을 가지는 것은 재미있다면 가능하겠지만, 수년 동안 지속한다는 것은 결코 쉬운 일이 아닙니다. 결국 다른 사람에게 책임을 넘기거나 아예 다른 직업을 택할 때도 많이 있습니다. 많이 아는 사람은 많지만 잘 가르치거나 또 친절하게 가르쳐 주는 사람도 매우 적은 분야기에 이런 현상은 더욱 심해지고 있습니다. 코딩을 하거나 개발을 하는 일이 재미있고 즐길만하고 보람이 있더라도 스트레스가 많은 직업이라는 것을 인정해야 합니다.

TV에서 흔히 볼 수 있는 영양 실조 상태의 아이들이 아무리 운동을 한다고 해도 근육이 생길 거라는 기대를 하기는 힘듭니다. 이와 마찬가지로 정신적으로 피폐한 상태에서 개발자의 실력 향상을 위해 힘들게 노력하는 것도 말이 되지 않는 일이겠습니다. 그래도 급변하는 사회에서 뒤쳐지지 않기 위해 쉬는 것도 불안하다면 경험상 좋은 방법이 있습니다. 이미 아는 기초 공부를 다시 하는 것입니다. 수학의 정석을 펼쳐서 보거나 이미 풀었던 알고리즘 문제를 다시 풀어 본다거나 이미 아는 지식을 이용하여 전혀 다른 프로그래밍 언어의 기초를 공부해 보는 것입니다. 이 책을 처음부터 끝까지 읽어서 프로그래밍이 어떤 것인지 감(!)을 잡은 독자라면 검은 머리 파뿌리 될 때까지 개발자, 프로그래머를 꾸준히 유지할 수 있으리라 믿어 의심치 않습니다.

사람은 최고의 API

객체지향과 API 개념을 실생활에 적용해 봅니다. 화면에 "Hello, World"를 출력하기 위해서는 RGB, 주사선, 모니터 제어, 아스키/유니코드, HDMI/DVI 등의 개념을 모르더라도 C에서는 printf, JAVA는 System.out.print라는 API를 알면 됩니다. 스크레치와 같이 블럭으로 프로그래밍을 할 수 있는 교육용 프로그래밍 언어도 있습니다. IBM의 bluemix를 통하여 편하게 자연어 처리 AI(인공지능) 프로그램을 만들 수 있습니다. 데이터를 처리하는 경우 C나 JAVA 보다는 PYTHON의 API를 쓰는 것이 더 간결하게 프로그램을 짤 수 있습니다. 이처럼 API 가 얼마나 잘 되었는지, 추상화가 잘되었는지에 따라 프로그램 개발 속도가 달라집니다.

OLPP에 따라 실생활에 적용해 보겠습니다. 사람 역시 INPUT/OUTPUT을 가지는 API입니다. 프로그래머 API에 돈을 투입하면 프로그램이라는 제품이 산출물로 나오게 됩니다. 중급 이상 프로그래머가 API를 쓰는 프로그래밍에 지루함을 느끼고 학교로 돌아가는 이유도, 코딩을 하는 개발자가 관리자가 되는 이유도 이로서 이해할 수 있습니다. API를 이용하여 지금까지 프로그래밍을 하였다고 한발짝 나아가 사람 API를 쓰려고 할 것입니다. 간과하고 있는 부분은 품질 높은 사람 API를 쓰려면 INPUT값. 즉, 사람 API라는 함수(평선, 메소드)에 넣는 인자 혹은 파라미터가 돈만으로는 되지 않는다는 것입니다. 자신의 기술력, 비전, 인성, 함께 하려는 의지, 팀웍 등 다양한 파라미터가 들어가야 합니다. C에서는 이런 사람 API를 만들 때 동일 함수 이름으로 하여 여러 파라미터를 넣을 수 없습니다. JAVA에서는 가능합니다. 이것을 오버로딩이라고 합니다.

프로시저, 함수, 메소드 등으로 불리는 함수는 수학에서 유래되었습니다. 즉, f(x) 입니다. f(x)에서 x가 바로 파라미터이며, parameter, param, 혹은 인자로 불립니다. 이것은 또다른 말로 인터페이스라고 할 수 있습니다. JAVA에서 정의하는 interface와는 다른 의미입니다. CBD, SOA에서 각 컴포넌트 혹은 서비스가 제공하는 인터페이스도 이 파라미터를 말합니다. 해당 서비스에 넘겨주는 프로토콜을 말합니다. SWIFT에서 말하는 프로토콜과 또 다른 개념입니다. SOAP 혹은 Windows에서 말하는 message와 같은 개념입니다. 그러나 SWIFT에서의 프로토콜과 자바의 interface는 같은 개념입니다. 이처럼 우리는 다중화된 용어속에 컴퓨터 프로그래밍을 이해해야 하는 상황입니다. 명확한 용어로 정의하자면 객체간의 대화(소통)로 이해할 수 있습니다. CPU와 메모리의 장난이라는 기초에서 한걸음 더 나아간다면 바로 객체에 대한 명확한 이해와 이들을 잇는 개념(SOAP, HTTP, XML, JSON, FTP, SMTP, POP, …)인 LINK를 아는 것입니다. 그것이 바로 OLPP(Object Linked Programming Paradigm)입니다.

실생활의 문제풀이를 OLPP를 한다고 할 때 원칙은 다음과 같습니다.

   1. 앞서 말했듯[99]이 문제풀이라 함은 직관적으로 단순하게 해결할 수 없는 문제를 해결하기 위한 일련의 과정을 말합니다. 그러나 OLPP 훈련을 위해서는 단순한 문제도 OLPP적으로 사고해야 합니다.

   2. 스스로 실생활의 알고리즘을 정의해야 합니다. 알고리즘을 정의한다는 것은 문제해결의 절차를 스스로 만든다는 것을 말합니다. 이 과정에는 경험적 방법, 시행착오의 방법, 통찰의 방법을 말합니다. 문제가 해결되면 해당 알고리즘은 향 후 경험적 방법과 통찰의 밑거름이 됩니다.

개발 기간이 오래된 개발자의 통찰력을 배우는 것은 쉬우면서도 어렵습니다. 노하우의 핵심은 매우 간단하겠으나 그것을 듣기 위해서는 "겸손한 자세"가 필요하겠습니다.

---

99 3장 102p, 130p 에서 설명합니다.

못다한 이야기

못다한 이야기는 책에서 담지 못한 아쉬운 이야기들의 목록입니다. 그러나 keyword만 알면 스스로 생각하고 웹서핑 공부법으로 자료를 찾을 수 있을 것이라 생각됩니다.

1. 예제와 스크린샷을 더 많이 수록하면 좋겠습니다. 독자께서 겪는 에러 상황에 대한 스크린샷 역시 수록되면 좋습니다

2. 개발 방법론이 TOOL 중심(slack, trello, sourceTree 등)으로 바뀌는 이유와 XP, 스크럼, 칸반 등도 옳은 것인지 DevOps와 각 필드에 대한 실무 이야기(버전제어, 빌드자동화, 테스트 등)를 담고 싶습니다.

3. 쉘 프로그래밍은 실습의 편의와 독자의 접근성을 위해 쉽다고 하였으나, 실제로는 안드로이드와 같은 복잡한 프레임웍에서 쓰는 고급 기술이며 해석도 어셈블리 못지않게 매우 어렵습니다. 이와 관련된 예제와 설명이 아쉽습니다.

4. 람다 함수, C++ 11/14/17에 관한 이야기는 웹서핑 공부법이 훨씬 나을 것이라 싣지 않았으니 keyword만 남겨둡니다.

5. 웹의 경우 인터넷에 자료가 많아서 공부 하기가 어렵지 않으나, 임베디드의 경우 공부하기 쉽지 않습니다. ETRI 강의 내용과 겹쳐서 싣지 못하는 부분이 많습니다. 계약된 5년 강의 후 마지막 년도(2021)에는 무료로 공개하려고 합니다.

6. 더 깊이 공부해 들어갔을 때 기초 부분을 잊어버릴 수 있습니다. 이 때 자유롭게 질문하고 또 서로 가르쳐 주는 올바른 개발 문화와 철학에 대한 이야기를 하지 못했습니다.

7. 데이터베이스[100]에서도 운영체제 수준의 기능이 있습니다. 메모리 관리만 보더라도 Extent 가 운영체제 메모리 관리기법에서는 Chunk로 이루어져 있듯이 플랫폼 수준 이상의 프로그램이 되었습니다. Core 부분 外 NoSQL[101] 의 한 종류인 카산드라의 CQL을 실습해보며 RDBMS와 NoSQL도 사용법은 크게 다르지 않다는 것을 보여드리고 싶었습니다.

8. 테스트 방법(JUnit, IntelliTest), 프로그램의 생명주기, 성능 테스팅에 관한 내용이 누락되어 있습니다.

9. 사실, 개발자에게 중요한 덕목인 외국어 구사 능력은 실시간 다국어 번역기의 등장으로 필요없는 능력이 될 지 모릅니다. 이처럼 못다한 이야기가 있지만, 기술 서적은 계속해서 새롭게 써서 앞으로 나아가는 것이 더 중요합니다. 이미 유명해 진 서비스의 경우 시장에서는 하락세를 겪는 일이 대부분입니다. 그러나 마치 새로운 기술이며 이것을 배우면 모두가 프로그래밍을 업으로 할 수 있다는 식의 과대 광고는 매우 많고, 이에 대한 가치 판단 기준은 없습니다. 나침반이 없었던 분께 나침반을 드리고자 하였습니다

....

100 쉽게 떠올릴 수 있는 데이터 베이스 프로그램으로 마이크로소프트의 Access 가 있습니다. 이 데이터베이스 프로그램은 데이터 베이스를 *.mdb 파일로 저장합니다. 이렇듯 데이터베이스는 파일입니다. 데이터 베이스는 거대한 엑셀 파일이라고 보면 됩니다. 데이터를 저장하고 동시에 읽을 수 있는 안전한 데이터 파일로 보면 됩니다. 사실 파일 형태가 아니더라도 괜찮겠으나 디스크 입출력 디바이스 드라이버, 파일을 기록하는 파일 시스템 등 운영체제의 기능을 그대로 쓰는 것이 좋기 때문에 보통은 운영체제를 설치하고 데이터베이스를 설치 합니다. 엑셀 프로그램을 설치하듯이 자신의 컴퓨터에 데이터 베이스를 설치할 수 있습니다. 그러나 자료가 커지면 컴퓨터를 따로 둡니다. 이것을 '데이터베이스 서버'라고 합니다. 한 대의 서버로 감당하기 힘들면 여러 대의 데이터베이스 서버를 동작하게 합니다.

101 관계형 데이터베이스의 반대말로 읽고 쓰는 성능을 중요시하는 데이터베이스를 말합니다. SQL은 데이터베이스를 읽고, 쓰고, 업데이트 할 수 있는 등의 기능을 하는 명령어 세트를 말합니다. NoSQL은 기존 SQL 데이터베이스에 반대되는 것을 뜻하는 No SQL도 되지만 공식적으로는 Not only SQL이라고 합니다. 정렬, 합치기, 그룹 등의 RDBMS(SQL Databases)에서 유용한 기능이 내장되어 있지 않기에 No SQL이 더 정확한 표현이라고 봅니다. 어떤 정의던 사용자 편의에 따라 변해가는 데이터베이스이기에 본질만 기억하면 됩니다. 데이터를 저장하기 위한 곳이며, 기존 관계형 데이터베이스의 성능이 거대 SNS 기업에게 필요한 데이터베이스 기능을 제대로 수행하지 못했기에 나온 데이터베이스입니다. 나중에 나왔다고 더 좋지는 않습니다. 작은 병원의 회원 관리를 할 때는 여전히 RDBMS(관계형 데이터베이스시스템)가 미려한 UI로 더 편리하고 안정성도 좋습니다. 기술적 지원을 잘 받을 수 있기에 RAID(하드 디스크를 조합하는 방법)를 구성하기도 편리합니다. 데이터베이스는 이와 같이 소프트웨어 뿐 아니라 하드웨어도 같이 고려를 해야 데이터 안정성을 높일 수 있습니다. 더 중요한 것은 기술자가 많고 주변에서 쉽게 도움을 받을 수 있어야 한다는 것입니다. 대용량 데이터 저장이나 많은 서버가 필요하지 않다면 NoSQL은 굳이 선택할 필요가 없습니다.

작가들의
인사

김다흰

고등학생 시절의 저는 컴퓨터 전공을 목표로 하지 않았고 컴퓨터로 할 줄 아는 것은 게임밖에 없었습니다. 그렇기 때문에 대학교에 와서 접하게 된 전공서적들은 혼돈 그 자체였습니다. 컴퓨터 관련 학과에 왔지만 막 컴퓨터를 다뤄보는 새내기는 비전공자나 다름없는 수준이니 모든 것이 어려웠습니다. 처음 C언어를 배울 때에 ;를 세미콜론이라고 읽는지도 모를 정도였습니다.

당연히 운영체제[102], 함수, 알고리즘에 대한 것도 알지 했습니다. 하지만 대학교의 수업에서 기초적인 내용은 필수적으로 갖추고 있어야 할 부분이었고 아무 지식이 없던 저는 칠판을 바라보는 것 말고는 할 수 있는 것이 없었습니다.

그 길로 기숙사로 달려와 모르는 부분을 학습하려 했으나, 쉽지 않았던 것이 대학 전공서적들은 말 그대로 전공자를 위한 서적이기에 중고등학교의 교재와는 다르게 저에게 결코 친절하지 않았기 때문입니다. 어려운 단어와 문장들로 가득 차있던 전공 책들을 본 순간부터 비전공자들을 위한 책이 있었으면 좋겠다고 생각했습니다.

처음 접하는 개발이라는 분야에 많이 복잡하고 혼란스러울 것입니다. 저도 이 책을 읽는 여러분들과 마찬가지로 많이 부족하고 미흡했습니다. 하지만 책을 집필하면서 좋은 작가님들을 만나게 되어 많이 배우고 많이 발전할 수 있었습니다. 이 책을 통해 개발자에 대한 막연한 두려움을 없애고 보다 명확한 지표를 얻을 수 있기를 바랍니다.

---

102 OS(operating system) 사용자가 컴퓨터를 사용할 수 있게 해주는 프로그램입니다. 운영체제라고 하며 흔히 사용하는 Windows, MacOS, Linux 등이 여기에 속합니다.

김태권

 필자의 주위에는 여행 가이드를 하시다가 우연찮게 프로그래밍을 접한 뒤 현재 IT회사의 CEO가 되신 분도 계시고, 떡집을 운영하지만 필요한 프로그램이 있으시면 직접 만들어서 쓰는 분도 계십니다. 프로그래밍은 내 삶을 편하게 해 줄 수 있는 하나의 도구입니다. 이 도구를 많은 사람들이 필요로 하게 되면 페이스북, 카카오톡 같은 엄청난 프로그램이 되기도 합니다.
프로그래밍을 하는데는 큰 돈이 없어도 되고 많은 공간이 필요하지도 않습니다. 컴퓨터 한대와 앉아서 코딩 할수 있는 책상과 의자만 있으면, 자신이 상상하는 것을 현실의 제약 없이 비교적 손쉽게 구현할 수 있습니다. 사업적으로 본다면 투자대비 엄청난 수익률을 내는 매력적인 분야입니다. 그런데 이 분야가 일반인들에게는 쉽게 접근을 못하는 전문분야로 취급되어 집니다. 실제로 학부생 시절 많은 학생들이 프로그래밍 수업에서 좌절 하는 모습을 봤습니다. 진입장벽이 높은 이유는 생소한 용어들과 개념 때문입니다. 생소하기 때문에 어렵고 많이 봐야 익숙해지지만 그 전에 질려서 대부분 나가 떨어집니다.
 책을 쓰면서 이 진입장벽을 낮추기 위해 고심했습니다. 문과 학생도 읽으면 쉽게 이해할 수 있는 예시로 설명하고자 했고, 따라하다보면 어느새 기본은 할수 있게 책을 써보자라는 생각으로 집필했습니다. 많은 분들이 IT라는 도구를 쉽게 사용할 수 있게 도움이 되었으면 합니다.

이윤호

대학 입학전까지 컴퓨터 프로그래밍에 대해서 알지도 듣지도 못했었습니다.

수능을 치르고 난 이후 내 점수에 맞춰 어느 학과를 갈수 있을까 고민하다 그때는 컴퓨터,멀티미디어,정보통신 이런 이름을 가진 직업들이 앞으로 유망할것이라는 소식에 무턱대고 컴퓨터 공학과에 입학을 하였습니다. 정말 처음 C/C++ 수업을 들었던 1학년. 아무것도 알지 못하는데 수업하는 교수님은 학생들이 알고 있을거라는 생각을 가지고 수업을 진행 하셨는데 도대체 왜 이걸 배우며, 어디에 써먹을지, 거기다 흥미도 느끼지 못해 좌절했던 기억이 있습니다.

필자는 현재 학창시절에 배웠던 윈도우 프로그래밍이 아닌 PHP를 주언어로 하는 웹프로그래머로서 근무 하고있습니다. 제가 드리고 싶은 말은 여러분이 이 책을 통해 C/C++/JAVA 언어를 접하게 되지만, 프로그래밍 언어는 하나를 제대로 익혀두면 프로그램이 어떻게 실행된다는것을 알 수 있기에 여러분이 정말 필요한 언어를 배울때 그 언어의 문법만 추가적으로 공부를 한다면 더욱 쉽게 새로운 언어 영역으로 나갈수 있다는 것입니다. 대학시절 내내 배웠지만, 이해가 되지 않고 어렵게 느껴졌고, 제가 현재 업무에 사용하지 않는 C/C++/JAVA 가 지금은 자연스럽게 이해가 되는것과 마찬가지 입니다. 누구나 내가 모르던 새로운 것을 배우는것은 낯설고 어렵습니다. 여러분이 직업을 가지기 위해 또는 학생의 신분으로 또는 취미로 프로그래밍을 시작하였다면, 프로그래밍의 기본을 탄탄히 다지도록 도와줄수 있는 그런 교재가 되길 바랍니다.

진유정

책을 쓰게 된 이후, 가장 처음으로 한 일은 공과 친구에게 'C언어 책 있냐'는 메시지를 보냈던 것입니다. 3분이 채 되기도 전에 "있지만 네가 왜?"라는 답변이 돌아왔습니다. 그 후로 "프로그래밍에 관해 공부하고 있어"라는 말을 하면 열에 열 모두가 "네가 왜?"라고 되물었습니다. "그러게 말이다..." 할 땐 이미 자바 스크립트라는 걸 깔고 있었습니다. 원고를 쓰는 동안에도, 퇴고를 하면서도, 탈고를 앞둔 지금까지도 '그러게 말이다'라는 생각이 듭니다. 저는 가장 이 책이 필요한 비전공자입니다.

공저 작업에서 저에게 요구되었던 것은 〈간결한 설명〉과 〈프로그래밍 분야에서의 순수한 뇌〉였습니다. 간결한 문장까지는 제법 소화해냈지만, 유감스럽게도 저의 머릿속은 평균치보다 더 깨끗한 無의 상태였습니다. 어느 초심자와 비교해도 단연 지지 않을 만큼의 백지 상태. 그러나 프로그래밍에 가지고 있던 미약한 호기심이 저를 테스터로, 그리고 그를 넘어선 저자로 만들어주었습니다. 그렇게 저는 프로그래밍의 세계에 입문했습니다.

IT 분야에 관해 전공자분들 앞에서 할 이야기가 뭐 있을까요. 그저 존경한다는 말씀을 드리고 싶습니다. exe 파일이라는 걸로 그림판이라는 프로그램을 열 수 있게 해주셔서, 새 폴더를 만들 수 있게 해주셔서 감사하다는 것. 아직도 부족한 제 지식으로는 이만큼의 감사 표현이 최대인 듯합니다. 제 전공책을 다시 잡아도 서점의 프로그래밍 코너엔 계속 들를 생각입니다. 더 좋은 책, 더 쉬운 책 그리고 더 친근한 책이 많아지길 바랍니다. 그런 책 많이 나오면 판매율이 저조해져서 공저자분들께서 반대하시려나. 미숙한 소견은 여기까지 였습니다. 이 책이 여러분께 좋은 길라잡이가 되길 바랍니다.

이도윤

아는 형을 돕고픈 마음에 이번 작업에 뒤늦게 참여하게 되었습니다. 이번 작업을 하면서 조금은 가물거리는 용어를 확인하고자 오랜만에 책장에 프로그래밍 책을 폈을 때에.. "까만건 글자이고 하얀건 종이인거 같은데.. 마누라가 보고있는 드라마는 막장이네.. 홀~~ 드라마 재미있네.."라는 생각을 했습니다. 프로그래밍으로 밥을 먹고 살지만, 프로그래밍에 대해서 이야기할 일도 없고, 무언가를 책을 통해서 배울 일도 없었던, 저에겐 이전에 봤던 책인데도 책장을 넘기는 일이 어려웠습니다. 다행히 곧 상태를 회복하고 내용에 집중할 수 있었지만 프로그램을 처음 배울 때로 돌아간 것 같은 기분이였습니다. 다시 프로그래밍을 배우면 어떻게 배우는게 효율적일까?라는 생각까지 하게되었고 그 중 몇가지를 도움이 될까싶어서 아래에 적어봅니다.

1. 아무 생각없이 잡지를 보듯이 일단 한번 훑어보고, 정독하세요.

    익숙하지 않은 것들에 대하여 사람은 언제나 약간의 두려움을 가지게 됩니다. 기대를 하였을 때에 그 기대가 이루어지지 않으면 실망감을 가지게 됩니다. 실망감은 기대가 강할 수록 커집니다. 익숙하지 않은 프로그램을 쉽게 배울 수 있으리라는 기대를 가지고 책을 보려면 미지에 대한 두려움과 실망감에 흔들리지 않는 굳건한 의지력을 필요로 합니다. 하지만 그냥 한번 쭉 한번 훑어 읽어보고, 다시 한번 정독하는 것은 한번에 이해하려는 것 보다는 시간은 조금 더 걸리지만 난이도는 낮은 방법입니다.

2. 용어에 무슨 뜻이 있을 것이라고 생각하지 마세요.

    기술용어가 어떤 함축적인 뜻을 가지고 있는 경우가 거의 없습니다. 그런데 우리는 무슨 뜻을 가지고 있는 것처럼 착각하고, 그 뜻이 있을것이라고 생각하지만, "스크롤압박"의 줄임말인 "스압"처럼 그냥 말 그대로의 뜻이거나 그것의 줄임말인 경우가 많습니다. 없는 뜻을 찾지 마시길 바랍니다. DMA(Direct Memory Access)는 말그대로 직접 메모리에 접근하는 것이고 CPU(Central Processing Unit)는 중앙처리장치 입니다. 그 용어가 영어의 약어라면 무엇의 약어인지만을 알고 익숙해지면 됩니다.

3. 어떤 사물이나 현상을 분석을 하는 습관을 기르세요.

　　if문이나 for문을 가르쳐주고 난 뒤에 시계를 구현해보라고 하면, 대부분의 초심자들은 갈피를 잡지 못하고 헤메이지만, "1분은 60초, 1시간은 60분, 하루는 24시간, 시간은 계속 흘러간다.(초는 계속 증가)"와 같이 시계의 특징을 분석한 구현해야할 사실을 이야기해주면, 어느 정도 가닥을 잡습니다.
　　프로그래밍 언어의 문법과 스킬을 잘 아는 것도 대단히 중요하지만, 추상적인 구현해야할 것을 쪼개고 분석해 어떻게 구현할지, 어디까지를 구현할지 계획을 세울 줄 아는 것이 더욱 중요합니다.

마지막으로 20대에 막 프로그래밍을 배우던 그 시절을 새록새록 떠올리게 한 좋은 기회를 준 하준호씨에게 매우 감사하다는 말을 전합니다.

하준호

 책을 쓰던 중간에 포기하고 싶은 마음이 많았습니다.
다른 사람의 책을 읽고 만드는 것에만 익숙했지 책을 쓰는 것은 쉬운 일이 아니었기 때문입니다. 학생을 가르치는 것을 좋아하고 대부분의 내용은 인터넷에 있기 때문에 검색을 통해서 가르쳤습니다. 그러나 자료도 계속 지워지고 기초는 변하지 않는데 자꾸만 엉뚱한 말을 하는 분도 많아져서 필요성을 절실히 느낄 수 있었습니다. Windows 이전에 DOS가 있었듯이 이 책도 점차 개정이 되면 더 좋은 내용들로 채워지리라 믿습니다. 멋진 작가님들과 함께 기초 서적을 집필할 수 있어서 즐거운 경험이었습니다. 많은 내용을 싣는 것 보다, 알짜배기를 어떻게 잘 전달하느냐가 더 중요하다는 것을 매순간 느낄 수 있었던 시간이었습니다. 전문가란 한가지를 잘하기 위하여 다른 것을 포기하는 사람을 말합니다. 오랜 기간 공부한 내과 의사가 외과 수술을 못하지는 않겠지만, 외과 수술의 전문가라고 부르기는 힘듭니다. 오롯이 자신의 길을 걸어서, 많은 사람에게 도움이 되는 사람이 되는 것과 "전문가"는 같은 의미 일 것입니다. 프로그래밍 공부를 하다보면, 더 깊은 탐구를 위해 다시 학교로 돌아 가기도 합니다. 또, 실무에서는 경험보다 알고리즘 시험으로 개발자 등급을 나누기도 합니다. 이런 시대의 변화에 발맞춰 개발자는 '개발' 보다 '자기개발'에 열중하기도 합니다. 후진 양성을 하다보면 명문대 박사가 설계를 하고 석사가 모듈 개발을 하며, 학사 출신 코더들이 노가다(?) 코딩으로 개발팀을 구성한다는 여러 대학생의 선입견을 듣습니다. 이런 생각은 잘못되었으나, 현 시대에 꽤 보편화되고 있는 지식입니다. 이런 결과로 우수한 개발자가 관리직으로 빠지거나, 개발 필드를 떠나는 것을 흔히 목격할 수 있습니다. 개발자가 된 이유는 단순히 돈을 버는 직업을 얻는 것이 아닙니다. 그 목표가 다른 사람에게 도움이 되는 프로그램을 만드는 것에 있었다는 '초심'을 잃지 않는다면 삶과 일, 자기개발과 회사 요구사항 이행 등 개발의 균형을 맞출 수 있을 것입니다. 그리고 사회의 불합리한 구조나 돈의 힘에 고개 숙이지 않고, 오롯이 개발의 즐거움을 추구하는 사람들과 소통하는 '진짜 개발자' 모습을 발견할 수 있을 것이라 생각됩니다. 이 책은 그런 초심을 찾는 사람들도 고려했습니다. 부디 자신의 응용프로그램이 잘 돌아갈 때 자만하지 말고, 임베디드 개발자를 생각했으면 합니다. 임베디드 개발자 역시 SoC 개발자를 생각했으면 합니다. 칩을 만드는 개발자는 전기관련 학자와 엔지니어를 생각했으면 합니다.
 어릴적부터 들었던 선배 개발자의 말 중에 아직도 가슴에 와 닿는 말이 있습니다. "대한민국 개발자는 모두 한 팀이다". 대한민국은 기름 한 방울 안 나는 나라입니다. 또, 가진 것은 우수한

'두뇌'밖에 없다고 합니다. 개발자를 꿈꾸는 우수한 한국인이 많은 시행 착오를 거치지 않고 진짜 개발자가 되기 위한 길을 찾도록 이 작은 책이 나침반 기능을 충실히 했으면 합니다. 컴퓨터를 처음 접한지 30여년이 되어서야 집필을 하게 되었습니다. 개발을 하시는 분들이 가장 즐겨하는 취미는 바로 "게임"입니다. 개발자를 게임 캐릭터에 비교해보면 SP(스탯)을 여러 기술에 찍다보면 전직(더 나은 캐릭터가 되는 길)도 못하고 휠윈드(궁극기술)도 돌지 못합니다. 딜러, 탱커, 힐러 어느 것하나 제대로 되지 못해서 파티(그룹)를 구하기도 힘듭니다. 그러나 그런 개발자들이 중소기업에서 저비용으로 가장 열심히 일해주느라 청춘을 모두 보냅니다. 자기 개발에 시간적 여유가 많은 사람들이 만들어 내는 수많은 용어들에 힘든 개발자를 위한 기초 내용을 담은 집필을 해봐야겠다는 생각이 들었습니다. 이 책은 교과 과정에서 C/C++을 접했으나 보다 명확한 개념을 잡고 싶은 독자, C/C++을 공부했으나 JAVA를 배워보고 싶은 독자, C와 JAVA가 다른 언어라고 말하는 것에 대해서 의문이 있었던 독자도 고려하였습니다. 또한 전체적인 숲을 보여 드리는 것에 초점을 맞추고 집필하였습니다. 파일 및 파일 시스템의 구조, CPU, Memory와 같은 하드웨어, 그리고 운영체제 관련 파트만 해도 수십 권 분량입니다. CPU 개발사에서 제공되는 CPU Instruction Set Documents 만해도 두꺼운 책 7권 분량입니다. 그러나 최대한 모든 내용을 싣기 위해 노력했습니다. 프로그래밍을 시작하는 독자께서 어떤 분야에 흥미를 가지실지 모르기 때문입니다. 이해를 돕기 위해 적절히 추상화[103] 하고, 정확한 내용으로 창조하는 개발자가 여러 언어로 개발할 때 스트레스를 적게 받게 하는 것이 궁극적인 목표 입니다. 자전거 타는 방법을 설명해 놓은 책을 읽는 것보다 직접 자전거를 타는 것이 더 나은 방법입니다. 이 책을 발판으로 1인 개발 및 프리랜서도 활동할 수 있으며 창업도 가능하고 플랫폼을 만드는 대기업에서도 적응을 잘 할 수 있고, 더 재미있는 프로젝트로의 이직을 위해 수시로 찾아 볼 수 있는 사전 역할을 할 수 있도록 내용을 구성하였습니다.

집필에 많은 도움을 주신 志&嬋 출판사 관계자 분과 묵묵히 응원해 준 가족에게 고마움을 전합니다. 수많은 플랫폼을 공부하고 IT Filed 에 일할 수 있게 해 준 FSF(Free Software Foundation)에 감사드립니다. JVM 소스를 볼 수 있었던 것도 모두 FSF의 힘이었습니다. OLPP의 근본은 "객체지향 프로그래밍"이 아닌 데카르트의 "방법서설"에서 나왔습니다. 많은 경험과 방황 그리고 깊은 탐구 끝에 합리적인 사고 방식을 일깨워주었던 그를 존경합니다. 그리고 궁극적으로 지향해야 할 인생의 목표를 컴퓨터와 결부할 수 있도록 영감을 준 그에게 찬사를 보냅니다.

Openjdk, Java virtual machine 8 source 中
    * This code is free software; you can redistribute it and/or modify it
    * under the terms of the GNU General Public License version 2 only, as
    * published by the Free Software Foundation.

---

103 12장에서 설명합니다.

도움주신 분

ㄱ
강성연, 구균모, 권보현, 권현성, 김문찬, 김정술, 김하얀, 김화정, 김효준

ㄴ
남도영

ㅁ
문상수

ㅂ
박상현, 박지하, 박현우, 박완희

ㅅ
신상철

ㅇ
오진상, 옥윤청, 윤형민, 이광수, 이장묵, 이병훈, 강우석, 이기영, 이지선, 이영주, 이원주, 안석준, 이승표, 이준호, 이황헌

ㅈ
장용석, 조영기, 조우석

ㅊ
차상원, 최원석, 최호윤

ㅎ
한예인

닉네임
STELLA, Ho Cha, Haengju Kim, SanjayKim, 코우자쿠, 헬리군, 레어

by. hj h.